Carl-Auer

Systemische Horizonte –
Theorie der Praxis

Herausgeber: Bernhard Pörksen

»Irritation ist kostbar.«
Niklas Luhmann

Die wilden Jahre des Konstruktivismus und der Systemtheorie sind vorbei. Inzwischen ist das konstruktivistische und systemische Denken auf dem Weg zum etablierten Paradigma und zur *normal science*. Die Provokationen von einst sind die Gewissheiten von heute. Und lange schon hat die Phase der praktischen Nutzbarmachung begonnen, der strategischen Anwendung in der Organisationsberatung und im Management, in der Therapie und in der Politik, in der Pädagogik und der Didaktik. Kurzum: Es droht das epistemologische Biedermeier. Eine Außenseiterphilosophie wird zur Mode – mit allen kognitiven Folgekosten, die eine Popularisierung und praxistaugliche Umarbeitung unvermeidlich mit sich bringt.

In dieser Situation ambivalenter Erfolge kommt der Reihe *Systemische Horizonte – Theorie der Praxis* eine doppelte Aufgabe zu: Sie soll die Theoriearbeit voran treiben – und die Welt der Praxis durch ein gleichermaßen strenges und wildes Denken herausfordern. Hier wird der Wechsel der Perspektiven und Beobachtungsweisen als ein Denkstil vorgeschlagen, der Kreativität begünstigt.

Es gilt, die eigene Intelligenz an den Schnittstellen und in den Zwischenwelten zu erproben: zwischen Wissenschaft und Anwendung, zwischen Geistes- und Naturwissenschaft, zwischen Philosophie und Neurobiologie. Ausgangspunkt der experimentellen Erkundungen und essayistischen Streifzüge, der kanonischen Texte und leichthändig formulierten Dialoge ist die Einsicht: Theorie braucht man dann, wenn sie überflüssig geworden zu sein scheint – als Anlass zum Neu- und Andersdenken, als Horizonterweiterung und inspirierende Irritation, die dabei hilft, eigene Gewissheiten und letzte Wahrheiten, große und kleine Ideologien solange zu drehen und zu wenden, bis sie unscharfe Ränder bekommen – und man mehr sieht als zuvor.

Bernhard Pörksen, Professor für Medienwissenschaft
an der Universität Tübingen

Teil der Welt

Heinz von Foerster/Monika Bröcker

Fraktale einer Ethik —
oder: Heinz von Foersters Tanz mit der Welt

Unter Mitarbeit von Georg Ivanovas

Fünfte Auflage, 2024

Themenreihe: Systemische Horizonte
hrsg. von Bernhard Pörksen
Umschlaggestaltung: Uwe Göbel
Redaktion: Uli Wetz
Satz: Verlagsservice Hegele, Heiligkreuzsteinach
Printed in Germany
Druck und Bindung: CPI books GmbH, Leck

Fünfte Auflage, 2024
ISBN 978-3-89670-557-0
© 2002, 2024 Carl-Auer-Systeme Verlag
und Verlagsbuchhandlung GmbH, Heidelberg

Bibliografische Information der Deutschen Nationalbibliothek:
Die Deutsche Nationalbibliothek verzeichnet diese Publikation
in der Deutschen Nationalbibliografie; detaillierte bibliografische
Daten sind im Internet über http://dnb.d-nb.de abrufbar.

Informationen zu unserem gesamten Programm, unseren Autoren
und zum Verlag finden Sie unter: **https://www.carl-auer.de/**.
Dort können Sie auch unseren Newsletter abonnieren.

Carl-Auer Verlag GmbH
Vangerowstraße 14 • 69115 Heidelberg
Tel. +49 6221 6438-0 • Fax +49 6221 6438-22
info@carl-auer.de

Inhaltsverzeichnis

V

In memoriam Francisco Varela

Meine Stimme sagt mir: „So ist alles."
Und das Echo meiner Stimme sagt mir: „So bist du."

Antonio Porchia

Vorwort

Heinz von Foerster erzählt, dass er sich im Lauf der Jahre mehrmals mit der Frage beschäftigt hat, wie man sich die Funktion des Gedächtnisses vorstellen könnte. Seine erste Theorie postulierte, dass Daten auf Molekülen gespeichert werden. Das würde verständlich machen, dass praktisch unendlich viel „Information" im menschlichen Kopf Platz finden kann. Die Idee hatte großen Erfolg; nicht zuletzt, weil sie das Vergessen mithilfe von quantentheoretischen Gleichungen plausibel machte. Obschon Heinz diese Theorie auf Deutsch veröffentlicht hatte, war sie es, die ihm seine Karriere in den Vereinigten Staaten eröffnete. Aber Heinz gab die Theorie sehr bald auf, denn er sah, dass es viel zutreffender war, Gedächtnis nicht als Speicher, sondern als den Effekt rekursiver Funktionen zu betrachten. Das heißt, Erinnerungen sind nicht ein Abbild der Vergangenheit, sondern Rekonstruktionen. Dieser Vorspann scheint mir wichtig, wenn wir uns daranmachen, über Begebnisse zu lesen, an die Heinz sich in dem Jahr erinnerte, in dem er seinen neunzigsten Geburtstag feierte. Hervorgerufen wurde dieser Ausflug in die Vergangenheit durch die Frage „Was ist Ethik?". Da Heinz mit Wittgenstein übereinstimmt und erklärt, dass man über Ethik im Grunde nichts sagen kann, will er das Unsagbare an Hand von Erinnerungen zeigen. Dass das in diesem kunterbunten Buch gelungen ist, verdanken wir zu großem Teil der geduldigen Arbeit von Monika Bröcker, die Kilometer von Tonbändern transkribiert und auf einen zusammenhängenden und außerordentlich lesbaren Text reduziert hat.

   Unterschiedliche Leser werden die bunte Vielfalt von Eindrücken, Situationen, Erlebnissen und Überlegungen, die Heinz hier in lockerer Gesprächsform rekonstruiert, auf ihre Weise verstehen. Doch wie weit diese Auslegungen auch voneinander abweichen mögen, sie werden darin übereinstimmen, dass hier ein Leben beschrieben

XI

wird, in dem persönliche Freiheit und persönliche Verantwortung die Hauptrolle gespielt haben. Als er halbwüchsig war, erklärte ihm seine Mutter: „Du musst dein eigenes Leben leben, nicht eines, das die anderen von dir verlangen." Heinz hat sich das zu Herzen genommen und war somit von Anfang an in Richtung Selbstorganisation und Selbststeuerung orientiert. Doch wenn das Beispiel der Mutter ihm den Weg zu innerer Freiheit eröffnete, so hat das Beispiel der Familie als Gemeinschaft ihm gleichzeitig klargemacht, dass diese Freiheit es mit sich bringt, dass man die Verantwortung für das, was man tut und denkt, selber übernehmen muss. Von Wittgenstein hat Heinz schon früh gelernt, dass Ethik zu den Dingen gehört, über die man nicht sprechen kann. So hat er sich entschlossen, sie zu leben. Im Rückblick kann er nun – ganz im Sinne Wittgensteins – zeigen, worin die Ethik für ihn bestand, indem er Geschichten erzählt, in die er verwickelt war. Nicht von ungefähr betitelt er seine Memoiren mit *Teil der Welt*. Eine der prinzipiell unentscheidbaren Fragen, für deren Entscheidung wir die Verantwortung tragen, betrifft die Wahl, sich als Beobachter der Welt zu betrachten oder als Mitspieler. Indem er erzählt, wo, wie und was er mitgespielt hat, beleuchtet Heinz, was er unter Ethik versteht. Das Erzählen wird freilich erst dadurch möglich, dass er sich als Beobachter von seinen Erlebnissen absetzt, um sich als Teil der Begebnisse sehen zu können, und es ist ebendieser dauernde Wechsel zwischen Beobachten und Teilhaben, der die Lektüre dieser Bekenntnisse so ungewöhnlich spannend und lehrreich macht.

Ernst von Glasersfeld
Amherst, Februar 2002

XII

....

Vorspiel des Theaters

AUFTRITT HEINZ VON FOERSTER

Heinz
Nachdem ich dein unerhörtes Buch gelesen habe, die Seiten und
Seiten und Seiten von Transkripten unserer Gespräche, habe ich
mich hingesetzt und aufgeschrieben, wie ich mir den Anfang unseres Buches vorstelle. Der Anfang besteht aus zwei Teilen: Zunächst
kommt eine Einleitung, in der wir die Idee und den Entstehungs-
prozess des Buches erklären.
Nach der Einleitung fängt das Buch an, indem du zu sprechen
beginnst und mich einlädst, über Ethik zu sprechen. Das habe ich
aufgeschrieben. Ich habe einen fiktiven Dialog zwischen dir und mir
geschrieben; und dann noch einen Brief, einen Brief an dich, um dem
Ganzen einen Kontext zu geben.
Also hier mein Anfang und, wenn du willst, *dein* Anfang:

Eine Einleitung *für* Monika Bröcker

Unter den Autoren der mehr als zweihundert Forschungsberichte,
Bücher und wissenschaftlichen Essays, die ich als Grundlage für
meine Arbeit *Studien zu einer konstruktivistischen Ethik* verwenden
wollte, gab es vier, die mir durch ihre Argumente und den Stil, in
dem sie ihre Argumente präsentierten, geholfen haben, meine sach-
lichen Probleme und auch mich selber besser zu verstehen. Zwei
dieser Autoren waren die chilenischen „Neurophilosophen" – wie
sie sich selber nannten – Humberto Maturana, ursprünglich Neu-
roanatom, und Francisco Varela, Neurologe und zum Buddhismus

XIII

tendierend. Die beiden anderen waren die transdisziplinären Österreicher Ernst von Glasersfeld, ursprünglich Linguist, und Heinz von Foerster, einst Physiker.

Was mich besonders an diesen Autoren berührt hat, war, dass in ihren Arbeiten immer wieder ein Berührungspunkt zu Ethik hergestellt wird, der sich bei Varela sogar in einem ganzem Buch, *Ethisches Können*, entfaltete. Später habe ich in der Literatur festgestellt, dass diese vier nicht nur die Idee des Konstruktivismus aus einem jahrhundertelangen Tiefschlaf geweckt haben, sondern auch persönlich sehr gut befreundet sind bzw. waren. Ich habe mich gefragt, ob zwischen der Haltung eines Konstruktivisten und dem Interesse am Thema Ethik eine natürliche Beziehung bestünde. Da erfuhr ich, dass die *Berlin-Brandenburgische Akademie der Wissenschaften* eine Vortragsreihe in Berlin, *Wissen und Gewissen*, angekündigt hatte, bei der Heinz von Foerster mehrere Vorträge halten sollte. Ich dachte mir: „Da gehe ich hin. Vielleicht wird dort meine Frage beantwortet." Zum Abschluss der Vortragsreihe zeigte von Foerster zwei Filme, die sein Leben auf seinem Grundstück in Kalifornien mit dem romantischen Namen *Rattlesnake Hill* schildern. Seine Schlussworte waren: „Sollte das Schicksal jemanden von Ihnen in die Nähe von San Francisco verschlagen, kommen Sie uns doch auf eine Tasse Tee und ein Stück Aprikosenkuchen besuchen. Wir wohnen nur fünfzig Minuten mit dem Auto von San Francisco; in Pescadero." Schon lange wollte ich auch das in der Nähe von San Francisco, in Palo Alto gelegene *Mental Research Institute* besuchen, um von Paul Watzlawick und anderen mehr über systemische Familientherapie zu lernen. Aprikosenkuchen, Paul Watzlawick, Heinz von Foerster und Gespräche über Konstruktivismus und Ethik wurden eine überwältigende Attraktion, den Sprung nach Kalifornien zu machen und eine neue Welt zu betreten.

XIV

Eine Einleitung *von* Monika Bröcker

Die Vortragsreihe, bei der ich Heinz von Foerster kennen lernte, fand im Januar 1997 statt. Nach seinem letzten Vortrag sprach ich Heinz an und erzählte ihm von meinem Plan, ihn und das *Mental Research Institute* zu besuchen. Er sagte: „Ja, das ist ja wunderbar! Rufen Sie mich doch an! Ich gebe Ihnen meine Telefonnummer." Ich schrieb jedoch zunächst einen Brief, den Heinz sofort mit einem Anruf erwiderte.

Heinz stellte einen Kontakt zum *Mental Research Institute* her, und Anfang 1998 entschied ich mich für die Teilnahme an dem so genannten „Residency Program" an diesem Institut, mietete ein Zimmer in Palo Alto, kaufte ein Flugticket und flog nach San Francisco.

Ein paar Tage nach meiner Ankunft rief ich Heinz an, der mich sofort nach Pescadero einlud. Ich kam so gegen fünf Uhr nachmittags auf dem *Rattlesnake Hill* an. Heinz saß in der Küche und wartete auf mich. Der Esstisch war gedeckt; Tee auf einer Warmhalteplatte bereitgestellt. Dazu servierte Heinz Dobostorte, eine Wiener Spezialität.

Die Freundschaft mit Heinz und seiner Frau Mai vertiefte sich, und im Herbst 1998 begannen Heinz und ich über ein gemeinsames Buch nachzudenken. Über mein Forschungsvorhaben „Studien zu einer konstruktivistischen Ethik" war Heinz jedoch nicht sehr glücklich. Seine feste Überzeugung, dass man Ethik nicht aussprechen könne, und seine Aussage „Ich bin kein Konstruktivist" ließen das Projekt lange Zeit als unsinnig erscheinen. In unseren ersten Gesprächen – viele lange und schwierige Gespräche – suchten wir nach einem Weg, ein Buch über Ethik zu schreiben, ohne die Ethik auszusprechen. In diesen Gesprächen, die wir auf Band aufzeichneten, legten wir die Basis für dieses Buch. In den folgenden zwei Jahren produzierten wir viele weitere Bänder; über fünfzig insgesamt.

Nach Abschluss meiner Ausbildung in „Brief Therapy", die ich im Anschluss an das „Residency Program" am *Mental Research Institute* durchlaufen hatte, zog ich im Herbst 1999 nach Los Angeles, wo ich zunächst jede freie Minute nutzte, die Bänder mit unseren Gesprächen zu transkribieren.

XV

Im Frühling des Jahres 2000 hatte ich weit über tausend Seiten, vielleicht sogar zweitausend. Es war einfach überwältigend. Ich war verzweifelt und hatte keine Idee, wie ich es je schaffen könnte, ein Buch daraus zu machen.

Zum Glück stieß ich eines Tages im Internet, genauer: auf Alex Rieglers *Radical Constructivism*-Liste, auf einen interessanten Beitrag. Georg Ivanovas, ein in Griechenland lebender Arzt, der neben seiner naturheilkundlich-psychotherapeutischen Praxis Studien zu systemischem Denken in der Medizin an der Universität Kreta betrieb, bekundete Interesse an den Arbeiten Heinz von Foersters. Ich antwortete und wir begannen eine lebhafte Korrespondenz. Nach einiger Zeit erzählte ich ihm von meinem Buchprojekt, und Georg bot seine Hilfe an. Über einen Zeitraum von eineinhalb Jahren haben Georg und ich weit über zweitausend E-Mails ausgetauscht, und aus den Originaltranskripten wurden immer kürzere Texte. Nach vielen Irr- und Umwegen fanden wir schließlich eine Form, das vernetzte Denken von Heinz zu strukturieren.

Heinz war bis zum Schluss trotz schwerster Krankheit intensiv an der Arbeit am Buch beteiligt. Sein Wille und sein Einsatz, das Entstehen des Buches immer weiter voranzutreiben, ließen nie nach. Die Arbeit wurde jedoch durch einer Reihe kleiner Schlaganfälle, die er erlitten hatte, und insbesondere durch einen schweren Herzanfall im Frühjahr 1999 immer schwieriger. Trotz immer kürzerer Arbeitszeiten aufgrund seiner ständig schlechter werdenden Kondition ist es uns gelungen, von Zeit zu Zeit kurze Tonbandaufnahmen zu machen und so Lücken im Erzählstrang zu füllen und Ergänzungen einzufügen.

Heinz hat jede Seite des Manuskriptes gelesen und viele Stellen korrigiert oder ganz neu geschrieben, selbst unter extremsten Schmerzen aufgrund einer schweren Entzündung am Fuß, die schließlich zur Amputation seinen rechten Unterschenkels führte.

Dieses Buch ist auf der Basis von Freundschaft, Liebe und Interaktion entstanden.

Fraktale einer Ethik

Heinz

Mir ist aufgefallen, mit wie vielen verschiedenen Themen wir uns in unseren Gesprächen befassen. Wir sprechen über Magie und im nächsten Satz über Bertrand Russells *Principia Mathematica*. Oder einmal über Freiheit und gleich darauf über Teleologie. Wie kann man für ein solches Buch einen Titel finden?

Da ist mir Folgendes eingefallen: In den letzten 25 Jahren ist ein mathematischer Formalismus entstanden, der diese Situation auf das Schönste beschreibt. Es sind die „Fraktale". Was sind das für seltsame Gebilde? Es sind geometrische Figuren, die die Eigenschaft haben, dass der Teil so ist wie das Ganze. Man nennt das „selbstähnlich". Ich halte nicht nur diese Eigenschaft für eine treffende Metapher für unser Buch, sondern auch für die Entstehungsweise unserer Gespräche – entsprechend derjenigen der Fraktale. Beide entstehen dadurch, dass das Ergebnis irgendeines Prozesses diesem Prozess wieder unterworfen wird: ein Dialog. Ich habe daher *Fraktale einer Ethik* als Untertitel unseres Buches vorgeschlagen.

Zuerst dachte ich an Fragmente, aber Fragmente sind völlig lose und ohne Zusammenhänge, während Fraktale die schöne Eigenschaft haben, dass sie sich selbst ähnlich sind. Der Teil eines Fraktals sagt wieder dasselbe, was das Fraktal sagt. Daher dachte ich, *Fraktale einer Ethik* wäre ein netter Untertitel. Ich fand es eine gute Idee, dass sozusagen immer wieder eine Wolke oder ein Bereich von Gedanken in einem Gespräch sich entwickelt und in sich abschließt; und dann kommt das nächste Fraktal. Der Leser könnte dann selber sehen, wie diese Gedanken zusammenhängen. Man muss ihm ja nicht alles sagen.

Fraktal

XVIII

EIN BRIEF

20. Februar 2000

Liebste Monika,
in letzter Zeit bemerke ich zu meinem Schrecken, dass meine Kräfte mit jedem Tag weiter zurückgehen. Ich fürchte daher, Dich mit Deinem Riesenwerk über Ethik nicht bis zu seiner Beendigung begleiten zu können. Ich dachte mir daher, Dir diesen kleinen Brief zu schreiben, in dem ich die meisten der mir am wichtigsten erscheinenden Punkte zusammenstelle.

Sicher wiederhole ich mich dabei, denn Du wirst unter dem gigantischen Material, das Du in Deinen Transkripten zusammengetragen hast, ausführlichere Behandlungen dieser Punkte finden. Verwende diese dann, um dem folgenden Skelett Fleisch und Eingeweide zu geben.

Wie Du weißt, ist es für mich von entscheidender Wichtigkeit, Ethik und Moral ein für alle Mal zu separieren. Moral, wie Du Dich erinnerst, wird für mich durch zwei Punkte charakterisiert. Der erste ist, dass jeder Satz, jede Regel, jedes Gesetz der Moral an den *Anderen* gerichtet ist. Der Dekalog ist ein gutes Beispiel: „*Du* sollst nicht töten", „*Du* sollst nicht die Frau Deines Nachbarn begehren" et cetera. Der zweite Punkt ist, dass die Instanzen, die diese Gesetze postulieren, selbst diesen Gesetzen nicht unterworfen sind.

Die selbstorganisatorische Natur des ersten Punktes ist klar; denn in einer Gesellschaft, in der ununterbrochen gemordet wird, möchte man sich vor diesem Schicksal schützen; also: „Du sollst nicht töten." Oder wenn jeder Ehemann fürchten muss, dass sein Nachbar immer mit seiner Frau schläft, möchte er dem Unfug ein Ende setzen: „Du sollst nicht …" et cetera et cetera. Der zweite Punkt, die Unabhängigkeit des Gesetzgebers von seinen Gesetzen, entsteht aus dem Versuch, die Befolgung der Gesetze durch Strafdrohungen durchzusetzen.

Monika
Nun gut, lieber Heinz; jetzt hast du mir eine schöne Moralpredigt gehalten, aber wieder kein Wort über Ethik gesagt. Wir wollten ja kein Buch über Moral schreiben, sondern eines über Ethik. Ich habe schon so viele Aufsätze von dir gelesen und Vorträge von dir gehört, und immer wieder berührst du das Thema Ethik. Aber immer wenn man glaubt, du würdest jetzt etwas über das Thema sagen, bist du schon wieder bei einem anderen Thema.

Heinz
Also bitte, das stimmt doch wirklich nicht. Du kennst doch mein Pariser Papier *Ethics and Second-Order Cybernetics*. Da spreche ich doch noch und noch über Ethik.

Monika
Überhaupt nicht! Da verkriechst du dich hinter einem Wittgensteinzitat; du nennst es die berühmte Proposition Nummer xyz: „Es ist klar, daß sich die Ethik nicht aussprechen läßt." Erstens finde ich es schon anmaßend von deinem Onkel Ludwig, zu sagen: „Es ist klar" – von etwas, das kaum jemandem klar ist. Also *mir* ist überhaupt nicht klar, warum Ethik sich nicht aussprechen lässt. Und dann von dir etwas scheinheilig, dass du diese nebulöse Behauptung vor dir herhältst, um, wie ich schon sagte, wieder nichts über Ethik zu sagen.

Heinz
Ich möchte jetzt eigentlich erst Onkel Ludwig gegen deinen Angriff der Anmaßung verteidigen und dann mich gegen deinen Angriff der Scheinheiligkeit. Aber dann würden wir wieder mehr über Anmaßung und Scheinheiligkeit sprechen als über Ethik. Wie du deutlich siehst, habe ich Schwierigkeiten, über Ethik zu sprechen.

Wenn du die Tonnen von Literatur, die in den letzten Jahrzehnten über Ethik geschrieben worden sind, liest, wirst du Wittgenstein bald Recht geben: „Es ist klar, daß sich die Ethik nicht aussprechen läßt." Aber das zeigt, dass nicht nur ich, sondern auch andere Schwierigkeiten haben, über Ethik zu sprechen. Die zahlreichen Versuche, über Ethik zu sprechen, sind an der Unmöglichkeit, das zu beschreiben, gescheitert. Diesen Versuch möchte ich vermeiden.

XX

Stattdessen ein kleines Erlebnis: Vor vielen Jahren hat mich Mony Elkaïm, ein lebendiger, einfallsreicher Familientherapeut, nach New York eingeladen, um in einem Krankenhaus anderen Therapeuten etwas über Konstruktivismus zu erzählen. Ich hatte mich schön vorbereitet, genügend Handouts für die anwesenden Zuhörer gedruckt und kam pünktlich in der Frühe zum verabredeten Vortragssaal. Mony Elkaïm hat mich vorgestellt und gesagt: „Meine Damen und Herren, hier haben wir das Vergnügen, Heinz von Foerster zu hören, der sich ganz bestimmt sehr schön auf das Thema Konstruktivismus vorbereitet hat. Aber erlauben Sie mir, eine besondere Neugierde jetzt auszudrücken und Heinz von Foerster eine persönliche Frage zu stellen: Lieber Heinz, sag mir doch: Womit beschäftigst du dich gerade mit großer Intensität?" Ich war ganz überrascht. Ich war ganz unvorbereitet auf so etwas und habe einen Moment nachgedacht. Dann habe ich mich Folgendes sagen hören: „Das Problem, mit dem ich mich jetzt beschäftige, ist, in all meinen Gesprächen, ob sie die Wissenschaft oder die Therapie betreffen, ob es persönliche Gespräche sind, die Kunst zu erlernen, meine Sprache so zu beherrschen, dass Ethik implizit ist." Und da hat alles gelacht und gesagt: „Was meinst du damit?" Ich habe auch nicht gewusst, was ich damit meine, und habe gesagt: „Ich möchte Ethik eben einfach nicht aussprechen. Ethik muss implizit sein; so als ob man *zwischen* den Zeilen lesen würde, aber nicht *in* den Zeilen."

***

Das war der Moment, in dem ich mir die Idee der impliziten Ethik zum ersten Mal selbst klar gemacht habe. Mir ist da zum ersten Mal aufgefallen, dass das Problem des Aussprechens der Ethik mit den Grenzen der Sprache oder mit der Struktur der Sprache oder der Art, wie Sprache funktioniert, zu tun hat. Und da ist mir dann später ein sehr schöner Satz von Wittgenstein eingefallen. Der hat die Nummer 4.121: „Was sich *in* der Sprache ausdrückt, können wir nicht *durch* sie ausdrücken."

Was sich *in der Sprache ausdrückt, können* wir *nicht durch sie ausdrücken.*

Ludwig Wittgenstein

Das heißt, wenn ich etwas sage, kommt noch etwas anderes mit; und das andere, was da mitkommt, kann ich nicht durch Sprache ausdrücken. Also vielleicht, wenn ich das ins Musikalische übersetze: Was wir *in* der Musik ausdrücken können, lässt sich nicht *durch* Musik ausdrücken. Vielleicht, wenn ich die Idee des Gedichtes nehme, zum Beispiel dieses schöne Goethe-Gedicht: „Über allen Gipfeln ist Ruh; bald ruhest auch du."

Wandrers Nachtlied

Über allen Gipfeln
Ist Ruh',
In allen Wipfeln
Spürest du
Kaum einen Hauch;
Die Vögelein schweigen im Walde.
Warte nur, balde
Ruhest du auch.

Da ist in nur wenigen Worten von Ruhe die Rede; es laufen jedoch noch ganz andere Sachen mit.

Also, das meine ich, wenn ich sage: Ethik ist implizit in dem, was ich sage.

Ich halte das für eine sehr wichtige Einsicht. „Was sich *in* der Sprache ausdrückt, können wir nicht *durch* sie ausdrücken." Das heißt, ich habe jetzt nicht nur gesagt: „Über allen Gipfeln ist Ruh'", sondern, indem ich diese Gipfel herangezogen habe, das Bild der Ruhe erzeugt. Das ist ja nicht in der Sprache; die besteht ja nur aus diesen Worten. Da wird etwas nicht durch die Sprache ausgedrückt, sondern dadurch, dass ich spreche, kommen diese Dinge vor.

Es gibt ein zweites Beispiel, das vielleicht interessant ist. Das ist die berühmte Erickson-Methode. Milton Erickson war imstande, zwei Sprachen gleichzeitig zu sprechen. Die eine ist die normale. Da hat er sich mit dem Patienten beschäftigt; wie es ihm geht, wie die Anreise war, ob alles schön zu Hause ist. Da hat er ganz normal gefragt: „Sind Sie gut hierher gekommen? Ist der Autobus richtig gefahren?" Et cetera et cetera. Nun hat er auf verschiedene Worte Akzente gesetzt; entweder mit einer Augenbewegung, mit einem Kopfnicken, mit einer Handhebung oder mit irgendeiner anderen Gestik,

XXII

sodass plötzlich ein Wort betont worden ist. Diese Worte haben, wenn Du sie nun verbunden hast, einen ganz neuen Satz gebildet. Das war die zweite Sprache, mit der er mit seinen Patienten reden konnte. Da konnte er Sätze sagen, die er mit der normalen Sprache gar nicht hätte sagen können; vielleicht Sätze von einer Privatheit, von einer Innigkeit, von einer Tiefe. Also, hier habe ich einen Vergleich; dass man durch das Sprechen und das Betonen verschiedener Punkte etwas sagen kann, das man nachher durch die Sprache nicht noch einmal sagen kann. Oder die Sache mit dem „Zwischen-den-Zeilen-Lesen"; das ist genau das, was ich meine.

Ich verwende die Metapher von Wittgenstein, um die Schwierigkeit der Ethik auszudrücken; nämlich dass in den Sätzen, die man jetzt verwenden möchte, um über Ethik zu sprechen, die Ethik gar nicht enthalten ist. Die Ethik ist zwischen den Zeilen zu finden und muss dann vom Hörer interpretiert werden. Also die Schwierigkeit, über Ethik zu sprechen, liegt in den Grenzen der Sprache. Mir ist eingefallen, dass der vielleicht beste Vergleich zum Problem, über Ethik zu sprechen, in der chinesischen Philosophie auftaucht; wo sie die Schwierigkeit haben, über das Tao zu sprechen.

Vorhang auf: Erster Akt

DIE METAPHYSIK DER UNENTSCHEIDBAREN FRAGEN

Heinz
Liebe Monika, wie ich verstehe, hast du dir ausgedacht, dass wir über drei große gedankliche Themen sprechen; und zwar über Ethik, Konstruktivismus und, wenn möglich, auch noch Kybernetik. Wenn ich die gigantische Literatur anschaue, die es da gibt – die größten, gescheitesten und vielleicht weisesten Frauen und Männer haben sich mit diesen Problemen beschäftigt und darüber geschrieben, gedacht und gesprochen, wird mir leicht schwummelig. Was kann ich jetzt zu diesen tiefsten und bedeutendsten Gedanken der Menschheit noch beitragen; hier in Pescadero im Sonnenschein?

Wie sollen wir in diesen gigantischen Bereich menschlicher Problematik einsteigen, sodass wir irgendwie einen neuen Sinn, einen frischen Sinn oder vielleicht einen alten Sinn von dem bringen können, was diese großen Frauen und Männer schon besprochen haben? Ich habe Schwierigkeiten, in diesen Gedankenbereich einzusteigen. Und mit „einsteigen" meine ich wirklich einsteigen: Da sitzen die Zuschauer. Der Vorhang geht auf. Da steht Monika. Da steht Heinz. Jetzt geht das Theater los. Wie fängt man an? Wie steigt man ein in diese Welt, die wir unseren Zuschauern jetzt vorspielen wollen?

Was sollen die ersten Worte, die ersten Gesten sein, mit denen wir unsere Gespräche eröffnen?

Ich halte die ersten Worte, die ersten Takte, die ersten Akkorde, die in einem Theaterstück oder einem Musikstück gespielt werden, entscheidend für das Verständnis dessen, was da kommt. Ich denke an diese unglaublichen Sätze in Goethes *Faust*; erster Teil, Beginn;

1

überschrieben: *Nacht*. „Nacht" – schon sitzt man in der Nacht; Studierzimmer von Faust. Und da in den ersten drei Sätzen spricht er von dem Problem, das ihn und vielleicht alle großen Wissenschaftler berührt. „Habe nun, ach! Philosophie//Juristerei …//Und leider auch Theologie//Durchaus studiert …//Und sehe, dass wir nichts wissen können!//Das will mir schier das Herz verbrennen."

Die Einsicht, dass man, obwohl man diese ganze Gelehrtheit in sich aufgenommen hat, „durchaus studiert" hat, eigentlich nichts weiß; trotz dieses Wissens. Das ist ein Auftakt, ich nenne es einen Auftakt, für das ganze Stück; wo der Hörer jetzt dasitzt und mit Faust, der verzweifelt über sein fundamentales, prinzipielles Nichtwissen spricht, mitfühlt.

Das ist der Anfang, der jetzt alles berührt, was danach kommt.

Oder auch diese unerhörten Sätze: „Die Sonne tönt nach alter Weise"; da weißt du schon: „Wow! Die greifen jetzt ins Universum"; mit einem völlig unsinnigen Satz: „Die Sonne tönt nach alter Weise/ In Brudersphären Wettgesang".

Oder denke an die zwei ersten großen Akkorde in der Ouvertüre von *Don Giovanni*; erster großer Akkord, zweiter großer Akkord. Beim zweiten Akkord läuft mir schon immer die Gänsehaut über den Rücken; denn ich weiß schon, was da in diesem fantastischen Stück passieren wird.

Dieses Niveau möchte ich gerne berühren; was eine Sonne in alter Weise tönen lässt. Ich würde mich freuen, wenn es uns gelänge, den Anfang so zu bauen, dass der Leser, der Zuschauer in ein Niveau gehoben wird, in dem wir dann über alle möglichen Sachen, irdische Sachen, sprechen können; wie Sprache; sodass Sprache nicht erklärt werden muss, sondern sich zeigt, wie Wittgenstein sagt. Es zeigt sich. Ich kann nichts machen. Es ist einfach da. So ist es. So fühle ich es. Das geht aber immer nur mit „Ich".

Monika
Na ja, aber ich finde es wichtig, dass diese Gedanken auch vermittelbar und für andere nachvollziehbar sind.

Heinz
Ja, das Problem der Vermittelbarkeit. Das ist der berühmte Hörersatz: Der Hörer, nicht der Sprecher bestimmt die Bedeutung einer Aussage. Da können wir ihm nicht helfen.

Weißt du, dieser Einstieg ist ein strategischer Schritt, der wahrscheinlich eine sehr persönliche Sache ist; von der man sagt: „Da stehe ich so gut." Das kann ich so ausstrahlen, dass vielleicht der Zuhörer applaudiert, wenn er diesen Witz oder diesen Satz, diese intriguierenden Geräusche mit meinem Mund hört." Oder dass „Bla bla bla" die ersten Worte sind, und darunter steht: „Wissen Sie jetzt, was ich meine?" So etwas. Alle Tricks, die in einem Werkzeugkasten sitzen, um den Zuhörer die Ohren spitzen zu lassen. Das ist das Problem, mit dem ich mich gerne beschäftige.

Das hat nichts mit *academia* zu tun. In *academia* sind die Spielregeln völlig klar vorgeschrieben. Da brauchst du niemanden zu faszinieren, zu interessieren. Da brauchst du nur zu überwältigen. Und die Idee des Überwältigens ist eine ganz andere Strategie als das Faszinieren, Zum-Lachen-Bringen, Zum-Lieben-Bringen oder was immer. Das sind ganz andere Programme.

Also der Einstieg in die Welt, die wir vorhaben zu untersuchen, zu besprechen, zu beleuchten, zu interpretieren, ist mir wichtig.

Ich halte diesen Einstieg für besonders schwierig, da ich die drei Wörter, die unsere Themen bestimmen, nämlich „Ethik", „Konstruktivismus" und „Kybernetik", nicht gebrauchen möchte. Ich will in diesem ganzen Diskurs nicht das Wort „Ethik", nicht das Wort „Konstruktivismus" und nicht das Wort „Kybernetik" verwenden, denn sie sind schon mit so unendlich vielen Interpretationen behangen. Wenn ich bedenke: – Ethik! Was über Ethik schon gedacht worden ist. Es ist einfach unheimlich! Oder Konstruktivismus –! Hunderte und hunderte Bücher gibt es schon über Konstruktivismus. Und dann über Kybernetik – mindestens genauso viele Bücher. Also, diese Wörter will ich vermeiden. Ich möchte unseren Lesern eine Welt entwickeln, wo sich implizit die Gedanken, die mit diesen drei großen Themen zusammenhängen, frisch, neu, unabhängig von alten Anhängseln entfalten können, sodass der Leser sich selber von dieser Geschichte, die wir erzählen, ein Bild von diesen Sachen machen kann.

Ich möchte in der ganzen Diskussion argumentative Methoden, wie zum Beispiel Deduktion oder Kausalität, Methoden, wo man von einem Satz zu einem anderen springen kann, von einer Behauptung zu einer anderen; wo man, wie man oft sagt, „beweist", dass dieser Satz korrekt ist, ebenfalls völlig vermeiden. Ich möchte diese Methoden des Zeigens irgendwelcher Gedanken vermeiden.

Und da frage ich mich natürlich, wie ich etwas zeigen kann, wenn ich es nicht durch Deduktion oder durch Kausalität untermauern kann. Natürlich gibt es da eine Menge Gedanken. Der eine Gedanke oder die eine Methode, die die großen Männer und Frauen alle schon verwendet haben, ist natürlich die Metapher oder die Parabel. Wenn ich bedenke: Jesus hat niemals gesagt: „Weil das und das ist, ist dieses", sondern er hat nur angedeutet. „So wie" waren immer seine Parabeln. „So wie ein Kamel nicht durch ein Nadelöhr gehen kann, kann ein reicher Mann nicht in das Himmelreich eintreten." Jetzt kann man natürlich fragen: „Ja, aber wieso kann ein reicher Mann nicht ins Himmelreich eintreten, wenn ein Kamel nicht durch ein Nadelöhr gehen kann? Was hat das Kamel mit dem reichen Mann zu tun? Können Sie mir das erklären?" Da würde, nehme ich an, Jesus gesagt haben: „Das überlasse ich Ihnen. Deswegen habe ich ja diese Parabel so gewählt." Und Menschen sind anscheinend für parabolische, metaphorische Bemerkungen empfänglich. Man lebt gerne in einer Geschichte, die man in einer Richtung versteht und die einem dann als Basis für das Verständnis einer anderen Geschichte zur Verfügung steht.

Monika
Du sagst, du möchtest die Wörter „Ethik", „Konstruktivismus" und „Kybernetik" nicht verwenden …

Heinz
Ja, ich möchte diese Wörter nicht verwenden, weil ihnen für den, der je diese Wörter schon einmal gehört hat, eine ganze Kette von Begriffen, Interpretationen, Bildern, Einsichten und so weiter anhängen, die ich abschütteln möchte. Es sind genau diese Anhängsel an Kybernetik, Anhängsel an Konstruktivismus, Anhängsel an Ethik, die ich loswerden möchte. Stattdessen möchte ich neue Relationen, neue Begriffstrukturen in unseren Geschichten entstehen lassen oder entwickeln.

Monika
Ja, und möchtest du neue Begriffe einführen, so wie Autopoiesis damals ein neuer Begriff war?

4

Heinz
Kann man verwenden. Aber ich möchte nicht solche Fachwörter, sondern die normale Sprache, die der Gemüsehändler, die Wäscherin, die Näherin, die ich weiß nicht, wer, im täglichen Leben benutzt, verwenden. Mit dieser Sprache, die ich sehr reich finde, möchte ich die Gedanken entwickeln, die, wie ich behaupte, auch die Beschreibung einer großen Tiefe zulassen.

Du hast dich zum Beispiel auf den Konstruktivismus als ein Zentralwort gestürzt und bist schon darauf gekommen, dass es da verschiedene Interpretationen gibt: Die einen sagen Konstruktio*n*ist, die anderen Konstrukti*v*ist; dann die verschiedenen Stellungen sogar der individuellen Konstruktivisten …!

Ich könnte mir vorstellen, dass der Konstruktivismus in unserem Buch überhaupt nicht vorkommt, sondern dass wir eine Haltung präsentieren. Ich würde eine Haltung entwickeln oder vielleicht sogar am Anfang schon postulieren, aus der dann vieles andere folgt. Und Ethik ist nicht eine Konsequenz, sondern ein Teil dieser Haltung. Das ist diese Implizitheit, von der ich immer gesprochen habe.

Ich dachte, dass wir mit einer zentralen Haltung beginnen, der wir noch keinen Namen geben, sondern von der wir sagen: „Das ist die Stellung, die wir gerne einnehmen; und jetzt werden wir sehen, was da alles herauskommt." Und da kommen alle möglichen interessanten Sachen heraus; vielleicht sogar Konstruktivismus.

Ich möchte den Begriff „Konstruktivismus" erst entstehen lassen und ihn nicht als eine Stütze nehmen, eine Leiter, die man verwendet, um da hinauf- und hinunterzuklettern.

Ich will das Label „Konstruktivismus" möglichst nicht als Einstieg verwenden. Das Label mag im Laufe der Diskussion erscheinen; in der Form von: „Haben nicht einige Konstruktivisten so etwas Ähnliches gesagt?" Oder: „Haben solche Ideen nicht dazu geführt, dass einige Leute behaupten, sie seien Konstruktivisten?" Dann ist der Konstruktivismus eine Folge der Überlegungen, die einige Leute adoptiert haben.

Zum Beispiel werde ich immer als Konstruktivist bezeichnet, weil ich einen Artikel geschrieben habe, der *On Constructing a Reality* heißt. Da habe ich noch gar keine Ahnung gehabt, dass es einen Konstruktivismus gibt, keine Idee gehabt von Piagets *Le construction du réel chez l'enfant*. Ich war ein ungebildetes Baby, das gesehen hat:

„Wenn man ‚Realität' einführt, ist das doch mehr oder weniger eine Konstruktion oder eine Erfindung."

Zu meiner Haltung gehört, dass der Metaphysik wieder ein guter und klar sichtbarer Boden gegeben wird; und Metaphysik nicht ununterbrochen zum Fenster hinausgeschmissen wird, weil viele Leute sie missbraucht haben, um gewisse Ideen zu verkaufen, die anders nicht verkäuflich sind.

Für mich ist ziemlich klar, was ich als Metaphysik verwende. Aber ich hätte gerne eine Stütze gefunden in Leuten wie Kant oder Schopenhauer, die auch über Metaphysik gesprochen haben. Deren Ansichten von Metaphysik möchte ich gerne so modulieren, dass sie in meine Ansicht von Metaphysik passen. Sodass ich sage: „Schauen Sie, das ist ja gar nicht so wild. Kant hat ja schon so etwas Ähnliches gesagt!" Ich missbrauche Metaphysik nicht, sondern ich verwende sie, um eine klare Sicht dessen zu geben, was ich tue, wenn ich zu einem Metaphysiker werde.

Monika
Wie bist du darauf gekommen, dass Metaphysik im Zusammenhang mit Ethik eine Rolle spielt? Woher taucht der Begriff auf?

Heinz
Das ist diese Sache mit „prinzipiell unentscheidbar". Ständig entscheiden wir, ohne es zu merken, prinzipiell unentscheidbare Fragen. Deswegen kriegen sich die Leute immer in die Haare; denn jeder behauptet: „*Ich* habe Recht." Dass da eine Freiheit existiert, wenn man unbeantwortbare, unentscheidbare Fragen beantwortet, sehen nur sehr wenige Leute; wenn man da eine Entscheidung fällt, entweder *so, so, so* oder *so* zu entscheiden. Vielen Leuten fällt gar nicht auf, dass sie eine Entscheidung getroffen haben. Daher glauben sie, sie sind im Besitz der wirklichen Wahrheit. Sie haben nicht gemerkt, dass da eine Freiheit bestand, in der sie das Spiel entschieden haben, welches sie von jetzt an spielen wollen.

Monika
Aber was haben die unentscheidbaren Fragen mit Metaphysik zu tun? Wo ist da die Brücke?

6

Heinz

Ich nenne jene menschliche Aktivität, die unentscheidbare Fragen entscheidet, eine metaphysische Aktivität. Ich nenne Metaphysik die Tätigkeit, bei der Menschen aus irgendwelchen Gründen, die sie nicht sagen können, eine unentscheidbare Frage entscheiden. Das Interessante ist, dass wir überhaupt unentscheidbare Fragen haben. Ja, wie kommt das? Wieso haben wir das? Das kann doch nur durch die Sprache entstanden sein! Nur die Sprache produziert Fragen wie: „Um Himmels willen, wie kann ich jetzt entscheiden?" Plötzlich zwickt einen eine Schwierigkeit, die nur durch die Sprache generiert wird; weil ich eine Frage stelle, die, wenn man sie näher anschaut, unentscheidbar ist.

Monika

Und was ist Sprache? Was meinst du mit Sprache?

Heinz

Da kannst du alles Mögliche nehmen. Ich verwende Sprache jetzt so, als ob wir sprechen würden; so, als ob wir wüssten, was Sprache ist. Denn der Trick ist der: In dem Moment, wo ich Sprache definieren soll, nehme ich schon an, dass Sprache bekannt ist, denn ich definiere sie ja mit Sprache.

Monika

Unentscheidbare Fragen –; woher kommt diese Unterscheidung?

Heinz

Was ist *dein* Problem bezüglich unentscheidbarer Fragen?

Monika

Mein Problem ist: Woher …? Wer hat zum ersten Mal gesagt, es gibt unentscheidbare Fragen im Gegensatz zu entscheidbaren Fragen? Welche Fragen fallen in die Kategorie deiner Ansicht nach unentscheidbarer Fragen? Welche Fragen sind entscheidbar? Oder sind vielleicht alle Fragen unentscheidbar?

Heinz

Sehr gut möglich. Ich bin kein Akademiker. Ein Akademiker könnte das Problem der Entscheidbarkeitsfragen wahrscheinlich viel tiefer erforschen. Ich weiß nur von meiner eigenen Bildung, wann ich zum ersten Mal auf die Entscheidbarkeit von Fragen gestoßen bin. Und das war in den Diskussionen über Propositionen innerhalb eines axiomatischen Systems; ob die entschieden werden können; ob sie von den Axiomen ableitbar sind oder nicht. Also das Spiel ist ein richtiges Schachspiel oder Mühlespiel oder Bridgespiel. Du kommst mit einer Gruppe von Sätzen, von denen du glaubst, dass sie alle semantisch unabhängig sind. Diese Sätze sind die Regeln für das Spiel. Man nennt sie in der Philosophie „Axiome". Man hat also eine Gruppe von Axiomen, und aus denen können jetzt gewisse Propositionen entwickelt werden. Euklid zum Beispiel konnte mit seinen fünf Axiomen die ganze Geometrie der Ebene entwickeln. Es ist unglaublich, was der Mensch da gesehen hat! Dieses Spiel war so ansteckend, dass man gefragt hat: „Können wir das auch für andere Bereiche verwenden?"

Und da kamen die –; das ist jetzt *meine* Geschichte; die akademische Geschichte mag vielleicht ganz anders ausschauen. *Meine* Geschichte ist, dass die Philosophen des neunzehnten Jahrhunderts, die sich mit der Formalisierung der Logik beschäftigt haben, ähnliche Versuche unternommen haben und Axiomensysteme gebaut haben, mit denen man ableiten kann, ob gewisse Propositionen entscheidbar sind oder nicht.

Das Entscheiden stellt sich also als Folgendes heraus: Kann ich eine Proposition, die in diesem logischen Bereich vorkommt, von den fünf, sechs oder zehn Axiomen als gültig ableiten? Wenn ich das kann, ist es eine entscheidbare Proposition. Dann kann ich zeigen, ob sie ist falsch oder richtig ist. Die Frage ist: Können gewisse Propositionen, die ich jetzt erfinde, innerhalb dieses Axiomensystems als falsch oder richtig bewiesen werden? Kann ich entscheiden, ob ich von dem großen System der Axiome auf diese Proposition herunterkommen kann und sagen kann: „Sie ist wahr oder falsch"?

Russell hat geglaubt, er hätte ein logisches System entwickelt, dem alle Propositionen, die du machen kannst, tatsächlich ableitbar sind. Das heißt, du kannst sagen, sie sind falsch oder richtig. Da hat Kurt Gödel, ein junger Bursch aus Wien, gesagt: „Lieber Berti, du irrst dich! Innerhalb deiner gigantischen Maschine, *Principia Mathematica*, gibt es Propositionen, die du nicht aus deinem System ableiten kannst, das heißt, es gibt unentscheidbare Propositionen in dem System." Das ist der berühmte Gödel-Beweis.

Also dieses Spiel der Axiomatisierung, Entscheidbarkeit, Ableitbarkeit et cetera hat mich fasziniert. Schon als junger Mensch, also so mit fünfzehn, sechzehn, siebzehn, haben mich diese Fragen interessiert; und da ist mir dann aufgefallen: „Aber Heinzerl, was deine Mutter über den Spinat sagt, ist genauso unentscheidbar wie das, was Gödel über Russell sagt. Es ist ja gar nicht so kompliziert! Woher weiß sie, dass der Spinat gut ist? Weil *ihr* der Spinat schmeckt? Aber sie sagt: ‚Der Spinat *ist* gut.‘ Mir schmeckt er überhaupt nicht. Ja, wie kann man jetzt entscheiden, ob der Spinat gut ist oder nicht?“ Da habe ich gesehen: „Es ist eine prinzipiell unentscheidbare Frage.“ Man könnte natürlich sagen: „Ich frage 100 000 Leute; 52 200 Leute sagen: ‚Er ist gut‘, 37 600 sagen: ‚Er ist schlecht‘, und die anderen wissen nicht, ob er gut oder schlecht ist.“ Dann kann man sagen: „Aus diesem Grund habe ich jetzt entschieden. Weil ich eine Spielregel erfunden habe, wie man entscheiden kann, ob Spinat gut oder schlecht ist.“ Aber mir ist schon, als ich ganz klein war, aufgefallen, dass ich dauernd mit unentscheidbaren Fragen über den Kopf geschlagen werde, von denen ich sage: „Aber Onkel Sowieso, das kann man doch gar nicht entscheiden!“ Also schon als kleines Kind war Heinz eine ekelhafte Pest. Diese Pesthaftigkeit habe ich mir erhalten, bis ich ein großer Professor geworden bin und gescheite Sachen von mir geben musste.

Monika
Das ist doch wie mit unserer ständigen Diskussion über die Suppe.

Heinz
Genau. Du hast mich ja schon mehrmals auf meine komische Formulierung aufmerksam gemacht: „Diese Suppe ist gut.“ Da hast du dann gesagt: „Ja, wieso? Die Suppe *ist* ja gar nicht gut. *Dir* schmeckt sie.“ Ich habe gesagt: „Das stimmt.“ – „Ja, aber dann kannst du ja nicht sagen, dass die Suppe gut *ist*. Denn wenn du behauptest: ‚Die Suppe ist gut‘, und mir schmeckt sie nicht, fühle ich mich entweder schlecht oder finde, dass du einen falschen Geschmacksnerv hast; wir streiten uns, ob die Suppe gut oder schlecht ist. Wenn du aber sagst: ‚Die Suppe schmeckt mir gut‘, kann das kein Mensch angreifen. Plötzlich vermeidest du einen *clash*, eine Störung.“

Monika

Und die unentscheidbaren Fragen führen dich zu zwei Hauptfragen: „Bin ich ein Teil des Universums?" Und …

Heinz

Nein; das führt nicht dahin, sondern ist eine Haltung, die ich für einen guten Einstieg für Fragen dieser Art halte. Das ist eine rein persönliche strategische Idee, so wie beim Schach: Was sind die ersten Züge? Da zieht man gewöhnlich mit dem Bauer aus der ersten Reihe von d2 nach d4. Man könnte natürlich mit dem Rössl drüberspringen und über das Rössl einen Einstieg machen. Mir fällt in vielen Fällen der Einstieg leicht, wenn ich zuerst einmal sage: „Es gibt unentscheidbare Fragen. Und jetzt passen Sie mal auf, meine Damen und Herren: Wenn wir diese Frage für uns entscheiden – nämlich, ob ich ein Teil der Welt bin oder nicht –, entwickeln sich völlig verschiedene Haltungen." Und was mich immer überrascht, ist, dass die Menschen diese unentscheidbare Frage entscheiden, ohne zu merken, was sie dabei tun.

Diesen Bereich, wo man noch nicht weiß: „Soll ich dieses oder jenes als meine Haltung akzeptieren", nenne ich Metaphysik. Einen Metaphysiker nenne ich den Menschen, der bewusst sagt: „Ich weiß, dass ich diese Wahl vor mir habe. Ich entscheide mich: Ich bin ein Beobachter, der durch ein Guckloch auf die Welt schaut und berichtet, was er da sieht." Oder: „Ich habe kein Guckloch. Ich bin ein Teil der Welt. Was immer ich tue, tue ich der Welt, und was immer die Welt tut, tut sie mir." Zu entscheiden, wer da Recht hat, ist völlig unsinnig. Man könnte natürlich ein Spiel spielen: Experimente aufstellen, die entscheiden sollen, ob der Gucklochmensch oder der Mitmensch, der Mitspielmensch oder Teilnehmermensch Recht hat. Ich behaupte aber, dass die Antwort dieser Frage schon im Experiment enthalten ist. Ich behaupte also: Experimente, die unabhängig von dieser Entscheidung entscheiden sollen, gibt es nicht.

Monika

Und warum ist das Metaphysik?

Heinz

Ich nenne das deswegen Metaphysik, weil ich das Gefühl habe, dass die ursprüngliche Idee der Metaphysik in diesem Bereich denkt, lebt und funktioniert. Leider ist Metaphysik durch spätere Nachfahren in eine Fußmattenposition heruntergerissen worden. Aus dieser Fußmattenposition will ich sie in den Bereich der legitimen menschlichen Denkformen zurückziehen; in einen Bereich, in dem man nicht schon weiß, wie alles ist.

Monika
Warum der Begriff Metaphysik für dieses Problem?

Heinz
Das ist eine historische Bemerkung. Du weißt: Aristoteles hat viele Bücher geschrieben: *De anima, De motu animalium* et cetera. Und da gab es einen riesigen Stoß von Papieren, die die Aristoteliker des Mittelalters nicht kategorisiert haben. Die hat Aristoteles geschrieben, nachdem er über „Physica" geschrieben hatte. Also, er hat die Physik entwickelt, und dann hat man diese Papiere hinter die Physik gesteckt. Und „hinter der Physik" heißt „meta physica". Das ist der letzte Band: *Metaphysica*. Welche Probleme behandelt Aristoteles da? Was haben die Scholastiker des Mittelalters, die Aristoteliker, gemeint, gehört in diesem Band? Da gehören zum Beispiel Fragen über Kausalität – „Was ist der Grund?" – et cetera, also Fragen der ganz allgemeinen Natur, hinein. Das ist ein reiner Zufall. Das hat nichts mit Mystizismus oder so etwas zu tun. Die Scholastiker des Mittelalters haben eine Klasse von Problemen gefunden, die bei Aristoteles keinen Titel hatten. Die haben sie in einen Band gestopft, den sie dann „hinter der Physik" genannt haben. Und da drin werden Probleme der Art behandelt, wie ich sie mir auch gerne überlege; nämlich: Wieso *causa finalis*? Wieso *causa efficiens*? Wieso *causa formalis*? Was sind das für Begriffe? Das ist doch eine Wahl von Themen, die prinzipiell unentscheidbar sind; wo man dem Thema einen Namen gibt, weil man Lust hat, dieses Thema zu studieren.

Diese Metaphysikidee wurde natürlich von den Philosophen nach den Scholastikern häufig aufgegriffen. Kant hat sie benutzt, Schopenhauer hat sie benutzt et cetera et cetera. Die haben alle über Metaphysik gesprochen. Kant schon hatte jedoch Schwierigkeiten, Metaphysik einzuordnen. Da ist von dem Namen eines Bandes die Idee, die in diesem Band war, verallgemeinert worden. Und daher sind die Interpretationen dessen, was in dem Band steht, verschieden. Meine Interpretation unabhängig von allen Philosophen ist:

Ich, Heinz von Foerster, weiß, was ein Metaphysiker ist: einer, der über prinzipiell unentscheidbare Fragen für sich entscheidet.

Monika
Aber dann ist ja jeder ein Metaphysiker.

Heinz
Das behaupte ich! Wir sind alle Metaphysiker, ohne es zu wissen. Ich mache meine Freunde darauf aufmerksam, dass sie, wenn sie, ohne es zu wissen, Entscheidungen über prinzipiell unentscheidbare Fragen treffen, Metaphysiker werden; ob sie wollen oder nicht.

EIN DI-LEMMA?

Monika
Gibt es denn bei dir Richtlinien, dass bestimmte Entscheidungen über unentscheidbare Fragen anderen Entscheidungen gegenüber bevorzugt werden sollten; dass sie besser sind; sinnvoller?

Heinz
Das ist die Sache mit der Verantwortung. Ich bin ja frei. Ich kann *so* oder *so* entscheiden. Das Wort „besser" ist eine Verteidigung, dass ich das eine genommen habe und nicht das andere. Das „besser" führe ich daher gar nicht ein. Für mich ist *nichts* besser. Ich entscheide mich *so* und *so*, und für mich ist das das Beste. Ich behaupte, ich kann ein Leben führen, mit dem ich selber fertig werde, wenn ich mich dafür entscheide, ein Teil der Welt zu sein und nicht ein Gucklochmensch. Aus dieser Haltung fließt unendlich viel. Ich bin ganz überrascht, wie viel aus dieser Haltung herausströmt, von der man am Anfang gar nicht weiß, was für unglaubliche Konsequenzen sie hat.

Monika
Nun können aber doch Entscheidungen negative Auswirkungen haben; auf andere, auf die Gesellschaft, auf das, was ich Ökologie nenne, et cetera.

Heinz
Na ja, na klar; ja, ja.

12

Monika
Aber für dich mag es trotzdem die beste Entscheidung sein.

Heinz
Ist es nicht für die meisten Leute die beste Entscheidung, den, der anderer Meinung ist, umzubringen?

Monika
Aber dann hast du *doch* eine ethische Richtlinie; würdest du sagen, jemanden umzubringen ist nach deiner Ethik *nicht* gut? Gibt es denn bei dir Grundsätze, was gut und was schlecht ist?

Heinz
Die gibt es bei mir nicht! Das Gute und das Schlechte sind eine semantische Falle.

Monika
Warum?

Heinz
Weil man glaubt zu wissen, was gut und schlecht ist, und daher so handelt, als ob es gut oder schlecht wäre. Und dann hat man den anderen umgebracht, weil es ja besser ist, den anderen umzubringen.

Monika
Wir kommen irgendwie nicht weiter. Deiner Ansicht nach ist es ja *nicht* gut, einen anderen umzubringen. Und du möchtest ja vielleicht, dass andere auch sehen, dass es nicht gut ist, einen anderen umzubringen. Oder ist es dir ganz egal, was andere machen?

Heinz
Nein, es ist mir nicht egal, was andere machen. Aber mein Problem ist: Wie mache ich es, dass der Hörer das hört, was ich hoffe, das er hört. Immer entscheidet *er*, was er gehört hat. Das interessante Problem ist: Der andere ist immer frei, zu entscheiden, ob er mir jetzt zuhört oder nicht oder ob das, was ich gesagt habe, von ihm akzeptiert wird.

Monika

Also ein Buch über Ethik würde für dich keinerlei Richtlinien beinhalten.

Heinz

Nein, Richtlinien kommen in der Ethik nicht vor. Nur in der Moral kommen Richtlinien vor.

Monika

Und die Moral möchtest du ganz abschaffen?

Heinz

Ich möchte sie nicht abschaffen. Ich möchte aufmerksam machen, dass Moral eine *coercive machine*, eine *„Zwangsmaschine"* ist; wo man dem anderen sagt, wie er sich zu verhalten hat.

Monika

Wie kommst du auf diese Unterscheidung zwischen Ethik und Moral? Hast du die erfunden?

Heinz

Nein. Na ja, natürlich habe ich die erfunden. Weil ich klar machen möchte, dass Ethik und Moral nichts miteinander zu tun haben. Moral sagt immer dem anderen. Das ist die Stellung des Mächtigen gegenüber dem Schwachen. Und der Mächtige möchte den Schwachen so lange schwach halten, wie er kann. Daher sagt er ihm, wie er sich benehmen soll. Denn dann bleibt der Starke der Starke. Das ist die Idee. Die Moralisten sagen: „Wir sind die Guten. Wir machen das Gute. Wir sagen, was gut ist"; und dann hängen sie die anderen auf. Darauf möchte ich nur aufmerksam machen: „Meine Damen und Herren: Hier die Guten, die alles Gute wollen; sagen immer den anderen, wie sie sich zu verhalten haben."

Monika

Und dein Ziel war es nie, deine Ethikposition zu verbreiten? Dass möglichst viele Leute den Unterschied zwischen Ethik und Moral so sehen?

Heinz

Nein. Ich hätte gerne, dass die Leute sehen, dass sie eine Entscheidung getroffen haben. Ich weiß nicht, ob mir das gelingt; aber in meiner Naivität habe ich gemeint, wenn man sieht: „Wow, ich habe da eine Entscheidung getroffen!", kann man vielleicht eine andere Entscheidung treffen. Vielleicht kann man sehen: „Aha! Durch diese Entscheidung, die ich getroffen habe, ist das und das passiert."

Take it or leave it.
Ich will niemandem etwas verkaufen.
Ich will keinen Menschen zu etwas überreden.
Ich will nur aufmerksam machen.
Das Einzige, was ich will, ist aufmerksam machen.

Monika

Wie kommen denn überhaupt Entscheidungen zustande?

Heinz

Dadurch, dass du verschiedene Möglichkeiten hast. Daher bin ich immer dafür: Handle stets so, dass die Anzahl der Möglichkeiten wächst.

Monika

Wie kann ich das machen? Und was heißt das?

Heinz

Was heißt das? Wenn ich zum Beispiel sage: „Das Gesetz ist, dass die Leute bei Grün über die Kreuzung fahren und bei Rot nicht", habe ich die Handlungsfreiheit der Autofahrer eingeschränkt; denn wenn es dieses Gesetz nicht gäbe, könnten sie sich ja entscheiden, ob sie jetzt über die Kreuzung fahren oder nicht.

Monika

Und die Gesetze willst du alle abschaffen?

Heinz

Nein; will ich gar nicht. Ich will nur darauf aufmerksam machen, dass jedes Gesetz die Freiheit einschränkt. Zum Beispiel ist in einer hierarchischen Organisation, wo die Kommandos alle von oben kommen, die Freiheit der einzelnen Leute weggenommen. Viele begrüßen das; denn wenn sie keine Freiheit haben, haben sie nicht die Schwierigkeit, eine Entscheidung zu treffen. Und wenn sie keine Entscheidung treffen müssen, haben sie auch keine Verantwortung.

Monika
Und wie kann ich so handeln, dass die Anzahl der Möglichkeiten wächst?

Heinz
Indem ich zum Beispiel solche Einschränkungen nicht vornehme. Zum Beispiel: Wir sind in einem Dilemma. Da gibt es verschiedene Probleme. Wie sollen wir jetzt handeln? Gibt es nicht noch ganz andere Möglichkeiten, die wir betrachten können, um aus diesem Dilemma, das nur zwei Möglichkeiten zeigt, aussteigen zu können? Es werden neue Wege von den Diskutanten vorgeschlagen, neue Möglichkeiten, aus dieser Problematik herauszukommen, betrachtet. Immer wieder denke nach: Gibt es da nicht etwas Neues?

Das ist zum Beispiel die Aufgabe der so genannten *negotiators*, der Mediatoren oder Vermittler; den verschiedenen Parteien bei einem Konflikt neue Sichten, neue Lösungen, neue Optionen, neue Möglichkeiten zu zeigen.

„ES IST KLAR ...“

Mein Versuch ist, zu zeigen,
dass Ethik implizit strömen kann,
ohne explizit zu werden.

Heinz
„Es ist klar, daß sich die Ethik nicht aussprechen läßt." Das ist die Proposition 6.421 im Tractatus.

Monika
Warum? Ist mir überhaupt nicht klar.

Heinz

Die Idee mit dem „Es ist klar" ist, dass man die Begründung gar
nicht liefern will; weil es ja klar ist. Wenn ich sage: „Es ist klar, dass
das und das der Fall ist", lade ich meinen Zuhörer ein, sich zu überlegen, wieso es klar ist. „Ah ja, natürlich! Ethik lässt sich ja nicht
aussprechen!" Denn in dem Moment, wo ich anfange, über Ethik
zu sprechen, in dem Sinne, was Ethik ist und was sie soll et cetera
et cetera, rutscht die ganze Diskussion in das Moralisieren ab. Dann
fange ich damit an, was man tun darf, was man nicht tun darf, über
was man sprechen darf, über was man nicht sprechen darf et cetera
et cetera.

Monika

Warum? Es gibt ja sicherlich auch andere Möglichkeiten, über Ethik
zu sprechen.

Heinz

Und das ist das, was wir versuchen, nicht? Sodass Ethik überhaupt
nie vorkommt, sondern immer implizit bleibt. Das heißt, dass das,
was aus den Sätzen, den Gedanken, den Bewegungen, den Aktionen
fließt, durch ein Gefühl der Verantwortung gebunden ist; ein Gefühl,
dass ich das, was ich jetzt mache, so mache, dass ich, wenn nachher
jemand fragt: „Was haben Sie da gemacht?", sagen kann: „Ich habe
dieses und jenes versucht." So dass es nicht so aussieht, als ob ich
mich einer Doktrin unterwerfen würde. Im Gegenteil: In jeder meiner Handlungen erfinde ich sozusagen eine neue Haltungsstellung,
eine neue Stellung, aus der heraus ich mich dann entschließen kann,
was der nächste Schritt sein kann.

Monika

Gut; doch zurück zu Wittgenstein. „Es ist klar, daß sich die Ethik
nicht aussprechen läßt." Wie ist die Geschichte bei Wittgenstein? Wie
kommt er zu dieser Aussage? Was hat Wittgenstein dazu gebracht,
sich mit Ethik und Moral zu befassen?

Heinz

Der ganze *Tractatus logico-philosophicus* ist für mich ein „Tractatus
ethico-philosophicus". Wittgenstein möchte auf irgendeine Weise
zeigen, dass sich Ethik nicht aussprechen lässt. Für mich war es ein

unerhört wichtiger Anhaltspunkt in meiner Jugend, der ein Leitfaden für den Rest meines Lebens geworden ist.

„Es ist klar, daß sich die Ethik nicht aussprechen läßt."
Eine Standard-Englischübersetzung ist: „It is clear that ethics can not be put into words."
Ich behaupte: Das ist eine falsche Übersetzung.
„It is clear that ethics can not be articulated" ist mein Satz; denn „put into words" ist möglich.
Ich möchte „ethics implicit" haben; und das kann immer noch „be put into words".

Monika
Und Wittgenstein begründet das ja – „Es ist klar, daß sich die Ethik nicht aussprechen läßt" – in der Folgeproposition.

Heinz
In der Folge und auch in den Vorsätzen. Ja, für viele Leute ist es gar nicht klar, dass sich Ethik nicht aussprechen lässt. Aber die Sache ist, dass die Klarheit dadurch entsteht, dass dieser Satz in einem Kontext ausgesprochen wird, der oft nicht gesehen wird. Der erste Teil dieses Kontexts sind die Sätze der unabhängigen Elementarsätze; die für sich stehen. Du kannst zwar etwas von den Elementarsätzen ableiten, aber nicht andere Elementarsätze. Jetzt kommt die berühmte Frage nach dem Wert eines Satzes. Da zeigt Wittgenstein, dass Sätze keinen Wert haben, also dass die Wertfrage bei Sätzen oder Propositionen in sich selbst eine logisch-epistemologische Irr-Idee oder nicht akzeptabel ist.

Monika
Kannst du mir das erklären?

Heinz
Ja. In den Vorsätzen tut er Folgendes: Er zeigt, dass die Sätze in der Welt keinen Wert haben. Er beginnt mit der Wertlosigkeit; und darin folge ich ihm auch, allerdings von einer anderen Richtung.

Monika
Was heißt das; Wertlosigkeit?

Heinz

Das heißt, Gut und Böse sind eine semantische Falle. Diese Behauptung ist für viele Menschen natürlich ein großer Schreck. Das Teuflische ist, dass mit diesem Gut und Böse sofort ein Relativismus eingeführt wird, der ja meinen Hoffnungen nach möglichst nicht eingeführt werden soll. Das heißt, von meinem Standpunkt aus ist es „gut", aber von deinem Standpunkt aus ist es „schlecht". In dem Moment, wo dieser Relativismus auftaucht, verschwinden alle Relationen. Alle Beziehungen sind weg. Alle Beziehungen sind beim Teufel. Denn der eine kann eben sagen: „Ich", und der andere sagt auch: „Ich". Das ist das Problem mit der berühmten Wahrheit: Wahrheit ist die Erfindung eines Lügners. Wenn man nicht von Wahrheit spricht, ist sie eben nicht da. Dann ist nicht Wahrheit da, sondern Vertrauen. Meiner Meinung nach ist Vertrauen das fundamentale Relationsproblem. Wie kann ich dem anderen vertrauen?

Monika

Wie verstehst du Vertrauen?

Heinz

Vertrauen zeigt sich, wenn ich nicht zu prüfen brauche, ob das, was ein anderer gesagt hat, der Fall ist oder nicht. Wenn einer mir sagt: „Schau, hinter dir ist ein Elefant", sage ich: „Da muss wohl ein Elefant sein." Dann drehe ich mich um; ist der Elefant verschwunden; merkwürdigerweise. Warum? Ich weiß nicht, warum, aber jedenfalls war hinter mir ein Elefant. Das nenne ich Vertrauen. Wenn der andere mir etwas sagt, sage ich: „Ich nehme es hin, wie er es sagt." Natürlich kannst du jetzt einwenden: „Der Hörer, nicht der Sprecher bestimmt die Bedeutung einer Aussage." Dann übernehme ich eben meine Interpretation dessen, was er jetzt gerade gesagt hat, das heißt das, was ich verstanden habe, das er gesagt hat; vertraue dem anderen. Und ich glaube, wenn man das weiterentwickeln würde, könnte man sagen: Das Problem der Wahrheit verschwindet, wenn man vertraut.

Monika

Worauf ich aber mit meiner Frage eben zu Wittgenstein hinauswollte, ist, dass er sagt, dass ethischer Lohn oder ethische Strafe in der Handlung selbst liegen müssen.

19

*Es muss zwar eine Art von ethischem Lohn und ethischer Strafe geben,
aber diese müssen in der Handlung selbst liegen.*

Heinz

Ja, das finde ich eine sehr wichtige Beobachtung.

Monika

Und was heißt das? Wieso überhaupt Lohn und Strafe?

Heinz

Die nächste Proposition Wittgensteins, nach der „Es ist klar, daß sich
die Ethik nicht aussprechen läßt", ist die folgende: „Der erste Gedanke" – bei mir der zweite Gedanke – „bei der Aufstellung eines
ethischen Gesetzes" – ich würde sagen: eines Moralprinzips – „von
der Form ‚du sollst ...' ist: Und was dann, wenn ich es nicht tue?"
Damit zeigt er die Unsinnigkeit der „Du-sollst-Methode". Denn
wenn ich es nicht tue, kommen die Konsequenzen für die, die an die
„Du-sollst-Methode" glauben. Dann haue ich dir die Hand ab. Dann
werfe ich dich für zwanzig Jahre ins Gefängnis und so weiter und so
weiter. Es heißt also gar nicht: „Du sollst nicht töten!" Es heißt: „Du
darfst töten, aber es kostet dich zwanzig Jahre."

Das schönste Beispiel ist in der Wiener Moralphilosophie zu finden. Eine Zeit lang – bis 1938 – hatten wir in Österreich einen Bundespräsidenten; der hieß Wilhelm Miklas. Miklas war ein Volksschul-
lehrer, hatte zwölf Kinder und war ein wichtiges Objekt von Witzen in
der politischen Wiener Philosophie. Als das riesige Ausstellungsge-
bäude, die Rotunde, gebrannt hat, ist er sofort mit einer großen Schere
hingefahren, hat den Feuerwehrschlauch durchgeschnitten und ver-
kündet: „Ich erkläre den Rotundenbrand für eröffnet." Ein anderer
Witz war: „Wenn man den Außenminister erschießt, bekommt man
zehn Jahre Gefängnis; wenn man den Innenminister erschießt, bekommt man zwanzig Jahre; aber den Bundespräsidenten darf man
gar nicht erschießen."

Das ist eine Art von Moralstruktur: Moral wird zu einem Ein-
kaufskatalog, wo man nachschauen kann, wie viel der Innenminister kostet. „Der kostet zehn Jahre. Das ist zu teuer"; et cetera. Einige
Fälle sind gar nicht im Katalog aufgeführt; die sind offenbar unver-
käuflich. In dem Moment, wo du Strafe und Lohn einführst, wird
jede Handlung zum Geschäft; also hat das gar nichts mehr – wie

ich hoffe, zeigen zu können – mit Ethik zu tun. Das sind einfach Geschäftsabkommen, in denen man dieses oder jenes macht. Wie du leicht aus meiner Auffassung von Moral entnehmen kannst, möchte ich das alles fernab von Ethik halten. Die gesamte Idee der Ethik hat nichts mit Lohn und Strafe zu tun. Daher ist die Frage nicht: Was passiert, wenn ich es nicht tue?, sondern: Lohn oder Strafe müssen in der Handlung selbst liegen. Wenn ich von einem anderen erfahren soll, ob diese Handlung eine gute oder schlechte war, falle ich ja genau in diese Falle; dass ein anderer mir sagt, was gut oder schlecht ist; dass ein anderer mir sagt „Du sollst" und „Du sollst nicht".

Wenn eine Aktion stattfindet, wenn ich diesem Bettler jetzt diesen Dollar gebe oder diesem Menschen helfe, in die Eisenbahn einzusteigen, macht mir die Handlung Freude. „Dem habe ich jetzt geholfen." Es macht mir Spaß. Wir reden vielleicht, und ich mache einen kleinen Witz über dieses oder jenes. Das war ein schönes Erlebnis.

Monika
Also purer Egoismus.

Heinz
Purer Egoismus von dem Standpunkt; ja, genau. Wie jede altruistische Handlung einfach eine egoistische Handlung ist; weil ich sie lieber tue als die andere. Wieder zeigt sich, dass Altruismus und Egoismus schon eine semantische Falle sind. Das ist wie mit dem Gut und dem Böse. Ethik muss in der Handlung selbst sein.

Durch die Augen des Anderen

Heinz
Eine Geschichte, die mich tief ergriffen hat, ist die folgende:
Viktor Frankl ist wie durch ein Wunder lebend durch die Jahre im Konzentrationslager durchgekommen. Als Vorsitzender der Neuropsychiatrie im Wiener Krankenhaus hatte man ihn direkt in seinem Büro verhaftet und seine ganze Familie an anderen Stellen abgeführt. Er hat seine Frau nie mehr wiedergesehen, hat seine Eltern nie mehr wiedergesehen. Die sind alle in den Konzentrationslagern gestorben.

Er hat das Lager überlebt. Er ist, nachdem die Amerikaner dieses Lager befreit hatten, zu Fuß nach Wien gegangen; ist zurück in sein Büro, wo er vier Jahre zuvor verhaftet worden war, und hat seine Praxis wieder aufgenommen. Glücklicherweise habe ich von Frankl gewusst; glücklicherweise habe ich ihn kennen gelernt; glücklicherweise haben wir beruflich miteinander zu tun gehabt, weil ich ihn eingeladen habe, bei einer Radiosendung wöchentlich mitzuspielen.

Er hat in der damaligen Zeit den Menschen, die in Wien verzweifelt ihre neue Wurzeln zu finden versucht haben, unendlich geholfen. Zwei Punkte waren da ganz wichtig. Der eine: Die Menschen in Wien wurden für die Konzentrationslager verantwortlich gemacht. Da hingen diese riesigen Plakate mit diesen fürchterlichen aufgestapelten Leichen, und oben stand: „Das ist deine Verantwortung." Viele Leute haben gesagt: „Ich habe überhaupt nichts von Konzentrationslagern gewusst; ich habe keine Ahnung gehabt, was da Entsetzliches vor sich gegangen ist." Für diese Leute hat Frankl gesprochen, hat gesagt: „Ich war in einem Konzentrationslager. Ich hätte wissen müssen, was da passiert. Ich habe auch nicht gewusst, was mit den vielen Leuten, die da verschwunden sind, passiert ist." Kannst du dir vorstellen, was das für eine Erleichterung für Menschen war, die beschuldigt wurden, verantwortlich für die Konzentrationslager zu sein; wenn ein Mensch, der aus dem Lager kommt, sagt: „Ich habe es auch nicht gewusst"?

Und stell dir vor: Da kommt ein Mensch, der es wirklich sehr schwer gehabt hat, und sagt: „Wir sagen immer, dass diese SS-Leute alle Schurken und Schweine waren. Natürlich waren sie Schurken und Schweine, aber ich erzähle euch: Eines Tages; ich stehe da im Graben; ich schaufele. Ich bin an der Grenze meiner Möglichkeiten. Da geht ein SS-Mann vor mir her und wirft mir ein Stück Brot herunter. Was das bedeutet, kann man sich ja gar nicht vorstellen! Wenn jemand den erwischt, dass er mir, einem KZler, ein Stück Brot gibt, ist der Mann in zehn Minuten selber ein KZler. Bedenkt doch, was das bedeutet; dass dieser Mensch mir ein Stück Brot gibt! Also, die so genannte ‚Kollektivschuld' kann ich nicht akzeptieren. Jeder ist für sich und seine Taten verantwortlich. Es gibt keine ‚Kollektivschuld'."

Frankls Bücher wie ... *trotzdem Ja zum Leben sagen. Ein Psychologe erlebt das Konzentrationslager*, kleine Büchlein, vielleicht fünfzig oder hundert Seiten, waren eine unerhörte Befreiung für viele Menschen in Wien.

Ein anderes Wunder ist geschehen: Ein Ehepaar, ein Mann und seine Frau, die in verschiedenen Konzentrationslagern waren und keine Ahnung gehabt haben, ob der andere lebt, treffen sich in Wien nach vier Jahren KZ wieder. Das ist überwältigend. „Was, du lebst?", „Was, du lebst?" Nach einem Monat stirbt die Frau an einer Krankheit, die sie sich in ihrem Lager zugezogen hat. Der Mann war völlig gebrochen, hat auf seinem Schemel in der Küche gesessen, wollte nichts anrühren, wollte nichts tun. Seine Freunde sind gekommen und haben gesagt: „Komm doch! Schau; sei doch froh, dass sie überhaupt überlebt hat! Sei froh, dass du sie noch gesehen hast! Sie hätte ja auch früher sterben können." – „Lasst mich in Ruhe! Ich will nichts wissen. Ich bleibe hier sitzen und tue nichts." Also, die Freunde waren verzweifelt, haben dieses versucht, jenes versucht; haben etwas gekocht; aber er wollte nichts essen. Schließlich haben sie versucht, ihn zu überreden, Viktor Frankl zu besuchen, denn der hat ja ein ähnliches Schicksal gehabt. „Der wird dich verstehen. Der weiß, wovon du sprichst." Und es ist ihnen gelungen: Er ist zu Frankl gegangen. Die beiden haben eine Stunde oder vielleicht zwei miteinander gesprochen. Plötzlich ändert Frankl das Thema und sagt: „Nehmen Sie an, Gott gäbe mir die Kraft, eine Frau zu erschaffen, die genau so ist wie Ihre; die sie nicht unterscheiden könnten von Ihrer Frau. Sie hat dieselbe Sprache, dieselben Erinnerungen, dieselben Ideen, dieselben Gefühle. Angenommen, Gott gäbe mir die Kraft, eine solche Frau für Sie zu erschaffen, würden sie das wollen?" Der Mann sitzt vielleicht vier, fünf Minuten, sagt: „Nein!", steht auf, schüttelt Frankl die Hand, sagt „Danke vielmals", geht hinaus und wendet sich dem Leben wieder zu.

Das ist eine erschütternde Geschichte. Unglaublich! Was ist da los? Da ich Frankl beruflich sehr oft gesehen habe, habe ich ihn beim nächsten Mal gefragt: „Viktor, wie war das? Was hast du da gemacht? Wie ist das geschehen?" Er sagt: „Heinz, das ist einfach. Wir sehen uns doch durch die Augen des Anderen. Als seine Frau gestorben war, war er blind. Als ich mit ihm gesprochen habe, hat er gesehen, dass er blind war. So konnte er wieder sehen."

Monika
Wieso sehen wir uns durch die Augen des Anderen? Und wie passt das in deine Ethik? Eines deiner Ethikpapiere heißt ja „Through the Eyes of the Other". Wie passt das zusammen?

Heinz

Wie das zusammenpasst? Ein anderer großer Philosoph ist Martin Buber. Martin Buber hat uns wieder und wieder darauf aufmerksam gemacht, dass ich eigentlich erst durch das „Du" entstehe. In dem Moment, wo ich „Du" sage, werde ich „Ich". Ich werde meiner selbst durch die Existenz des Anderen gewahr. Das Zusammensein, die Zusammenheit ist das, was das Menschenwesen ausmacht. Nur durch die Gegenseitigkeit, durch das Miteinandersein, das „Zu-zweien-Sein", wie Buber das immer nennt, werde ich überhaupt geboren. Und meiner Meinung nach zeigt die Franklgeschichte das ganz genau. Durch den Anderen war er sich seiner selbst bewusst. Er war plötzlich völlig allein; seine andere Hälfte, das heißt seine wirkliche andere Hälfte war nicht mehr da. Als er das gesehen hat oder als er selber darüber entschieden hat, weil er „Nein" gesagt hat, hat er seine Kraft, seine eigene Kraft wiedergewonnen. Er hat sich also entschlossen, ohne diese andere Hälfte weiterzuleben. Aber das Geniale in dieser Intervention: Frankl hat verstanden, dass dieser Mensch *durch* den Anderen und nicht *mit* dem Anderen gelebt hat.

Monika

Und was hat das jetzt mit Ethik zu tun?

Heinz

Wenn immer wir von etwas sprechen, das mit Ethik zu tun hat, ist der Andere beteiligt. Wenn ich allein im Urwald oder in der Wüste lebe, existiert das Problem der Ethik nicht. Es existiert erst dadurch, dass wir zusammen sind. Erst durch unsere Zusammenheit, das Zusammensein entsteht die Frage: „Wie verhalte ich mich mit dem Anderen, sodass wir wirklich immer eins sind?"

Monika

Und es stellt sich nie die Frage: „Wie verhalte ich mich mit mir selbst?"

Heinz

Nein. Ich bin ja erst durch den Anderen. Wenn ich das akzeptiere, wird der Andere zum „Ich". Vielleicht ist das verständlich!?

Monika
Ja. Wie erwächst diese ethische Position aus der kybernetischen oder auch kognitionstheoretischen Basis?

Heinz
Ich habe das Gefühl, das ist wie ein Reigen, wo sich einige Tänzer die Hände reichen und jetzt im Kreis herumtanzen. Und da kannst du diese Tänzer benennen: Der eine heißt Kybernetik, der andere heißt Ethik, der andere Kognition, der andere Ich, der andere Du, der andere Sowieso. Das sind alles sich gegenseitig erzeugende, sich gegenseitig unterstützende Perspektiven, die durch das Überlegen, das Denken, das Fühlen uns helfen, in dieser unglaublich faszinierenden, fast undurchdringlichen Welt einen Leitfaden zu finden. Gewisse Haltungen oder Ansichten werden dann als Kybernetik bezeichnet. Das passt meiner Ansicht nach auch sehr gut, denn in meinem Gefühl bezüglich dieser Phänomene entsteht immer wieder die Zirkularität, die der Kybernetik zugrunde liegt.

So wie ich vom „Du" spreche, spricht das Du ja auch „Du" von mir. Dann bin ich des Anderen „Du". In diesen Überlegungen ist überall immer wieder Zirkularität. Daher könnte man Kybernetik, die Zirkularität als Basis hat, da mit hineinziehen; als eine Möglichkeit der Sprache, sich mit diesen Phänomenen auseinander zu setzen. Auch Kognition entsteht, wie sich herausgestellt hat, nicht dadurch, dass ich nur schaue, sondern dass ich auch handle.

Da gibt es die berühmte Geschichte von Poincaré, einem Mathematiker, der sich sehr für Kognitionsprobleme interessiert hat. Poincaré hat seine Kollegen gefragt: „Wieso sehen wir stereoskopisch? Wieso sehen wir die Tiefe des Raumes, wo doch die Augen nur eine zweidimensionale Oberfläche geben? Wieso habe ich das Gefühl, das ist tief?" Da haben seine Kollegen gesagt: „Das ist ganz einfach: Wir sehen mit unseren beiden Augen zwei verschiedene Bilder, die im Hirn zusammengestellt werden. Und die Verschiedenheit dieser Bilder kann nur dadurch erklärt werden, dass eine Tiefe existiert; dass ein Gegenstand *hinter* dem anderen und nicht *neben* dem anderen ist."

Da hat Poincaré sich gefragt: „Ist das richtig? Ergibt das einen Sinn?" Und da hat er sich überlegt: „Wenn ich einen Gegenstand hinter dem anderen sehe – hier ist ein Besen, und hinter dem Besen ist die Wand des Hauses; mit dem linken und dem rechten Auge sehe ich zwei verschiedene Bilder. Woher weiß ich, dass das linke und das rechte Auge immer denselben Besen sehen? Es könnten ja zwei verschiedene Besen sein. Der Besen im linken Auge und der Besen im rechten Auge." Und die Anekdote sagt: Da hat Poincaré vor Staunen den Kopf geschüttelt. Und da hat er plötzlich gesehen, dass der Besen sich relativ zum Hintergrund bewegt, wenn man die Perspektive verschiebt, wie er es eben durch das Schütteln seines Kopfes getan hat.

„Wenn der Besen dasteht und ich den Kopf bewege und der Besen sich plötzlich in verschiedenen Richtungen abbildet, ist es derselbe Besen. Aber das kann ich erst durch Bewegung erkennen. Also es sind nicht die zwei Augen, sondern es ist die Bewegung." Das waren die ersten Bemerkungen über die so genannte sensomotorische Schleife.

Let us imagine that the diverse perspectives of a single object succeed one another; that the passage from one to the other is accompanied by muscular sensations.

Henri Poincaré

Heinz

1895. Poincaré war, glaube ich, der Erste, der die Bewegung oder die Veränderung der Position mit der Veränderung der Perzeption verknüpft hat und gesagt hat: „Die eine interpretiert die andere." Das heißt, meine Motorik interpretiert die Sensorik, die Sensorik wiederum die Motorik. Da ist auch wieder Zirkularität.

Und dann kommt der großartige Piaget, der schon bei den Kindern, die immer wieder denselben Apfel oder denselben Ball hinausschmeißen, ihre Spielsachen in den Mund nehmen et cetera et cetera, festgestellt hat, dass ihre Motoraktivität ihre Sensorik interpretiert; dass die motorischen Veränderungen die Sensation verändern; dass eine Relation zwischen der Veränderung der Körperposition und der Veränderung der Sensation besteht. Diese beiden gekoppelt erlauben eine Konstruktion dessen, wovon ich dann behaupte, dass es der Gegenstand ist; der eben „ent-gegensteht".

Eine andere Geschichte von Frankl, die mich auch unerhört beeindruckt hat, ist die folgende: Frankl hat ja auf eine unglaubliche Weise diese grässliche Periode in einem Konzentrationslager überlebt.

Ich habe ihn gefragt: „Wie hast du das gemacht? Wie ist es dir gelungen, diese grässliche Situation psychisch zu überstehen?" Da hat Frankl gesagt: „In manchen Fällen ist es mir gelungen, einfach über die Situation, in der ich mich befinde, zu erzählen, das heißt, ich habe die Situation so empfunden, als wäre sie von mir erzählt.

Also einmal – ich habe da wieder einmal geschaufelt, und es war eiskalt und sehr windig – habe ich mir gedacht, es wäre doch schön, wenn ich jetzt von der Universität eingeladen wäre, einen Vortrag über das Konzentrationslager zu halten. Ich stehe in der großen Aula; alles ist warm und schön beleuchtet. In der ersten Reihe sitzen schöne, elegante Damen mit ihren eleganten *escorts*, und ich erzähle ihnen, was mir hier passiert. ‚Pamm!' – tritt mir plötzlich einer mit dem Fuß ins Gesicht, und ich sage: ‚Meine Damen und Herren, da hat mir dann eben einer mit dem Fuß ins Gesicht getreten.' Und dann – ‚pamm!' – haut mir ein anderer mit der Schaufel auf den Kopf. ‚Jetzt haut mir ein anderer mit der Schaufel auf den Kopf.' Das heißt, ich habe es gar nicht erlebt, ich habe es erzählt. Was ich jetzt erlebt habe, habe ich sozusagen an der Universität erzählt. Ich habe diese ganzen Erfahrungen in Erzählungen transferiert."

SINN UND KONSTRUKTION – DIE KONSTRUKTION DES SINNS

Monika
Frankl hat sich doch auch sehr mit der Frage nach dem Sinn des Lebens beschäftigt.

Heinz
Ja; jetzt kommst du mit der Frage: „Was ist der Sinn?", „Was ist der Sinn des Lebens?" Ich sage: Der Sinn des Lebens ist, zu leben. Der Sinn des Lebens ist im Leben selbst.

Aber wenn du wirklich eine gescheite Antwort auf die Frage, was der Sinn des Lebens ist, haben willst, empfehle ich dir Viktor Frankl, der sich im Konzentrationslager am Leben erhalten hat, weil er einen Sinn im Leben gefunden hat.

Ich kann keinen Sinn in meinem Leben finden. Ich finde, der Sinn ist, wie ich lebe. Ich reflektiere nicht, ob das Sinn hat oder nicht. Ich esse einfach mein Frühstück, gebe einem Bettler einen Schilling. Ich mache diese Dinge einfach eins nach dem anderen. Das ist der einzige Sinn, den ich habe. Manchmal mache ich den Sinn schlecht, wenn ich einen Telefonanruf nicht beantwortet habe. Dann fühle ich mich miserabel. Das ist ein schlechter Sinn des Lebens. Manchmal mache ich einen guten Sinn. Aber ich frage nicht: „Was ist der Sinn? Was ist der Sinn des Lebens?" Da bin ich vielleicht schon von den Philosophen des Wiener Kreises ruiniert worden, die eben die Sinnlosigkeit vieler solcher Fragen gezeigt haben. Für viele Leute hat die Frage nach dem Sinn des Lebens sehr viel Sinn. Ein positivistischer Logiker des Wiener Kreises würde sagen: „Was meinen Sie, wenn Sie nach dem Sinn des Lebens fragen?" Ich habe Schwierigkeiten mit dem Sinn. Da bin ich kein guter Mann. Aber ich weiß, da gibt es hervorragende Leute. Ich bin kein Sinnpoet, kein Sinndichter. Für Sinn brauchst du einen Poeten.

Monika
Für mich ist das eine interessante Frage: Ziele, Sinn und Zweck im Leben. Maturana sagt ja, dass es in biologischen Systemen keine Ziel- und Zweckorientierung gibt.

Heinz
Du suchst nach etwas Tieferem! Du möchtest etwas Tieferes haben! „Warum bin ich da?", „Wohin soll ich gehen?", „Wohin soll das führen?" und solche Fragen.

Monika
Ja.

Heinz
Aber da sagst du schon: Dein Freund Maturana ist unglücklich, wenn er etwas von einem Ziel und einem Zweck hört.

Monika
Warum?

Heinz
Ich glaube, aus historischen Gründen. Die ersten Zweckler in der Geschichte der Philosophie waren vielleicht die Teleologen im dreizehnten Jahrhundert. Etwa um diese Zeit hat man sich gefragt: „Wohin läuft das Universum?", „Was ist der Sinn?", „Was ist der Zweck?",

„Wer hat den Zweck erfunden?" *Telos* ist das Ziel, das Ende im Griechischen, und Teleologie war die Idee, dass das Leben, die Evolution und die Menschheit doch irgendeinen Zweck, ein Ziel haben müssten, auf das sie hinstreben. In vielen Fällen wurde diese Idee sogar benutzt, um die Existenz Gottes zu beweisen. Das nannte man dann den „teleologischen Gottesbeweis". Der ist im Kurzen so: Da ja alles eine Richtung, einen Zweck hat, muss jemand diesen Zweck gesetzt haben. Das muss ja Gott gewesen sein. Der Zweck dieser Welt ist – jetzt in der lateinischen Form – „Ad maiorem Dei gloriam", zur höheren Glorie Gottes. Die Welt entwickelt sich also als eine Lobpreisung von Gottes Willen und Gottes Ideen.

Als die Kybernetiker sich in den Vierzigerjahren überlegt haben, dass gewisse Funktionen lebender Wesen nach einem gewissen Ziel streben – eine Ameise sucht das Essen; ein Vogel sucht sich einen Platz, um ein Nest zu bauen –, ist die Idee aufgetaucht, dass diese Tiere sich benehmen, als hätten sie einen Zweck im Auge, den sie zu erfüllen versuchen. Die Idee des Zwecks, also des *telos*, ist wieder aufgetaucht. Der erste große Artikel hieß *Behavior, Purpose, and Teleology*; geschrieben von Norbert Wiener, Arturo Rosenblueth und Julian Bigelow im Jahre 1943.

Als dieser Name „Teleology" aufgetaucht ist, sind viele Leute, die wussten, dass die Teleologie ein theologisches Argument geworden ist, zurückgeschreckt und haben gesagt: „Um Himmels willen, lasst doch die Teleologie aus dem Spiel. Da schlüpft der Teufelsfuß der Theologie in unsere wissenschaftliche Argumentation. Wir müssen weg vom Zweck. Zweck ist ein übles Erklärungsprinzip, welches vermieden werden muss. In der Biologie haben wir keine Zwecke. Der Stein hat keinen Zweck, wenn er herunterfällt. Der Stein fällt herunter, weil es eine Gravitation gibt. So hat der Elefant keinen Zweck. Er frisst sein Gras nicht, um seinen Hunger zu stillen, sondern er frisst das Gras …"

Monika
… um zu überleben.

Heinz
Nein; nicht „um zu". Das ist ja der Zweck. Nein, nein, „um zu" kann nicht sein. Sondern weil er einen Trieb hat, der ihn zwingt, das Gras zu fressen. Das stellt sich dann für einen Zweckmenschen als „um

zu leben" heraus. Aber diesen Zweckmenschen wollen wir aus der Biologie hinausschmeißen.

Monika
Du auch?

Heinz
Nein; ich behaupte doch: Das eine ist genauso gescheit wie das andere. Da kannst du nehmen, was du willst. Wenn du vermeiden willst, stundenlang zu reden, warum der Elefant das Gras frisst – „weil innen die Sowieso-Nerven anfangen, an dem und dem zu zupfen; weil jene Flüssigkeiten im Magen noch zu dünn sind und der Elefant daher seine Nerven dazu benutzen muss, seine Beine und seinen Rüssel so zu bewegen, dass er sich schließlich und endlich die Grashalme in den Mund stopft", sagst du einfach: „Der Elefant frisst, weil er Hunger hat." Das ist bequemer.

Aber ein Biologe würde das ablehnen, denn er sagt: „Das ist Teleologie."

Ich behaupte, dass schon Aristoteles ziemlich klar war, dass das einfach Formen der Erklärung sind; genauso wie Bateson sagt: „Was macht eine Erklärung? Eine Erklärung verbindet zwei Aussagen in einer semantischen Weise." Der Satz „Der Elefant frisst, um seinen Hunger zu stillen" ist für viele Menschen eine genügende semantische Verbindung.

Für einen Biologen, der sich für das Verdauungssystem interessiert, mag das nicht interessant genug sein. Der würde herausfinden, was den Elefant tatsächlich zwingt, das Gras zu fressen. Also es handelt sich gar nicht darum, was der Fall ist. Es handelt sich darum, in welcher Weise ich meine Sache schneller erklären kann; erklären im Sinne von eine semantische Verbindung zwischen einer Beschreibung und einer anderen Beschreibung finden. Die Theorie ist die Verbindung einer Aussage mit einer anderen Aussage.

Jetzt kommt Heinz von Foerster und fragt: „Ja, warum verwendet man ‚Zweck'? Was ist der Zweck von Zweck?" Der Zweck von Zweck ist ziemlich eindeutig. Es gibt mehrere Arten, um festzustellen, wieso ein System von einem Zustand in einen anderen Zustand hinüberrutscht. Die Physiker erfinden ein Naturgesetz wie zum Beispiel „Schwerkraft". Und infolge der Schwerkraft fällt jetzt ein Stein, den ich loslasse, von oben herunter. Also von dem Stein zu sagen:

„Der Zweck des Steines ist, auf die Erde zu fallen", ist ziemlicher Unsinn. Von einem naturwissenschaftlichen Standpunkt aus sagt man: „Es gibt eine Gravitation. Die erklärt das Fallen des Steines." Jetzt möchte ich ein Naturgesetz schreiben, welches zeigt, wie ich zum Beispiel, wenn ich meine Schuhe anziehe, diese Masche binde, die das Schuhband über dem Schuh schließt. Wenn ich jetzt einen Physiker frage: „Können Sie mir Naturgesetze geben; von einer Anfangsstellung, wenn die Masche noch offen ist und meine Hände rechts und links sind, bis schließlich und endlich eine Masche auf dem Schuh ist? Können Sie mir diese Naturgesetze ableiten? Können Sie mir die Differenzialgleichung aufschreiben? Können Sie mir die Mathematik dieses Prozesses liefern?" – Da würde jeder Physiker weinend zusammenbrechen und sagen: „Das ist unmöglich. Das kann ich nicht." Darauf sagt man: „Wenn Sie aber sagen: ‚Der Zweck dieser Handlung ist, dass ich eine Masche auf meinem Schuh habe', ist die Sache schon erklärt." Denn was möchte ich tun? Ich möchte so lange herumfummeln, bis da eine Masche mit den Schuhbändern gemacht worden ist. Also der Zweck von Zweck ist es, die Erklärung eines komplizierten Prozesses zu vereinfachen.

Monika
Warum sollte ich mich dann mit dem Konstruktivismus beschäftigen, wenn er nur eine unter vielen anderen Möglichkeiten ist?

Heinz
Weil er bequemer die Verbindung von einer Aussage zur anderen bringt. Der Konstruktivismus lädt dich ein, so zu handeln, so zu denken, dass eine Welt, die du dir vorstellst, existieren könnte. Wenn ich nicht weiß, wie sie existieren könnte, kann ich sie nicht durchführen. Der Konstruktivismus lädt mich ein, mir eine Sache vorzustellen, die vielleicht im Moment noch nicht da ist. Wir können uns gegenseitig einladen, eine solche Welt, die du dir wünschst oder die ich mir wünsche, miteinander zu konstruieren. Wenn ich den Konstruktivismus nicht habe, wenn ich nur sage: „Da ist der Baum. Ich sehe ihn", kann ich die Welt nicht konstruieren.

Das wird durch mein Theaterstück illustriert. Das geht so: Das Theater ist sehr dramatisch. Viele Leute sitzen in einem wunderschönen Barocktheater mit einem roten Samtvorhang. Das Licht geht langsam aus. Der Samtvorhang geht auf, und auf einer Bühne sieht man drei Sachen: einen Baum, einen Mann und eine Frau. Der Mann steht da, zeigt auf den Baum und sagt mit einer dezidierten Stimme: „Hier steht ein Baum." Die Frau lächelt, schaut den Mann an und fragt: „Wieso weißt du das?" Und er sagt: „Weil ich ihn sehe." Die Frau sagt: „Aha." Der Vorhang fällt.

Monika
Und was soll uns diese Geschichte sagen?

Heinz
Die Geschichte soll sagen, dass der Baum erst gesehen werden muss, um dazustehen. Diese Ansicht vertritt die Frau, während der Mann ahnungslos ist und glaubt, da steht ein Baum. Die Frau hinterfragt das: „Wieso weißt du das?"; und er muss sagen: „Weil ich ihn sehe."

DAS STAUNEN: DER SINN DER KONSTRUKTION

Ich möchte gerne über das Erlebnis,
über die Beziehung,
über die Sprache sprechen;
darüber, wie Menschen miteinander leben;
über das, was folgt,
wenn du diese oder jene Haltung hast.

Monika
Wenn wir jetzt die Magie als Metapher verwenden würden – wie würdest du dir das vorstellen?

Heinz
Meines Wissens als praktizierender Zauberer in meiner Jugend kann ich nur sagen: Magie kann man praktizieren, aber nicht erklären.

Monika
Ja, man zerstört die ganzen Zaubertricks, indem man sie anschließend erklärt. Das ist ja auch etwas, worüber man besser nicht spricht.

Heinz

Ja; aber ich behaupte schon: Es gibt gar keine Zaubertricks. Ich behaupte: Schon *das* ist unerklärlich. Selbst dass ein „Trick" – scheußlicherweise – funktioniert, ist schon ein Wunder; ist schon ganz erstaunlich.

Ich verwende das Wort „Trick" im Zusammenhang mit Gesprächen über Magie deswegen ungerne, weil der Trick immer eine scheinbare Erklärung für etwas liefert. Ich behaupte, dass in vielen Fällen das, was magisch ist, ja gar nicht in zu erklärenden Phänomenen, sondern in einer magischen Erfahrung besteht. Das heißt, Magie gehört zu den kognitiven und nicht zu den mechanisch-technisch erklärbaren Phänomenen. Daher möchte ich eben das Wort „Trick" vermeiden, denn es führt mich auf einen falschen Weg.

In dem Moment, wo ich glaube, eine magische Erfahrung erklären zu können, bleibt das Problem bestehen; denn ich erkläre nicht die magische Erfahrung, sondern nur irgendein Gebilde, welches vielleicht dazu führen könnte, diese magische Erfahrung zu haben. Ich kann ja die magische Erfahrung gar nicht erklären, wenn ich nicht das Problem der Kognition, der Sprache und all das miterklärt habe.

Ich möchte ununterbrochen darauf aufmerksam machen, dass alles, womit wir uns im täglichen Leben beschäftigen, unerklärlich ist, ein Wunder ist. Wenn wir nur einen Moment stehen bleiben und uns überlegen: „Wie kommt das?", „Wieso passiert das?", „Wieso fliegt dieser Vogel?" – Es ist ja einfach unglaublich! Da sitze ich und staune und staune. Wenn es mir gelingt, andere das Staunen wieder entdecken zu lassen, bin ich schon sehr froh. Dann, würde ich sagen, hat unser Büchlein schon einen großen Erfolg gehabt. Wenn Leute wieder zu staunen anfangen. Nicht zu zweifeln, sondern zu staunen. Zweifeln kann man an dem, was man hört; was jemand sagt; aber Staunen kann man über das, was man sieht.

Natürlich kann man gewisse „Tricks" erklären, aber immer noch nicht ist erklärt, wieso der andere sich wundert, dass diese Sachen passieren. Das ist dasselbe Phänomen wie die Geschichte mit dem blinden Fleck. Wir wissen, dass wir einen blinden Fleck haben. Man kann das mit einem kleinen Experiment vorführen.

Das Experiment mit dem blinden Fleck: Halten Sie dieses Buch mit der rechten Hand. Schließen Sie das linke Auge und fixieren Sie mit dem rechten Auge den Stern. Bewegen Sie nun das Buch langsam entlang der Sehachse vor und zurück, bis der Abstand erreicht ist, bei dem der große schwarze Punkt verschwindet. Wenn der Stern gut fixiert wird, bleibt der Punkt unsichtbar, auch wenn Sie das Buch parallel zu sich selbst nach rechts oder links, nach oben oder unten bewegen.

Da zeigt man, dass eine bestimmte Fläche, eine bestimmte Gegend der Retina einfach keine Stäbchen und Zäpfchen hat und man daher natürlich an dieser Stelle der Retina nichts sieht. Also wenn man irgendeine Abbildung auf diesen „blinden Fleck" projiziert, sieht man das nicht.

Was jedoch nicht erklärt wird, ist, wieso wir uns nicht gewahr sind, dass wir nicht sehen. Wir sind uns des blinden Flecks absolut nicht gewahr. Es bedarf gewisser Kunststückchen, um uns zu zeigen, dass wir tatsächlich an einer gewissen Stelle der Retina nichts sehen. Aber dass wir nicht sehen, dass wir nicht sehen, ist das Wunder. Und ein anderes Wunder ist: Kein Mensch kann das erklären. Ich habe die Literatur von hinten nach vorne und von vorne nach hinten studiert, um herauszufinden, ob irgendeiner der großen Physiologen mir erklärt, wieso wir nicht sehen, dass wir nicht sehen.

Monika
Nichts?

Heinz
Nein. Also die Erklärung des blinden Flecks zerstört nur das Wunder, dass wir sehen, obwohl wir einen blinden Fleck haben. Ich habe das Gefühl, dass Erklärungen in vielen Fällen das Wunderbare des Erlebnisses zerstören. In manchen Fällen sind die Erklärungen natürlich sehr geschickt und vielleicht sehr eindrucksvoll, weil ich mit der Erklärung auch wieder andere Dinge erklären kann; aber das Staunen wird in vielen Fällen durch die Erklärung weggenommen.

Also wir haben gerade davon gesprochen, dass ich mich sehr freuen würde, wenn die Leser unseres kleinen Büchleins das Staunen wieder lernen würden. Und der einzige Weg, den ich sehe, um vielleicht das Staunen wieder zu lernen, ist, Geschichten zu erzählen, die erstaunlich sind. Und das Erstaunliche dieser Geschichten kann selbst wie eine Metapher sein; dass man damit etwas anderes auch wieder versteht; wie erstaunlich es ist. Und da gibt es natürlich wieder sehr viele verschiedene Möglichkeiten, Erstaunliches zu erzählen. Und da dachte ich das Folgende: Man muss ja leider gewisse Vorstellungen, die die meisten Menschen von der Welt und sich selbst haben, zunächst einmal abbauen, um zu sagen: „Passt einmal auf, so geht es ja nicht. Es schaut ja ganz anders aus." Und dann könnte der Betreffende vielleicht sagen: „Um Himmels willen! Ja, wie geht es dann, wenn es nicht so geht, wie ich immer geglaubt habe?" Vielleicht macht das eine Komponente des Staunens aus. Und da möchte ich die folgende Geschichte erzählen: Man glaubt doch immer, der Mensch bildet die Struktur der Welt innerlich ab. Immer wieder wird von einem Abbild gesprochen. Wir bilden die Welt im Hirn irgendwie ab. Hier ist eine Welt. Ich schaue hin. Jetzt sehe ich den Baum, der dort steht. Also steht dort ein Baum. Der Baum ist grün, denn ich sehe ihn ja grün, et cetera et cetera. Diese Idee der Abbildung möchte ich gerne unterminieren. Ob mir diese Unterminierung gelingt, wird sich erst daran zeigen, was der Leser am Ende dieser Geschichte sagt.

Die eindrucksvollste Unterminierung dieser Vorstellung eines Abbilds gelingt mir vielleicht, wenn ich mich auf einige Erkenntnisse der Neurophysiologie beziehe: Die übliche Idee ist, dass die Sinnesorgane immer etwas abbilden. Mit den Augen sieht man: Es ist grün und gelb. Mit dem Geschmackssinn schmeckt man: Essig, süß und so weiter. Das ist die Idee, dass die Sinnesorgane uns erlauben, ein Abbild von der Welt zu erzeugen. Und jetzt hat Johannes Müller, ein deutscher Physiologe, schon vor hundertfünfundsiebzig Jahren ganz merkwürdige Resultate in seinen Experimenten gefunden.

Johannes Müller hat Folgendes beobachtet: Wenn du irgendeinen Empfindungsnerven reizt, zum Beispiel auf einen Nervus glossopharyngeus, einen Geschmacksnerven auf der Zunge, ein Tröpfchen Essig gibst, sagt er: „Ah, Essig!" Jetzt gibst du dieser Zelle einen kleinen elektrischen Schock, und sie sagt: „Ah, Essig!" Dann wärmst du sie ein bisserl mit einer Pipette, und sie sagt: „Ah, Essig!" Dann gibst du ein Tröpfchen starke Zuckerkonzentration drauf, und sie sagt: „Ah, Essig!" Diese Zelle kann immer nur „Essig" sagen. Diese

Johannes Müller, 1837

Zelle erzeugt in deinem Gehirn die Sensation „Essig". Das ist die Essig-Spezialzelle. Dann gibt es andere Zellen, die sagen „Biep!". Da kannst du draufgeben, was du willst: Zucker, Essig, Schokolade; immer sagt sie „Biep!". Wenn du Erregungen einer gewissen Zelle, zum Beispiel Druck am Arm, vornimmst, spürst du: „Es drückt." Jetzt gibst du einen elektrischen Impuls drauf: „Es drückt." Dann gibst du zum Beispiel Essig drauf, und sie sagt: „Es drückt." Immer sagt die Zelle: „Es drückt." Wenn du eine Zelle am Arm, auf der Zunge, im Auge, im Ohr in irgendeiner Weise mit irgendetwas reizt, sodass sie reagiert, sodass sie dem Gehirn elektrische Impulse zuschiebt, sind die Empfindungen, die du von der Zelle hast, immer dieselben.

Some have come to the realization that a sensory nerve is not a mere passive conductor, but that inherent in each particular sensory nerve are also certain special energies or qualities that are merely stimulated and brought out by exciting causes. Therefore, sensation is not the conduction of a quality or state of external bodies to consciousness, but the conduction of a quality or a state of our nerves to consciousness, excited by an external cause.

Johannes Müller

Monika
Das ist das Prinzip der undifferenzierten Kodierung.

Heinz
Ja. Müller hat das erfunden; 1826. Das müllersche Prinzip ist das Prinzip der *specific nerve energies*, der spezifischen Nervenenergie. So hat Müller das genannt. Obwohl Müller das schon so klar gesagt hat, reden die Lehrbücher, die Physiologiebücher, immer noch von Abbildung. Völlig rätselhaft! Wir haben dann mit Erstaunen gesehen: „Um Himmels willen, so alt ist die Erkenntnis schon!"

Monika
Ihr wart dann die Ersten, die diesen Gedanken wieder aufgegriffen haben?

Heinz
Ja, wahrscheinlich. Wir am *Biological Computer Lab*. Maturana, meine Studenten und ich haben das wieder ausgegraben.

Monika
Und dazwischen nichts?

Heinz
Soweit ich weiß: dazwischen nichts. Jeder Schüler musste das sagen, wenn der Professor gefragt hat: „Kennen Sie das müllersche Prinzip?" – „Jawohl, ich kenne das müllersche Prinzip." Niemand hat darüber nachgedacht, was das eigentlich bedeutet.

Jetzt ist die Frage: Ja, wenn von einer Abbildung nicht gesprochen werden kann, wieso entsteht dann diese unglaubliche Welt, in der wir ständig leben; die uns vorzaubert, da steht ein Baum; der ist grün; da gehen Leute; da wird diese Musik gespielt et cetera et cetera? Wie geschieht das? Wieso geht das? Dann muss man eben zurücktreten und fragen: Wie ist dieser Organismus – der Mensch, das Tier, der Elefant, der Käfer; wie sind die innerlich organisiert, dass sie sich in einer Welt, die sie selber innerlich erzeugen, zurechtfinden und am Leben bleiben? Dieser Sprung von „Alles ist draußen" zu „Alles ist drinnen" ist einer der schwierigsten Sprünge, den man machen muss, um neu in die Welt zu schauen.

Wenn man diesen Sprung von „Alles ist außen" zu „Alles ist innen" macht, entsteht eine Haltung, die eine ganz andere Beziehung von mir zum Anderen, von mir zur Welt, von mir zu mir selber entstehen lässt. Denn jetzt kann ich nicht sagen: „Aha, dort ist das", „Das ist wahr", „Was ich sage, kann geprüft werden". Wenn ich diesen Sprung mache, bin ich ein anderer Mensch. Eine ganz andere Welt wird durch diese Haltung, durch das Verständnis: „Die Welt ist innen, nicht außen", vorgeschlagen oder entwickelt. Die Welt ist völlig anders, wenn ich sage: „Die Welt ist innen". Es ist meine innere Organisation, die mir eine Welt vorzaubert, entwickelt, generiert, erzeugt, komponiert, erfindet", als wenn ich sage: „Alles ist draußen". Ich bin wie ein *taperecorder*, ein Videorecorder, der aufnimmt; der abbildet, was da draußen alles vor sich geht."

Monika
Du sagst: „Alles ist innen." Also du bestreitest, dass es auch eine Welt da draußen gibt?

Heinz
Die Welt da draußen folgt daraus, dass ich so gebaut bin, dass es ein „da draußen" gibt.

Monika
Also die wäre nicht vorhanden, wenn ich nicht da wäre?!

Heinz
Ja, das kommt darauf an, wie du dich jetzt verhältst. Das ist die berühmte Frage mit dem Baum: Macht er Lärm, wenn er im Wald umfällt und niemand ihn hört?

Monika
Und was ist *deine* Antwort?

Heinz
Ich sage: Das kommt darauf an, wie du es gerne haben möchtest: Wenn du möchtest, dass der Baum Lärm gemacht hat, hat er Lärm gemacht. Wenn du *nicht* möchtest, dass er Lärm gemacht hat, hat er keinen Lärm gemacht. Es ist eine unentscheidbare Frage, ob der Baum Lärm macht oder nicht. Ein Physiker würde sagen: „Der Baum macht Lärm. Natürlich! Er stürzt um, erzeugt Schwingungen, die Luft vibriert et cetera et cetera." Ein anderer würde sagen: „Das

Wort Lärm hat nur dann eine Bedeutung, wenn jemand da ist, der sagt: ‚Ich höre es'." Also es entsteht kein Lärm, wenn niemand da ist. Das Interessante ist: Ob du sagst, der Baum macht Lärm oder nicht, hat nichts mit dem Baum und dem Umfallen zu tun, sondern es hat mit dir oder mit mir zu tun. Das heißt, ich entscheide mich dafür, ob er Lärm macht oder nicht. *Ich* ziehe vor, er macht keinen Lärm.

Monika
Aber du vertrittst auch nicht die solipsistische Ansicht, dass nur ich bin und alles nur ein Produkt meiner Einbildung ist?

Heinz
Na, diese solipsistische Idee kann man ja *ad absurdum* führen.

Monika
Wie?

Heinz
„Ad absurdum" heißt, dass ich mir sozusagen in meinem Logik-schluss auf meine eigenen Füße steige; sodass ich es nicht aufrechter-halten kann. Wenn ich das einzige existierende Element auf der Welt bin und dann andere Elemente in meiner Vision sehe, die so sind wie ich, das heißt, die sich vorstellen können, dass sie die einzigen Individuen auf der Welt sind, die mich als das einzige „Ich" sehen, komme ich zweimal vor. Einmal als „Ich", das die anderen sieht, ein-mal als die anderen, die mich sehen. Das geht nicht. Die Ausrede des Solipsismus ist nicht zu machen. Sonst wäre der eine in der Vision des anderen und der andere in der Vision des einen. Und das kann nicht sein. Die Frage wäre dann: „Wer hat Recht? Hat der eine oder der andere Recht?" Du musst dem anderen zubilligen, dass er auch eine Hypothese haben kann wie du. Jetzt kannst du natürlich sagen: „Aber in dem Falle existiert der andere ja gar nicht." Ja, aber den po-stulierst du, um herauszufinden, wie gültig deine Theorie ist. Das ist der Witz des Relativitätsprinzips; dass du nicht behauptest, du bist der Einzige, der Recht hat.

Monika
Kannst du das noch etwas ausführen?

Heinz

Ja; das Relativitätsprinzip ist eine sehr simple Sache, die nur manchmal nicht leicht zu verstehen ist. Es ist altes Prinzip, um zu entscheiden, ob eine Hypothese über A und B generalisiert werden kann. Das Relativitätsprinzip sagt Folgendes: Ich habe eine Theorie – wollen wir das im Moment eine Theorie nennen; wir können natürlich auch sagen: eine Aussage oder so etwas – über ein Objekt A, und wenn immer ich ein Experiment mache, stimmt die Theorie. Dann wende ich die Hypothese oder die Theorie auf Objekt B an. Und genau dasselbe: Wenn immer ich das Experiment mit B mache, stimmt es. Jetzt sage ich mir: „Das muss eine wahre oder richtige Theorie für A und B sein." – „Falsch!", sagt derjenige, der das Relativitätsprinzip heranzieht. „Ihre Theorie stimmt nur dann, wenn sie für A *und* B gilt, das heißt, wenn Sie ihre Theorie auf beide anwenden und nicht nur einmal auf A und einmal auf B." Zum Beispiel: Wenn ich auf der Erde sitze, kann ich den Himmel so erklären, als ob die ganzen Planeten und die Sonne um die Erde kreisen würden, das heißt, die Erde der Mittelpunkt der Welt wäre. Das ist eine Hypothese, die auf die Erde angewandt richtig ist.

Wenn ich auf dem Mars sitze, kann ich sagen: „Alle Planeten und die Sonne drehen sich um mich, um den Mars, herum. Und meine Hypothese, wenn immer ich sie prüfe, stimmt." Also die planetozentrische Idee stimmt, wenn sie von jedem Planeten aus gesehen wird. Auch von der Venus aus kann ich sagen: „Alles dreht sich um die Venus." Aber wenn jetzt der Mars-, der Venus- und der Erdling sagen: „Lasst uns eine interplanetarische Konferenz auf der Erde veranstalten: ‚Wer ist im Mittelpunkt der Welt? Wer dreht sich um wen?'", und die sich treffen, werden sie bald furchtbar zu streiten anfangen. Denn der Marsling sagt: „Ich bin im Mittelpunkt." Und der Erdling sagt: „Nein, ich! Ich kann das beweisen. Sehen Sie, wie sich die Sonne um mich dreht? Sehen Sie, wie sich die Sterne da um mich drehen? Genau wie ich das voraussage, kommt der Jupiter in diese Position, kommt die Sonne in jene Position. Sehen Sie das alles?" – „Jawohl, kommen Sie zum Mars, da zeigen wir Ihnen dasselbe." Wer hat Recht? Alle drei haben Recht. „Alle haben Unrecht", würde der Relativist sagen, „denn nach dem Relativitätsprinzip können Sie ein Prinzip nur dann anwenden, wenn Sie es für beide oder für die drei Gegenstände anwenden können." Es kommt richtig heraus, wenn du die Sonne zum Zentrum machst. Dann drehen sich alle um die Sonne herum; keine Schwierigkeit entsteht. Wenn der Marsmensch, der Erdmensch und der Venusmensch sagen: „Es ist ein heliozentrisches System", kommt alles richtig heraus. Wenn die sagen: „Es ist ein planetozentrisches System", wird eine Schwierigkeit entstehen. Das Relativitätsprinzip ist nicht etwas, was angenommen werden *muss*. Du kannst es heranziehen, du kannst es auch weglassen. Wenn du es weglässt, entsteht eine andere Welt, als wenn du es akzeptierst. Wenn du weglässt, bekommst du wirklich Krieg mit den Marslingen, weil die behaupten: „Wir sind im Mittelpunkt." Wenn du diesen Krieg zwischen Erdlingen und Marslingen vermeiden willst, würde ich empfehlen, das Relativitätsprinzip heranzuziehen.

Also um festzustellen, ob deine Traumhypothese, dass der andere nur in deiner Vorstellung existiert, allgemein anwendbar ist, prüfst du sie mit dem Relativitätsprinzip; nämlich du fragst: „Kommt alles richtig heraus, wenn der andere so denkt wie ich?" Da kommt es nicht richtig heraus.

Monika
Aber noch mal zurück; der Baum da draußen. Wieso würdest du an der Existenz des Baumes zweifeln?

Heinz
Ich zweifle gar nicht. Das Zweifeln ist gar nicht notwendig. Es ist das „Dasein", was ich ungerne sehe. Es ist dieser existenzielle Operator „Es *ist*", mit dem ich mich ganz unwohl fühle. Ich würde ein „Es ist" oder ein „Da ist" nicht in meine Gespräche einbeziehen. Ich würde die Annahme, dass da eine andere Welt *ist*, vermeiden.

Monika
Aber was ist der Baum dann?

Heinz
Der Baum ist in unserem Gespräch.

Monika
Also der Baum existiert eigentlich nur in unserem Gespräch; das heißt, ich nehme der Natur …

Heinz
… die schönen Bäume weg.

Monika
Ja.

Heinz
Aber im Gegenteil! Ich gebe uns doch die Möglichkeit, diese herrliche Natur im Gespräch und im Dasein zu kreieren.

Monika
Dann ist alles Kommunikation.

Heinz
So ist es. Das ist fein. So habe ich es gerne. Alles ist Kommunikation.

Monika
Also es gibt für dich gar keine Gegenstände; es sei denn, ich komme mit ihnen in Berührung?

Heinz
Es gibt nur Gegenstände, wie sie von uns erzeugt werden. Das ist ein anderes „Es gibt".

Monika
Wieso kann ich denn dann zum Beispiel nicht vor einem schnell fahrenden Autobus über die Straße gehen in der Hoffnung: „Das ist ja nur eine Täuschung. Der ist ja nicht *wirklich* da. Den bilde ich mir ja nur ein."?

Heinz
Ja, aber es genügt doch schon, dass er dich überfährt.

Monika
Nein, Heinz!

Heinz
Wenn du das „nur" wegnimmst –.

Monika

Was würdest du sagen, wenn dich jemand fragen würde: „Steht dort ein Baum?"

Heinz

Dann würde ich sagen: „Wollen Sie gerne, dass dort ein Baum steht?" Und wenn er sagt: „Jawohl, ich möchte gerne, dass da ein Baum steht", sage ich: „Ja wunderbar, dann haben Sie dort einen Baum stehen. Das ist Ihre Welt, die Sie gerne so konstruieren." Das ist der ganze Witz.

Schau, du beziehst dich auf den Baum im Theaterstück. Der Baum steht da, weil er ihn sieht.

Monika

Woher weißt du das?

Heinz

Er sagt ja: „Weil ich ihn sehe." Ich behaupte: Er ist kein Lügner. Er will mich nicht hereinlegen. Man weiß es, weil man es sieht. Du hast vielleicht oder die meisten Leute haben vielleicht eine sehr interessante Interpretation der Idee des Wissens. Ich weiß, dass ich meine Schuhe anhabe. Ich brauche nur hinunterzuschauen und sehe: Ich habe sie an. Wenn ich das bezweifle, kann ich hinuntergreifen und sehen, ob ich sie fühle.

Monika

Nein, denn ich kann ja nichts über die Schuhe wissen. Ich kann ja eigentlich noch nicht mal wissen, ob ich wirklich bin.

Heinz

Ja, warum sagst du dann nicht: „Und jetzt behaupte ich: Ich bin." Wieso ist dieser Zweifel?

Monika

Ich kann wirklich nichts wissen. Und auch Konzepte wie „Wirklichkeitsanpassung" oder „Annäherung an eine Wirklichkeit", „Viabilität" und „System und Umwelt" fallen zusammen.

Heinz
Na ja, die Sache ist die: Es ist auch wieder eine Haltungsfrage. Vielleicht keine Haltung. – Vielleicht können wir das noch entwickeln. Wie kann man feststellen, ob dort wirklich ein Baum steht? Wie würdest du da vorgehen?

Monika
Ich würde jetzt sagen: Das ist prinzipiell unmöglich.

Heinz
Aha. Was machst du jetzt?

Monika
Ich kann natürlich fühlen und sagen: Das ist das, was wir allgemein als „Baum" definieren.

Heinz
Ja!

Monika
Aber das ist es ja nicht!

Heinz
Warum ist es das nicht? Du fühlst ihn doch; du siehst ihn!

Monika
Nein, es ist ja nur eine Erfindung.

Heinz
Ich würde dem Gefühl trauen. Das ist das Einzige, was ich habe. Ich fühle da etwas Raues, und ich sehe da etwas Stangenhaftes. Ich sehe da alle möglichen Dinge, die ich dann Zweige nenne et cetera. Das sehe ich alles; und wenn ich dem Sehen nicht traue, greife ich dorthin und habe eine andere Sensation, die mir erlaubt, zusammen mit dem Sehen innerlich etwas zu konstruieren, was ich dann „Baum" nenne. Es ist also nicht so, dass das Fühlen den Baum bestätigt oder dass das Hinschauen den Baum bestätigt. Es sind die gesamten sensorischen Eindrücke, die ich korreliere, in Relation setze und die dann einen Baum in meinem Nervensystem konstruieren.

Monika
Wie komme ich dann zum Konzept des Baumes?

Heinz
Das bekommst du, wenn du in das Blatt beißt und mit der Hand hingreifst und fühlst. Die Kombination dieser ganzen Sensationen, Empfindungen nennst du jetzt „Baum".

Wenn du die verschiedenen Sensationen, nämlich die Klick-Klicks von den Fingern, die Klick-Klicks vom Auge, die Klick-Klicks vom Geruch und Geschmack – da hast du in das Blatt gebissen –, korrelierst oder integrierst; nämlich das, was das Hirn tut und dein Verhalten, das du ausführen musst, um diese Gefühle zu empfinden: den Arm ausstrecken, mit den Zähnen in das Blatt beißen, die Augen aufmachen –; wenn du diese ganzen Sensationen miteinander kombinierst und zwar in einer wiederholbaren Form: Du schaust wieder hin und so weiter und so weiter, stellt sich ein Gleichgewicht deiner Sensationen ein. Die Stabilität des Operierens, die durch immer wieder dieselben Operationen, dieselben Operationen, dieselben Operationen erzeugt wird – diesen Operator nenne ich dann „Baum".

Das ist das, was ich in meinem Papier *Objects. Tokens for (Eigen-) Behaviors* oder *Gegenstände: greifbare Symbole für (Eigen-)Verhalten* beschrieben habe.

Monika
Ist das das Papier, das Varela als dein bestes ansah?

Heinz
Ja, genau.

Das Problem ist, fürchte ich,
dass wir uns leider von den so genannten Realisten,
den naiven Realisten, haben breitschlagen lassen zu glauben,
dass dort wirklich ein Baum steht, wenn du einen siehst.
Meine Haltung, die konstruktivistische Haltung,
ist: Dort steht ein Baum, weil wir ihn sehen.
Ich bin es, der das Führende ist,
und nicht der Baum,
wie mir ein Realist sagt.

Monika
Was führt dich denn zu dieser Haltung?

Heinz
Das Problem, dass Abbildung nicht möglich ist.

Monika
Aber woher weißt du das? Nur in deiner Auseinandersetzung mit der Abbildung sagst du, sie ist nicht möglich. Vielleicht ist sie ja doch möglich.

Heinz
Ja, aber da könnte ich wieder zurück zu Müller gehen. Aber dann könntest du natürlich sagen: „Müller ist auch nur eine Erfindung."

Monika
Genau. Wenn ich das höre, kann ich die Kritik am Konstruktivismus verstehen.

Heinz
Na, dann haben wir die Kritiker des Konstruktivismus verstanden. Mein Theaterstück beleuchtet das Zentralproblem der Philosophie seitdem Philosophie, überhaupt philosophiert wird.

Die Frage ist: Steht der Baum da, weil man ihn sieht, oder sieht man den Baum, weil er dasteht? Die Frau mit ihrem Lächeln und ihrem „Aha" vertritt die Idee, dass der Baum dasteht, weil ich ihn sehe; das heißt, weil ich einen Baum sehe, steht er da. Die andere Idee ist: „Ich sehe einen Baum, weil er dasteht." Das heißt, in dem einen Fall ist die Welt die Ursache und meine Erfahrung die Folge; im anderen Fall ist meine Erfahrung die Ursache, und die Welt ist die Folge. Das sind die zwei Diskussionswelten, die sich in diesem Theaterstück gegenüberstehen.

Trotzdem möchte ich dem Menschen helfen, der sagt: „Ich sehe diese Welt." Und es ist mir ganz klar, dass ich diese äußere Welt nicht beweisen kann oder nicht sagen kann, ob da wirklich ein Baum steht oder nicht.

Diese Haltung möchte ich so untermauern, dass die Frage: „Steht dort ein Baum oder nicht?", „*Ist* da ein Baum?", in dem üblichen Sinne von „Es ist" gar nicht vorkommt, weil sie genau das, was ich gerne als Haltung kreieren würde, nicht zulässt.

Monika

Aber dann kommen jetzt die Leute mit Beispielen: „Der Autobus ist dort, weil ich ihn sehe; also kann ich doch ruhig über die Straße gehen und mir vorstellen, dass der Autobus dort gar nicht ist."

Heinz

Nein, das geht schlecht, denn wenn du mich fragen würdest: „Steht dort ein Autobus oder nicht?", würde ich sagen: „Ich sehe keinen." Jetzt kommt das Spiel zustande, das ich Tanzen nenne. Wir beginnen jetzt zu tanzen, um den Autobus dort stehen oder verschwinden zu lassen; und das ist, was die Sprache macht. Die Sprache lässt uns schließlich und endlich diesen Autobus dort sehen oder nicht sehen, denn ich möchte ja mit dir zusammen jetzt diesen Autobus sehen. Ich sitze ja nicht allein in der Welt, sondern ich sitze ja mit dir in der Welt; und das ist meiner Meinung nach der entscheidende Unterschied. Die einen sagen: „Ich sage dir, wie die Welt ist, und dort steht der Baum." Und jetzt muss ich diesem autoritären Menschen glauben, dass dort ein Baum steht. Die Frau in meinem Theaterstück zeigt, dass du dich auf deine Sinne verlassen musst, um festzustellen, ob dort ein Baum steht oder nicht. Es ist korrekt, dass man sich nicht auf seine Sinne in diesem Sinne voll verlassen kann, denn es gibt Halluzinationen, es gibt die Träume. „Ist mir mîn leben getroumet oder ist ez wâr?", hat schon Walther von der Vogelweide gefragt. Diese Frage steht ununterbrochen da. Und was ist die Antwort auf diese Frage? Die Antwort auf diese Frage ist, dass wir da sind, dass du und ich da sind. Ich habe diesen dummen Witz mit Descartes gemacht: „Cogito ergo sum." Descartes hätte sagen müssen: „Cogito ergo sumus." – „Ich denke, daher sind wir." Ja, wieso müssen wir sein, damit er denken kann? Damit er überhaupt bemerkt, dass er denken kann, müssen wir sein.

Wenn ich mich diesen Fragen nähere, sehe ich mich immer in einem dialogischen Zustand; wo ich mich mit jemand anderen über diese Fragen oder über die Fragen des Autobusses unterhalte. Es ist sozusagen der Tanz, in den ich immer wieder eintrete, wenn ich mich mit solchen Problemen beschäftige. Ich mache also keinen Monolog; ich mache keinen Solotanz. Ich nehme immer die soziale Struktur des Tanzes ein, um mich mit diesen Problemen auseinander zu setzen.

Monika

Ja, und das ist auch ein gutes Argument gegen den Einwand: „Ja, aber wir müssen ja die Umwelt berücksichtigen. Wir sind ja nicht alleine auf der Welt."

Heinz

Ja. Da habe ich auch ein Beispiel. Ein Theaterstück von Molière heißt *Le Bourgeois Gentilhomme*. Da wird ein einfacher Mann, Monsieur Jourdain, aus irgendwelchen Gründen plötzlich sehr reich, kauft sich ein Schloss, engagiert sich Diener, verliebt sich in irgendeine feine Dame aus der Aristokratie und möchte ihr einen Brief schreiben. Da er selber nicht schreiben kann, holt er sich seinen *scribe* und sagt: „Ich möchte meiner Freundin einen Brief schreiben." Darauf fragt der *scribe*: „Wollen Sie in Prosa schreiben oder wollen Sie ihr ein Gedicht schreiben; Poesie?"

Darauf fragt Monsieur Jourdain: „Was ist das, Prosa?". Da sagt der *scribe*: „Das ist, wie Sie so sprechen; so wie wir hier sprechen." – „Was? So wie ich spreche, ist es Prosa?" – „Ja, Sie sprechen immer in Prosa." – „Was? Ich habe immer in Prosa gesprochen? Ich habe mein ganzes Leben lang Prosa gesprochen?"

Er ist völlig hingerissen, als er plötzlich entdeckt, dass er immer Prosa gesprochen hat.

In dem Einstieg zu meinem Papier *On Constructing a Reality* sage ich, dass mir genau dasselbe passiert ist. Auf einmal sind junge und interessierte Menschen zu mir gelaufen gekommen und haben gesagt: „Ich lebe in einer Umwelt." Plötzlich wurde die Umwelt gesehen. Früher haben sie die Bäume, die Blumen und den stinkenden Kohleofen, den sie gehabt haben, nicht gesehen. Plötzlich haben sie entdeckt, dass sie eine Umwelt haben. Da habe ich gesagt: „Euch geht es genauso wie Jourdain, der plötzlich bemerkt hat, dass er sein ganzes Leben lang Prosa gesprochen hat. Plötzlich bemerkt ihr, dass ihr eine Umwelt habt."

Dann habe ich geschrieben: „Eine Sache haben die beiden – Jourdain und die Umweltschützer – nicht bemerkt. Nämlich wenn Jourdain über seine Prosa spricht, ist *er* es, der diese Prosa erfindet. Und genauso ist es mit den Umweltschützern. *Sie* sind es, die die Umwelt erfinden."

Nach dieser unglaublichen Behauptung, dass die Leute, die da hinausschauen, eine Umwelt erfinden, kommen die etwa zehn Seiten *On Constructing a Reality*, wo ich diese Behauptung belege.

Und ich wollte das als Einführung verwenden, sodass der Leser gleich von Anfang an geschockt ist; wenn er liest, dass er der Erfinder seiner Umwelt ist. Da haben die gesagt: „Nein, ich schaue ja erst hinaus! Ich sehe es ja erst!" – „Ja, Sie sehen ja erst, weil Sie sich plötzlich selbst darauf aufmerksam gemacht haben, dass da stinkende Rauchfänge sind und schöne Kleeblätter und Bäume wachsen."

Warum gehe ich immer wieder auf diese Punkte zurück? Wenn es mir nicht gelingt, diese Haltung so zu beschreiben, dass sie schmackhaft wird, können wir Ethik, die Nichtaussprechbarkeit von Ethik, nicht klar machen. Das heißt, Ethik wird dann stets in eine „Du-sollst"-Haltung abrutschen und zur Moral werden. Ich möchte die „Du-sollst"-Position unterminieren, sodass immer nur „Ich soll" sein kann. Und für die „Ich-soll"-Position brauche ich das „Ich bin". Ich bin und ich bin nicht eine Konsequenz von etwas anderem. Mein Gefühl ist: Dadurch, dass ich schon ganz von Anfang an das „Es gibt" nicht zulassen möchte, einfach so, wie ich einem König beim Schach nicht erlaube, so zu laufen wie ein Läufer, oder einem Bauern nicht erlaube, so zu laufen wie eine Königin, mache ich ein Spiel der Konversation, ein Spiel der Relation mit anderen, das diesen Schritt des Bauern, des Königs et cetera nicht zulässt. Das ist dieses Spiel, dass man ein Gespräch führen kann, in dem das Wort „wirklich", in dem das Wort „Wahrheit" einfach nicht vorkommt.

Monika
Vielleicht müssen wir uns klar werden, was Ethik überhaupt ist. Und zwar nicht nur, was Ethik im Unterschied zur Moral ist, sondern was Ethik ist.

Heinz
Ich würde sagen: Ethik ist das Verhalten, mit dem ich mich für meine Handlungen verantwortlich mache.

Monika
Wieso? Wie kommst du zu dieser Sicht von Ethik?

Heinz
Ich fürchte, dass ich, wenn ich diese Position nicht annehme, sofort zu einem Moralisten abrutsche. Ich fürchte, dass ich, wenn ich mich

nicht selber für meine Handlungen verantwortlich erkläre, abzurutschen beginne in eine Welt, in der ich vom anderen ein gewisses Verhalten verlange. Und das ist, finde ich, nicht zulässig, denn dann zwinge ich den anderen zu irgendetwas, was er vielleicht gar nicht will oder was er als Ausrede verwenden kann: „Ich wollte das ja so und so gar nicht tun. Heinz hat mich ja gezwungen, das zu tun."

Monika
Aber ich frage mich jetzt: Warum ist eine „Ich-soll"-Haltung ethisch. Warum ist das Ethik? Ich kann ja auch sagen, irgendetwas anderes ist Ethik.
Was ist Ethik? Du hast gesagt, sowohl Moral als auch Ethik würden sich aus dem Griechischen und dem Lateinischen ableiten …

Heinz
Wenn du im Lateinischen nachschaust, sind *mores* einfach die Sitten, die sich entwickelt haben. Und wenn du im Griechischen nachschaust, was *ẽthos* ist, ist es auch einfach die Liste der Sitten, die sich die Leute entwickelt haben. Demnach ist Ethik auch nur eine Anweisung, wie man sich zu verhalten hat.
Viele Leute sagen: Ethik ist der Generator für Moral. Also Ethik ist ein erzeugendes Prinzip, aus dem, wenn man es befolgt, die Moral entsteht. Ethik ist ein generierendes Prinzip, also ein Prinzip, welches Gesetze erzeugt. „Du sollst nicht töten" ist die Konsequenz eines allgemeineren Prinzips, das wie eine Wolke obendrauf sitzt. Ich könnte natürlich ein anderes Gesetz einführen: „Bring alle Leute um, die schwarz sind!" oder „Bring alle Leute um, die Indianer sind!" – „A good Indian is a dead Indian", ein guter Indianer ist ein toter Indianer. Das sind Moralbegriffe, die sich in einer Gesellschaft entwickeln können. Ich sage dir nur, was üblicherweise unter Ethik verstanden wird.
Für mich ist es anders: Wenn ich nach meinem „Ich-soll"-Prinzip so und so gehandelt habe, muss ich in einem allgemeinem Sinn, den ich für mich selbst und dafür, wie die Welt sein sollte, beanspruche, sagen können: „Ojweh, das war schlimm!", oder: „Bravo, das war schön!" Damit steigt man aus dem Circulus vitiosus aus, der aus Verhalten und Strafe ein Geschäft macht. Mit der Welt, die ich erzeuge, indem ich so oder so lebe, muss ich leben. In der kann ich schlafen

oder habe Albträume. So verstehe ich die Proposition „Lohn und Strafe liegen in der Handlung selbst."

Monika
Und die Meinung anderer ist dir egal?

Heinz
Aber überhaupt nicht! Die anderen sind ein Teil meiner Welt, und mit jeder meiner Handlungen webe ich das Freundschaftsnetz mit den anderen auf das Neue. Da mag einer zu mir sagen: „Heinz, das war eine Schweinerei!" Dann werde ich vielleicht bestraft; weil ich dieses oder jenes getan habe. Denn die anderen haben einen Satz: „Du sollst nicht …!"

Monika
Dann gibt es doch wieder Lohn und Strafe.

Heinz
Natürlich, aber die kommen von außen. Die anderen sind immer da. Die sitzen da und sperren mich dann ein. Denke an die erschütternde Novelle von Heinrich von Kleist, *Michael Kohlhaas*, in der die tragische Spannung zwischen Michael Kohlhaas' Auffassung von Gerechtigkeit und die seiner Zeitgenossen zu seinem Untergang führt.

Meine Hoffnung ist, Moral und Ethik völlig auseinander zu halten. Moral ist meiner Meinung nach: „Du sollst". Das sagt dir ein anderer. Und so kommen eben Strafe und Belohnung und all diese Sachen, die überhaupt nichts mit Ethik zu tun haben, hinein. Und jetzt fragt man mich: „Na, lieber Heinz, was *hat* mit Ethik zu tun?" Da sitze ich hier schweigend. Denn sowie ich anfangen würde, Ethik zu definieren, habe ich sie schon ruiniert. Also, sowie ich anfange Moral zu predigen, was Ethik ist, ist die Ethik schon wieder tot. Sowie du anfängst, es wegzuerklären, bist du schon wieder auf der falschen Schallplatte.

Meiner Meinung nach wichtiger ist die Sache mit der Unentscheidbarkeit, die Idee der Freiheit. Ich glaube, dass die Idee der Freiheit irgendwie hineinschlüpfen muss. In der Idee der Unentscheidbarkeit taucht ja die Freiheit auf. Denn niemand zwingt mich, weil es keine Regeln gibt, nach denen ich diese Entscheidung zu treffen habe. Und daher übernehme ich jetzt die Verantwortung für die Entscheidung. Dabei fällt mir jedoch die Warnung eines Freundes ein, Christoph Burckhardt: „Du kannst dich nicht auf Verantwortung stützen, denn da kommst du von einem Nebel in den anderen." Mit Verantwortung allein ist es nicht getan; obwohl ich sehr durch Frankl beeinflusst war, der mich auf die Rolle der Verantwortung aufmerksam gemacht hat: „Du musst die Leute zur Verantwortung *ziehen*. Die Leute wollen ja gar nicht verantwortlich sein."

Monika
Aber ist das dann nicht wieder moralisch?

Heinz
Das ist das Problem. Da rutscht man eben sehr bald in die Moral ab; denn jetzt fragst du den anderen: „Warum haben Sie das gemacht?" Und dann sagt er: „Ich habe es lieb gemeint", „Es ist das Gesetz" oder: „Ich habe nur getan, was man mir gesagt hat." Also diese Antworten tauchen jetzt wieder auf. Ich halte das Problem der Ethik für sehr tief.

Wenn man jemanden fragt: „Was denken Sie über Gott?", „Was denken Sie über die Religion?", „Was ist Ihre Glaubensposition?", „Wie verhalten Sie sich hier oder dort?" –; es ist ein Wurzelproblem der Menschheit.

Ich würde vermeiden, irgendwie auf Ethik zu konvergieren, um klar zu machen, worum es sich handelt, wenn wir von Ethik sprechen.

Ich würde stattdessen gerne zeigen, dass man über Ethik nicht sprechen kann, dass Ethik immer implizit ist. Das heißt, sie sitzt zwischen den Zeilen; sie sitzt zwischen den Worten. Sie ist eben nicht artikuliert; sie schwebt; sie fließt dahin. Diese Metaphern habe ich, glaube ich, in meinem Pariser Artikel verwendet. Die haben mich explizit gebeten: „Heinz, sprich über Ethik und Kybernetik zweiter Ordnung." Es war ein ziemliches Akrobatenkunststück, die Kluft zwischen diesen beiden sehr extremen Begriffen auf irgendeine Weise zu überbrücken. Ich glaube, es ist mir teilweise gelungen; wenn man versucht, eine Poesie in meinen Sätzen zu finden. Ich bin ja kein Poet. Leider! Ich kann nur aufpassen, dass es nicht zu wissenschaftlich wird, und versuchen, da irgendwie mit Gefühl hineinzusteigen.

Mir ist beim Nachdenken über dieses Problem einmal eine kleine Geschichte eingefallen, die ich dir erzählen könnte. Das ist die Geschichte mit dem kleinen, scharfen Messer. Die Geschichte beginnt damit, dass wir die große Freude hatten, dass eine liebe Freundin uns für eine längere Zeit besucht hat und mit uns gelebt hat. Diese Freundin hat ganz andere Gebräuche mitgebracht, als wir sie gehabt haben. Zum Beispiel ist sie eher eine Vegetarierin, während wir gerne Wurst, Eier et cetera zum Frühstück essen. Da ich als Gastgeber immer den Tisch gedeckt habe, habe ich natürlich die entsprechenden Bestecke wie Messer und Gabel, Eierbecher et cetera hergerichtet. Da hat sich herausgestellt, dass unsere liebe Freundin zum Beispiel den Eierbecher nicht braucht, denn sie isst keine Eier. Sie hat lieber einen Fruchtsalat, und dazu braucht sie ein kleines, scharfes Messer. So hat sie am Anfang gesagt: „Du, Heinz, ich brauche ja gar keinen Eierbecher. Ich brauche ein kleines, scharfes Messer, mit dem ich meine Früchte schneiden kann." Okay, ich habe also von da an immer darauf geachtet, dass auf dem Gedeck unserer Freundin ein kleines, scharfes Messer gelegen hat. So ging das eine Zeit lang sehr gut.

Irgendwann einmal ist es mir passiert, dass ich vergessen habe, das kleine, scharfe Messer dorthin zu legen. Wir gehen zum Frühstück, und meine Freundin sagt auf einmal: „Ja, Heinz! Warum hast du mir heute kein kleines, scharfes Messer gegeben?" Das war eine Frage, die einfach über meinen Verstand ging. Ich habe gar nicht gewusst, „warum". Vielleicht hatte ich es vergessen; vielleicht war es noch in der Spülmaschine; vielleicht war es nicht in der richtigen Schublade. Also jedenfalls hatte ich das kleine, scharfe Messer nicht aufgedeckt. Ich habe mich sehr entschuldigt, habe das kleine, scharfe Messer geholt, und da war es.

Das ging ein paar Tage sehr gut. Auf einmal hatte ich es wieder vergessen. So sagt meine liebe Freundin: „Heinz! Warum hast du mir schon wieder nicht mein kleines, scharfes Messer gegeben?" Also, ich war entsetzt! Ich habe keine Ahnung gehabt, „wieso" et cetera et cetera.

Aber jedenfalls habe ich gewusst: Dieses kleine, scharfe Messer ist sehr wichtig. Ich habe daher unerhört aufgepasst, dass ich jedes Mal das kleine, scharfe Messer an diesen Platz lege. Während dieses Prozesses ist mir etwas Seltsames aufgefallen: Diese Geste, das kleine, scharfe Messer hinzulegen, war eine Geste der Liebe, damit meine Freundin ein scharfes Messer in der Früh hat. Auf einmal ist aber diese Liebe zur Pflicht geworden. Plötzlich habe ich gesehen: Ich *muss* dieses kleine, scharfe Messer hinlegen. Es war also nicht mehr eine Geste der Liebe; es war eine Geste der Pflicht. So habe ich auf einmal gesehen, wie Liebe zur Pflicht degeneriert; wie Ethik zur Moral degeneriert. Das ist meine Ethik-Moral-Metapher.

Monika
Das ist wirklich ein sehr schönes Beispiel. Ich glaube auch, dass das ein Grund ist, warum sehr viele Beziehungen scheitern.

Heinz
Das glaube ich auch.

SYSTEMISCHE WEISHEIT – ETHIK IST „IN"

Heinz
Du hast mir viele Bände über Ethik mitgebracht; Punkt Nummer eins. Punkt Nummer zwei: Wenn ich die Zeitung aufschlage, wenn ich ein Magazin aufschlage, wenn ich mir die Politik anschaue, was sehe ich? Ein Ethik-Komitee etabliert sich im Senat, ein Ethik-Komitee bildet sich in der Medizinischen Fakultät und so weiter und so weiter. Ethik ist „in"! Was machen die Leute mit Ethik? Und was machen die Bücher über Ethik? Von einem Buch, das du mir mitgebracht hast – das erste, das ich gelesen habe –, war ich sehr beeindruckt. Da habe ich die Flöhe husten gehört. Da geben sich die Autoren selber linguistische Argumente, stellen eine rätselhafte Frage und kommen dann auf dreißig Seiten mit rätselhaften Antworten auf die rätselhafte Frage. Ich höre also nur Sprachgeklingel und sehe überhaupt keine Problematik. Es ist *academia*, die für *academia* spricht.

Dann habe ich die vielen anderen schönen Bücher gelesen, die du mir mitgebracht hast; über Öko-Ethik und andere Ethiken. Seiten und Seiten und Seiten; Tonnen und Tonnen und Tonnen Papier; was Aristoteles, was Plato, was Leibniz, was Kant und andere über Ethik gesagt haben.

Das hat meinen Glauben bestärkt, dass Ethik etwas ist, das man heute sehr gut verwendet, um damit irgendetwas anderes anzufangen. Du bist ein anständiger Mensch; daher beschäftigst du dich mit Ethik. Die politischen Ethik-Komitees wollen sich schön die Hände waschen und sagen: „Ich bin ein anständiger Mensch. Deswegen sitze ich in einem Ethik-Komitee." Das, sehe ich, ist, was heute vor sich geht. Ethik ist ein Wort, das „in" ist, und es ist schön, wenn man sich damit beschäftigt. Da kann man Bücher, die *Ethik* heißen, verkaufen. Das Unglück mit der Ethik ist: Sie ist zugrunde gerichtet worden. Ethik ist eines von diesen Wörtern, die schon zerstört sind. Jetzt wollen wir ein Ethikbuch schreiben? Wenn ich das Wort „Ethik" ausspreche, bin ich sofort für mich selber in dem Verdacht: „Was willst du mit diesem Trick machen, dass du über Ethik redest?" Ich muss daher, das ist meine Anstrengung, aus dieser Sache heraus. Ich muss weg, fort und irgendwie etwas anderes machen. Und da habe ich mich eben an die implizite Ethik erinnert. Das heißt, ich muss über andere Dinge sprechen; über das Wetter, über dich, über unsere Freundschaft; wo Ethik implizit ist. Das heißt, ich darf das Wort „Ethik" überhaupt nicht mehr verwenden. Denn es ist tot.

Das, was mich fasziniert und was sich mir als Problem stellt, das ich noch nicht gelöst habe, ist: Wie kann ich etwas sagen, so wie Bateson über „systemische Weisheit" sprechen, ohne das Wort „systemische Weisheit" zu verwenden; aber die Idee, die dahinter liegt, auf irgendeine Weise begreifbar machen? Wie kann ich die Idee eines „planetarischen Bewusstseins" oder eines „planetarischen Denkens", die Francisco Varela benutzt, begreifbar machen, ohne eine Terminologie wie „planetarisches Denken", „planetarisches Gefühl" zu verwenden? Das ist gar nicht leicht.

Ich komme mir so vor, als spielte ich eine kleine Blockflöte in diesem Orgelkonzert kosmischer Proportionen. Wird man mich heraushören können? Natürlich nicht! Das soll ja auch gar nicht sein. Aber der Klang des Orchesters mit beziehungsweise ohne Blockflöte wird ein anderer sein.

Ich möchte solche Termini nicht benutzen, weil ich das Gefühl habe, man schluckt sie mit einer solchen Leichtigkeit, ohne jetzt wirklich zu wissen, wovon diese Menschen reden.

Monika

Aber du verwendest doch auch Begriffe.

Heinz

Leider, ja.

Monika

Du verwendest Begriffe wie „Kybernetik zweiter Ordnung".

Heinz

Aber von Kybernetik zweiter Ordnung spreche ich im kybernetischen Club. Oder wenn mich Leute zwingen: „Heinz, sag etwas über Kybernetik zweiter Ordnung!" Dann sage ich: „Wirklich? Willst du das?" Dann sagt er: „Unbedingt!" Na, dann red' ich halt.

Monika

Du hast ja auch gesagt: „Eine Kybernetik dritter Ordnung gibt es nicht." Warum nicht?

Heinz

Weil die zweite Ordnung schon ein Fehler war. Denn die zweite Ordnung lädt eine dritte, vierte, fünfte und sechste ein. Die zweite Ordnung hätte nie so genannt werden sollen. Wenn ich von „Kybernetik der Kybernetik" spreche, geht das noch. „Kybernetik der Kybernetik" schließt das kybernetische Problem innerhalb der Kybernetik. So kann ich von „Sprache von Sprache" reden. Aber das muss wieder Sprache sein. Das Tolle an diesen sich selbst referierenden Systemen ist ja, dass die Systeme so über sich selbst sprechen, dass sie abgeschlossen werden. Ich brauche nicht hinauszugehen, um dann über diese Begriffe zu sprechen. Die Logiker schreiben in ihrer Einführung in die Logik: „Was ich Ihnen hier sage, ist Metalogik. Wenn ich Ihnen meine Metalogik erzählt habe, können Sie anfangen, über Logik zu lesen." Darauf sage ich: „Aber, lieber Freund, wieso ist Ihre Metalogik nicht schon ein Teil der Logik? Wenn Sie gut nachgedacht hätten, hätten Sie die Logik, die Sie entwickeln wollen, dasselbe wie Ihre Metalogik sein lassen."

Die Pariser zum Beispiel haben mir geschrieben: „Heinz, sprich über ‚Ethik und Kybernetik zweiter Ordnung'." Ich sage: „Ja, um Himmels willen, das ist ja Wahnsinn! Den Titel gibt es ja überhaupt nicht! Aber bitte schön, wenn ihr das wollt, werde ich es einmal versuchen. Das Erste, was ich euch sagen kann: ‚Es ist klar, dass sich Ethik nicht aussprechen lässt.'"

DIE LOGIK DER VERÄNDERUNG

Heinz

Der Vorschlag, den ich bezüglich Veränderung machen würde, ist, dass Veränderung im Wesentlichen in der Beschreibung von Zuständen besteht. Das heißt, eine Beschreibung des Zustandes und die zweite Beschreibung des Zustandes sind verschieden; und diese Verschiedenheit fasse ich als eine Veränderung auf. Also die Veränderung ist nicht dort, wo man glaubt, dass sie sitzt, sondern sie ist dort, wo man sie beschreibt. In meinem Spiel ist Veränderung ein Problem der Beschreibung. Die Urproblematik der Veränderung ist, dass man ja sagt: „X ist nicht mehr dasselbe"; also: „X ist nicht X". Von einem logischem Standpunkt aus ist das völlig verrückt. Wieso ist X nicht X? Man will ja sagen: „X ist auf einmal anders."

Also die Frage ist: Hat sich X verändert, oder hat sich meine Beschreibung von X verändert? Mein Vorschlag ist, den Beschreibungsstandpunkt zu akzeptieren. Denn wenn ich nicht die Haltung der Beschreibung annehme, sondern die Haltung, dass der Wandel mit X stattgefunden hat, komme ich auf Widersprüche oder Paradoxien, denn ich kann ja nicht behaupten, dass X jetzt nicht mehr X ist. Ist ja Unsinn. Wandel manifestiert sich in den Beschreibungen. Die Frage, ob X jetzt anders ist oder nicht, taucht nicht mehr auf.

Ein Witz, der das beleuchtet, geht so: Zwei Leute treffen sich. Sagt der eine: „Grüß Gott, Herr Müller, haben Sie sich aber verändert." Darauf sagt der: „Ja, mein Name ist ja gar nicht Müller." – „Ach so, Müller heißen Sie auch nicht mehr." Das ist meiner Meinung nach eine wichtige Beleuchtung für das, was wir Veränderung nennen.

Die zweite Frage ist: „Wieso ist das, was ich jetzt als verschieden sehe, dasselbe?" Herr Müller hat einen Schlaganfall. Vor dem Schlaganfall ist er so, nach dem Schlaganfall ist er anders. Ist es noch Herr Müller? Ist er ein anderer? Diese Problematik ist unheimlich.

Also das Problem der Veränderung würde ich immer gerne von dem Beschreibungsstandpunkt aus sehen.

Das kann man wunderschön formalisieren. Aber das werde ich jetzt nicht tun. Tschuang-Tse, der chinesische Taoist im vierten Jahrhundert vor Christus, hat ein schönes Gleichnis gehabt: „Das Wesentliche von Wechsel ist die Konstanz."

Monika
Kannst du das erläutern?

Heinz
Das Merkwürdige, das Paradoxe von Wechsel, von Wandlung ist, dass man glaubt, man spricht von demselben, das jetzt anders ist. Wieso ist dasselbe anders? Das ist eine paradoxe Situation, denn immer noch behaupten wir: „Es ist dasselbe." Also das Merkwürdige ist, dass ich einen Zustand, den ich jetzt sehe, mit einem Zustand vergleiche, den ich mich erinnere, vorher gesehen zu haben; das heißt, ich vergleiche zwei innere Bilder: das eine Bild, das ich glaube, vorher gesehen zu haben, und das andere Bild, das ich glaube, jetzt gesehen zu haben. Diese beiden Bilder sind Beschreibungen. Jetzt hängt es völlig von mir ab, welche Teile von diesen Beschreibungen ich nicht mehr zur Deckung bringen kann. Der Stuhl ist kein Stuhl mehr, sondern ein Elefant. Der Elefant ist kein Elefant mehr, sondern ein Kamel et cetera et cetera.

Die Idee hinter diesem Spruch von Tschuang-Tse ist, dass man immer glaubt, dass es dasselbe ist, von dem man spricht. Wenn ich von etwas sage: „Es hat sich verändert", nehme ich ja immer an, dass über dasselbe gesprochen wird. Ich sage: „Herr Meier ist jetzt ganz anders", nehme also an, dass es immer noch Herr Meier ist und nicht plötzlich Herr Müller geworden ist, nachdem Herr Meier einen Schlaganfall gehabt hat. Also Meier ist konstant, denn sonst könnte ich nicht von Wandel gesprochen haben. So sehe ich die Probleme von Wandel.

Monika
… und Identität.

Heinz
Und Identität. Die beiden sind komplementär. Das Identitätsproblem ist ja genauso schwierig. Denn das Identitätsproblem ist, dass

die Beschreibung der Situation immer dieselbe ist. Also eine Invarianz liegt interessanterweise in meiner Beschreibung vor.

Da kann man jetzt natürlich tiefer kratzen und fragen: „Wovon sprechen wir? Sprechen wir von Beschreibungen oder von dem, was beschrieben wird, nämlich vom Beschriebenen?" Jetzt können zwei verschiedene Philosophen miteinander streiten. Der eine sagt: „Sie können nur beschreiben, was Sie sehen." Der andere sagt: „Sie können nur sehen, was Sie beschreiben." Das sind zwei Positionen, die meiner Meinung nach prinzipiell unentscheidbar sind. Jetzt könnte man natürlich fragen: „Heinz, wie kannst du solche Sachen behaupten?" Ich schlage dem Kritiker dieses Satzes dann vor, ein Experiment zu machen, welches entscheiden kann, welche Haltung die akzeptable und welche die nicht akzeptable Haltung darstellt. Und ich behaupte, dass dieses Experiment immer schon die Entscheidung in sich trägt; dass das Experiment immer schon ein Vorurteil eingebaut hat, diese oder jene Antwort zu liefern.

Monika
Du sagst: „Wenn ich mich verändere, verändert sich auch das Universum, denn ich bin ein Teil des Universums." Systemisches Denken geht von einer Interdependenz individueller und aller anderen Veränderungsprozesse aus. Wie hängen denn Veränderungsprozesse im Universum zusammen? Wie hängen individuelle, soziale und gesamtökologische – Bateson sagt, glaube ich: gesamtsystemische – Veränderungsprozesse zusammen? Wie muss ich mir diesen Prozess vorstellen? Was ist dieses – wie Bateson sagt – „Geistige" oder „das Muster, das verbindet"? Wieso haben meine Handlungen Auswirkungen auf alles andere? Warum hat es Auswirkungen auf den Kosmos, wenn ich mich bewege?

Heinz
Jetzt beschreibe mir doch einmal den Kosmos, bevor und nachdem du dich bewegt hast! Die so genannten Auswirkungen auf alles andere finden ja auch wieder in den Beschreibungen statt. Diese Frage hat nur Sinn, wenn du dich vom Kosmos trennst. Wenn du und der Kosmos eins sind, dann ist diese Einheit eine andere, wenn sich Teile der Einheit verändern.

Monika

Wenn ein Baum im Wald umfällt, muss ich es hier gar nicht merken; also hat diese Veränderung mit dem Baum im Wald doch gar nichts mit mir zu tun; auf mich hat es keine Auswirkungen. Viele Leute kümmern sich nicht um bestimmte Umweltprobleme, wenn sie nicht unmittelbar davon betroffen sind. Wie kann ich das Bewusstsein erhöhen, dass auch weit entfernte, von mir persönlich unabhängige Ereignisse mich doch betreffen können?

Heinz

Du musst den Vorsatz „von mir unabhängig" weglassen. Dieser Teil deines Satzes sollte eigentlich verschwinden; denn es ist sehr schwer nachzuweisen; nämlich rein sprachlich. Es ist alles sprachlich verborgen. Ich sage: „Hier gibt es einen Vorgang, der von mir unabhängig ist", und jetzt möchte ich jemandem beibringen, dass ich *doch* davon abhängig bin? Also der Vorsatz „von mir unabhängig" darf nicht mehr auftauchen. Man müsste sagen: „Machen sie sich doch klar – *the pattern which connects* –, dass wir alle ununterbrochen verbunden sind!"

Monika

Warum?

Heinz

Das hat gar nichts mit „warum" zu tun. Das ist die Position, die ich einnehme; dass wir verbunden sind.

Monika

Aber wie kommst du zu der Position? Aufgrund welcher Erkenntnisse, Einsichten oder Philosophien sagst du: „Wir sind alle miteinander verbunden?" Ist das die Kybernetik oder die Systemtheorie, die dich dazu führt? Du kannst sagen: „Ich sage das, weil ich ein Konstruktivist bin."

Heinz

Nein, nein, nein!

Monika

Ich dachte immer, dass du die Aussage „Ich bin ein Teil des Universums" aus deinen kybernetischen Theorien ableitest.

Heinz

Ich würde sagen: Das ist eine Fundamentalhaltung. Diese Entscheidungen stehen am Anfang. „Ich möchte mich gerne als separat sehen" – diese Gucklochidee – oder: „Ich möchte mich als ein Teil des Universums sehen."

Monika

Ja, warum möchtest du dich gerne als ein Teil des Universums sehen? Ich möchte gerne wissen, ob ich in der Kybernetik, in Systemtheorien, der Chaostheorie oder anderen Theorien eine theoretische Fundierung dieses Gedanken finden kann.

Heinz

Ja, du möchtest gerne diese Grundhaltung, die ich für eine wichtige Entscheidung halte, von anderen Ideen ableiten.

Monika

Oder theoretisch untermauern. Sagen wir einmal so: Ich möchte dieser Behauptung oder dieser Haltung ein theoretisches Fundament geben; damit auch andere Leute sagen können: „Aha, das macht Sinn, denn die Systemtheorie sagt, dass diese Veränderungsprozesse alle interdependent sind." Dann ist es nämlich vielleicht für die Leute einfacher, diese Haltung nachzuvollziehen.

Heinz

Du meinst, aus pädagogischen Gründen; das heißt: Wie kann ich jetzt verkaufen, dass diese Idee gewissen Charme hat und andere Ideen anderen Charme haben?

Monika

Das wäre eine Möglichkeit; aus pädagogischen Gründen. Aber auch für ein intellektuelles Verständnis; dass ich es einfach gerne wissen möchte. Es ist ja nur eine unter hunderten von Haltungen; aber wieso ist die sinnvoll?

Heinz

Na ja, die anderen sind ja auch ganz sinnvoll. Meiner Meinung nach ist es ein Entscheidungsproblem.

Monika

Aber jetzt mal ganz konkret: Meine Frage ist: Gibt es denn in der Systemtheorie oder der Kybernetik irgendwelche Aussagen, die die Aussage „Ich bin ein Teil des Universums" untermauern könnten?

Heinz

Ich würde es eher umgekehrt sagen: Aus dieser Haltung kommen dann gewisse Sätze der Systemtheorie auf, wie zum Beispiel Batesons Mantra *the pattern which connects* mit der Fußnote von Heinz von Foerster: *the matrix which embeds*, also „die Matrize, die einbaut". Diese ganzen Ideen der Konnektivität kommen, ob du willst oder nicht, aus einer Fundamentalhaltung, die dieser Denker für sich akzeptiert hat; vielleicht in vielen Fällen, ohne es explizit so zu benennen; die ihn dann einlädt, diese Aussagen, diese Vorschläge, diese Sichten auszusprechen. Ich würde sagen, diese Gedanken, diese Sätze sind Folgen einer Haltung, die viele dieser Denker angenommen haben, ohne sich klar zu machen, dass sie diese Haltung für sich adoptiert haben. Ich glaube, wenn ich noch die Gelegenheit hätte, mit Bateson über diese Gedanken zu sprechen und sagen würde: „Pass mal auf, Gregory, haben wir nicht beide die Haltung ...?", würde er vielleicht sagen: „Ja, Heinz, das ist eine Konsequenz." Und ich würde sagen: „Gregory, für mich ist es der Anfang. Deine Idee von *pattern which connects* et cetera – all das fließt aus deiner Zentralhaltung; dass du dich nicht von uns allen und vom Kosmos separieren willst, sondern dass du dich als ein Teil dieser ganzen Welt auffasst."

Eine Fragenstellung, die du entwickelt hast, ist mir sympathisch, und auf die möchte ich ganz präzise antworten: Kann ich die Idee „Ich bin ein Teil der Welt" von anderen Einsichten in verschiedensten Wissenschaftsgebieten, die sich mit solchen Verbindungsproblemen beschäftigen, wie Kybernetik, Systemik et cetera, ableiten, oder muss ich diesen Satz „Ich bin ein Teil der Welt" zuerst stipulieren und dann davon die Details von Kybernetik, von Ethik, von Systemik ableiten?

Meine Antwort ist die folgende: Für mich, Heinz von Foerster, heute, ist meine Stellung die: Die Idee „Ich bin ein Teil der Welt" kann ich persönlich nicht als eine Konsequenz von anderen theoretischen Absätzen ableiten, denn für mich ist es ein Obersatz.

Monika
Aber wie kommt deine Haltung zustande?

Heinz
Das ist eine historische Frage. Das ist die Frage, wie Heinz von Foerster auf diese Ideen gekommen ist. Er hat es ja nicht immer gesagt. Er hat einmal *das* gesagt, einmal *das*. Schließlich sitzt er heute da oben und sagt: „Für mich ist das die Zentralstellung. Von dieser Stellung aus kann ich Systemik, kann ich Ethik, kann ich Kybernetik et cetera ableiten." Es ist die Frage nach Heinz von Foersters Entwicklungsjahren von einem Mittelschüler zu einem Skeptiker, der auf dem *Rattlesnake Hill* sitzt; der früher einmal das gemeint hat und schließlich und endlich behauptet: „Für mich, Heinz von Foerster, jetzt im Jahre 2002 ist die Idee ‚Ich bin ein Teil der Welt' eine Zentralidee."

Die zweite Frage ist die: Wenn ich ein logisches oder ein philosophisches System entwickeln möchte, wo fange ich da an? In meinem philosophischen System, wenn mir jemand sagt: „Heinz von Foerster, schreiben Sie ein logisches System", fange ich mit dem Grundsatz an: „Ich bin ein Teil der Welt"; und zwar fange ich mit dem Experiment an: „Wollen wir *das* oder wollen wir *das*?" Ich habe mich bei dieser prinzipiell unentscheidbaren Frage dafür entschieden, mich als einen Teil der Welt zu erklären. Wenn ich das tue, kann ich aus dieser Haltung alle möglichen Konsequenzen herausfließen lassen. Die heißen Kybernetik, die heißen Ethik, die heißen Systemik et cetera et cetera. Für mich ist es so, dass die anderen Aussagen, die Zirkularität, die Konnektivität, all diese Theoreme, die in der Kybernetik, der Systemik et cetera auftauchen, Konsequenzen dieser Zentralhaltung sind.

Wir haben hier zwei Fragen: die historische Frage und die systemische Frage.

Wenn ich diese Haltung herleiten soll, kann ich es nur mit der Entwicklungsgeschichte Heinz von Foersters tun; indem ich also den Werdegang des Menschen Heinz von Foerster entwickle; wieso er im Laufe seines Lebens auf diese Einsichten gestoßen ist. Dann kann ich sagen: „Ich, Heinz, habe diese Schulung gehabt. Ich, Heinz, habe diese Hoffnungen gehabt. Ich, Heinz, habe diese Erlebnisse und Einsichten gehabt. Ich, Heinz, habe mit diesen interessanten Menschen gesprochen. Ich, Heinz, komme schließlich auf die Idee, dass ich aus dieser Stellung ganz leicht die übrigen Probleme der Kybernetik, der Systemik, der Ethik entwickeln kann." Also das ist meine Antwort auf die Entwickelbarkeit.

Monika
Gibt es denn in den vielen theoretischen Disziplinen, mit denen du dich im Laufe deines Lebens beschäftigt hast, Analogien, Metaphern, Parabeln, Beispiele; gibt es in diesen Theorien, in Kybernetik, Biologie, Epistemologie, Anthropologie und so weiter, Einsichten, Erkenntnisse, Haltungen, die deine Haltung unterstützen, untermauern, perspektivisch anreichern können?

Heinz
Ja, ohne weiteres; selbstverständlich. Ich würde genau mit diesem Satz anfangen und aus diesem Satz die Haltungen, die sich in der Kybernetik, in der Biologie, in der Organisationstheorie et cetera finden lassen, entwickeln. Wenn du dich für die konkreten wissenschaftlichen Einflüsse interessierst; wie diese Haltung Grundideen der Kybernetik, Grundideen der Systemik, Grundideen von Gregory Bateson und von den Familientherapeuten und so weiter beeinflusst hat, kann ich dir das sehr leicht erklären. Wenn du Lust hast, kann ich dir darüber erzählen, wie Bateson zum Beispiel Erklärungen versteht, wie Bateson Beziehungen versteht. Das sind alles diese Haltungen.

Monika
Wunderbar!

Heinz
Ja, also dann wird der Anfang der Geschichte sein, dass ich das Weltpostulat ausspreche; das ist: „Ich und die Welt sind eins." Da werde ich über die zwei Entscheidungsmöglichkeiten sprechen; denn das ist wichtig; dass das eine Wahl ist und nicht eine Konsequenz. Denn wenn es eine Konsequenz wäre, wäre es eine Notwendigkeit. Ich behaupte aber: Es ist keine Notwendigkeit. Es ist eine Haltung, die wir aus allen möglichen anderen Haltungen auswählen können.

Und das ist meine persönliche Haltung, die ich jetzt vorschlage zu akzeptieren. Ist diese Haltung akzeptiert, werde ich sie nicht von etwas anderem ableiten, sondern verwenden, um andere Dinge so zu beleuchten, dass sie auf diese Haltung zurückführbar sind. Und ich sehe das nicht so, wie du das gerne siehst. Du hättest gerne, dass das kosmologische Prinzip mit anderen Überlegungen, die in der Kybernetik, der Systemik, der Physik auftauchen, untermauert oder unterfüttert wird. Für mich ist es anders. Für mich ist es so: Du startest mit der freien Wahl. Für mich sind das nicht Unterfütterungen, sondern Beleuchtungen, die von diesem Zentralprinzip kommen. Ich hätte gerne Heinz von Foerster sich entwickeln lassen, bis er auf diese Position kommt und dann von dieser Spitze eines Berges, vom Himalaya, auf der anderen Seite hinunterrollt und sagt, was da für ein unerhörter Reichtum eines Gartens, eines Blumenbeetes, eines Waldes entsteht.

Zweiter Akt:
„Ich bin ein Teil der Welt" –
Entwicklung einer Haltung

DIE AXIOME

Heinz

Ich habe gesagt: „Meine Methode ist, ganz am Anfang meinen Standpunkt in einer oder vielleicht zwei fundamentalen Aussagen zu präsentieren und dann von diesem Standpunkt aus die Ideen der Ethik zu entwickeln; so wie ich sie sehe; wie sie für mich sympathisch sind." Darauf hast du mich sofort gefragt: „Ja, aber woher hast du diese fundamentalen Haltungen?" Ich sage: „Die fasse ich wie Axiome auf, die in der klassischen Auffassung gewöhnlich Sätze sind, die einer Erklärung weder bedürftig noch fähig sind. Diese ursprüngliche Idee der Axiome hat sich im Laufe der Zeit geändert. Ich war besonders von den Philosophen des Wiener Kreises beeinflusst, die gesagt haben: ‚Axiome sind nicht Sätze, die eines Beweises weder bedürftig noch fähig sind, sondern Axiome sind Spielregeln, die man erfindet; die man auf den Tisch legt, so als ob man Schach oder Bridge spielen würde; denen man dann folgt.'"

Ich werde nun also zuerst meine Grundprinzipe, meine Haltung vortragen und dann deinem Wunsch, die Grundprinzipe herzuleiten, nachkommen und dir meine kleine Geschichte erzählen; eine persönliche Geschichte, wieso ich auf diese Ideen gekommen bin.

Wenn man diese Ideen akzeptiert, was folgt aus ihnen? Was kann man daraus ableiten? Ich hoffe, dass ich durch die ersten zwei Schritte einen Kontext gewonnen habe, von dem aus ich dann meine Haltung zur Frage „Heinz, was ist Ethik?" entsprechend darlegen kann.

Die Axiome haben nun selber schon mit einer seltsamen Haltung zu tun; das ist die Entscheidung zwischen zwei Behauptungen, die so sind, dass sie selber unentscheidbar sind; die prinzipiell unentscheidbaren Fragen.

Es ist die Frage: Soll ich mir mich als einen Beobachter, der etwas über die Welt sagt, so vorstellen, dass ich außerhalb der Welt stehe und jetzt beobachte, wie die Welt und die Ereignisse der Welt vor meinen Augen vorbeifließen? Das ist eine klassische Haltung. Die ist ganz genau von Helmholtz beschrieben worden, der gemeint hat, man sitzt auf einer Säule, einem Locus observandi, und schaut von dort unbeeinflusst von den eigenen Haltungen, von den eigenen Präferenzen, von den eigenen Vorlieben und Nachlieben in die Welt hinein und berichtet jetzt, was da zu sehen ist. Diese Idee unterliegt auch der Idee der Objektivität: Die Eigenschaften des Beobachters sollen nicht in die Beschreibung seiner Beobachtungen einfließen. Das ist Haltung Nummer eins; die Gucklochhaltung: Ich sitze außerhalb der Welt und schaue durch ein kleines Guckloch, wie sich die Welt vor meinen Augen abspielt. Ich bin völlig unbeeinflusst von dem, was da draußen vorgeht. Ich beeinflusse das, was da draußen vorgeht, überhaupt nicht.

Haltung Nummer zwei ist komplementär zu dieser Haltung und ist etwa folgendermaßen: Ich bin ein Teil der Welt. Ich kann mich sozusagen überhaupt nicht aus der Welt herausziehen. Ich bin ein Teil von ihr, und was immer ich tue, ist auch der Welt getan, denn ich bin ja ein Teil von ihr. Also wenn ich jetzt den Arm hebe, hat sich die Welt verändert. Denn es war zuerst die Welt mit Heinz mit dem Arm unten. Jetzt ist es die neue Welt mit Heinz mit dem Arm oben.

Das sind die zwei Fundamentalhaltungen. Nun fragt sich: Welche Haltung ist die richtige? Meine Behauptung ist: Das ist eine prinzipiell unentscheidbare Frage. Und jetzt kommt ein Heinz-von-Foerster-Theorem: Es sind nur die prinzipiell unentscheidbaren Fragen, die *wir* entscheiden können. Kaum sage ich das, springt jeder an meine Gurgel und sagt: „Bist du wahnsinnig geworden? Wieso kannst du eine prinzipiell unentscheidbare Frage entscheiden? Wieso behauptest du, *wir* können nur prinzipiell unentscheidbare Fragen entscheiden?"

Ich sage: „Ganz einfach; alle entscheidbaren Fragen sind ja schon vorentschieden, denn sie sind in einem Bereich gefragt worden, für den die Spielregeln bereits bestimmt sind." Also wenn ich die Frage stelle: „Ist zwei mal zwei vier oder fünf?", kann das entschieden werden. Warum? Weil die Regeln der Mathematik bereits akzeptiert worden sind. Wir wissen, wir haben bestimmt, wie Zahlen entstehen, auf welche Weise wir zählen. Und wenn das bestimmt ist, wenn das Spiel des Zählens gemeinsam akzeptiert ist, können wir Zahlen spielen, und jeder weiß, was für ein Zug erlaubt und was für ein Zug nicht erlaubt ist; genauso wie beim Schach, wo man weiß: Mit dem Bauern kann man nicht so wie mit einem Läufer oder einem Rössl herumlaufen. Der Bauer kann diese Schritte – nur eins vorwärts – machen. Das sind die Eigenschaften des Bauern. Oder das sind die Eigenschaften des Rössls. Wenn das Rössl auf einmal anders springt, sagt man: „Lieber Heinz, du weißt ja nicht, wie man Schach spielt." Und ich sage: „Na, wie spielt man?" – „Das Rössl kann nur so und so springen." Dann können wir Schach spielen. Jetzt kann man natürlich fragen: „Ja, wer hat denn über die Regeln entschieden?" Da hat man noch die Freiheit. Hier kann ich sagen: „Ich möchte ein anderes Spiel als Schach erfinden." Denn ich bin völlig frei gegenüber dem, was für ein Spiel ich jetzt erfinden will.

Wenn du diese Haltung noch weiter verfolgen willst, vielleicht für eine Geschichte dieser Haltung, wirst du die Ausrede, solche Prinzipe zu setzen, sehen. Kant oder Schopenhauer sagen: „Diese Fragen sind transzendental. Jenseits dessen, wo wir urteilen, sind diese Fragen entscheidbar."

Ich brauche die Transzendentalität nicht, denn ich sage: „Die bin ich. Ich bin der Mensch, der das nun entscheidet." Worin liegt der Unterschied zwischen Kant, Schopenhauer und mir? Kant und Schopenhauer sagen: „Es ist die Transzendentalität, die entscheidet", während ich sage: „Ich entscheide. Daher ist es meine Verantwortung, dass Schach *so*, Bridge *so* und Mühle *so* gespielt wird." Der Unterschied zwischen diesen beiden Haltungen ist, dass ich mich in dem einen Fall auf etwas anderes berufen kann; dass solche Regeln existieren. In meinem Fall kann ich mich nur auf mich berufen; dass ich diese Entscheidungen gefällt habe. Wie du siehst, taucht schon da eine seltsame Haltung auf; nämlich die Haltung, dass ich, wenn ich mich für dieses und jenes entschieden habe, die Verantwortung für diese Entscheidung zu übernehmen habe. In einer merkwürdigen Weise tauchen Aspekte von Ethik schon in der Grundhaltung meiner Entwicklung auf.

Wie komme ich nun auf die verrückte Idee, dass ich ein Teil der Welt bin? Eine Haltung, die man als alter Mann, wie ich das jetzt bin, hat, ist bedingt durch die Schritte des Lebens, die man gegangen ist. Und meine Geschichte ist natürlich eine sehr lange Geschichte. Aber ich möchte sie dir gerne in drei Kapiteln präsentieren. Das erste Kapitel hat mit meiner Kindheit und Jugend zu tun; das zweite Kapitel mit den Erlebnissen, die ich als junger Mann, als Student hatte. Und das dritte Kapitel ist natürlich, was ich aus diesen Erlebnissen der Jugend und des frühen Erwachsenenalters mitgeführt habe; welche Erlebnisse meine Haltung weiter bestärkt, weiterentwickelt oder vertieft haben.

LIEB GEMEINT

Ich habe als Kind ein Bilderbuch gehabt, in dem eine Geschichte war, die mich sehr berührt hat. Das war die Geschichte von einem Einsiedler. Dieser Einsiedler lebt in einer Höhle. Von Zeit zu Zeit geht er in den Wald, um dieses und jenes für seinen Lebensunterhalt zu suchen. Eines schönen Tages trifft er einen Bären. Dieser Bär hat sich unglücklicherweise einen Dorn in eine seiner Tatzen eingetreten und kann kaum gehen, humpelt nur so. Da beschließt der Einsiedler, diesen Dorn aus der Tatze des Bären herauszuziehen. Er nimmt den Bären mit zu sich nach Hause, führt die Operation durch, und der Bär und der Einsiedler sind von nun an Freunde. Sie wohnen eine Zeit lang zusammen, und alles ist in bester Ordnung. Eines schönen Tages macht der Einsiedler sein Nachmittagsschläfchen, und der Bär passt auf, dass nichts passiert. Da merkt er, dass sich eine Biene auf die Nase des Einsiedlers gesetzt hat. Der Bär weiß ganz genau, was da passieren kann. Die Biene kann stechen. Daher haut er mit seiner Tatze – Patsch! – die Biene auf der Nase des Einsiedlers tot. Der Einsiedler springt mit Entsetzensschrei auf: „Eijeiiiiiiiiiii!" Er blutet aus der Nase. Schauderhaft! Er ist wütend auf den Bären, der ihm die Nase eingeschlagen hat, packt ihn und schmeißt ihn aus der Höhle hinaus. Und in meinem Bilderbuch war das schrecklich: Mit beiden Beinen gleichzeitig springt er gegen den Bären und tritt ihn aus dem Höhleneingang hinaus. Der Bär, ganz verzweifelt, schaut zurück: „Ich habe es doch nur lieb gemeint", sagt er sich und dem Betrachter mit großen traurigen Augen. Das hat einen tiefen Eindruck auf mich gemacht. Ich habe gesagt: „Das war doch wirklich nicht nett von dem Einsiedler. Der Bär hat es doch nur lieb gemeint."

Heinz von Foerster als Kind

Die Idee des „lieb gemeint" hat sich noch einmal wiederholt. Da muss ich sieben oder acht gewesen sein. Eine Schulaufgabe in der Volksschule: Alle Kinder sitzen nach dem Sommer da: „Schreibt über den schönsten Sommertag oder über ein Thema, das ihr euch selbst wählt." Ich habe mir *Lieb gemeint* gewählt und also einen kleinen Aufsatz über „lieb gemeint" geschrieben. In diesem Aufsatz habe ich verteidigt, dass die Konsequenzen eines „lieb Gemeinten" nicht in das, was die ursprünglich intendierte Folge eines „lieb Gemeinten" war, hineingeworfen werden dürfen; dass die Folgen dessen, was lieb gemeint war, nicht das, was lieb gemeint war, beschatten dürfen. Die Note, die ich für diesen Aufsatz bekommen habe, war die schlechteste Note, die man bekommen kann. Ich bin mir nicht sicher, ob das wegen der Rechtschreibfehler oder der falschen Interpunktion war; aber es kam mir doch so vor, als ob meine „Lieb-gemeint"-Haltung, deren Konsequenzen nicht in die Beurteilung des „lieb Gemeinten" hineinfließen dürfen, der Anlass für den Lehrer war, mir so eine schlechte Note zu geben. Diese Haltung habe ich jedoch bis ans Ende meines Lebens beibehalten. Heute sogar würde ich sagen: „Lieb gemeint" ist das Wesentliche. Die Konsequenzen können ja nicht vorausgesehen werden.

DIE LEHRE VON FRAU GRILL: „ALLES, WAS DU TUST, KOMMT WIEDER AUF DICH ZURÜCK"

Wir haben in Wien im alleobersten Stock gewohnt; in dem schönen Haus, in dem ich aufgewachsen bin. Im untersten Stock hat eine Hausbesorgerin gewohnt. Die hat natürlich immer darauf geachtet, dass alles im Haus in Ordnung ist; dass die Stiegen gewaschen sind; dass der Aufzug sauber ist; dass die Türen in der Nacht zu, am Morgen wieder offen sind et cetera. Das war Frau Grill. Frau Grill war eine typische Wiener Frau aus dem Volke, die die ganzen Volksweisheiten, Volkswitze et cetera gekannt hat. In diesem Haus hat ein Lausbub gewohnt. Der ist die Stiegen hinuntergerast, wenn er etwas unternehmen wollte. Wenn er mit dem Aufzug hinaufgefahren ist, hat er manchmal eine Stinkbombe hineingelegt, sodass, wenn der nächste Aufzugfahrer die Türe zugemacht hat, die Stinkbombe geplatzt ist und dann der Aufzug tagelang nach Stinkbombe gestunken hat. Dieser Lausbub war Heinz, der im obersten Stockwerk gewohnt hat. Manchmal hat Frau Grill mich erwischt. Dann hat sie gesagt: „Also pass mal auf, Heinzerl: Alles, was du tust, wird wieder auf dich zurückkommen. Alles was wir tun, kommt wieder einmal zurück." Diese Lehre hat mich bis jetzt begleitet. Ich glaube, meine ganze Philosophie heute ist die Philosophie, dass alles, was man tut, wieder auf einen zurückkommt.

Das Universum ist endlich, und wenn ich es verändere, sitze ich in einem anderen Universum. Die amerikanischen Einwanderer, die den Vorstoß nach Westen gemacht haben, hatten ein unendliches Land vor sich. Sie haben weggenommen und weggenommen und gebrannt und die Bäume abgesägt et cetera et cetera, bis sie am Pazifischen Ozean angekommen sind. Da hat das Land aufgehört. Wenn das Land unendlich gewesen wäre, hätten sie es weiter und weiter und weiter abbauen, plündern, zerstören oder konstruieren können. Aber das Land hat aufgehört, und dann blieb ihnen das ausgeplünderte und zerstörte Land. So ist das Universum endlich. Wenn ich dem Universum etwas tue, so merke ich es später. So wie Frau Grill gesagt hat: „Alles, was du der Welt antust, kommt einmal wieder auf dich zurück." Und wenn du dann auf rekursive Funktionen kommst und plötzlich siehst: „Das hat Frau Grill schon gewusst." Das ist für mich erschütternd, ergreifend und unglaublich.

DIE FORTSCHRITTLICHE GROSSMUTTER

Der Grund für die Rebellion

Mein Vater wurde, als ich drei Jahre alt war, also im Jahre 1914, schon in der ersten oder zweiten Woche nach Ausbruch des Ersten Weltkrieges eingezogen. Dadurch bin ich zum großen Teil bei meinen mütterlichen Verwandten aufgewachsen und kam mit meiner Mutter sehr oft in das Haus meiner Großmutter; Marie Lang.

Meine Großmutter war eine ganz berühmte Dame zu der Zeit. Sie war eine der ersten Frauen, die die Frauenbewegung Europas ins Leben geführt haben.

Sie hatte als junges Mädel ein unglaubliches Erlebnis, das ihr ganzes Leben bestimmt hat. In ihrer Mittelschule oder Oberschule hatten sie eine Lehrerin, die sie besonders gern hatten; die Lieblingslehrerin.

Eines schönen Tages kommt diese Lehrerin nicht in die Klasse. „Na, also gut; die ist vielleicht krank." Sie bleibt einen Tag weg, zwei Tage weg, acht Tage weg; eine Hilfslehrerin kommt herein. Die Mädel wundern sich, was mit ihrer Lehrerin los ist, und entschließen sich, zum Direktor zu gehen. Sie fragen den Direktor: „Wo ist unsere liebe Lehrerin?" Der Direktor kommt mit irgendwelchen lächerlichen Antworten: „Ja üh, häh, üh, häh, üh"; also mit gewissen Antworten, die Erwachsene Kindern geben, wenn sie nichts sagen wollen. Also da waren die Mädel unbefriedigt und sind weggegangen. Sie haben sich aber erinnert, dass diese Lehrerin mit einem

Lehrer verheiratet ist, der in der Bubenschule auf der anderen Seite der Straße unterrichtete. Sie haben gesagt: „Da warten wir, bis der herauskommt und fragen ihn, was mit seiner Frau los ist." Also sie stehen vor der Bubenschule, warten, bis der Lehrer herauskommt, und schnappen ihn, als er kommt: „Was ist mit Ihrer Frau? Wir warten schon seit Wochen!" – „Ja", sagt er, „sie darf nicht mehr in die Schule kommen." „Ja, aber wieso darf sie nicht in die Schule kommen?" – „Wir erwarten ein Kind." – „Na ja, na warum darf sie da nicht in die Schule kommen?" – „Es gibt ein Gesetz, dass Lehrerinnen, die Kinder erwarten, nicht mehr in die Schule gehen dürfen." – „Ja, warum?" – „Ja, dann könnten die Kinder ja Fragen stellen, die man nicht beantworten kann: ‚Wieso ist sie so dick?' ‚Warum hat sie so einen Bauch?' Das kann man Kindern nicht sagen. Daher dürfen schwangere Frauen nicht in die Schule kommen."

Da war meine Großmutter sehr böse und hat gesagt: „Dieses Gesetz muss ich ändern." Sie hat ihr Leben lang dieser Aufgabe gedient, und als sie über sechzig war, ist das Gesetz tatsächlich aus dem österreichischen Gesetzbuch entfernt worden.

Was für sie da bewegend war, sollte natürlich für viele andere Frauen mitbewegend sein: „Solche Gesetze dürfen einfach nicht im Gesetzbuch stehen." So hat sie mit anderen Frauen zusammen eine Zeitschrift gegründet: *Dokumente der Frauen*. Das war das erste Frauenjournal, das in Europa erschienen ist. *Dokumente der Frauen* wurde in ganz Europa, besonders nach Skandinavien, Frankreich, England und Deutschland verschickt. Alle haben *Dokumente der Frauen* gelesen, worin meine Großmutter mit anderen Frauen Brandartikel über den Skandal der Vernachlässigung und Verknechtung der Frauen geschrieben hat. „Lasst uns uns von dieser schrecklichen Sklavenherrschaft, die die Männer über uns ausüben wollen, befreien!"

Alle Publikationen über die Geschichte der Frauenbewegungen haben meine Großmutter, Marie Lang, drin; mit sehr schönen Bildern von ihr.

Also meine Großmutter war sehr aktiv als Frauenrechtlerin, hatte Beziehungen über die ganze Welt. Sie hatte ein großes, offenes Haus, wo Politikerinnen, Künstlerinnen, Dichterinnen aus der ganzen Welt ein und aus gegangen sind. Wenn also irgendwelche jungen Damen aus Schweden nach Wien gekommen sind – die skandinavischen Frauen waren ja auch frühe Frauenrechtlerinnen und haben daher in meiner Großmutter einen Ankerplatz gefunden –, wurden

Marie Lang, Heinz' Großmutter, 1930. Ein Holzschnitt von Erwin Lang.

die alle von meiner Großmutter eingeführt. Meine Großmutter war sozusagen die Anstandsdame für diese schönen schwedischen Damen und hat sie alle sofort an alle möglichen Leute verheiratet. An

Journalisten zum Beispiel. Ludwig von Ficker, der die Zeitschrift *Der Brenner*, eine Art revolutionäre Zeitschrift auf literarischem Gebiet, herausgegeben hat, hat eine dieser schönen Damen geheiratet, Cissi Molander, die Tochter eines der größten Orgelbauer der damaligen Zeit. Ein anderes schwedisches Mädchen, Esther Stroemberg, wurde mit Stefan Grossmann, der Herausgeber der Berliner Wochenschrift *Das Tagebuch* war, verheiratet. Die haben zwei Töchter gezeugt; Maja und Birgit. Birgit hat Heinz Wittgenstein, den Bruder von Paul Wittgenstein, Ludwigs Neffe, geheiratet. Maja war ganz entscheidend in meinem Leben. Sie hat einen Professor für Pharmakologie geheiratet, der, als die Nazis gekommen sind, an die Universität von Illinois in Chicago gegangen ist. Und als ich nach Amerika gekommen bin, war Maja eine meiner Verbindungen.

Ohne Mieder

Meine Großmutter hat gefunden, dass die Frauen Opfer einer Modeerscheinung geworden sind, die sehr gefährlich für ihre Gesundheit war; nämlich des Schnürleibs – so hieß das bei uns –, mit dem die Taille ganz eng zusammengeschnürt wurde. Viele Frauen sind sogar, wenn sie ein paar Stunden damit gegangen sind, ohnmächtig geworden, und das Schnürmieder musste aufgelockert werden. Also stell dir eine Frau vor, die ein Kind erwartet: Das Kind wird in diesem verschnürten Mieder natürlich verkrüppelt. So ähnlich wie sich die Chinesen ihre Füße verkrüppelt haben, haben sich die Frauen zu der Zeit ihre Körper verkrüppelt. Dagegen hat meine Großmutter einen großen Krieg geführt, und sie hat selbst nie diese verschnürten Mieder getragen, sondern ein Kleid eingeführt, das man später, in den Sechziger-oder Siebzigerjahren, ein *Mumu* genannt hat. Das ist ein großer Sack; sehr schön bestickt; mit einem großen Loch oben für den Kopf und zwei Löchern für die Arme. Das hat sehr elegant und schön ausgeschaut. Aber zu einer Zeit, in der die Frauen mit geschnürten Miedern gegangen sind, war das natürlich eine entsetzliche Sache.

Meine Großmutter hat gegenüber von einem großen Markt gewohnt. Dorthin sind die Marktfrauen vom Land gekommen und haben ihre Eier, Kartoffeln und Salate verkauft. Diese Frauen waren natürlich geschnürt; und als da meine Großmutter mit diesem *Mumu* vorbeigegangen ist, haben sie mit faulen Äpfeln, faulen Eiern und so weiter und so weiter auf meine Großmutter geworfen und gesagt:

„So eine Schweinerei! Schauen Sie sich diese Frau an, die unanständig unangezogen noch im Nachthemd auf der Straße geht."

„Alles ist jetzt und hier"

Ich hatte mir im Haus meiner Großmutter einen besonderen Platz entwickelt. Meine Großmutter hatte einen riesigen Schreibtisch. Unter dem saß ich, habe dort meine kleine Wohnung gehabt. Die großen Damen haben miteinander diskutiert. Von Zeit zu Zeit wurde ich entdeckt und dann von den schönen Damen verhätschelt. Dann bin ich wieder in mein Domizil unter diesem riesigen Schreibtisch hinuntergegangen.

Meine Großmutter hat einen großen Einfluss auf mich gehabt, denn sie war eine sehr starke Persönlichkeit. Und natürlich passieren oft schreckliche Dinge, wenn man ein Kind ist: Man verliert ein schönes Spielzeug; es geht ein kleines Werkzeug kaputt. Dann ist man traurig und weint. Da hat sie immer gesagt: „Aber Heinz, wein doch nicht! Das ist doch schon längst in der Vergangenheit. Das ist doch schon alles weg. Das Werkzeug ist doch in der Vergangenheit. Das ist ja nur in deiner Vorstellung da. Alles ist jetzt und hier. Jetzt ist doch alles wunderschön. Hier ist doch alles in Ordnung." Diese Haltung: „Alles ist jetzt und hier", habe ich auch bis heute beibehalten. „Alles ist jetzt und hier" – ein wichtiger Einfluss.

Die „Langzoderten"

Meine Großmutter hat zweimal geheiratet. Zuerst einen Juwelier, Theodor Köchert. Mit ihm hatte sie einen Sohn, Erich. Dann hat sie sich scheiden lassen, denn es war eine unglückliche Ehe. Anscheinend waren die Köchert-Männer nicht sehr geschickt mit Frauen.

Heinrich Köchert, der Bruder von Theodor Köchert, hat eine Lang, eine Tochter der Lang-Familie, geheiratet. Das war Melanie, deren Bruder, Edmund Lang, dann meine Großmutter als zweiten Mann geheiratet hat. Also der zweite Mann meiner Großmutter war Edmund Lang, dessen Schwester Melanie den Bruder des ersten Mannes meiner Großmutter geheiratet hat. Melanie war so unglücklich, dass sie sich aus dem Fenster gestürzt hat, und meine Großmutter Marie war in ihrer ersten Ehe so unglücklich, dass sie versucht hat, sich ihre Pulsadern durchzuschneiden.

Meine Großmutter hatte drei Kinder von ihrem zweiten Mann, Edmund Lang. Das älteste war Heinz, das zweite war Erwin und das dritte war Lilith. Meine Großmutter hatte eine bestimmte Idee, wie die Freiheit des Menschen ausgedrückt werden sollte. Sie hat den Buben nie die Haare geschnitten, denn bei den Griechen hatten die Sklaven geschnittene Haare und die freien Menschen freie, fliegende, lange Haare. Erwin hat immer gesagt, warum er so stark war. Er war deswegen so stark, weil die Buben ihn alle gefrotzelt haben, dass sie so lange Haare hatten. Auf Wienerisch heißt das „langzodert", mit langen Zotteln versehen. Die sind also hinter ihnen hergefahren, haben „Langzoderte" geschrien. Da musste Erwin natürlich hingehen und die Buben verhauen. So ist er stärker und stärker geworden.

Heinz, nach dem ich benannt worden bin – das ist eine tragische Geschichte –, hat sich als junger Mensch, also mit siebzehn oder achtzehn, in eine zauberhafte junge Frau verliebt; die Frau eines ganz wichtigen, ganz hervorragenden Architekten, Adolf Loos. Loos hat ein Buch geschrieben, dessen Titel ich immer gerne übernehmen wollte. Das hieß *Ins Leere gesprochen*. Na jedenfalls, dieser Heinz hat sich in diese schöne, zauberhafte junge Frau, Lina Loos, die eine Schauspielerin war, verliebt; und sie hat diesen wunderschönen jungen Mann natürlich auch herrlich gefunden. Eines schönen Tages kam Heinz sie wieder besuchen, und sie hat gesagt: „Nein, ich habe jetzt einen anderen Verehrer", und hat ihm die Türe vor der Nase zugemacht.

Heinz war völlig verzweifelt, wusste nicht, was er tun sollte; und da er ja in diesen intellektuellen Kreisen verkehrt hat, ist er in das *Café Museum* gegangen, wo seine Freunde saßen; unter anderem ein bekannter Essayist namens Peter Altenberg. Er hat Altenberg gefragt: „Was soll ich tun? Ich bin verzweifelt. Ich habe diese Frau geliebt, wollte für diese Frau sterben; und plötzlich sagt sie, sie hat einen anderen Freund. Was soll ich tun?" Da sagt Altenberg: „Wenn du ein anständiger Mensch wärest, würdest du nach Hause gehen und dich erschießen. Aber das wirst du natürlich nicht tun, denn du bist ja genauso feige wie ich." Da geht Heinz nach Hause und erschießt sich. Das war ein entsetzlicher Schlag für die Familie; besonders für meine Mutter, die damals vielleicht zwölf, dreizehn Jahre alt war. Den Bruder hat sie noch und noch geliebt. Ein bildschöner, sehr gescheiter und anscheinend unendlich lieber junger Mensch war tot. Meine Mutter war verzweifelt. Als sie ein erstes Kind geboren hatte, ihren Buben, hat sie ihn nach ihrem geliebten Bruder Heinz genannt. So wurde ich Heinz genannt.

Die „Langzoderten": Erwin (links) und Heinz Lang (rechts), Brüder von Heinz'
Mutter Lilith.

DER WEITGEREISTE ONKEL

Grete Wiesenthal – Ein *imprinting*

Erwin Lang hat Kunst studiert. Er war ein sehr begabter Zeichner; ist
in die Kunstschule gegangen. Er ist natürlich graduiert und wurde
ein Zeichner, Maler, Holzschneider, Bildhauer et cetera et cetera. Er
hat dann diese zauberhafte, unwahrscheinlich schöne und berühmte

Tänzerin Grete Wiesenthal geheiratet und zahlreiche Holzschnitte, Zeichnungen, Porträts von Grete Wiesenthal angefertigt und gezeichnet.

Grete Wiesenthal hat sich, wie viele andere Frauen zur selben Zeit, zur Wende des Jahrhunderts, vom Ballett entfernt und ihren eigenen Tanzstil mit ihren Schwestern, Elsa, Berta und Marta, entwickelt. Sie hatte mit ihren Schwestern ein ganz berühmtes Ensemble gebildet. Die hießen *Die Schwestern Wiesenthal*. Die sind während des Weltkriegs überall im deutschsprachigen Raum aufgetreten, und Grete Wiesenthal hat so wie Marlene Dietrich zu den Soldaten gesprochen. Sie hat dann später auf der ganzen Welt getanzt und ist berühmt für die größten Gagen, die je an Tänzer und Artisten in diesem Bereich gezahlt worden sind.

Grete Wiesenthal und die anderen Frauen, mit denen sie getanzt hat, ihre Schwestern und ihre Schülerinnen, haben auf der Bühne Kostüme getragen, die zum großen Teil von meiner Mutter entworfen waren. Und meine Mutter ist immer am Abend ins Theater gefahren und hat, wie eine Kostümiere, darauf geachtet, dass die Kleider immer richtig getragen wurden, dass also alle Tänzerinnen richtig angezogen waren.

Damals gab es keine Babysitter. Also musste sie ihren kleinen Buben mitnehmen. So hat der kleine Bub in den Garderoben der schönen Frauen gesessen und zugeschaut, wie sie sich aus- und angezogen haben. Dann hat er sich hinter die Kulissen geschlichen und geschaut, wie sie getanzt haben. Dann ist er wieder zurück in die Garderobe und hat zugeschaut, wie sie sich aus- und umgezogen haben. Dann ist er wieder hinter die Bühne gelaufen und hat geschaut, wie sie getanzt haben.

Ich behaupte, dass diese Periode, in der ich diese unglaublich schönen Frauen gesehen habe, wie sie sich an- und ausziehen, ein *imprinting*, wie Konrad Lorenz das bezeichnet hat, gehabt hat. Lorenz, ein großer Ethologe, der mit Gänsen gearbeitet hat, hat bemerkt, dass die ganz jungen Gänslinge, wenn sie ihn mit seinen Stiefeln gesehen haben, die Stiefel für die Mutter genommen haben und ihm überall nachgefolgt sind. So wie diese Gänslinge Lorenz nachgefolgt sind, bin ich immer den schönen Frauen nachgelaufen, weil sie ein *imprinting* für mich waren.

79

Grete Wiesenthal, Donauwalzer

Erwin und die chinesische Philosophie

Erwin wurde fast am selben Tag wie mein Vater, auch schon gleich in den ersten Tagen des Ersten Weltkrieges, eingezogen; und da er ein Kletterer und Bergsteiger war, gehörte er zu den so genannten Tiroler Kaiserjägern. Das war eine Spezialmannschaft, die in hohen Gebirgen erfolgreich hätte kämpfen können. Er wurde jedoch an die deutsch-russische Front geschickt, wo alles völlig flach war und die Fähigkeiten dieser Bergsteiger überhaupt nicht angewendet werden konnten. In den ersten zwei Wochen wurde er auch schon ein Kriegsgefangener, wurde in einen dieser riesigen Züge gesteckt und nach Sibirien gebracht. Also den Rest des Krieges hat er als sibirischer Kriegsgefangener in einem der riesigen Lager in der Nähe von Krasnojarsk verbracht. Seine Berichte von dieser Gefangenschaft sind faszinierend. Nachdem 1917 die russische Front in der Revolution zusammengebrochen war, ist die Rote Armee vom Süden Russlands über ganz Russland gezogen, hat dort die rechtsgerichteten, also die zartreuen Armeen überwunden, und die ganzen Gefangenenlager wurden aufgelöst. Die Wachen wurden abgezogen und an die Front geschickt, damit sie die Rote Armee bekämpfen konnten, und die Kriegsgefangenen waren mehr oder weniger frei. Was haben die gemacht? Mein Onkel hat gesagt: „Nach Wien zurückwandern kann ich nicht, denn da sind die großen Schlachten der Roten Armee mit den zaristischen Truppen. Ich kann also nur nach Osten gehen. Vielleicht kann ich mich über irgendwelche deutsche Repräsentanten in China wieder nach Österreich durchschlagen." Er wusste von einer deutschen Enklave auf einer kleinen chinesischen Halbinsel, Tsingtau, und dachte, da würde er schon irgendwie durchkommen.

Eine Serie der unwahrscheinlichsten Zufälle hat ihn auf einem Bahnhof, auf dem ein Zug des Roten Kreuzes stand, einen amerikanischen Arzt, Dr. Eversol treffen lassen, mit dem er ins Gespräch kam. Eversol hatte einmal in Wien studiert, und nachdem Erwin ihm von seiner Herkunft und seinen Fluchtplänen erzählt hatte, hat Eversol ihm vorgeschlagen, das Heizen in dem Zug zu übernehmen und so in dem Zug nach Osten zu fahren.

Erwin hat es auch irgendwie erreicht, dass sein Schüler und Schutzbefohlener, Toni Brenner, ein junger Mann, ein Architekt, so zwanzig oder einundzwanzig Jahre alt – mein Onkel war ungefähr dreißig –, in einem anderen Zug auch in der Position des Heizers fahren konnte. In der Mongolei sind die beiden ausgestiegen und sind zu Fuß weiter nach Osten, nach China, gewandert.

Wovon haben sie gelebt? Wenn sie in ein Dorf gekommen sind, haben sie sich auf den Dorfplatz gesetzt, und mein Onkel hat mit einem Stück Holzkohle, das er sich irgendwo gebrannt hatte, die Verkäufer auf dem Markt gezeichnet und ihnen ihre Bilder gegeben. Die waren völlig hingerissen, haben meinem Onkel und Toni Brenner sofort ein paar Äpfel oder ein Stück Brot gegeben oder sie übernachten lassen. So haben sich die beiden bis nach China durchgeschlagen und sind nach ungefähr sechs Monaten in Tsingtau angekommen.

Dort haben sie sich zur deutschen Mission durchgeschlagen, um Hilfe für ihre Heimfahrt zu bekommen. Dort hat Erwin mit einem älteren Missionar gesprochen, dem aufgefallen ist, dass mein Onkel eine Menge über chinesische Philosophie – er hatte einiges von

Konfuzius und von Laotse gelesen – wusste. „So, da haben Sie ja schon ein wenig chinesische Übersetzungen gelesen. Wissen Sie zufällig, von wem die Übersetzungen waren?" – „Nein, das weiß ich nicht." – „Der Ihnen unbekannte Übersetzer bin ich, Richard Wilhelm. Kommen Sie herein! Seien Sie meine Gäste! Da ist ein Bad; da ist eine Seife, da ist ein Handtuch. Hier ist ein kleines Zimmer; da können Sie wohnen." Da haben sie zum ersten Mal nach einem halben Jahr ein Bett gesehen. Sie haben sich in das Bett gelegt; sie konnten aber nicht in einem Bett schlafen; es war zu weich. Sie mussten sich also auf den Boden legen.

Wilhelm hatte zu der Zeit einen ganz großen chinesischen Philosophen, Lau Nai Suan, bei sich zu Gast. Die beiden haben an einem sehr wichtigen chinesischen Buch gearbeitet, dem *I Ging*. Das ist das *Buch der Wandlungen*, das dir interessanterweise sagen kann, wie du dich im jeweiligen Moment deines Lebens verhalten sollst. Da würfelt man mit ein paar Stäbchen, findet eine Nummer. Dann liest du, was diese Nummer dir sagt, und es bereichert deine Haltung, deine Ideen, was du jetzt tun könntest. Den *I Ging* hat Wilhelm damals übersetzt und ein hervorragendes Vorwort dazu geschrieben. Der chinesische Philosoph hat ihm dabei geholfen und Wilhelm, der natürlich nur ein endliches Chinesisch konnte, erklärt, was die Zeichen, was die Strophen, was die Nummern im *I Ging* bedeuten und wie man die übersetzen soll.

Aber das Wichtige war, dass Erwin von dem großen chinesischen Philosophen, während dieser mit Wilhelm diskutiert hat, ein kleines Porträt gezeichnet hat. Das liegt in zwei Formen vor: Eines ist eine Kohlezeichnung, das andere ist ein Holzschnitt. Der ist natürlich in der Sammlung der langschen Holzschnitte vorhanden.

Erwin war sehr tief von diesen philophischen Ideen beeindruckt. Besonders das Tao hat ihn fasziniert, und da hat er zu Wilhelm gesagt: „Ich würde sehr gerne mehr über Tao lernen." Darauf hat Wilhelm gesagt: „Ich weiß ein Kloster, wo die Leute mich sehr gut kennen. Wenn Sie wollen, gehen Sie doch dorthin. Stellen Sie sich mit Grüßen von mir vor, und die werden Ihnen schon alles Mögliche über Tao und die chinesische Philosophie erklären und zeigen."

Also Erwin hat sich aufgemacht. „Nur zwei, drei Tage Fußmarsch entfernt von hier." Also er wandert zu dem Kloster, klopft an die Tür. Die nehmen ihn natürlich sofort auf. Das war schon so 1918. Und jetzt hat ihn eine Frage geplagt: „Wie ist das mit dem Krieg in Euro-

Der chinesische Gelehrte Lau Nai Suan, 1920. Ein Holzschnitt von Erwin Lang.

Ich durfte den ehrwürdigen Mann malen und zeichnen. Edelmut und Güte waren deutlich in seinem Gesicht zu lesen. Während ich arbeitete, saß er an seinem Tisch und lispelte leise die Verse, die er gerade las, vor sich hin, von Zeit zu Zeit blättert seine gebrechliche, durchgeistigte Hand mit den zarten Fingern, den langen gepflegten Nägeln die Seite des Buches.

Eine Vase mit Päonien stand am Tisch. Der weiß gekalkte Raum war nur mit dem Tisch und vier Sesseln möbliert, doch welche Wärme vermochte die Anwesenheit Laus ihm zu geben. Der Frühling spazierte zum Fenster herein, sein Lispeln begrüßte ihn. An den Wänden waren einige Streifen mit Sprüchen, die er liebte, von Freunden kunstvoll gemalte Gaben. In diesem Raum fühlte ich, was Wilhelm über den Geist des Konfuzianismus gesagt hatte, auf mich einwirken.

Dieser Edle, ein Mandarin von hohen Graden, der also viele Ämter bekleidet hatte, hier saß er fast arm, denn nie hatte er an sich gedacht, wie leicht hätte er sich bereichern können. Seine Haltung war nie durch Hoffnung auf Gewinn bestimmt. Freigebig verschenkte er obendrein seine Güte an alle. Güte war sein zweites Lebensgesetz. Mit welcher Güte begegnete er mir. Wenn ich fortging, begleitete er mich jedes Mal unter unzähligen kleinen Verbeugungen bis vor die Tür seines Hauses; ich war beschämt durch so viel Freundlichkeit, die nicht bloß eine Form war, sondern sein Wesen ausdrückte.

Erwin Lang, 1937

83

pa? Ist der Krieg zu Ende? Ist der Krieg noch im Gange? Was ist passiert?"

Also fragt er die Chinesen in dem Kloster: „Wissen Sie, ob der Krieg in Europa noch im Gange ist?" Die sagen: „Nein, das wissen wir nicht." – „Haben Sie hier Zeitschriften und Zeitungen?" – „Na selbstverständlich! Unsere Bibliothek hat alle Zeitungen der Welt." – „Ja wunderbar, haben Sie Zeitungen aus Österrreich?" – „Na, selbstverständlich, unsere Bibliothek hat die Zeitungen der ganzen Welt." – „Vielleicht Zeitungen aus Wien?" – „Aber natürlich. Wir haben ja alle Zeitungen der ganzen Welt. Na, sagen Sie, was für eine Zeitung Sie haben wollen." Er sagt: „Ich hätte gerne die *Neue Freie Presse*." Das ist die Standard-Tageszeitung in Wien. „Da werden wir mal nachschauen. Sicher haben wir die *Neue Freie Presse*." Also sie gehen in den Keller hinunter, wo die gesamten Zeitungen aufbewahrt sind. Der Chinese schaut da durch: „Ha! Hier ist die *Neue Freie Presse*." Er zieht einen ganz dicken Band heraus und gibt den meinem Onkel. Der schlägt den aufgeregt auf. Diese Ausgabe ist von 1898. Darauf sagt er: „Aber die ist doch nicht von heute! Die ist von 1898! Die ist doch zwanzig Jahre alt!" Darauf sagt der Chinese: „Na und? Zwanzig Jahre sind doch nichts." Da hat Erwin verstanden, was Tao ist: Zwanzig Jahre sind nichts.

Mich hat diese Tao-Idee schon als junger Mensch sehr fasziniert. Und das Interessante ist, dass Tao eben keine Religion ist, wo du an einen bestimmten Gott glauben sollst, wo du bestimmte Gebete sprechen sollst, sondern Tao ist, wo du dich selbst zu finden hast, wo du dein Inneres zu verstehen hast. Wenn du dich verstehst, verstehst du auch die Anderen. Eine Haltung, die den Anderen so in dich einbezieht, als wäre der Andere du; und auf diese Weise kannst du den Anderen verstehen.

Erwin ist es dann schließlich und endlich gelungen, mit einem japanischen Schiff von Tsingtau in siebzig Tagen nach Hamburg zu fahren. Er kam dann im Jahre 1922 oder 1923, glaube ich, nach Wien zurück. Er war vier oder fünf Jahre in China, denn seine Frau, Grete Wiesenthal, hatte sich von ihm getrennt, noch während er in der russischen Gefangenschaft war. Sie hatte ihm einen Brief geschrieben: „Lieber Erwin, du bist zu lange weg. Ich kann leider nicht mehr bei dir bleiben." Du kannst dir vorstellen, wie das für einen Menschen ist, der in der Kriegsgefangenschaft ist und darauf wartet, seine Frau wiederzusehen. Also das war ziemlich schwierig. Na jedenfalls; er kam dann nach Wien und hat ein wunderschönes Mädchen kennen gelernt. Das ist sein Modell geworden. Es gibt hunderte von zauberhaften Zeichnungen von seiner Freundin Poldi, die ich auch sehr verehrt habe, weil sie sehr fesch war.

DIE UNGEWÖHNLICHE MUTTER

„Das Mädchen Li"

Meine Mutter ist wie mein Onkel Erwin in die Kunstschule gegangen. Die beiden sind in dieselbe Schule gegangen wie Oskar Kokoschka. Viele Jahre später ist eine Kokoschka-Ausstellung in dieser Schule veranstaltet worden, wo unter anderem auch die Zeugnisse Kokoschkas ausgestellt waren. Da Kokoschka das letzte K und Lang das erste L war, hingen die Zeugnisse von Lilith Lang direkt darunter. Da stand: „Lilith Lang kommt nie zu den Klassen, macht keine Hausaufgaben, bekommt eine schlechte Note in Deutsch, eine schlechte Note in Mathematik, eine schlechte Note hier." Trotzdem hat sich Kokoschka in meine Mutter verliebt und Zeichnungen von ihr gemacht. Sie ist als „Das Mädchen Li" in einem seiner Bücher, *Die träumenden Knaben* – das ist ein ganz berühmtes illustratives Werk von Kokoschka –, abgebildet. Kokoschka hat meine Mutter sehr verehrt, und in allen Lebensgeschichten von ihm sind immer Bilder oder Zeichnungen von ihr.

Das verrückte Kleid

Meine Mutter war also schon als Mädchen, wie man sagen würde, ein sehr schlimmes Mädchen. Sie hat sich mit lauter wilden Leuten unterhalten. In der Zeichenschule hat sie Zeichnen und andere künstlerische Tätigkeiten gelernt. Sie hat sich ihre Kleider immer selbst entworfen und ist dann in diesen Kleidern überall hingegangen; auf die Bälle und so weiter und so weiter.

Eines Sonntagsmorgens zieht sie sich ihr schönstes verrücktes Kleid, ein Kleid mit Federn hinten, an und sagt zu ihrem Papa, der im Lehnsessel sitzt und seine Morgenzeitung liest: „Ich gehe jetzt ein bisserl spazieren." Er schaut sie mit einem Blick an und sagt: „Komm, Lilith, hier hast du einen Gulden." Sie staunt und weiß nicht, warum sie einen Gulden bekommt; aber okay, wenn du einen Gulden bekommst, steckst du ihn ein. Also sie steckt den Gulden ein, geht hinunter auf die Straße – die haben ganz in der Nähe von der Oper gewohnt – und geht also in Richtung Oper spazieren. Das ist eine sehr hübsche Straße, und sehr viele Leute flanieren da am Sonntag hin und her. Als sie dort geht, merkt sie, dass ein paar Lausbuben hinter ihr herrennen und sagen: „Schaut euch die an! Schaut euch die an!" Sie dreht sich um, und die schmeißen alte Äpfel nach ihr. Also sie fängt an, schneller zu gehen. Die Leute auf der Straße zeigen mit dem Finger auf sie. Alles lacht. Ältere Herren stehen da und zeigen mit dem Stock auf sie. Also sie läuft schneller und schneller und hat keine Ahnung, was da los ist. Sie läuft und läuft und läuft, und jetzt sagt sie: „Um Himmels willen, ich kann ja nicht ewig laufen! Ich muss jetzt wieder zurück nach Hause. Aber das kann ich nicht, denn hinter mir sind ja diese ganzen Lausbuben her; hinter mir sind diese ganzen Herren mit den Stöcken und die Damen, die mit dem Finger auf mich zeigen. Was mache ich da? Was mache ich da? Das Einzige, was ich machen könnte: Ich kann mir eine Kutsche nehmen. Ja, aber das kann ich ja nicht bezahlen. Ach so; ja, ich habe ja den Gulden in der Tasche." Sie steigt also in eine Kutsche ein, sagt dem Kutscher, wie sie wieder nach Hause fahren, zahlt den Kutscher mit dem Gulden und geht wieder nach Hause. Erst da ist ihr aufgefallen, dass der Vater sofort gesehen hat, dass sie mit dieser Ausrüstung, mit diesem Kleid, nicht sehr weit kommt und daher Geld haben muss, um mit einer Kutsche nach Hause zu kommen.

„Unanständige Hosen"

Da meine Mutter eine große Skiläuferin und Bergkletterin war, hat sie gesagt: „Dem Buben muss ich sehr früh schon Skifahren beibringen."

In der Nähe von Wien gibt es sehr viele schöne Hügel mit Wiesen, den so genannten Wienerwald, der in zahlreichen Liedern besungen wird. So fährt man einfach mit der Straßenbahn bis zur Endstation, klettert auf diese Hügel und macht wunderschöne Skifahrereien.

Ich habe also meine ersten „Telemarks" und „Christianias" gemacht und habe Stemmbogen in diesen Wienerwaldhügeln von ihr gelehrt bekommen.

Dann sind wir spät am Nachmittag nass mit Schnee und kalt mit gefrorener Nase in eine dieser Straßenbahnen eingestiegen. Wir fahren also langsam nach Hause. Auf einmal kommt der Schaffner, und meine Mutter will natürlich das Ticket lösen. Da sagt er: „Sie müssen raus! In diesem Wagen können Sie nicht fahren." Sie fragt: „Ja, warum nicht?" – „Sie tragen ja Hosen. Das ist unanständig. So kann eine Frau nicht herumgehen." Sie sagt: „Aber wieso? Ich bin doch gerade Ski gefahren. Ich habe Skihosen an." – „Nein, nein, das ist ein Skandal! Ich kann es nicht verantworten, Sie in einer solchen pornographischen Ausstattung in der Straßenbahn zu befördern. Ich bin ein Staatsbeamter der Stadt Wien. Ich erlaube nicht, dass Sie unanständig in Hosen hier in der Straßenbahn stehen. Sie müssen raus!" Er zieht die Klingel. Die Straßenbahn muss stehen bleiben. Er schmeißt meine Mutter mit mir hinaus. Da war ich sehr entsetzt. Das nur als ein kleines Spotlight auf die Moralität. Das ist die Moralität: Der weiß: „Eine Frau in Hosen ist unanständig, muss also raus."

„Du kannst machen, was du willst"

Später habe ich dann eine komische Sache mit meiner Mutter erlebt. Ich war, als ich fünfzehn, sechzehn, siebzehn war, ein „Gigerl". Das nennt man in Österreich so. Ein Gigerl ist ein junger Mann, der immer ganz ordentlich nach den neuesten Regeln der Mode angezogen ist. Das war ich; immer ganz fein angezogen: die besten Hemden, die schönsten Sackos, die richtigen Hosen; entweder eine karierte oder eine gestreifte Krawatte. Einmal bin ich mit meiner Mutter auf der feinsten Straße in Wien gegangen, der Kärntner Straße. Ich ging neben ihr und war wie immer sehr stolz auf meine Mutter, weil sie eine wunderschöne, sehr fesche und sehr lustige Frau war. Auf einmal hockelt meine Mutter sich auf den Boden und geht jetzt in dieser tiefen Hockestellung neben mir her; auf der feinsten Straße in Wien. Ich sage: „Aber Mutter, das kannst du doch nicht machen! Komm, stell dich doch wieder auf! So geht das doch nicht!" – „Nein, nein", sagt sie, „ich kann da so weitergehen." – „Aber nein, was werden denn die Leute sagen? Um Himmels willen!" Sie sagt: „Siehst du, Heinz, das musst du lernen; dass du dich nicht um die Meinung anderer kümmern musst, sondern dass du machen kannst, was du willst." Das habe ich verstanden, und das ist immer noch eine Haltung von mir: Du kannst so leben, wie du willst, und musst nicht so leben, wie die anderen wollen, dass du lebst.

Der Gigerl

GESCHICHTEN VOM VATER

„Dein Vater ist im Krieg"

Es gibt ein Erlebnis, als ich noch ganz klein war, an das ich mich völlig erinnere; als ob ich das Bild vor meinem Augen hätte.

Meine Mutter und ich waren gerade irgendwo auf dem Land auf einer Sommerfrische. Es war im August kurz nach Ausbruch des Krieges. Es war ein wunderschöner, strahlender Morgen. Die Mutter hat mich aus dem Haus herausgenommen. Da standen wir im Freien. Neben uns hat ein wunderschöner Busch geblüht. Da sagt die Mutter zu mir: „Ich muss dir etwas sagen." – „Ja, na sag, Mutter!" – „Dein Vater ist im Krieg." Ich frage: „Wo ist er?" – „Im Krieg." – „Ja, wo?" – „Er ist im Krieg." Ich hatte keine Ahnung, was der Krieg war. Na jedenfalls war das eine so ernste Situation; meine Mutter hat das so gewichtig gesagt, dass ich gewusst habe: „Da ist etwas ganz Entscheidendes passiert."

„Schöne Wienerin"

Mein Vater musste einen Angriff auf irgendeinen Hügel machen, von dem er gewusst hat, dass man da nicht mehr lebend zurückkommt. Er hat sich sogar den Befehl, den Hügel anzugreifen, schriftlich geben lassen, damit er nachher sagen konnte: „Sehen Sie, ich habe diesen Wahnsinn nicht unternommen. Mir wurde dieser Befehl gegeben." Also mein Vater hat den Hügel erstürmt und wurde sofort verhaftet. Er wurde Kriegsgefangener der Serben, und die ersten zwei, drei Nächte musste er in einem von den Serben beschlagnahmten Schloss verbringen.

Er hat gesagt: „Es war unglaublich, wie viele Wanzen dort gelebt haben. Das ganze Schloss war voll mit Wanzen. Das Schöne aber war: Die Wanzen mögen mich nicht. Die klettern auf mir herum, aber fallen dann herunter. Die wollen einfach nichts von meinem Blut wissen. Dann habe ich dort einen ganzen Stoß von Magazinen gesehen. Die habe ich mir angeschaut. Ich habe ein Modemagazin herausgezogen. Das hieß *Elegante Welt*. Auf dem Titelbild war ein Bild meiner Frau mit dem Titel ‚Schöne Wienerin'." Der Fotograf, der neben uns gewohnt hat, war ein Berufsfotograf. Kannst du dir vorstellen, wie das für einen Mann ist; seine Frau als „schöne Wienerin" auf einem Modemagazin in einem Schloss, in das er als Gefangener abgeführt ist, zu sehen?

Rudolf Kassner und die Vorstellungskraft

Eine kleine Szene, die später in meinem Leben für mich wichtig geworden ist, ist ein Erlebnis, das ich noch als kleiner Bub gehabt habe. Da muss ich so sechs, sieben oder acht Jahre alt gewesen sein. In unserem Wohnzimmer stand ein großes Piano, ein Blüthner-Konzertflügel, der so groß war, dass ich unter ihm mein Heim etablieren

Heinz' Eltern, Lilith und Emil von Förster

konnte. Da habe ich meine Bilderbücher gehabt; meine Spielsachen et cetera et cetera; und einen winzigen Sessel und einen winzigen Tisch. Und wenn meine Eltern Besuch von Erwachsenen, interessanten oder faden, gehabt haben, habe ich mich unter dieses Klavier zurückgezogen und entweder mitgehört, was da geredet wurde, oder einfach meine eigenen Sachen gespielt.

Ein Freund meiner Eltern war Rudolf Kassner, ein Philosoph. Der war berühmt, weil er ein wunderschönes Buch über das physiognomische Weltbild geschrieben hatte: *Physiognomik*. Er hat also das Aussehen, die Bewegungen und die Gestik der Menschen sehr studiert; was die als Körpersprache benutzen, um neben ihrer Sprache noch etwas anderes zu sagen.

Rudolf Kassner kam öfter zum so genannten „Schwarzen Kaffee" zu uns. „Schwarzer Kaffee" ist eine übliche Affaire in Wien, wo man nach dem Essen einen Mokka serviert. Und gewöhnlich kommen Besuche dann so zwischen zwei und drei, haben schwarzen Kaffee, tratschen und gehen dann wieder weg.

Rudolf Kassner war für mich als kleines Kind unglaublich eindrucksvoll. Er muss eine Kinderlähmung gehabt haben. Er kam auf zwei Stöcke gestützt; mit der größten Schwierigkeit. Mit zwei völlig schwachen Füßen ist er da durch die Türe hereingehumpelt; den Körper ununterbrochen in die schrecklichsten Stellungen verdreht; mit einem sehr verzerrten Lächeln im Gesicht. Und mit der größten Mühe hat er sich in einen dieser großen Lederfauteuils, die meine Eltern da im Wohnzimmer hatten, gesetzt.

Und dann hat er immer sehr interessante Geschichten erzählt. Einmal ist er eine längere Zeit nicht gekommen und kam dann also endlich wieder. Meine Eltern haben gefragt: „Ja, wo waren Sie denn?" Er hat gesagt: „Ich habe eine Reise nach Indien unternommen." Na, also ich höre das unter dem Klavier. Reise nach Indien –; das wird jetzt sehr interessant. „Na, das muss sehr interessant gewesen sein. Was fanden Sie am interessantesten?" – „Ja, es war unglaublich! Das waren alles erstaunliche Erlebnisse in Indien; aber am interessantesten fand ich die Fakire." Na, du kannst dir vorstellen, wie ich jetzt angefangen habe, zuzuhören. „Also die Fakire, das war einfach unwahrscheinlich. Da haben Menschen auf nur einem Bein gestanden; ihr ganzes restliches Leben auf einem Bein. Das andere Bein haben sie oben auf dem Oberschenkel verschlagen gehabt.

Dann habe ich einen Mann gesehen, der seinen Zeigefinger der rechten Hand durch die Handfläche der linken Hand hat durchwachsen lassen. Ja, wie machen diese Menschen das? Ist das Willenskraft; unglaubliche Willenskraft? Nein, Willenskraft kann es nicht sein", hat er gesagt, „denn jeder Wille hat ja einen Gegenwillen. Der will ja überleben. Der will ja nicht auf einem Bein stehen. An und für sich will sein Körper ja auf zwei Beinen stehen. Was kann es sein, das diese Menschen befähigt, diese unglaublichen Kunststücke zu vollbringen? Es kann nur die Vorstellungskraft sein. Er stellt sich vor: ‚Ich habe eine Hand, wo ein Finger durchwächst.' Ich stelle mir vor: ‚Ich habe nur ein Bein. Ich muss auf einem Bein stehen.' Ich stelle mir das vor. Das sehe ich. Ich bin einfach der Mensch mit einem Bein. So erkläre ich mir diese unerhörten Leistungen der Fakire in Indien."

Das hat einen großen Eindruck auf mich gemacht.

Das hat mir später in meinem Leben in manchen Entscheidungen sehr geholfen. Als ich mich entschlossen hatte, das Rauchen aufzugeben, habe ich, wie man das hier nennt, *cold turkey* gespielt: die Zigaretten genommen und weggeschmissen. „Jetzt bin ich Nichtraucher!" Und da habe ich mir gedacht: „Wie werde ich das überleben?" Ich musste zu der Zeit von Los Angeles mit dem Auto nach Illinois fahren. Das sind zwei oder drei Tage auf einem dieser Superhighways. Da habe ich gewöhnlich ein Paket nach dem anderen geraucht. „Jetzt muss ich da zurückfahren, ohne eine Zigarette zu rauchen. Werde ich das aushalten? Ach so; ich bin ja gar kein Raucher! Ich brauche ja keine Zigarette! Ich weiß ja gar nicht, was Zigaretten sind! Ich fahre als Nichtraucher zurück!" So habe ich mit der Vorstellung, dass ich kein Raucher bin, das Aufgeben des Rauchens völlig leicht überspielt.

ZAUBEREI

Wieso hat Zaubern einen ganz großen Einfluss auf den Rest meines Lebens gehabt?

Grete Wiesenthal und mein Onkel Erwin hatten einen Sohn; der hieß Martin. Martin war ein bisserl älter als ich, und dadurch, dass unsere Väter beide in der Kriegsgefangenschaft waren, haben wir uns immer bei der Großmutter getroffen. Martin hat auch sehr oft bei uns gewohnt, weil seine Mama, Grete Wiesenthal, ja ununterbrochen gereist ist. So wurden wir ganz enge Freunde und Spielkameraden.

Als wir etwa vierzehn waren, hat meine Schwester, die ein kleines Mädel war – sie war sieben, – einen Zauberkasten zu Weihnachten geschenkt bekommen. Wir haben diesen Zauberkasten angeschaut – meine Schwester war ja viel zu klein für so etwas – und haben begonnen, diese Zauberkunststücke zu untersuchen, und gelernt, wie man sie vorführen kann.

Wir waren tief enttäuscht und haben gesagt: „Das ist doch grotesk! Das wird als Zauberkunststück verkauft? Das ist doch alles lächerliches Zeug! Das ist doch keine Zauberei! Das sind doch ganz blöde mechanische Tricks! Da kommt doch jeder drauf!"

Wir haben gesehen: Mit all dieser Mechanik kann man in einem Zeitalter, in dem alles sowieso mechanisch ist – man dreht einen kleinen Schalter auf, und auf einmal ist Licht; das ist ja auch eine Zauberei, ein Wunder, wenn man nicht weiß, wie es geht –, eigentlich keinen Hund mehr hinter dem Ofen hervorlocken.

„Das hat doch mit Zauberei nichts zu tun. Das ist einfach entsetzlich! Wir müssen das verbessern!"

Wir haben uns also damit beschäftigt, diese Zauberkunststücke zu verbessern, und haben sehr interessante Zauberkunststücke entwickelt. Dann brauchten wir natürlich ein Publikum; und das erste Publikum, das du dir nimmst, sind natürlich die Eltern und die Erwachsenen; denen führt man dann diese Zauberkunststücke vor. Mit der Zeit sind wir so erfolgreich geworden, dass wir zu Kinderjausen, zu Partys, wo Kinder zusammenkommen, eingeladen wurden, Zaubervorstellungen zu geben. Also wir haben kleine Programme gedruckt, Zauberkunststücke konstruiert, kleine Zauberkästen selber gebaut und die dann den Kindern verkauft. Wir haben sogar für die Zaubervorstellungen Geld bekommen; ganz wenig; aber doch so viel, dass wir alle möglichen lustigen Sachen selber damit kaufen konnten.

Natürlich mussten wir eine Gesellschaft werden, und da mein Name Foerster ist und der meines Cousins Lang, haben wir daraus FÖLAG, Foerster-Lang-Zaubergesellschaft, gemacht, und mein Vetter Martin war der Direktor, ich war der Präsident.

Wir waren ziemlich stolz auf die Erfindung zahlreicher unserer Zauberkunststücke, haben aber bei der Vorführung gewöhnlich diesen etwas herablassenden Ton der Erwachsenden als schmerzlich empfunden. Die haben immer gesagt: „Ach ja, diese Buberln! Schau, was die für nette Kunststücke können! Wir sind gar nicht draufgekommen, wie sie diesen Trick gemacht haben." Also diese herablassende, lächerliche Haltung, als ob wir kleine Buberln wären, hat uns empört. Da haben wir gesagt: „Dagegen müssen wir irgendetwas tun." Also haben wir uns gefragt: „Wie können wir jetzt zeigen, dass wir wirklich ernst zu nehmende Zauberer sind?"

Da gab es in Europa die *IAO, die Internationale Artistenorganisation*. Wir haben gesagt: „Da werden wir versuchen, Mitglied zu werden und als Zauberer dort eine Lizenz zu bekommen." Dafür musste man eine Vorprüfung ablegen. Wir haben die Vorprüfung gemacht und bestanden. Wenn man die Vorprüfung bestanden hatte, folgte die Hauptprüfung. Eines der größten Theater in Wien wurde für die Hauptprüfung bestimmt, und man hatte als Prüfling genau hundertachtzig Sekunden, um seine Nummer vorzuführen; also genau drei Minuten. Also in hundertachtzig Sekunden musst du deine Talente präsentieren, sodass die Leute lachen oder applaudieren oder erstaunt sind oder sich freuen. Wir waren zu dritt. Wir haben einen Schulfreund gehabt; der hieß Kurt; Kurt Ziehaus, ein Klavierspieler.

Der Zauberer

Also wir haben im Apollotheater, das nur fünf Minuten von unserer Mittelschule entfernt war, um drei Uhr nachmittags, also zwei Stunden nach Schulende, in hundertachtzig Sekunden unsere Endprüfung abgelegt. Das waren ungefähr zweitausend Zuschauer und eine Jury von ungefähr zwölf großen Künstlern – Schauspielern, Tänzern, Theaterleuten, Artisten und so weiter. Wir sind einstimmig in die internationale Gewerkschaft der Vaudeville-Artisten aufgenommen worden; mit fabelhaften Vorteilen: Du konntest auf allen internationalen Flug- und Eisenbahnlinien zum halben Preis fahren; erster Klasse oder was du willst. Du hattest besondere Vergünstigungen, in Theater zu gehen: Wenn du deinen internationalen Mitgliedschein vorgewiesen hast, hat ein Theaterticket nur zehn Prozent gekostet. So wurden wir also professionelle Artisten. Ich habe ein Diplom: „Heinz von Foerster, Zauberer." Jetzt haben die Erwachsenen natürlich ganz anders auf unsere Zauberkunststücke geschaut. „Seht, was die jungen Männer alles können! Schaut, was für wunderbare Zauberer das sind!"

Was wir bei der Zauberei gelernt haben, hat mich für den Rest meines Lebens beeinflusst. Erstens einmal: die Präsenz als Sprecher oder Vorführer. Du steigst auf eine Bühne, und da sitzen tausend Leute oder zwanzig Leute oder fünf Leute; und die musst du jetzt transformieren.

Was für meinen Vetter Martin und mich als Jungen die Zauberei bedeutet hat, ist die folgende Einsicht: Wenn du als Zauberer auftrittst, so handelt es sich nicht um irgendwelche mechanischen Tricks. Die Leute sagen immer: „Das sind Tricks." Das hat überhaupt nichts mit Trick zu tun. Die Idee ist, dass du als Zauberer imstande bist, ein Ambiente, einen Kontext zu erzeugen; eine Welt, in der die Zuschauer mitspielen, diese Welt zu erzeugen. Dass heißt, du baust deinem Zuschauer eine Welt auf, in der eben die erstaunlichen Sachen passieren, die er dann erlebt. Aber die er eigentlich konstruiert in seiner Idee, in seinen Gedanken, in denen die Löwen oder Elefanten plötzlich verschwinden. Der Elefant geht ganz gemütlich von der Bühne weg, aber der Zuschauer bemerkt das Weggehen des Elefanten nicht. Er sieht nur einen Elefanten, und dann sieht er keinen; also muss der Elefant verschwunden sein.

Was wir beobachtet haben, ist: Du machst irgendein Zauberkunststück. Du weißt, wie du das gemacht hast, weil du es ja gemacht hast. Jetzt fragst du nach – das haben wir immer gemacht: „Sag einmal, was hast du denn da gesehen bei meinem Kunststück, bei dem die Karten von der einen Tasche in die andere Tasche gewandert sind?" Na, da erzählen die, was sie gesehen haben; und das hat nichts mit dem zu tun, was du gemacht hast. So haben wir sehr bald gesehen, dass die Erzählung natürlich das ist, was der Mensch macht, der auf einem Locus observandi sitzt; und das hat nichts mit dem zu tun, was der macht, der auf einem Locus producendi sitzt; der also die Sache produziert.

Ein lustiges, sehr amüsantes Zauberkunststück ist zum Beispiel der so genannte „Zwei-Männer-Trick". Also du bittest einen Herrn und eine Dame heraus. „Wieso, ist doch ein Zwei-Männer-Trick?" – „Nein, nein, das macht nichts. Wir haben einen Herrn und eine Dame." Die kommen herauf und setzen sich auf zwei Stühle. Jetzt zeigt man denen ein Kartenspiel, und man zeigt, wie viele Karten in diesem Kartenspiel sind. Also die zählen das ab: „Zweiundfünfzig Karten." Jetzt bittet man den Herrn: „Bitte teilen Sie dieses Kartenspiel in ungefähr zwei gleiche Teile." Also der nimmt das, schätzt das ab, teilt das in zwei Teile. „Bitte schön, mein Herr, nehmen Sie Ihren Teil! Meine Dame, nehmen Sie Ihren Teil! Wie viel Karten sind da jeweils drin?" Also der Herr zählt ab: „Ich habe zweiunddreißig." Und die Dame sagt: „Ich habe zwanzig."

Jetzt sagt man: „Sehen Sie, meine Damen und Herren, wie ungerecht die Welt ist? Dieser Herr hatte die Wahl, sich ein Paket zu nehmen. Was hat er sich genommen? Natürlich die zweiunddreißig, weil das mehr Karten sind. Und die arme Dame hat nur zwanzig. Das ist die typische Ungerechtigkeit einer Welt von Chauvinismus."

Dann sagt man: „Okay, mein Herr, wollen Sie so lieb sein und sich die Karten in die Brusttasche stecken, so dass absolut sicher ist, dass niemand dieses Paket anrühren kann? Und, meine liebe Dame, würden Sie einen Moment aufstehen? Ich lege Ihre zwanzig Karten auf den Stuhl. Bitte setzen Sie sich jetzt auf diese zwanzig Karten und passen Sie auf, dass Ihnen ja keine Karte weggenommen wird und dass keine Karte dazukommt. Alles klar?" – „Jawohl."

Jetzt sagt man: „Bitte passen Sie genau auf. Ich nehme dem Herrn eine Karte aus der Brusttasche heraus."

Man kommt nur so mit der Hand in die Nähe des Herrn und sagt: „Liebe Karte, komm heraus!" – Gupp! – die Karte fliegt einem aus der Luft in die Hand. Man nimmt also die Karte aus der Luft, macht „Schnipp!", und sagt: „Sehen Sie, meine Damen und Herren, hier ist meine Karte." Dann wirft man sie unter den Sitz der Dame. „Entschuldigen Sie vielmals!" – Bupp! – „Spüren Sie, dass sie eine Karte höher sitzen?" – „Ja, das habe ich gemerkt." – „Okay, jetzt

Heinz und Martin beim Jonglieren

kommt die zweite Karte, Nummer einunddreißig, dreißig, neun-
undzwanzig ..."

Das macht man insgesamt sieben Mal und zählt die Karten herunter von zweiunddreißig bis fünfundzwanzig. Sie muss nachher
fünfundzwanzig Karten haben. Dann sagt man: „Gut, wollen wir
jetzt nachzählen, wie viele Karten jeder hat." Der Herr nimmt seine
Karten heraus. Gerade hatte er zweiunddreißig gezählt; jetzt zählt
er: „Eins, zwei, drei ...; nur mehr fünfundzwanzig." Die Dame, die
zwanzig hatte, hat auf einmal siebenundzwanzig. „Na sehen Sie,
meine Damen und Herren. So jetzt, bitte schön, noch einmal. Setzen

Sie sich beide auf die Karten drauf. Jawohl!" – Tatack tatack! – Noch einmal! – Drrrrrrrrrrrrr! Tipp! – Bitte meine Dame, wollen Sie noch einmal zählen?" Hat sie auf einmal vierzig und der Herr hat nur mehr zwölf.

Wenn man das jetzt komisch genug macht und wenn genügend Leute sich beschweren, dass da geschwindelt wird oder so etwas – „Sie haben das im Ärmel" –, dann ist es das Allerbeste, was einem Zauberer passieren kann; denn dann kann er einen schönen blöden Witz nach dem anderen machen. Diesen Mann, der behauptet, man schwindelt, kann man jetzt durch den Kakao ziehen. Dem zieht man plötzlich Geld aus der Nase oder Karten aus der Tasche. Also der Erfolg ist garantiert. Die Sache ist die: eben eine Stimmung zu erzeugen, die so ist, dass alle mitspielen. Jeder freut sich schon, dass die Dame auf mehr Karten sitzt; und in der Tat: Natürlich sitzt sie da auf mehr Karten. Jeder freut sich schon, dass der Mann schon wieder ein paar Karten verloren hat, ohne dass er es gemerkt hat.

Wir haben es so gemacht, dass der Zuschauer sich eine Welt aufbaut, in dem das geschieht, was er gehofft hat, dass es geschehen würde. Das hat mich zu dem Satz gebracht: Der Hörer, nicht der Sprecher bestimmt die Bedeutung einer Aussage.

Das andere, was wir gesehen haben, ist: Wenn es einem gelingt, die Welt zu erzeugen, in der man Wunder entstehen lassen kann, ist es die Fantasie, die Imagination, die Vorstellungskraft des Zuschauers, die du unterstützt und nährst. Und das Lustige und das Rührende, wie wir fanden, ist: Menschen sind begeistert, wenn sie ihre eigene Kreativität endlich ins Spiel bringen können und jetzt Welten erfinden, die von niemandem vorher gesehen worden sind; die von keinem Menschen verstanden werden können; die von niemandem erwartet werden können. Und daher ist es für die Zuschauer einer solchen Zaubervorstellung ein Entzücken und ein Genuss. Sie haben sich eine Welt erzeugt, die es ja wirklich – wie man behauptet – gar nicht gibt. Das ist eine Lehre, die wir gewonnen haben.

Und die andere Lehre ist keine Lehre, sondern eine Technik: Wie stellt man sich auf die Bühne und ist da? Das ist nämlich gar nicht so leicht. Du kannst dich auf die Bühne stellen, und man sieht dich gar nicht. Aber es gibt eine Methode, es gibt eine Haltung; da trittst du herein, und plötzlich schaut jeder auf dich; plötzlich hast du, wie man sagt, die Mitte der Bühne gewonnen. Dieses Geheimnis haben wir beide gelernt. Und ich glaube, davon lebe ich heute noch. Ich kann in die Mitte irgendeiner Sache hineingeworfen werden: „Heinz, erzähl uns über dieses und jenes!"; dann fange ich an, über dieses und jenes zu sprechen. Alles hört zu. Es ist ganz merkwürdig. Selber weiß ich nicht, wie das geht. Ich weiß nur, dass ich etwas mache, wo dann alle Leute plötzlich zuhören.

Wie kommt nun die Ethik hinein? Wenn du siehst, dass du durch Vorträge, durch die Sprache, durch die Erzählung eine Welt entstehen lassen kannst, in der alles Mögliche für den Hörer auftaucht, hat das einen großen Einfluss für das bezügliche Verhalten von Mensch zu Mensch. Du beginnst, ein anderes Verständnis für die Relation von Mensch zu Mensch zu haben, und bei Ethik handelt es sich ja – wie ich behaupte – um den Bezug von Mensch zu Mensch, die Bezugnahme des Menschen auf den Menschen.

Wenn du diese Art von Zaubern betrittst oder verfolgst oder dich darin übst, siehst du, dass der andere – der Partner, der Hörer, der Zuschauer, der Mitspieler, der Mitmensch – durch deine Haltung, durch deine Erzählung, durch dein Verhalten Vorstellungen entwickelt, die nur als Vorstellungen möglich sind; denn der Elefant verschwindet ja nie, oder die Karten schiebe ich der Dame ja nie unter den Allerwertesten, sondern sie glaubt, dass diese Karten da drunterkommen. Sie hat diese klare Vorstellung. Während die Karten mehr werden, glaubt sie, dass sie wirklich höher sitzt. Das ist ja irrsinnig komisch. Die machen sogar einen kleinen Hüpfer, während du die Karte da magisch unter ihren Sitz wirfst. Viele Damen machen Hipp, als ob sie wirklich ein bisserl höher sitzen würden. Die spielen einfach mit. Wenn du das so verstehst, siehst du, wie du durch dein Verhalten eine Beziehung von dir zum anderen Menschen herstellen kannst. Das ist eine Relationsstruktur, die man in diesem Gespräch, im Dialog oder wie immer du das nennen willst, aufbaut. Das ist der große Unterschied zu dem, wo du ein Solist bist; wo du dem Anderen sagst, wie er sich zu benehmen hat, oder wo du von jemand Anderem gezwungen worden bist, dich so und so zu benehmen. In der Ethik musst du die Freiheit haben; in der Moral ist sie dir genommen.

Das Wesentliche des Zauberns liegt darin, den Zuschauer zu überreden, eine Welt für sich zu konstruieren, in der Wunderbares passiert. So ist sozusagen meine frühe Assoziation mit der Zauberei direkt mit Konstruktivismus verknüpft. Du musst dem Anderen eine Geschichte so erzählen, dass er plötzlich selber sieht, dass ein Elefant, der auf der Bühne stand, nicht mehr dasteht. Wenn dir das gelingt, bist du ein guter Zauberer.

GRAF THUN-HOHENSTEIN UND SEINE TIERE

Durch einen lustigen Zufall haben mein Vetter Martin und ich einen sehr interessanten Menschen kennen gelernt: den Grafen Max Thun-Hohenstein. Thun-Hohenstein kam aus einer alten Tiroler Familie mit einem herrlichen Schloss in Südtirol; dem Schloss Thun-Hohenstein.

Und der kleine Bub, der ja eigentlich dann dieses herrliche Schloss hätte erben sollen, hat sich schon als Kind dafür interessiert, wie die Pferde gehen, wie die Kühe wandern, wie die Hühner da hin- und herlaufen. „Wieso können die das? Wieso können die Hühner mit nur zwei Beinen herumlaufen?" Also er hat die Bewegung von Tieren, Hunden, Pferden, Hühnern et cetera et cetera kolossal studiert.

Um sich da besser zu orientieren, hat er dann als junger Mann, anstatt sich brav für das Schloss zu interessieren, in Wien Medizin studiert. Er war also sozusagen ein verlorenes Kind für die Eltern. „Dieses Kind ist entgleist; studiert Medizin; wird ein Doktor der Medizin; schrecklich! Statt dass er ein Graf Thun-Hohenstein ist, der auf seinem Schloss sitzt." Na jedenfalls hat er diese Physiologie studiert; hat sich weiter unerhört für die Bewegungsformen von Vierfüßlern, Zweifüßlern et cetera et cetera interessiert.

Er hatte vier Pferde: Bosko, Fritz, Theobald und Regent; sehr lebendige Pferde; sehr wendig und sehr lustig. Die hatte er in Wien in einem Stall zur Pension stehen. Das heißt, die haben Stallplätze; die werden gefüttert und gestriegelt; die Ställe werden ausgemistet. Für eine Pension muss man aber zahlen, und das hat für diese vier Pferde zweitausend Schillinge gekostet. Das war damals eine Menge Geld. Und es hat sich herausgestellt, dass der arme Graf Thun kein Geld mehr hatte, um für diese Pferde zu zahlen. So hat der Stallbesitzer natürlich gedroht, die Pferde dem Fleischhacker zu verkaufen, der sie in Pferdewürsteln verwandelte.

Wir haben das zufällig gehört, weil wir von Graf Thun gehört haben, dass er mit diesen Pferden im Winter durch diese wunderschönen Donauauen, die dann völlig verschneit sind und die ganz flach sind, Skijöring macht. Skijöring ist eine norwegische Erfindung. Da gibt man einem Pferd ein Zaumzeug um den Hals; das läuft mit langen Schnüren an dem Pferd vorbei, und hinten ist eine horizontale Stange, an der man sich anhält. Man steht auf Skiern und bringt das Pferd zum Galoppieren; gewöhnlich mit einer kleinen Peitsche. Man braucht das Pferd ja gar nicht zu peitschen. Das läuft ja von selbst gerne. So wird man dann von den Pferden durch die Gegend gezogen. Das ist natürlich traumhaft schön im Wiener Prater: verschneit; die großen Kastanienbäume voll mit Schnee; die Pferde galoppieren oder traben darunter her; und du wirst da hinterhergezogen.

Als wir gehört haben, dass dieser arme Graf Thun-Hohenstein diese Pferde im Stall nicht zahlen konnte, haben mein Cousin Martin und ich gesagt: „Dem müssen wir auf irgendeine Weise helfen. Also was machen wir? Es kostet zweitausend Schillinge im Monat. Also wenn wir einen Millionär finden, der uns zweitausend Schillinge im Monat für die thunschen Pferde gibt, haben wir das Problem gelöst. Wenn wir zweitausend Leute finden, die jeden Monat einen Schilling zahlen, haben wir das Problem auch gelöst. Aber das sind einfach zu viele; das können wir nicht. Aber vielleicht können wir zweihundert Leute finden, die zehn Schillinge im Monat zahlen. Dann könnten wir dem Stallbesitzer die zweitausend Schillinge zahlen." Also haben wir große Plakate entworfen, die wir in allen Mittelschulen Wiens – und das sind ja hunderte von Mittelschulen – aufgehängt haben: „Ihr könnt reiten lernen und Pferdepsychologie lernen! Zehn Schillinge im Monat! Kommt hinunter an den Prater!" Also diese Plakate haben wir überall aufgehängt. Hunderte von Schülern haben sich gemeldet und sind hinunter in den Prater gekommen. Die haben gelernt, wie man die Ställe ausmistet; wie man die Pferde füttert, striegelt, zäumt und sattelt; wie man sich draufsetzt; wie man in der Manege herumtrabt. Die haben also richtig „Pferdologie" – oder wie du das nennen willst – gelernt. Thun hat seine zehn Schillinge von jedem bekommen, und wir haben die zweitausend Schillinge ohne weiteres zahlen können.

Das Faszinierende war: Thun hat auch eine Bewegungslehre, die „Natürliche Bewegungslehre" genannt, erfunden. Er hat gesagt: „Wenn wir richtig gehen lernen wollen, müssen wir so wie die Urmenschen gehen lernen." Wir haben das natürlich sofort mitgespielt und haben gelernt, wie man auf allen Vieren geht; wie man auf allen Vieren galoppiert und wie man wie ein Pferd über Sessel springt. Thun selbst konnte das unglaublich schön machen. Er hatte einen fabelhaft schönen Körper und war natürlich immer von sehr eleganten Leuten eingeladen. Graf Thun-Hohenstein kommt zum feinen Abendessen. Da kam Thun gewöhnlich mit einem sehr schönen, eleganten Anzug an und hat sich an den Tisch gesetzt. Auf einmal ist ein kleines Eichhörnchen aus seinem Ärmel heraus- und über den Tisch gelaufen. Die Damen haben geschrien: „Jäähhhhh, ein Eichhörnchen!" Thun hat gesagt: „Komm zurück." – Plock, plock!– hat er auf den Tisch geklopft. Das Eichhörnchen kam zurück, ist in seinen Ärmel hineingeschlüpft und hat sich wieder in eine seiner Brusttaschen gesetzt. So kam er ununterbrochen mit Tieren, mit denen er geredet hat. Und viele Leute haben gesagt: „Lieber Graf Thun, Sie haben doch da diese unerhörte neue Bewegungslehre entwickelt. Können Sie uns das vorführen?" – „Ja", hat er gesagt, „selbstverständlich." Dann ist er aufgestanden, hat zuerst einmal seine Jacke ausgezogen und stand in Hemd und Hosen da. Dann konnte er natürlich im Hemd nicht so herumspringen. Nach zwei Sprüngen hat er das Hemd ausgezogen; stand also mit einem schönen nackten Oberkörper da. Da hat er gesagt: „Ich kann immer noch nicht zeigen, wie das wirklich geht", und hat seine Schuhe und seine Strümpfe ausgezogen. Und dann hat er natürlich seine Hose ausgezogen. Alle Damen sind in Ohnmacht gefallen. „Um Himmels willen!" Er hatte eine ganz wunderschöne, kleine Schwimmhose. So ist der schöne Graf Thun dann nackt bis auf eine winzige Schwimmhose, umgeben von Damen im Abendkleid, Herren in Frack oder Smoking, am Boden herumgesprungen und über Sessel gehüpft und hat seine Handstände gemacht.

Das Lustige war natürlich: Wir haben ja Leute rekrutiert, die bei Thun zehn Schillinge im Monat zahlen mussten; und als Nächste war natürlich meine Schwester Erika dran. Die war zu der Zeit etwa sieben oder acht Jahre alt. Thun setzt sie also auf eines seiner Pferde, schaut hin und sagt: „Dieses Mädel ist geboren, um mit Pferden zu kommunizieren." Fritz war ein unglaublich schwieriges Pferd. Der Stallbesitzer hat Fritz immer verwendet, um Leute einzuladen: „Wer auf Fritz einmal um diese Manege herumreiten kann, kriegt von mir einen Preis"; vielleicht zehn Schillinge oder so. Die Leute haben sich draufgesetzt; Fritz hat diese Leute sofort heruntergeworfen. Aber um zu zeigen, dass Fritz ein ganz liebes und braves Pferd ist, hat er zuerst die sieben- oder achtjährige Erika auf Fritz gesetzt. Die hat Fritz ganz lieb um die Manege geführt und ist dann abgestiegen. Der Nächste ist draufgestiegen und – Bamm! – schon heruntergeflogen. Und so hat Erika eben sehr früh sehr gut reiten gelernt und ist dann fast ein professioneller Reiter geworden. Beinahe wäre sie in das olympische Team aufgenommen worden; sie war aber zu jung.

SCHOPENHAUER

Mein Onkel Erwin hatte ein zauberhaftes, kleines Häuschen an einem dieser schönen Salzburger Seen, dem Attersee; ein altes Gasthaus, wo ich natürlich jeden Sommer eingeladen war. Im Salzburgischen pflegt es im Sommer sehr oft zu regnen. Das ist der berühmte „Salzburger Schnürlregen". Es regnet Tag und Nacht einen ganz dünnen, aber widerlichen Regen. Da sind zwei Buben so wie Martin und ich – da waren wir so fünfzehn und sechzehn – eine Pest im Haus. Das kannst du dir vorstellen. Die sollen ja draußen spielen, Rad fahren, Fußball spielen oder so irgendetwas Vernünftiges machen. Aber diese Buben sind jetzt im Haus.

Da hat mein Onkel Erwin zu uns Buben gesagt: „Passt einmal auf. Ihr wachst da als völlig verblödete Lümmel auf. Ihr lernt nichts, ihr könnt nichts, ihr versteht nichts. Ihr müsst irgendetwas mit der Kultur, in der wir hier leben, zu tun haben. Ihr müsst einmal irgendetwas Anständiges lesen. Ich habe zufällig zwei identische Ausgaben der Doktorarbeit von Arthur Schopenhauer, dem Philosophen. Die lest ihr jetzt beide, und nach einer Woche erzählt ihr mir, was da drinsteht." Der Titel dieser Doktorarbeit ist: *Über die vierfache Wurzel des Satzes vom zureichenden Grunde*. „Na, das ist ja völlig rätselhaft. Was soll das sein?"

Also wir haben das beide gelesen, und mir hat das großen Spaß gemacht. Wieso? Erst einmal fand ich schon den ersten Satz dieser Abhandlung ganz komisch: „Der göttliche Plato und der erstaunliche Kant haben folgende Einsichten gehabt." Dann hat er auf alle anderen Philosophen geschimpft: „Die Idioten wie der Hegel, die Deppen wie der und der." Also das ist natürlich wunderbar. Da muss man mitlesen. Ich habe *Über die vierfache Wurzel des Satzes vom zureichenden Grunde* mit großer Entzückung und Begeisterung gelesen; und als dann die Prüfung meines Onkels war, konnte ich erzählen, was dieses und jenes meinte und dass die Ursprünge eigentlich schon von Aristoteles kamen, der diese vierfache Wurzel schon damals erwähnt hatte.

Das Fazit war, dass ich mich mit der Philosophie des Idealismus schon ganz früh, als Fünfzehn- oder Sechzehnjähriger, auseinander gesetzt habe. Ich habe dann natürlich, weil ich nicht nur ein Gigerl, sondern auch ein Snob war, nicht nur Schopenhauer weitergelesen, sondern auch Kant. Du kannst dir vorstellen: ein junger Mensch mit siebzehn oder achtzehn, der behauptet: „Ich lese Kant mit Vergnügen." – Das ist doch ein *one-upmanship*, das ist ein Snobismus, mit dem er auf andere Leute einen Eindruck machen wollte. Deswegen habe ich ja auch immer die richtigen gestreiften Krawatten getragen. Aus Snobismus habe ich diese beiden Philosophen gerne gehabt. Ich habe das entzückend gefunden: die Idee des „a priori"; dass da fundamentale Gesetze einfach schon da sind. Dass sind eben die berühmten Axiome, die eines Beweises weder fähig noch bedürftig sind. Und so ähnliche Sachen habe ich da mitgenommen.

Eine andere Arbeit von Schopenhauer, die mich schon als junger Mensch besonders beeindruckt hat, heißt *Über die Grundlage der Moral*. Dieser Arbeit geht das Motto „Moral predigen ist leicht, Moral begründen schwer" voraus. Nun haben die Philosophen damals solche Arbeiten geschrieben, weil irgendwelche Stiftungen Preisausschreiben gemacht haben. Es war die *Königlich-Dänische Societät der Wissenschaften*, die einen Preis für die Begründung der Moral ausgeschrieben hat. Schopenhauer hat diese Arbeit geliefert. Er hat aber leider keinen Preis dafür bekommen, und in seinem Vorwort schreibt er auch: „Ich habe der Königlichen Societät der Wissenschaften von Dänemark meine Antwort unterbreitet, wurde aber nicht gekrönt." Sie haben das folgendermaßen begründet: „Moral predigen ist leicht; Moral begründen ist schwer." „Dieses zweite ‚ist' hat die Akademie aus eigenen Mitteln hinzugefügt, um einen Beleg zu liefern zur Lehre des Longinus (…), daß man durch Hinzufügung, oder Wegnahme, einer Silbe die ganze Energie einer Sentenz vernichten kann." Sie konnten ihm den Preis nicht geben, weil sie sogar das Motto nicht verstanden haben.

DER WIENER KREIS

Weil ich begabt in Mathematik und Technik war – Physik fiel mir ganz leicht –, habe ich gedacht: „Das Beste ist, wenn ich auf die Technische Hochschule gehe", wo ein ganz neues, sehr interessantes und schwieriges Programm entwickelt wurde.

Schon in den ersten Monaten, als ich auf der Technischen Hochschule in Wien war, kamen Freunde zu mir und haben gesagt: „Heinz, das ist zwar ganz interessant, was du da tust, aber auf der Universität findet eine Reihe von Vorträgen statt, die sehr faszinierend sind. Da musst du hinkommen." Also ich hatte keine Ahnung, was da los war, und bin also dahin gegangen. Der erste Vortrag, den ich dort gehört habe, war von Ferdinand Scheminzky. Der Titel des Vortrages war: *Kann Leben künstlich erzeugt werden?* Also ich bin dahin gegangen; „interessantes Thema"; der Hörsaal war voll. In der ersten Reihe saßen natürlich die großen Professoren von der Universität; die haben ja immer einen Sondersitz. Dann kam der Vorsitzende dieser Vortragsreihe und hat angekündigt: „Hier kommt Professor Scheminzky. Sein Thema ist: Kann *Leben künstlich erzeugt werden?"* Kaum hat er diesen Satz ausgesprochen, ist die erste Reihe aufgestanden; wie ein Mann im Protest; und ist wütend aus dem Hörsaal hinausgewandert. In Österreich ist die Religion katholisch. Jemand, der wagt, Leben künstlich zu erzeugen, begeht eine Blasphemie. Da geht man aus Protest hinaus, um klar zu machen: „Mit so einem Blödsinn, mit einer Gotteslästerung wollen wir uns nicht identifizieren lassen." Für junge Leute ist es natürlich die beste Propaganda, wenn die Orthodoxie aufsteht und hinauswandert. Denn du bist ja als junger Mensch ein Revolutionär gegen die Orthodoxie. Wenn die also alle hinauswandern, muss schon etwas Gutes an dem Vortrag zu finden sein. So saß ich also in dem Vortrag und bin dann wieder und wieder in diese Vortragsreihe gegangen.

Als ich in diese Vorlesungen hineingezogen wurde, war da eine Gruppe von Vortragenden, die, wie ich später herausgefunden habe, die Philosophen des *Wiener Kreises* hießen. Das waren Leute, die dann später – ganz berühmt – eine ganze philosophische Haltung eingeführt haben. Das waren Logiker, das waren Mathematiker, das waren Philosophen, das waren Historiker et cetera et cetera, die alles von einer ganz anderen Seite aufgezogen haben als die Schopenhauers und die Kants. Die eben zum Beispiel, wie ich in meinen Einführungsworten gesagt habe, Axiome nicht als Aussagen, die eines Beweises weder bedürftig noch fähig sind, aufgefasst haben, sondern als Spielregeln, denen man dann folgen und ganze Systeme aus diesen Spielregeln entwickeln kann; wie zum Beispiel die Mathematik.

Die ganze Axiomatik kommt aus Griechenland: Euklid hat die gesamte Geometrie der Ebene durch fünf Axiome definiert. Die sehen etwa so aus: Eine Gerade ist definiert als kürzeste Verbindung zwischen zwei Punkten A und B, die beiderseits über diese Punkte hinaus verlängert ist. Zwei Geraden schneiden sich in einem Punkt. Und so weiter. Aus diesen Axiomen kann man die gesamte Geometrie der Ebene entwickeln. Ein Axiom, das fünfte, glaube ich, ist so langatmig, dass Geometer und Mathematiker seit dem Altertum gemeint haben, es könnte vielleicht aus den anderen Axiomen ableitbar sein. Das ist das so genannte Parallelaxiom. Das Parallelaxiom sagt das Folgende: Wenn zwei Geraden von einer dritten Geraden geschnitten werden und in beiden Schnittpunkten die Winkel gleich sind, schneiden sich die beiden ersten Geraden nie. Zwei Mathematiker, János Bolyai, ein Ungar, und Nikolai Ivanovich Lobachevsky, ein Russe, haben am Anfang des neunzehnten Jahrhunderts gesagt: „Das ist sehr interessant. Angenommen, das ist wirklich ein Axiom, das nicht aus den anderen ableitbar ist; dann darf dieses Axiom, wenn ich es verneine, keinen Widerspruch mit den anderen Axiomen erzeugen; sondern es erzeugt einfach nur eine andere Welt. Denn wenn es abhängig wäre, würde es zu den anderen Axiomen in Widerspruch treten. Wenn es unabhängig ist, wird kein Widerspruch durch die Verneinung des Axioms entstehen." So haben sie gesagt: „Die zwei Geraden schneiden sich." Was für eine Geometrie entsteht dann? Dann ensteht eine so genannte nichteuklidische Geometrie, die eher auf eine Kugel als auf eine Ebene anwendbar ist. Diese ganze nicht-euklidische Geometrie wird zum Beispiel von Einstein verwendet, um die Geometrie des Universums zu bestimmen. Also eine Verneinung eines Axioms, das von allen anderen unabhängig ist, führt zu einer neuen Welt.

Die zwei Schulen der Mathematik

Einer der Mathematiker und Logiker des *Wiener Kreises* war Karl Menger, dessen Vorlesungen ich einfach hinreißend fand. Der hat zum Beispiel die Idee in mir entwickelt beziehungsweise die Tradition einer Fragestellung fortgesetzt; nämlich: Ist Mathematik und sind die ganzen Zahlen entdeckt oder erfunden? Diese Frage nach Erfindung oder Entdeckung ist am Ende des neunzehnten Jahrhunderts aufgetaucht. Bis dahin gab es nur die Idee, dass die Mathematik entdeckt wird; dass die ganzen Regeln, die ganzen Theoreme, die ganzen Sätze der Mathematik Entdeckungen sind.

Dann haben zwei Mathematiker, einer in Deutschland, einer in Holland gesagt: „Nein, nein, Mathematik ist unsere Erfindung." Die wurden gewöhnlich die Intuitionisten genannt, gegenüber den anderen Mathematikern, den Formalisten. Der ganz große Formalist war David Hilbert. Hilbert vertrat die Position: Mathematik wird entdeckt. Die anderen, Leopold Kronecker und L. E. J. Brouwer – beide ganz berühmt – und andere Mathematiker haben gesagt: „Mathematik ist unsere Erfindung."

Der *Wiener Kreis* hat diese Erfindungsposition weiterverfolgt. Also die so genannten Gegebenen, die *data*, wurden dann zu *capta*, denn ich erfinde sie; ich greife sie mir aus der Luft und präsentiere dir jetzt meine Ideen. Und meine Ideen sind: Ich werde Zahlen erfinden, die so und so arbeiten.

Also zwei große Schulen der Mathematik haben sich da im neunzehnten Jahrhundert aufgespalten: Die Intuitionisten – heute würden sie Konstruktivisten heißen – sagen: „Mathematik ist erfunden", und die Formalisten sagen: „Mathematik ist entdeckt", das heißt die ganze Welt der Mathematik ist schon da, und der geschickte Mann findet jetzt in dem großen Buch, in dem die ganze Mathematik geschrieben ist, die richtigen Seiten, auf denen die mathematischen Theoreme, die mathematischen Beweise verschiedener Theoreme zu finden sind.

So wie ein komischer Mann, Paul Erdös, ein Genie, ein unglaublicher Zahlentheoretiker, ein Ungar, gesagt hat: „Der supreme Faschist hat ein riesiges Buch geschrieben, in dem alle Formeln und Gleichungen der Mathematik enthalten sind; und wenn er einen Menschen findet, den er für würdig hält, ihm eine Seite dieses Buches zu zeigen, steigt er herunter und zeigt ihm eine Seite dieses Buches. Der darf die Seite 256 sehen und schreibt dann seine große Doktorarbeit; ein großes Theorem. Das ist dann der gesegnete Mathematiker, der dieses Theorem lösen kann; das Problem angreifen kann; einen neuen Artikel über dieses Problem schreiben kann." Das ist meiner Meinung nach der andere Extremfall des Formalismus im Unterschied zum Konstruktivismus.

Die anderen sagen: „Mathematik ist eine reine Erfindung von uns; es sind Spielregeln, die wir entwickeln und gemäß denen wir dann arbeiten." Da gibt es zahlreiche wunderschöne Beispiele. Das einfachste Beispiel werde ich dir gleich geben: Du entwickelst zunächst einmal die Idee der Zahl. Dann entwickelst du die Idee, dass du die nächste Zahl immer gewinnst, wenn du eins dazuzählst. Du hast ein System von Zahlen erfunden, in dem du jetzt wunderschöne Operationen durchführen kannst. Du kannst sagen: „Drei plus vier", und dann kannst du sieben finden. Du kannst wunderschön addieren: Von einer Zahl kommst du immer wieder auf eine Zahl; von zwei Zahlen bekommst du immer wieder eine Zahl. Bei diesen Operationen erzeugen Zahlen immer Zahlen; das heißt, du wanderst nicht aus dem System hinaus.

Jetzt will man die inverse Operation, das Subtrahieren einführen; das geht wunderbar, wenn der Subtrahend kleiner ist als der Subtraktor. Also wenn du „sieben weniger vier" rechnen willst, bekommst du immer noch eine Zahl; da bekommst du „drei".

Was ist aber, wenn du „drei weniger vier" rechnen willst? „Das ist ja nicht zu machen! Da gibt es keine Zahl mehr!" Was macht man jetzt? Jetzt kann man sagen: „‚Drei weniger vier' darf man nicht machen, weil das Zahlensystem keine Antwort auf dieses Problem hat. Diese Operation kann man nicht mehr durchführen, weil das Zahlensystem gegenüber der Addition und der Subtraktion nicht geschlossen ist."

Die Erfinder sagen jetzt: „Kein Problem; wir erfinden Zahlen, mit denen ‚drei weniger vier' lösbar ist. Und diese Zahlen nennen wir jetzt ‚minus eins' und so weiter. Wir erfinden jetzt die negativen Zahlen, die dann das Zahlensystem gegenüber der Addition und der Subtraktion vollständig machen." Wenn ich diese Zahlen nicht habe, die erfundenen „minus eins", „minus zwei", „minus drei", kann ich nicht universell addieren und subtrahieren.

Und wie werden die negativen Zahlen erzeugt? Indem du die Subtraktion durchführst: „Drei weniger vier ist minus eins." Auf diese Weise erfindest du eine Lösung für eine Operation, die „Subtraktion" heißt.

In ähnlicher Weise geschieht das mit den so genannten rationalen Zahlen, den irrationalen Zahlen, den transzendenten Zahlen. All diese Zahlen sind erfundene Lösungen von Gleichungen, von Ausdrücken, die ohne diese Zahlen nicht gelöst werden können.

Ich habe schon damals, statt wie Schopenhauer und Kant die Zahlen als Gegebenheiten zu nehmen, die ganze Mathematik als ein

Reich der Erfindungen akzeptiert. Das war ein wichtiger Einfluss des *Wiener Kreises*: „A priori" sind Ausreden, Zahlen und andere Sachen Erfindungen.

Also die Philosophen der Schule des *Wiener Kreises* haben mich schon als junger Mensch entzückt. Da waren einige Leute von einer solchen Brillanz.

Karl Menger hat im Rahmen des zweiten Vortragszyklus, *Alte Probleme – Neue Lösungen in den exakten Wissenschaften*, einen Vortrag gehalten. Das war faszinierend. Da hat er die berühmte Quadratur des Kreises besprochen. *Ist die Quadratur des Kreises lösbar?*, war der Titel seines Vortrages.

Du weißt, was das Problem ist: Du musst mit Zirkel und Lineal – nur diese Zeichenwerkzeuge stehen dir zur Verfügung – ein Quadrat konstruieren, das einem gegebenen Kreis flächengleich ist. Die Griechen haben dieses Problem gesehen, es aber nicht gelöst; und jahrhundertelang haben sich die Leute bemüht, Lösungen für dieses Problem zu finden, haben es aber nicht gelöst. Bis Carl Friedrich Gauß in einer wunderbaren Arbeit gezeigt hat, dass mit einem Zirkel und einem Lineal eine Lösung des Problems prinzipiell nicht durchgeführt werden kann. Erlaubt man aber andere Konstruktionsmittel – da gibt es ganz seltsame Zirkel, mit denen man nicht nur Kreise, sondern auch andere Arten von Kurven zeichnen kann –, ist das Problem lösbar. Also alte Probleme: Zirkel und Lineal – neue Lösungen: andere Konstruktionsmittel, die kein Zirkel mehr sind, sondern mit denen man andere Kurven zeichnen kann. Es ist doch schon sehr interessant, dass man zeigen kann, dass gewisse Probleme prinzipiell nicht lösbar sind; dass du die Grenzen gewisser Operationen, gewisser Gedanken, gewisser Gedankensysteme zeigen kannst; dass es unmöglich ist, mit diesen Gedankenkonstruktionen dieses oder jenes zu konstruieren oder zu beweisen. Das ist sehr wichtig. Also diese prinzipielle Unentscheidbarkeit, prinzipielle Unlösbarkeit halte ich für einen wichtigen Schritt im Denken; in den Formen des westlichen Denkens. Also das sind gewisse Einsichten des Wiener Kreises.

Ein Vortrag innerhalb dieses Zyklus war von Hans Hahn, auch ein Mathematiker. Der Titel dieses Vortrages war: *Gibt es Unendliches?* Da hat er bereits alle Probleme, alle Lösungen von Problemen gezeigt, die heute unter dem pompösen Titel *Chaostheorie* und *strange attractors* und so weiter laufen. Das sind ganz uralte Maschen, die im neunzehnten Jahrhundert entwickelt worden sind. Hans Hahn hat das in einer ganz überlegenen und eleganten, gemütlichen, charmanten Weise vorgetragen. Also solche und ähnliche Probleme sind da im *Wiener Kreis* besprochen worden.

Ludwig Wittgenstein

Der Spiritus Rector, also derjenige, dessen Gedanken die alle zu diesen Überlegungen gebracht hat, war Ludwig Wittgenstein. Ludwig Wittgenstein war ein Kind einer unglaublich reichen Familie. Der Papa Wittgensteins war ein Stahlmagnat und hat ein herrliches Palais in Wien gehabt. Wittgenstein hat sich zunächst einmal für Ingenieurwesen interessiert. Er hat eine Schiffsschraube oder einen Propeller erfunden, der optimal das Wasser oder die Luft zurückschiebt. Also: Wie muss das ausschauen, damit das optimal hydrodynamisch oder aerodynamisch funktioniert? Er hat sich aber dann für philosophische Probleme interessiert. Er ist natürlich – wie alle Leute in diesem Alter – ins Militär eingezogen worden, hat im Ersten Weltkrieg gekämpft und geriet in den letzten Wochen des Ersten Weltkrieges in italienische Kriegsgefangenschaft.

Wie er im Vorwort zu seinem heute sehr berühmten Buch *Tractatus logico-philosophicus* schreibt, haben ihn zwei Probleme besonders interessiert: Das eine war, zu zeigen, dass die meisten philosophischen Probleme auf dem Missverständnis der Logik unserer Sprache beruhen; das andere, wie man die Grenzen des Ausdrucks des Denkens, also der Sprache, bestimmen kann.

Er hatte diese Gedanken unerhört vorbereitet, wollte sich aber von dem schrecklichen Druck der Millionen Kronen, die er geerbt hatte, befreien und hat einen Brief an Ludwig von Ficker geschrieben. Der Brief geht so; nur ein paar Zeilen:

Sehr geehrter Herr! Verzeihen Sie, daß ich Sie mit einer großen Bitte belästige. Ich möchte Ihnen eine Summe von 100.000 Kronen überweisen und Sie bitten, dieselbe an unbemittelte österreichische Künstler nach Ihrem Gutdünken zu verteilen. Ich wende mich in dieser Sache an Sie, da ich annehme, daß Sie viele unserer besten Talente kennen und wissen, welche von ihnen der Unterstützung am bedürftigsten sind ...
In vorzüglicher Hochachtung.
Ihr sehr ergebener Ludwig Wittgenstein jun.

Ludwig von Ficker habe ich, wie ich schon erzählt habe, zufälligerweise sehr gut gekannt; und zwar über meine Großmutter, denn Frau von Ficker war eines der vielen skandinavischen Mädchen, die der Obhut meiner Großmutter anvertraut worden waren; Cissi Molander, die Tochter des großen Orgelbauers. Da Ficker ein Journalist war, hat er auch in dem Haus meiner Großmutter verkehrt. Da haben sich die beiden getroffen und geheiratet.

Na, *anyway*, Wittgenstein hat Ficker das Geld geschickt, und Ficker hat es tatsächlich verteilt. Einer der Empfänger war zum Beispiel Rainer Maria Rilke. Ein anderer war Robert Musil, ein österreichischer Dichter. Ein anderer war Georg Trakl, ein ganz unendlich Lieber, ganz ein Armer, der sich umgebracht hat, weil er die Abschlachtung unter den Menschen im Ersten Weltkrieg nicht sehen konnte. Er war ein Sanitäter und musste die Soldaten mit abgeschossenen Beinen nach Hause bringen. Er hat gesagt: „Das halte ich nicht aus", und hat sich umgebracht.

Wittgenstein hat den *Tractatus* in italienischer Kriegsgefangenschaft beendet, hat das ganze Manuskript in einen braunen Umschlag gesteckt und drauf geschrieben: „Bertrand Russell, Cambridge, England." Das hat er der Post übergeben, ich glaube, dem Roten Kreuz. Dieser Brief kam tatsächlich bei Russell in Cambridge, England, an. Also Bertrand Russell hat das bekommen mit einem Brief von Wittgenstein: „Lieber Bertrand, würden Sie so gütig sein und ein Vorwort zu meinem *Tractatus* schreiben?" In dem *Tractatus* wird einiges, was Russell erfunden hat, unterminiert. Und jetzt bittet er Russell, das Vorwort zu schreiben. Und Russell schreibt in der Tat das Vorwort. Er schreibt: „Viele der Gedanken, die Wittgenstein vorbringt, um zu zeigen, daß ich Fehler gemacht habe, mögen vielleicht auch Fehler haben. Ich überlasse es späteren Generationen, die Fehler in Wittgensteins *Tractatus* hervorzubringen." Und nach Jahren von Kämpfen, Verlegern, die es abgelehnt haben, ist der *Tractatus* schließlich erschienen.

Russell, als er Wittgenstein einleitet, hat fast dieselbe Phrase benutzt, die Frege dreißig Jahre früher benutzt hat. Frege war ein großer deutscher Philosoph, der die gesamte Idee der Begriffsschrift erfunden hat, das heißt einen Formalismus, mit dem man logische Relationen zum Ausdruck bringen kann. Nachdem seine *Grundlagen der Arithmetik* 1884 erschienen waren, hat Frege zwei Bände geschrieben: *Die Grundgesetze der Arithmetik.* Darin hat er die logische

Form in einen neuen Formalismus entwickelt. Russell hat den Band eins bekommen und gesehen, dass Frege das berühmte Lügnerparadox nicht gelöst hatte. Das Lügnerparadox hatte schon Epimenides eingeführt, um Philosophen zu ärgern: „Ich bin ein Lügner." Was machst du damit? Spricht er die Wahrheit, so ist er ein Lügner. Wenn er aber ein Lügner ist, hat er die Wahrheit gesprochen. Wenn er die Wahrheit gesprochen hat, hat er gelogen. Also das sind Sätze, die Aristoteles zur Verzweiflung gebracht und ihn gezwungen haben, folgenden Satz über akzeptable Sätze zu sagen: „Ein Satz kann nur akzeptiert werden, wenn er entweder falsch oder wahr ist. Sätze, die wahr sind, wenn sie falsch sind, und falsch, wenn sie wahr sind, können wir nicht als Sätze akzeptieren."

Also Russell hat gezeigt, dass Frege dieses Problem auch nicht gelöst hat, und hat gesagt: „Lieber Herr Frege, Ihre ganze Logik ist auf Sand gebaut, denn sie haben das Lügnerparadox noch nicht gelöst." Frege hat gesagt: „Was mache ich jetzt? Soll ich mich aufhängen?" Der erste Band war erschienen; der zweite Band sollte gerade gedruckt werden. Da hat er seinem Verleger gesagt: „Mein ganzes Buch ist falsch, denn Bertrand Russell hat mir geschrieben: ‚Es hat einen Fundamentalfehler'." Der Verleger hat ihm geschrieben: „Lieber Herr Frege, bringen Sie sich nicht um. Wir drucken den Brief von Russell als letzte Seite im zweiten Band, und wenn Sie wollen, können Sie da noch eine Bemerkung machen." Und Frege hat dann ebendieselbe Bemerkung gemacht, die Russell dreißig Jahre später gemacht hat. Er hat gesagt: „Ich kann im russellschen Argument keinen Fehler finden. Ich überlasse es späteren Generationen herauszufinden, in welchem Sinne meine Entwicklung richtig und Russells Argument falsch ist."

Gut, also zurück zu Wittgensteins *Tractatus logico-philosophicus*. Auf diesen *Tractatus logico-philosophicus* bin ich durch einen Vortrag von Rudolf Carnap aufmerksam geworden. Carnap war ein Logiker und hat im *Wiener Kreis* seine Vorträge gehalten. In einer Vorlesung oder einem Buch berichtet er über Wittgenstein und schreibt über die Identität. Die Fragen der Identität oder Gleichheit behandelt man in der Logik folgendermaßen. Es ist eine Relationsstruktur, die symmetrisch ist, denn wenn A gleich B ist, ist B gleich A; die reflexiv ist, denn A ist gleich A; und auch transitiv, denn wenn A gleich B und B gleich C ist, ist auch A gleich C. Diese drei Eigenschaften hat das Gleichheitszeichen.

Wittgenstein jedoch sagt: „Was soll das; A ist gleich A? Was wollen Sie damit sagen?" Als Carnap das erwähnt; dass es da einen Philosophen namens Wittgenstein gibt, der „A ist gleich A" bezweifelt mit „Warum soll man das sagen?", habe ich mir gedacht: „Diesen Philosophen muss ich lesen." Ich habe mir den *Tractatus logico-philosophicus* verschafft – damals war ich achtzehn oder neunzehn – und war von diesem Buch vollkommen hingerissen. Erst einmal hat mich schon die Struktur überwältigt. Der *Tractatus* hat genau sieben Sätze. Die werden nummeriert: 1, 2, 3, 4, 5, 6, 7. Aber nachdem man den Satz 1 nicht sofort versteht, gibt es einen Untersatz, der den Satz 1 erklärt. Dieser Untersatz, der 1 erklärt, heißt 1.1. Aber mit 1.1 kommt man vielleicht auch nicht aus. Vielleicht braucht man einen zweiten Untersatz. Der heißt dann 1.2. Aber vielleicht ist 1.2 auch nicht ganz verständlich; den müsste man noch erklären. Dieser Satz heißt dann 1.21. So hat jeder Satz im *Tractatus* eine Referenz; ob er abgeleitet ist von einem höheren. Also wenn du 4.2 hast, siehst du: Das ist schon sehr schnell nach der Hauptbehauptung, Satz 4, aber es ist erst die zweite Untererklärung.

Ich habe mich in den *Tractatus* verliebt und war daher ein *pain in the neck*, eine Pest, für all meine Freunde. Denn wenn irgendeiner eine philosophische Bemerkung gemacht hat, habe ich gesagt: „Nein, nein, mein lieber Freund, das ist gar nicht so. Nach Wittgenstein, Proposition 2.224, ist das so und so." Und die Leute haben gesagt: „Entsetzlich! Was machen wir nur mit dem armen Heinz? Der ist Wittgenstein verfallen. Der kann immer nur noch wittgensteinisch denken." Ich war also in meiner Familie relativ allein. Bis ich auf einen Cousin von mir gestoßen bin. Das war Paul Wittgenstein, ein Neffe Wittgensteins. Der war auch ein Wittgenstein-Begeisterter und hat den *Tractatus* so wie ich fast auswendig gekonnt. So haben wir uns gegenseitig immer Sätze des *Tractatus* zugeworfen oder uns abgefragt: „Also, lieber Paul, was ist die Proposition 2.21?" Und Paul hat sehr brav sofort 2.21 herunterrasseln können. Und dann hat Paul mich gefragt: „Was ist die Proposition 6.224?" Dann habe ich gesagt: „Die gibt es ja gar nicht!" Oder: „So weit ist er nicht gekommen." Oder: „6.211." – „Jawohl, die kann ich dir sagen." So hatte ich zumindest einen Freund, der mit mir Wittgenstein gespielt hat.

Die Ideen in diesem *Tractatus logico-philosophicus* kamen mir sehr so vor, als ob sie zur Begründung einer Ethik verwendet werden könnten. Und zwar so, wie ich gesehen habe, dass man vielleicht Ethik begründen könnte; nämlich nicht explizit, indem du sagst: „Was ist dieses?", und: „Was ist jenes?", sondern wo Ethik immer implizit bleibt. Und da haben mich unter anderem jene Absätze im *Tractatus* sehr bewegt, die sich mit der ethischen Frage beschäftigen. Die Ableitung dieses Satzes: „Es ist klar, daß sich die Ethik nicht aussprechen läßt", ist eine Folge von Überlegungen, die vorangehen. Und zwar diskutiert Wittgenstein das Problem des Wertes eines Satzes. Und da zeigt er zunächst zwei Sachen, die sehr bedeutsam sind: Er konstruiert die Idee eines so genannten Elementarsatzes. Einen Elementarsatz könnte man ansehen als ein Axiom, einen Satz, der eines Beweises weder fähig noch bedürftig ist, sondern den man vielleicht mit Erklärungen oder Vorschlägen, wie man diesen Satz zu verstehen hätte, unterbauen kann. Von den Elementarsätzen, zeigt Wittgenstein, ist es unmöglich irgendeinen anderen Elementarsatz abzuleiten, das heißt, von einem Elementarsatz auf den anderen Elementarsatz zu schließen ist im Prinzip unmöglich. Daher ist die gesamte Idee der Kausalität ein Aberglaube. Man kann aus der Beschreibung eines Zustandes *jetzt* nicht eine Beschreibung des Zustandes *später* ableiten, weil es zwei logisch völlig unabhängige Sätze sind. Von dem Satz „Die Sonne ist heute aufgegangen" zu dem Satz „Die Sonne wird morgen aufgehen" gibt es keine logische Verbindung. Das ist die Proposition 6.36311 im *Tractatus*: „Daß die Sonne morgen aufgehen wird, ist eine Hypothese"; sie geht vielleicht gar nicht auf. Du weißt es nicht. Jetzt sagen die: „Aber da gibt es doch die Gravitation; da gibt es doch die keplerschen Gesetze; da gibt es doch dieses und jenes." Das sind reine Erfindungen!

Exkurs: Die Freiheit des Willens

Also ich war sehr durch diese wittgensteinschen Ideen beeinflusst, besonders durch die, die die Sprache betreffen. Wittgenstein führt die Problematik der Philosophie oder Epistemologie auf die Problematik der Sprache zurück.

Ich habe ja Schopenhauers Arbeit *Die Grundlage der Moral* erwähnt. In *Die Grundlage der Moral* entwickelt Schopenhauer die Idee der Freiheit; und Freiheit seltsamerweise – für mich damals ganz erstaunlich seltsam – als einen negativen Begriff. Wieso negativ? Weil er sagt: „Freiheit ist die Abwesenheit von Beschränkungen. Wenn keine Beschränkung da ist, bin ich frei." Diese Haltung wird jetzt angewendet auf die Frage: „Ist der Wille frei, oder ist der Wille determiniert?" Die Frage nach der Freiheit des Willens, darauf macht Schopenhauer uns eben schon aufmerksam, ist ein sprachliches Problem und nicht eines der Freiheit des Willens. Die Frage macht eben semantisch keinen Sinn. Wenn ich frei bin, kann ich doch wollen, was ich will. Ich bin frei, das zu wählen. Es gehört zur Klasse der Semantik und nicht der Freiheit des Willens. Diese, wie ich sie heute nenne, Fragen zweiter Ordnung haben mich meiner Meinung nach schon damals beeinflusst; wie zum Beispiel Schopenhauer das Wollen auf sich selber wieder angewendet hat. Wo dann eben ein sprachlicher Knoten entsteht; ein Knoten, der mehr sprachlich ist, als dass er mit dem Willen zu tun hat.

Die Frage nach der Freiheit des Willens ist prinzipiell unentscheidbar. Das heißt, wir sind frei zu entscheiden, ob der Wille frei ist oder nicht. Diese Freiheit wird von den transzendentalen Idealisten – das sind Kant, Schopenhauer – als transzendental aufgefasst. Die haben zum Beispiel das „Ding an sich" und so ähnliche Begriffe. Du kannst nie wissen, wie der Tisch ist, weil du das „Ding an sich" nicht kennen kannst. Und ich behaupte, oder wir, die Konstruktivisten, sagen: „Das ‚Ding an sich' bist du. Du sagst: ‚Das ist ein Tisch'."

Wie vertragen sich nun Wittgenstein und der Konstruktivismus? Ernst von Glasersfeld zum Beispiel lehnt Wittgenstein ab. Es gibt eine Proposition, die heißt: „Wir machen uns ein Bild von der Welt." Der Einwand von Glasersfeld ist, dass die Idee, man macht sich ein Bild von der Welt, antikonstruktivistisch ist, denn dann ist da eine Welt, und du machst dir ein Bild davon. Das würde ein Konstruktivist nicht tun.

Wir machen uns Bilder der Tatsachen.
Die Gesamtheit der wahren Gedanken sind ein Bild der Welt.

Ludwig Wittgenstein

Ich behandle die Propositionen von Wittgenstein mehr so wie Axiome. Heinz von Foerster: Wenn ich das Axiom „Wir machen uns ein Bild von der Welt" verneine und sage, „Wir machen uns eine Welt von einem Bild", dann erzeuge ich den gesamten Konstruktivismus. Ich habe zuerst ein Bild und sage: „So ist die Welt." Statt: „So ist die Welt; ich mache mir ein Bild davon." Ich sehe das wie die Geometrie:

Eine großartige Geometrie ist die euklidische; wenn ich sie verneine, entsteht eine andere großartige Geometrie. Eine großartige Geometrie ist Wittgensteins Entwicklung, eine andere großartige Geometrie ist Konstruktivismus.

ERSTE BERUFSERFAHRUNGEN

„Ich will kein Vertreter sein!"

Jetzt kommt eine neue Phase. Die beginnt mit meinem ersten Job. Ich bin nach Köln gefahren, weil da eine faszinierende Firma war; die hieß *E. Leybold's Nachfolger*. Ernst Leybold war ein Physiker, der sich sehr für Vakuumpumpen interessiert hat. Er hat eine Firma gegründet und nicht nur Vakuumpumpen, sondern alle möglichen physikalischen Apparate gebaut: Galvanometer, Messgeräte und so weiter. Die haben sich weiter und weiter ausgedehnt und alles hergestellt, was ein physikalisches Labor braucht. Also ich bin zu dieser Firma gekommen und war sehr glücklich, weil die die Physik wirklich vom breitesten Standpunkt aus betrieben haben. Die haben mich als Physiker angestellt, und ich habe dort im Forschungs-*Lab* gearbeitet und mich sehr gut unterhalten; großen Spaß gehabt. Ich habe bei der Firma auch ununterbrochen Zaubervorstellungen gegeben; die haben mich also heiß geliebt.

Eines Tages im Sommer sind alle Vertreter, die die Kontakte mit den Kunden hatten, weg. Da bekommen sie einen Anruf von irgendeinem Lehrer, der sagt, sein Apparat funktioniert nicht. Also irgendjemand muss hinfahren, um dem Mann zu helfen. Sie sagen: „Heinz, fahr doch hin! Hilf dem Menschen, seinen Apparat zu reparieren." Also ich bekomme ein Auto, fahre dorthin, repariere den Apparat und fahre wieder nach Hause. Eines schönen Tages sagen sie mir: „Bei der Firma Siemens in Düsseldorf funktionieren die Transformatoren nicht." Das sind die riesigen Transformatoren, die die Elektrizität von der Hochspannung, die den transkontinentalen Strom leiten muss, auf die Niedrigspannung heruntertransformieren, damit die Leute hundertzehn oder zweihundertzwanzig Volt im Haus haben. „Heinz von Foerster, fahren Sie dorthin!" Also ich fahre hin. Da haben sie diese Transformatoren; Gefäße so groß wie ein Haus. Die sind mit Öl gefüllt, weil die Spulen der Transformatoren hoch elektrisch sind und einen Kurzschluss auslösen können. Um das zu verhindern, wird das durch Öl isoliert. Öl ist ja kein elektrischer Leiter.

Also was passiert ist: Die mussten das Öl möglichst wasserfrei bekommen, denn Wasser ist ja leider wieder ein Leiter. Also gewöhnlich pumpt man die Luft aus den Transformatoren heraus, sodass eine Art Vakuum entsteht und die Feuchtigkeit in dieses Vakuum hinaus verdampft, obwohl die Temperatur ja ganz niedrig ist. So kommt dann das Wasser langsam aus dem Öl heraus. Da hatten sie eben riesige Vakuumpumpen angehängt, die so groß wie ein Auto sind und ununterbrochen die Luft und die Feuchtigkeit herauspumpen. Bei Siemens ist es passiert, dass diese Pumpen so viel Feuchtigkeit herausgepumpt haben, dass nicht nur die Luft, sondern auch Wasser aus den Pumpen herausgekommen ist und die Pumpen also nicht mehr funktioniert haben.

Also ich komme dorthin. Die zeigen mir die Vakuumpumpen, aus denen das Wasser herauskommt. Ich rühre einen riesigen Kessel eines Transformators an. Der ist ganz heiß. „Ja, um Himmels willen! Wieso? Der ist ja ganz heiß!" Einer sagt: „Ja, wir können jetzt das Öl heizen, und weil das ein neues Öl ist, geht das nicht kaputt. Jetzt heizen wir das Öl." – „Ja, aber das ist ja doch ganz irrsinnig heiß!" – „Ja, natürlich, wir haben das auf über hundert Grad." – „Ja, aber das ist doch wahnsinnig! Da müssen sie den Deckel aufmachen, um den Dampf herauszulassen! Da werden sie doch nicht Pumpen anhängen! Dann geht der ganze Dampf doch in die Pumpen hinein!" – „Ja, aber wir wollen jetzt noch zehn neue Pumpen kaufen, damit sie das Vakuum aufrechterhalten." – „Sie sind ja wahnsinnig! Sie brauchen ja keine einzige Pumpe. Sie müssen den Deckel aufmachen und den Dampf herauslassen." – „Ja, sagen Sie, sind sie von der Firma Leybold, die uns Pumpen verkauft?" – „Ja, genau von der Firma bin ich. Daher sage ich Ihnen: Sie brauchen keine Pumpen." – „Was? Ist das wirklich so?" – „Ja, natürlich. Machen Sie den Deckel auf! Dann werden Sie sehen, wie das dampft." Also wir machen den Deckel auf, und, wirklich, der ganze Dampf kommt oben heraus. Also sagen die: „Danke vielmals!" Ich sage: „Danke vielmals", steige in mein Auto und fahre wieder nach Hause.

„Wie viele Pumpen haben Sie verkauft?", fragen mich die Leybolds. Ich sage: „Pumpen habe ich überhaupt keine verkauft. Ich habe denen gesagt: ‚Sie brauchen gar keine Pumpen.'" – „Das haben Sie doch nicht der Firma Siemens gesagt." – „Doch, natürlich. Ich bin ja ein anständiger Mensch." – „Na, aber Sie können doch nicht sagen: ‚Sie brauchen keine Pumpen.' Zehn neue Pumpen hätten Sie denen verkaufen sollen!" – „Nein", sage ich, „so etwas mache ich nicht." Gott sei Dank hat Siemens Leybold einen Brief geschrieben: „Liebe Firma Leybold, wir sind Ihnen sehr dankbar, daß Sie Vertreter haben, die uns so gut beraten, daß Sie sogar gegen das scheinbare Interesse Ihrer Firma, aber im wesentlichen wirklich *für* Ihre Firma arbeiten, denn sie beraten Ihre Kunden in einer anständigen und korrekten Weise." Dieser Brief hat mich gerettet. Die haben irgendwie gesehen, dass ich mit den Kunden gut zurechtkomme; meine Physik verstehe et cetera et cetera. Und da hat mir der Direktor von Leybold gesagt: „Lieber Heinz von Foerster, Sie mögen ja vielleicht ein guter Physiker sein, aber was Sie da als Vertreter machen, ist ja wirklich wunderbar. Ich stelle Ihnen ein BMW-Cabriolet zur Verfügung. Sie bekommen ein Ticket für alle großen Hotels. Sie werden unser Vertreter für das Rheinland. Na, das Rheinland ist ja gigantisch. Also was man da alles verdienen kann, ist ja unglaublich."

Ich habe gesagt: „Aber lieber Herr Direktor, ich möchte gar kein Vertreter sein! Ich möchte ein Physiker sein!" – „Ja, aber als Physiker können Sie ja gar kein Geld verdienen. Aber als Vertreter können Sie Geld verdienen." – „Eigentlich will ich ja gar kein Geld verdienen. Ich möchte ein Physiker sein." – „Nein, nein, Sie sind jetzt hier der Vertreter." Da habe ich gesagt: „Dann muss ich leider kündigen." So bin ich also aus der Firma ausgestiegen und wurde dann von jemandem, der auch bei Leybold gearbeitet hat, nach Berlin ins Siemens-Forschungs-*Lab* empfohlen, was noch viel eleganter als das Leybold-Forschungs-*Lab* war.

„Das ist nicht mein *Lab!*"

Also ich bin nach Berlin gegangen und habe mich dort beim Direktor des Siemens-Forschungs-*Lab*, das eine unglaubliche Institution war, vorgestellt. Wir haben eine halbe Stunde über Physik gesprochen, und dann hat der Direktor des Forschungs-*Lab* gesagt: „Ausgezeichnet, Heinz von Foerster, Sie arbeiten bei mir." Der hat mir wunderschön einen Empfehlungsbrief gegeben. Ich habe gesagt: „Wunderbar!" – „Also gehen Sie zur Personalabteilung. Hier ist mein Zettel. Die stellen Sie bei mir ein." Ich gehe zur Personalabteilung, zeige ihnen den Zettel und sage: „Ich möchte im Siemens-Forschungs-*Lab* arbeiten." Der

Personaldirektor sagt: „Lieber Heinz von Foerster, wir haben leider keine freie Stelle im Forschungs-*Lab*. Aber wir haben eine freie Stelle im Arbeits-*Lab*." Ich habe gesagt: „Na ja, aber ich möchte ja gerne im Forschungs-*Lab* arbeiten." – „Nein, nein, da haben wir aber keine Stelle." – „Aber der Direktor hat doch gesagt ..." – „Ja, aber der Direktor weiß ja nicht, was er für Leute braucht. *Wir* wissen, was er für Leute braucht, und ich gebe Ihnen den Auftrag, zu dem normalen *Lab* zu gehen." Na, also ich bin einen Tag dort gewesen. „Das ist nicht mein *Lab*! Da soll ich Galvanometer oder Elektrizitätsmesser reparieren. Das interessiert mich wirklich nicht." Daraufhin bin ich noch einmal zum Personaldirektor gegangen. „Lieber Herr Direktor ..." – „Na ja, dann müssen Sie halt gehen." Das war kurz vor Weihnachten im Jahre 1938. Na, da habe ich gekündigt, habe meine zwei, drei Sachen eingepackt und bin nach Wien gereist, weil ich ja keine Stelle mehr gehabt habe; kein Geld mehr gehabt habe.

Das schönste Erlebnis

Also ich bin so ein paar Tage vor Weihnachten in Wien angekommen und habe meinen Vetter Martin wiedergetroffen. Und Martin, der ja in der Welt herumgerutscht ist, in den großen Theatern gespielt hat, Theaterstücke geschrieben hat, mit Journalisten verkehrt hat, hat gesagt: „Ich habe jedes Jahr eine wunderschöne Einladung von einer charmanten Schauspielerin, die gewöhnlich ein Neujahrsfest feiert, und wenn es mir gelingt, kann ich sie überreden, auch einmal einen Physiker einzuladen. Es ist natürlich ein Pech, dass du so ungebildet bist. Aber ich werde versuchen, sie zu überreden, dass du doch ein lieber und anständiger Mensch bist." Also zwei Tage später: „Jawohl, sie hat dich auch eingeladen, mit zur Neujahrsparty zu kommen. Bitte versuche, dich anständig zu benehmen." Na also gut, wir kommen am Neujahrsabend 1938 mit dem Aufzug zum dritten Stock, wo diese schöne Schauspielerin, die ein Neujahrsfest arrangiert, wohnt. Martin sagt: „Okay, jetzt läute ich die Glocke, und du, Heinz, stellst dich auf deine Hände, damit ich dich irgendwie als einen Menschen, der was kann, vorstellen kann." Also ich stelle mich auf meine Hände – wir beide waren ja als junge Menschen Akrobaten –, er läutet die Glocke. Eine charmante Dame öffnet die Türe. Martin sagt: „Darf ich dir meinen Vetter Heinz vorstellen?", und zeigt hinunter, wo mein

Mai von Foerster, 1937

Kopf zwischen meinen Händen hervorschaut. Sie sagt: „Natürlich. Aber kommen Sie doch herein." Also ich wandere auf meinen Händen in das Zimmer dieser charmanten Schauspielerin, und Martin sagt zu mir: „So, Heinz, jetzt kannst du dich aufstellen." Also ich stelle mich wieder auf und stehe vis-à-vis von der Gastgeberin. Das Erste, was sie sagt, ist: „Ich bin nicht beeindruckt." – „Na", habe ich gedacht, „da kann ich gar nichts machen", habe jedenfalls „Grüß Gott" gesagt und einen schönen Abend bei dieser schönen Schauspielerin mit dem Namen Mai Stürmer verbracht. Ein paar Monate später waren wir verheiratet.

Mit diesem Entschluss, ein Leben mit diesem anderen Menschen, mit dieser Frau zusammen zu führen, hat sich für mich ein völlig neues Leben entwickelt. Als ich gewusst habe: „Jetzt bin ich nicht mehr alleine; jetzt bin ich zu zweit; jetzt bin ich mit Mai zusammen; jetzt sind wir eine neue Einheit", war das für mich ein entscheidender Entschluss. Das ist eine stabile Entscheidung. Das hört überhaupt nie mehr auf. „Ich bin einfach ein anderer Mensch. Ich bin ein Doppelmensch. Ich bin ein Mensch mit Mai." Das hat mich durch mein ganzes Leben, bis jetzt, geführt; dass ich einfach nicht allein, sondern zusammen mit jemand Anderem bin. „Ich bin verantwortlich für das Leben des Anderen, so wie ich für mein Leben, für mich selber, verantwortlich bin."

KRIEGSJAHRE

Ariernachweis?

In Wien hätte ich damals keine Stellung mehr bekommen, weil ich ja – wie man das in der Nazi-Zeit genannt hat – „jüdisch versippt" war. Mein Großvater war jüdisch, und alle Leute in Wien haben gewusst: „Die Foersters sind ‚jüdisch versippt'." Also in Wien war für mich keine Stelle zu finden. Da habe ich gesagt: „Warum fliehen wir nicht in den Rachen des Löwen nach Berlin?"

Mai war engagiert an einem der hervorragendsten Theater in Wien, dem *Theater in der Josefstadt*, wo Max Reinhardt die Regie geführt hat; ein weltberühmtes Theater. Also ich bin nach Berlin vorgestoßen; Mai blieb zunächst in Wien zurück.

In Berlin habe ich in der kürzesten Zeit wegen meiner Erfahrung und meiner Zeugnisse eine Stellung in einem großen Betrieb für elektroakustische und mechanische Apparate gefunden. Das war die Firma GEMA. Ich wurde Direktor des Forschungslabors dieses Betriebes. Natürlich wurden die ununterbrochen von der Partei inspiziert; ob die Leute, die dort arbeiten, auch wirklich dort arbeiten dürfen.

So wurde ich natürlich sofort gefragt: „Haben Sie einen Ariernachweis?"

Ich habe gesagt: „Ariernachweis? Ich bin doch ein *von* Foerster? Was wollen Sie? Sie werden doch nicht glauben, dass ich irgendwelche jüdischen Vorfahren habe!" – „Nein, das glauben wir natürlich nicht; wir wollen das einfach nur bestätigt haben." – „Na ja, gut, wenn Sie das bestätigt haben wollen, werde ich Ihnen das liefern. Ich werde den österreichischen Behörden schreiben, dass sie mir einen Ariernachweis schicken sollen." Natürlich haben die österreichischen Behörden mir nie einen Ariernachweis geschickt; ich habe natürlich auch nie danach gefragt. So habe ich die also immer hingehalten.

Ich hatte das Gefühl, dass meine Vorgesetzten wohl geahnt haben, dass da irgendetwas Komisches mit Foerster sein muss. Die hätten mich natürlich zwicken können und sagen können: „Lieber Foerster, jetzt wird nichts von Aristokratie geredet. Jetzt wollen wir Ihren Ariernachweis sehen." Das haben sie nie gemacht. Später habe ich sogar erfahren, dass sie gewusst haben, dass da mit mir von der Abstammungdirektion her aus einer Naziposition nicht alles in Ordnung war und dass sie mich immer unterstützt haben.

Das ist ein Beispiel für eine Handlung, bei der kein Lohn zu erwarten war. Da ist Ethik implizit. Die haben mich gehalten, weil sie sich gesagt haben: „Den Menschen müssen wir halten"; ohne einen Nutzen für sich darin zu sehen, ohne eine Verdienstmöglichkeit darin zu sehen. Ganz im Gegenteil: Sie haben sich durch die Haltung, mich zu schützen, selber gefährdet.

Ilse Werner und Ernst Udet

Als Mai dann nach Berlin kam, haben wir zuerst in irgendeinem winzigen möblierten Zimmer gewohnt; im Hurenviertel von Berlin, das ich gut gekannt habe, weil ich dort schon einmal gewohnt hatte.

Mai hatte eine gute Freundin aus der Schauspielzeit in Wien; aus dem Josefstädter Theater. Das war Ilse Werner. Ilse Werner war damals so eine Art Marilyn Monroe für Deutschland. Sie hat zauberhaft gepfiffen. Sie war ein ganz junges, bildhübsches Mädchen. Mai hat sie sozusagen immer wieder beschützt, denn Ilse Werner war ja noch sehr jung, als sie nach Wien kam. Mai war für sie sozusagen eine ältere schwesterliche Stütze. Also als wir nach Berlin gekommen sind, hat Ilse Werner gesagt: „Aber Heinz und Mai, kommt doch zu mir." Und vor allem hat sie zu Mai gesagt: „Komm doch zu mir, und wohn bei mir!" Also Mai ist zu Ilse Werner, die in Zehlendorf eine zauberhafte Wohnung hatte, hinausgefahren. Aber da ich ja nicht ohne Mai sein wollte, bin ich in der Nacht immer hinaus nach Zehlendorf gefahren und habe mich in das Haus geschlichen. Und als dann plötzlich die Luftschutzsirenen geheult haben, war nicht nur Mai im Luftschutzkeller, sondern auch Heinz. Ilse Werner hatte sehr liebe, lustige Freunde. Alle haben sie verehrt. Ein großer Verehrer war zum Beispiel Ernst Udet. Ernst Udet war ein ganz berühmter Flieger, der unter Göring, glaube ich, die ganze deutsche Luftwaffe aufgebaut hat. Der war sehr oft da draußen bei Ilse Werner. Udet ist übrigens auch Vorbild für die Hauptfigur von einem Zuckmayer-Stück geworden: *Des Teufels General*. Er hat sich ja dann umgebracht. Er wollte mit den Nazis nichts zu tun haben. Und als er bemerkt hat, dass die Nazis draufgekommen sind, dass er mit ihnen nichts mehr zu tun haben wollte, und ihn verfolgten, hat er Selbstmord verübt. Na, also jedenfalls diese Konfiguration bei der Ilse Werner war sehr charmant.

„Kann man hier sprechen?"
Später hat Mai dann eine wunderschöne Wohnung gefunden; auf der Budapester Straße direkt gegenüber vom Zoo, ganz in der Nähe der Gedächtniskirche; im vierten Stock.

Sehr viele Freunde von uns waren Nachtmenschen, Journalisten und Schauspieler. Nun gab es die Verdunkelungszeiten. Das Gesetz war, dass, wenn es dunkel wurde, alle Zimmer so verdunkelt werden mussten, dass du von draußen keine Lichter siehst, denn sonst würdest du von den Flugzeugen aus, die angreifen, sehen, wo die Stadt Berlin ist. Wir haben aber sehr schlecht verdunkelt. Ich bin ja ein Wiener und schlampig. So brauchten die Leute, die unten auf der Budapester Straße gegangen sind und wissen wollten: „Sind die Foersters noch wach?", nur hinaufzuschauen. „Jawohl, die sind noch wach. Da ist noch Licht." So sind diese Freunde, die dort vorbeigekommen sind, dann zu uns heraufgekommen, um ein Nachtträtschchen zu machen oder sich mit uns darüber zu unterhalten, was auf der Welt los ist. Nun war es doch so, dass du nie wusstest, wer der Mensch ist, der jetzt kommt. Wir hatten ja nicht nur wirkliche Freunde; es waren auch sehr gute Bekannte oder einfach lustige Menschen. Da musste man immer aufpassen: „Wohin gehört dieser Mensch?" Wenn man die Türe aufgemacht hat und Freunde gekommen sind, war ihre erste Frage: „Kann man hier sprechen?" Sind das Menschen, mit denen wir im Einklang sind, oder ist es gefährlich? Sitze ich, wenn ich jetzt irgendeine böse Bemerkung über die Nazis mache, morgen im Konzentrationslager?

Helden

In Berlin in der Budapester Straße haben wir eine Hausbesorgerin gehabt, die natürlich auch ein Blockwart gewesen sein muss. Blockwarte sind von der Partei eingesetzte Menschen, die spitzeln sollen, ob die Leute auch wirklich immer brav „Heil Hitler" sagen, ob die Leute brav die richtigen Spenden machen, ob die Leute die Feiertage der Nazis wirklich würdigen et cetera et cetera.

Also diese Frau muss aufpassen, dass sich die Menschen im Haus so benehmen, dass sie den Nazis gerecht werden. Die sammelt natürlich für die Winterhilfe. Sie kommt zu uns in den vierten Stock herauf. Mai gibt ihr aus lauter Angst dreißig Mark; drei Zehnmarkscheine. Darauf gibt sie der Mai zwei Zehnmarkscheine zurück, flüstert ihr zu: „Die haben sowieso schon genug. *Sie* haben drei Kinder", und geht wieder weg. Niemand wird sie dafür belohnen. Niemand wird sie bestrafen. Nichts wird ihr da passieren. Die Handlung selbst ist die Belohnung; dass sie weiß, sie hat dieser Frau mit den drei Kindern wieder ein bisserl mehr Geld gegeben, sodass sie das ein oder andere einkaufen kann. So verstehe ich den Satz: Die Handlung selbst muss der Lohn sein.

Diese Menschen, die den ganzen Krieg wirklich eine Heldentat nach der anderen vollbracht haben, ohne einen Lohn erhalten zu haben, ohne von irgendjemandem Dank erhalten zu haben, sind für mich die wirklichen Heroen. Das sind die Helden, von denen ich gerne sprechen möchte; die nicht nach irgendeinem Befehl, nicht nach irgendeinem Moralprinzip arbeiten, sondern die im Moment handeln. „Ich muss so handeln, um das geschehen zu lassen." Das ist das, was ich gerne als ethisch bezeichnen möchte, und das hat nichts mit Moral zu tun. Niemand hat der Frau gesagt, was sie tun soll. Sie hat es von sich aus getan.

Exkurs: Straßenbahnschaffner

Ich kann dir noch unendlich viele andere Geschichten erzählen, die ich in dieser Richtung sehr berührend finde. Also zum Beispiel eine Geschichte ist: Ich bin ja als junger Bursch sehr viel Ski gefahren.

In zwei verschiedenen Städten ist mir dasselbe passiert. Ich steige, schön braun gebrannt, mit meinen Skiern in die Straßenbahn ein und sehe, dass ich überhaupt kein Geld mehr für die Straßenbahn habe. Also ich mache das in Wien: Ich komme zurück zum Westbahnhof, steige in den 58-er ein, um nach Hause zu fahren. Ich habe kein Geld. Darauf sagt der Schaffner: „Na, das werden wir schon haben", nimmt das Geld für einen Fahrschein aus seiner eigenen Tasche heraus, gibt es in die große Kassiertasche, gibt mir einen Fahrschein und sagt: „Okay, Burscherl, fahr halt nach Haus." Dasselbe passiert mir in Berlin. Ich steige mit meinen Skiern in die Straßenbahn ein. Der Schaffner schaut mich an, sagt: „Aha, Sie haben kein Geld." – „Nein, ich habe leider kein Geld." Er nimmt aus der Fahrscheintasche, aus der wirklichen Kasse, das Geld heraus, steckt es wieder in die Kasse hinein und gibt mir einen Fahrschein. Also beide Menschen lassen mich umsonst fahren. Der eine lädt mich persönlich, auf seine Kosten ein, der andere ist der Vertreter der Stadt Berlin und sagt: „Ich als Vertreter der Stadt Berlin kann es mir leisten, diesen jungen Mann umsonst in der Straßenbahn fahren zu lassen." Beides Handlungen, die keinen Lohn von irgendjemandem bekommen. Die Aktion selbst ist der Lohn dieser Handlung.

Diese Ideen habe ich, wenn ich Wittgenstein interpretiere: Die Handlung selbst muss der Lohn sein. Das ist die Idee von einer Ethik, die sich nicht aussprechen lässt. Warum? Von meinem Standpunkt aus ist Ethik Handlung, das Verhalten. Ethik heißt für mich Tun. Daher ist Ethologie die Lehre vom Verhalten, während Moral die gesammelten *mores* sind, die Sitten, die eine Gesellschaft sich durch ihr Zusammenleben über Jahrhunderte oder Jahrtausende konstruiert hat. Also Moral und Ethik beziehen sich auf zwei verschiedene Bereiche. Die eine bezieht sich auf die Entwicklung von Regeln, wie Menschen miteinander leben wollen, oder darauf, wie es sich entwickelt hat, dass sie leben. Die andere bezieht sich auf die Frage, wie sich die Menschen verhalten.

Max Planck hört zu

Als ich in Berlin war, wurde das berühmte Energiegesetz, das von Robert Mayer zum ersten Mal ausgesprochen worden ist, hundert Jahre alt. Da hat die *Deutsche Physikalische Gesellschaft* natürlich eine große Veranstaltung organisiert. „Wir feiern den hundertjährigen Geburtstag des ersten Hauptsatzes der Wärmelehre." Das ist der

Satz von der Aufrechterhaltung der Energie: Energie geht weder verloren, noch kann sie irgendwo entstehen. Energie bleibt immer konstant. Also Robert Mayer wurde in Berlin gefeiert, und alle großen Physiker kamen dorthin. Für mich war das sehr interessant. Ich wollte unbedingt an dieser Tagung teilnehmen. Das konnte man natürlich nicht. Das war nur für geladene Gäste. Aber ich lasse mich ja von so etwas nicht beirren. Ich komme also am Abend dorthin. „Wie komme ich da jetzt hinein?" Da sehe ich eine Seitentüre, wo „Nur für die Bühne" draufsteht. Also ich gehe sofort durch diese Seitentüre hinein und laufe da ein paar finstere Stiegen hinauf. Plötzlich komme ich hinter die Bühne und sehe vorne die ganzen Zuschauer sitzen. Ich bin also direkt hinten auf der Bühne, wo mich jeder sieht. „Na ja, jetzt muss ich so tun, als ob ich offiziell auf der Bühne wäre." Ich nehme mir also irgendwo einen Stuhl, krieche durch den Vorhang durch, stelle den Stuhl vor einen hinteren Abschlussvorhang und setze mich hinten auf die Bühne. In dem Moment kommt gerade Professor von Laue auf das Rednerpult. Im Publikum – ich schaue hinunter – in der ersten Reihe sitzen die ganzen großen Physiker. Da sitzt Max Planck. Von Laue beginnt, über das Energieprinzip zu sprechen. Er spricht über Sachen, die jeder Physiker schon im ersten Semester an der Universität lernt. Also ich sitze da und sage: „Das ist ja entsetzlich langweilig, was der da erzählt." Ich schaue hinunter auf die erste Reihe der großen Physiker. Was sehe ich? Max Planck sitzt da auf seiner Stuhlkante und hört ganz aufmerksam zu; dass ihm ja kein Wort von dem entgeht, was von Laue da erzählt. Der erzählt den ältesten Kram, den ich kenne; wo man nur einschlafen kann. Aber Max Planck schläft nicht ein. Der weiß das alles noch viel besser als ich. Trotzdem hört Max Planck mit größter Aufmerksamkeit zu. „Lieber Heinz, nimm dir ein Beispiel an diesem Menschen, der, obwohl er alles weiß, noch einmal alles durchdenkt, als hätte er es noch nie gehört. Das ist eben der große Mensch; der sich alles noch einmal durchdenkt und sagt: ‚Ich weiß es immer noch nicht.' Nimm dir doch ein Beispiel!" Das war für mich ein ganz wichtiges Erlebnis; dass diese großen Menschen alles noch einmal durchdenken und nie gelangweilt sind. Das Gelangweilte liegt an dem Menschen, der gelangweilt ist, nicht an der Situation. Wenn du ein Fadian bist, langweilst du dich. Wenn du ein amüsanter Mensch bist, ziehst du aus jeder Gelegenheit wieder neue und interessante Impulse.

126

Schlesien

Also ich war bei der Firma GEMA im Forschungs-*Lab*. Das war eine sehr interessante Aufgabe. Ich hatte einen Freund in dieser Gruppe, Fritz Brincker. Brincker war ein Radioingenieur; ein Genie. Der hat gewusst, wie man diese komplizierten Radiosysteme zusammenbaut, und ich habe die Theorie für solche Systeme entwickelt. Also wir haben wunderbar zusammengearbeitet.

Dann ist der Krieg ausgebrochen. Und nach den ersten großen Bombenangriffen auf Berlin musste die Firma evakuiert werden, denn sie hat natürlich teilweise Kriegsgeräte erzeugt. Die Firma wurde nach Schlesien evakuiert.

Ich habe ein winziges Dorf gefunden, das ein paar Kilometer von dem Ort entfernt war, wo wir den Firmensitz hin verlegt hatten. Das hieß Nikolstadt. Da habe ich einen großen, leer stehenden Kuhstall gefunden und habe den Bauern gefragt, ob ich diesen Kuhstall mieten kann. Der hat gesagt: „Ja natürlich." Also ich habe den Kuhstall gemietet. Da haben wir uns wunderschön eingerichtet. Da gab es auch einen ersten Stock. Wir haben uns sogar ein Klavier, ein Piano, aus Liegnitz geborgt. Und jeden Tag musste ich mit dem Fahrrad zu meiner Firma und wieder zurück nach Hause fahren.

Doktorarbeit bei Clemens Schäfer

In dieser Zeit habe ich auch meine Doktorarbeit an der Universität Breslau geschrieben.

Meine Doktorarbeit war reine Physik. Da ging es um Plasmaoszillationen. Ein Plasma ist ein Gas, das aus Elektronen, aus negativen Ionen, besteht. Wenn du das in einer gewissen Weise zur Oszillation bringst, schwingt das mit sehr hohen Frequenzen. Und wenn man sehr geschickt ist, kann man diese Frequenzen auskoppeln und als eine Trägerwelle für Sendungen, Radiosendungen, verwenden. Die Ultra-, Hochfrequenz- oder Mikrowellen, die da entstehen, kannst du abkoppeln, an eine Antenne hinausschicken und modulieren und damit also eine Nachrichtenübertragung machen.

Ich habe die Arbeiten bei der Firma für die Doktorarbeit verwendet. Das ging vielleicht über eine Periode von eineinhalb oder zwei Jahren. Und da hatte ich einen großartigen Lehrer, Clemens Schäfer; der hat das akzeptiert. Das war also sehr angenehm. Jedoch wurde die Arbeit offiziell nicht anerkannt, weil ich den Ariernachweis nicht liefern konnte.

Heil … wem?

Ich habe ja schon erwähnt, dass Mai und ich gewisse Schwierigkeiten hatten, in der Hitler-Zeit zu funktionieren. Ich hatte zum Beispiel das Problem, dass ich immer vergessen habe, wem ständig „Heil" gesagt wurde. Man musste doch immer „Heil Hitler" sagen, und ich habe immer diese Rolle gespielt, dass ich gesagt habe: „Heil … äh, hmmm, hmmm … Wie heißt der nur? Hmmm …; ah, ah … Hitler! Ja natürlich! Heil Hitler!" Also bald sind die Leute draufgekommen, dass ich mich über dieses „Heil Hitler" lustig mache, denn jeder Mensch weiß ja: „Heil Hitler", nur ich habe immer den Namen vergessen: „Ja, wem? Wem? Entschuldige, ich habe ja dieses schlechte Gedächtnis. Heil … Wer ist das nur?" Und da haben sie gesehen, Foerster macht sich schon wieder lustig. Also wir waren für die meisten Leute schon irgendwie suspekt; dass wir diese Hitler-Spiele nicht ganz mitspielen. Und eines Morgens geht die Nachricht durch Deutschland, dass ein großes Attentat auf Hitler verübt worden war, es aber misslungen ist; dass die Bombe zwar explodiert ist, aber Hitler nicht umgebracht hat; dass viele andere verletzt waren und der Mann, der die Bombe gelegt hat, verhaftet worden ist. Also Mai hört das; die erste Nachricht: „Ein Attentat auf Hitler", und dann die zweite Nachricht: „Aber er lebt noch." Also mit ganz großer Verzweiflung läuft sie durch dieses Dorf in Schlesien und sagt: „Um Himmels willen! Er ist nicht tot." Oder: „Er ist immer noch am Leben! Schrecklich! Er ist immer noch am Leben!" Und die Leute schauen sie an und sagen: „*Was* sagt diese Frau? Was ist da los? ‚Um Himmels willen, er ist immer noch am Leben!'?" Und da kommt sie nach Hause, und ich höre ihre Geschichte und sage: „Liebe Mai, jetzt sind wir in einer ziemlich gefährlichen Situation." Aber Gott sei Dank haben die Leute in dem Dorf die Mai nicht bei der Gestapo angezeigt; dass sie durch die Straßen gelaufen ist und geschrien hat: „Jösses, um Himmels willen, jetzt ist der immer noch nicht tot."

Verschmorte Bücher

Also aus Berlin mussten wir durch die Verlagerung raus. Und kaum waren wir die ersten paar Tage weg, wurde genau die Budapester Straße völlig durch Bomben zerstört. Ich bin dahin zurückgefahren, habe mir das zerstörte Haus angeschaut, bin in den Keller hinuntergegangen, wo ich noch sehr viele Bücher stehen gehabt hatte: Diese ganzen Bücher waren verschmort; alle Bücher, wunderschöne Bücher, in Staub zerfallen. So haben wir praktisch alles, was wir besessen hatten, damals bei diesen Bombenangriffen im Herbst 1941 verloren. „Gott sei Dank", haben wir gesagt, denn dann haben wir uns um diese Dinge nicht mehr kümmern müssen. Die hängen einem ja wie ein schwerer Stein um den Hals. Da musst du dich immer kümmern: „Was mache ich jetzt mit den schönen Büchern? Was mache ich mit den schönen Möbeln? Was mache ich mit den schönen Bildern? Was mache ich mit den schönen Fotoalben meiner Familie, von Mais Familie?" Et cetera et cetera. Diese Sorge bist du los. Als dann im Winter 1944 die große russische Offensive in Schlesien uns gezwungen hat, wieder zu fliehen, konnte ich alle meine Wertsachen in einen einzigen großen Koffer packen; einen *overseas trunk*, der dann von den Spediteuren meiner Firma abgeholt wurde.

Mit dem Fahrrad nach Berlin

Die Firma musste wieder offiziell verlagert werden; und zwar wieder zurück nach Berlin. Die ganzen Geräte, die nach Schlesien gebracht worden waren, sind wieder zurück nach Berlin gebracht worden.

Mai und die Kinder sind in einem der letzten Züge von Schlesien nach Westen gefahren. Und zwar hatte Mais Mutter, die in Daisbach, einem kleinen Dorf östlich von Heidelberg in der Nähe von Neidenstein, nicht allzu weit weg vom Neckar, bei Bauern, entfernten Verwandten, gewohnt hat, Mai zugeredet: „Komm doch mit den Kindern nach Daisbach! Komm doch hierher! Hier ist es sicher. Hier können wir alle leben. Hier gibt es sogar noch Eier, Milch und Butter. Hier sind wir gut aufgehoben." Also, Mai ist mit dem Zug nach Daisbach gefahren und auf dieser Reise durch alle möglichen Städte gekommen, die um diese Zeit schwer bombardiert worden sind. Und tatsächlich ist sie in der Nacht vor den großen Bombardements durch Dresden durchgefahren und noch am nächsten Morgen aus der Stadt hinausgefahren, als sie noch gestanden hat.

Ich habe gesagt: „Ich lasse mich nicht offiziell verlagern", und habe ein paar Leute in dem Betrieb gefragt: „Wollt ihr nicht mit dem Fahrrad mit mir nach Berlin fahren?"

Da haben sich etwa zehn Leute gemeldet. Die haben gesagt: „Jawohl, das würden wir lieber tun, als uns verlagern zu lassen." Und da hatte ich einen wunderbaren Mechaniker, den ich aus Russland zurückgeholt hatte; als Kriegswichtigen. „Der soll nicht in Russland die Russen bekämpfen. Der soll lieber in Schlesien für den Endsieg arbeiten." Na, die haben gesehen: „Der Endsieg ist uns wichtiger als der Mann in Russland." Das war Ali Brenner. Ali Brenner, die zehn Leute und ich haben alle Werkzeuge zusammengepackt, uns auf unsere Fahrräder gesetzt und sind hinunter auf die Autobahn gefahren. Die war völlig schneebedeckt, aber Gott sei Dank durch deutsche Panzer teilweise flach gedrückt, sodass wir mit den Fahrrädern in den Panzerspuren fahren und uns nach Norden begeben konnten.

Leider haben die zehn Leute, die da mitgefahren sind, das nicht geschafft. Wir sind einen halben Tag gefahren, und die waren völlig erschöpft; haben kalte Finger und kalte Nasen gehabt. Ich habe mich also umgeschaut, ob man denen helfen kann. Da war eine Militärstation mit Sanitätern. Da bin ich hingefahren und habe die gefragt: „Können Sie etwas für diese hervorragenden Menschen tun, die da auf ihren Fahrrädern sitzen und frieren?" – „Jawohl", haben sie gesagt, „schicken Sie sie uns zum Sanitätswagen. Wir werden uns schon um die Leute kümmern." Ich habe mich also von den zehn Leuten verabschiedet und bin mit Ali Brenner allein weiter über die Autobahn nach Norden gefahren. In der Nacht sind wir an Dörfern vorbeigefahren, die alle schon völlig verlassen waren; weil die Menschen alle geflohen waren.

Wir hatten ja nur sehr wenig zu essen; haben da also angehalten. Da standen noch die Teller mit den Mahlzeiten auf dem Tisch der Menschen, die aufgesprungen und geflohen waren. Und in den Speisekammern hingen die Würste und die Schinken. Aber wir konnten ja nichts mitnehmen, denn wir waren ja mit Fahrrädern unterwegs. So haben wir uns vielleicht ein Stück Brot und ein Stück Schinken genommen und sind weitergefahren.

In der Nacht sehen wir plötzlich einen deutschen Laster da irgendwo an der Seite geparkt. Ein Fahrer sitzt da drin. Wir fragen: „Hallo! Was ist los? Warum sitzen Sie hier?" – „Mein Motor springt nicht mehr an. Ich kann nicht mehr weiterfahren." Also Ali Brenner als Mechaniker sagt natürlich: „Machen Sie doch einmal die Haube auf." Also der macht die Haube auf. Ali Brenner hat den Wagen natürlich in zehn Minuten in Schwung gebracht. Also der kann losfahren; und da sagt er: „Fahren Sie doch mit! Fahren Sie mit mir in Richtung Norden!" Also wir schmeißen unsere Fahrräder in den Laster, setzen uns hinein und fahren in Richtung Norden. Während wir da also langsam durch die Nacht fahren, hören wir im Osten das Rumpeln von den großen Panzerschlachten zwischen Russen und Deutschen. Also wir waren sehr nah an der Front. Und da hat man es am Nachthimmel blitzen gesehen. Das müssen die Kanonen gewesen sein, die abgeschossen wurden. Die ganze Nacht haben wir das Donnern der Geschütze gehört. Nach ungefähr drei Stunden – der Morgen dämmerte schon langsam; es war also vielleicht so sechs, sieben oder acht in der Früh; wir sind ein gutes Stück vorwärts gekommen – sagt der Mann: „Jetzt muss ich abzweigen." Wir sind ausgestiegen. Er fuhr nach rechts ab, und wir sind dann auf der Autobahn mit den Fahrrädern weitergestrampelt.

Da sehen wir auf dieser Reise eine Frau unter einer Brücke stehen. Wir bleiben stehen und sagen: „Ja, was machen Sie hier?" – „Ich warte auf irgendeinen Autofahrer, der anhält und mich im Auto nach Berlin mitnimmt." – „Na", sagen wir, „wir haben ja nur Fahrräder. Wir können Sie leider nicht mitnehmen; aber wir wünschen Ihnen viel Glück. Hoffentlich kommt bald ein Auto vorbei und nimmt Sie mit." Also wir fahren noch etwa zehn Minuten weiter. Auf einmal fährt ein Auto mit großer Geschwindigkeit – Zapp! – an uns vorbei. Ein eleganter BMW. Kaum ist der vorbei, rast ein Mercedes vorbei, überholt den BMW im Schnee und stellt sich quer vor ihn, sodass der nicht mehr weiterfahren kann. Zwei Offiziere springen aus dem Mercedes heraus, reißen die Türe von dem BMW auf und sagen: „Sie Schwein, was machen Sie hier?" Wir bleiben schön im Winkerl stehen. Die Offiziere wollen doch sicher unsere Dokumente inspizieren. Wer sind wir denn? Warum sitzen wir auf der Autobahn? Warum kämpfen wir nicht für die Freiheit des Vaterlands? Die holen den Mann heraus und sagen: „Wieso haben Sie die Frau nicht mitgenommen?" Der sagt: „Ich habe gar keine Frau gesehen." „Ja, was heißt, Sie haben die nicht gesehen? Jeder Mensch hat die gesehen. Die stand da." – „Nein, nein, ich kann ja auch nicht anhalten." – „Wieso können Sie nicht anhalten? Sie haben doch gerade hier auch angehalten!" Da sehen die beiden Offiziere uns mit dummen Gesichtern und Fahrrädern dastehen. Einer fragt: „Was machen Sie hier?" Ich sage: „Wir fahren nach Berlin; auf Kommando. Wir müssen nach Berlin fahren." Der sagt zu dem Mann: „Ja, Mensch, Sie nehmen jetzt diese beiden Leute mit, und bringen sie nach Berlin! Machen Sie den Kofferraum auf!" Also der macht den Kofferraum auf. Wir schmeißen die Fahrräder in diesen wunderschönen BMW hinein. Der Offizier sagt: „Setzen Sie sich hinein! Fahren Sie nach Berlin!" Also wir setzen uns hinein, und der fährt uns nach Berlin. Also die letzten hundert Kilometer sind wir tatsächlich elegant mit einem BMW nach Berlin gefahren.

Das bombardierte Berlin

In Berlin bin ich als Erstes zu meinen Freunden im Schloss gefahren. Das war die Familie Demmler. Er war der Direktor der „Deutschen Abteilung" im Staatsmuseum in Berlin. Ich habe an die Türe geklopft. Er hat gesagt: „Heinz, das ist ja wunderbar! Woher kommst du denn?" Ich habe gesagt: „Ich komme aus Schlesien mit dem Fahrrad." – „Also wohn doch bei uns!" Also ich habe meinen Rucksack bei den Demmlers im Schloss abgelegt. Die haben mir ein kleines Klappbett angewiesen; da konnte ich übernachten.

Am nächsten Morgen bin ich wieder zurück in meine Firma gefahren; habe mich dort vorgestellt. Die haben gesagt: „Gehen Sie wieder in Ihr Labor. Arbeiten Sie weiter an Ihren Oszillatoren oder was immer Sie da machen." Ich habe gesagt: „Gut, das mache ich!"

Die Firma GEMA war ja ein Rüstungsbetrieb; Kriegsindustrie. Die haben die Radare für die Deutschen gebaut. Und ich habe dort im Forschungslabor an Sachen geforscht, die einfach unerforschbar waren. Das habe ich zusammen mit den Leuten gemacht, die gesagt haben: „Wir müssen das boykottieren." Also wir haben das boykottiert, indem wir immer Forschungsprogramme gewählt haben, die eigentlich undurchführbar waren. Und da konnte ich eben weiterarbeiten, denn die Projekte haben sehr vielversprechend ausgeschaut. Wir haben sie auch so formuliert, dass sie vielversprechend ausgeschaut haben.

Also ich war an diesem Morgen zurück in der Firma; zehn Uhr, elf Uhr, und auf einmal tönen die Luftangriffswarnsirenen über ganz Berlin. Die Firma hatte einen wunderschönen Turm. Wir steigen auf den Turm hinauf und sehen ein Flugzeuggeschwader nach dem anderen. Von überall kommen die Flugzeuge; die B-17 in Formation; immer jeweils fünfzehn Flugzeuge; ein Geschwader nach dem anderen. Die werfen ihre Bomben auf Berlin, das ein bisserl weiter nordwestlich von Köpenick liegt, wo die Firma ist. Wir sehen also die Bombardements von Berlin. Das ging so Stunden und Stunden. Es waren vielleicht zweitausend amerikanische und englische Flugzeuge, die ihre Bomben auf Berlin abgeworfen haben. Und es gab kaum mehr eine Verteidigung. Die gesamten Luftabwehrkanonen waren schweigsam. Die waren schon zerbombt oder nicht mehr da; und Berlin ist langsam in einer Rauchwolke aufgegangen. Es hat genauso wie eine *mushroom cloud* von einer Atombombe ausgeschaut. Also als das vorbei war, nach vier oder fünf Stunden, habe ich gesagt: „Ich muss zu den Demmlers. Das schaut ja so aus, als ob das alles zerbombt worden ist." Also ich bin sofort mit der Straßenbahn zur S-Bahn gefahren. Ich wollte nach Norden fahren. Der Zug ist nur fünf oder sechs Stationen gefahren. Dann bin ich ausgestiegen und zu Fuß nach Berlin marschiert; an allen Bahnhöfen vorbei, die alle zerbombt waren. Tausende von Toten lagen da. Die ganzen Flüchtlinge aus Schlesien und dem östlichen Deutschland saßen ja auf den Bahnhöfen. Die sind alle bei den Bombenangriffen getötet worden.

Also ich wandere zu Fuß weiter nach Norden. Schrecklich! Eine schauderhafte Szene nach der anderen. Schließlich und endlich komme ich dann nach drei Stunden, am späten Nachmittag, am Schloss an. Das Schloss ist vernichtet. Ich schaue mich um: „Wo können die Demmlers sein?" Niemand ist zu sehen. Ich erkundige mich also: „Wo sind die Flüchtlinge?" Jemand sagt: „Einige von den Gasthöfen haben diese Leute aufgenommen." Ich treffe also tatsächlich die Demmlers wieder; das waren zwei sehr alte und kränkliche Menschen. Die sitzen da in irgendeinem Gasthof; völlig verlassen, völlig erschüttert, völlig zerstört; ganz arm; sitzen da in einem Winkerl und wissen nicht, was sie tun sollen. Ich konnte auch kaum etwas tun. Ich habe gesagt: „Ich schaue nach, was noch da ist im Schloss." Also ich bin zum Schloss zurückgegangen. Da war alles zerstört: mein Rucksack mit allen Dokumenten, mit allen Papieren, mit allen Erinnerungen, mit allen Fotografien, mit meinen Unterhosen, mit meinen Überhosen, mit meinem Hut; alles war zerstört. So saß ich also jetzt ohne irgendetwas in Berlin.

Ich bin zurück zu meiner Firma gegangen und habe gesagt: „Ich habe keine Wohnung. Ich habe nichts mehr." Die haben gesagt: „Das werden wir sofort haben. Sie bekommen eine Zuweisung." Das war ein Standardverfahren von der Partei. Die mussten sich ja irgendwie um die Flüchtlinge kümmern. Die haben dann geschaut: Wer ist gerade nicht in Berlin? Wer ist gerade verlagert worden? Wer hat leere Wohnungen? Die haben mir eine Wohnung ganz in der Nähe des Betriebes zugeteilt und mir den Schlüssel gegeben.

Ich gehe dorthin, klopfe an; niemand drin. Ich mache die Türe auf; eine Wohnung, tadellos in Ordnung. Alle Kleider sind noch da.

Die Betten sind gemacht. Das Geschirr ist noch da. Sogar Tee ist noch da. Also alles Sachen, die von jemandem zurückgelassen worden sind, der schnellstens aus dieser Wohnung ausziehen musste. Also für mich war das wunderbar. Ich hatte ja nichts mehr; kein Hemd mehr, keine Hose mehr. Ein anderer Kollege von mir aus dieser Firma, Karl Kober, war in dasselbe Haus eingewiesen worden; einen Stock höher. Er hat dasselbe gesehen: eine wunderschöne Wohnung mit allen Sachen drin.

Also ich bringe mich da unter. Ich sehe: endlich frische Hemden! Ich ziehe mir so ein Hemd an, koche mir einen Tee und bin endlich wieder ein normaler Mensch.

Plötzlich in der Nacht – so um elf – geht die Türe auf. Eine Frau kommt herein und schaut mich mit Entsetzen an. Ich schaue sie mit Entsetzen an. Sie sagt: „Was machen Sie hier? Das ist meine Wohnung!" Ich sage: „Aber ich ... pardon ... Ich bin hier eingewiesen worden, weil ich völlig wohnungslos bin." – „Aber Sie haben ja das Hemd von meinem Mann an! Wie kommen Sie dazu?" Ich sage: „Ja, ich habe selber keins mehr." – „Ja, aber da können Sie doch nicht das Hemd von meinem Mann anziehen." Ich sage: „Ich bin hierher gekommen, völlig ausgebombt." – „Ja, aber das geht doch nicht! Sie brechen ein! Sie sind ein Einbrecher!" Ich sage: „Ich bin überhaupt kein Einbrecher. Ich bin ein Mensch, der, aus Schlesien ausgebombt, aus Berlin ausgebombt, hierher verwiesen worden ist."

Also ich musste diese Frau, die fast hysterisch war, beruhigen. „Mein Mann ist an der Ostfront gefallen, und Sie haben sich das Hemd von meinem Mann, von einem toten Mann, angezogen. Verstehen Sie das?" Ich sage: „Ja, ich verstehe das. Aber verstehen Sie auch, warum ich das Hemd angezogen habe?" Na, also gut, so habe ich sie beruhigt. Mein Problem war, ihr klar zu machen, in was für einer Situation wir waren. Ich habe genau gewusst, was sie fühlen muss. Sie kommt endlich wieder nach Hause; die einzige Erinnerung an ihren toten Mann sind seine Anzüge, seine Hemden, seine Krawatten, seine Schuhe, seine Socken. Das habe ich sehr gut verstanden. Ich glaube, es ist mir gelungen, dieser Frau auf irgendeine Weise klar zu machen, in welcher Situation ich mich befand. Wir verstehen uns. „Die Situation ist schrecklich, aber wir müssen uns gegenseitig verstehen, sonst können wir nicht weiterexistieren."

Ich habe meinen Freund Karl Kober heruntergeholt. Sie hatte noch eine Nachbarin geholt.

So haben wir dann so um zwölf Uhr nachts zu viert beisammen-
gesessen und haben uns von unseren Schicksalen erzählt und eine
Kleinigkeit gegessen. Die beiden Frauen sind dann in eine Wohnung
gezogen, Kober und ich in die andere.

Luftschutzwache und Abmarschbefehle

Ich habe da ein oder zwei Tage gewohnt. Dann bin ich nach Berlin
gefahren, habe meine Freunde aufgesucht. Und als Ali Brenner und
ich in die Firma zurückgekommen sind, haben sie uns gesagt: „Sie
müssen jetzt die Luftschutzwache in der Nacht übernehmen." Ich
habe gesagt: „Das machen wir mit größtem Vergnügen."
      So blieben Ali Brenner und ich in der Nacht dort und haben Luft-
schutzwache gespielt. Ali Brenner hatte aber herausgefunden, wo
die Partei, die Nazis, ihr Büro hatten. So sind wir in der Nacht zu
diesem Büro gegangen. Ali Brenner hat in einer halben Stunde einen
Zweitschlüssel gemacht, sodass wir das Büro aufschließen konnten.
Da haben wir uns aus den Papieren, die dort lagen, Abmarschbefehle herausgesucht. Die waren alle von Himmler unterschrieben. Wir
haben uns zwanzig mitgenommen. Dann haben wir das Haus wieder abgesperrt. Diese zwanzig Formulare habe ich all meinen Freunden gegeben, die aus Berlin rauswollten, aber nicht -konnten; denn
wenn du aus Berlin rauswolltest, musstest du einen Abmarschbefehl
haben. Die haben meine Abmarschbefehle bekommen und konnten alle aus Berlin hinaus. Natürlich habe ich mir selbst auch einen
Abmarschbefehl genommen; und Ali Brenner hat sich auch einen
genommen. Das waren meine letzten Tage in Berlin. Ich habe mir
gesagt: „Jetzt muss ich zu Mai nach Daisbach."

Unterwegs

Das war ein unerhörtes Abenteuer. Ich bin zum Anhalter Bahnhof
gegangen und habe auf die letzten Züge nach Westen gewartet. Auf
dem Bahnsteig waren die Flüchtlinge aus dem Osten. Die hatten alle
ihr Gepäck dabei und haben die letzten Züge benutzt. Sie konnten
aber mit ihrem Gepäck nicht mehr einsteigen. Es war einfach zu viel;
es war kein Platz mehr da. Sie haben ihr Gepäck also stehen gelassen
und sind in den Zug eingestiegen. So waren die Bahnsteige voll mit
den zurückgelassenen Gepäckstücken der Flüchtlinge aus dem Osten. Da standen die Koffer, die Säcke, die Körbe, die Rucksäcke und
alles. Du konntest kaum über diese Bahnsteige gehen.

Dann kam schließlich ein Zug angefahren; rückwärts; der Anhalter Bahnhof war ja ein Kopfbahnhof. Man konnte nicht durch die Türen in den Zug einsteigen, weil die zurückgelassenen Koffer, Rucksäcke und Säcke so hoch gestapelt waren, dass man die Türen der Waggons nicht mehr aufmachen konnte. Ich bin also durch ein Fenster in den Zug geklettert; habe gerade noch meinen kümmerlichen Restrucksack mitgenommen. Dann bin ich nach Westen abgefahren; in Richtung Mannheim. Der Zug ist immer wieder stehen geblieben, weil ja das Gleis zerbombt war. Trotzdem sind wir weiter- und weitergefahren. Bis nach Würzburg bin ich gekommen. Da ist der Zug nicht mehr weitergefahren. Würzburg war da gerade bombardiert worden. Ich steige aus dem Zug. Würzburg hat ausgeschaut wie ein Mund, dem die ganzen Zähne ausgeschlagen worden waren. Wie ein Totengebiss; die übrig gebliebenen Häuser haben wie die Reste von Zähnen ausgeschaut. Und überall ist noch ein bisserl Rauch aufgestiegen. Es war ein entsetzlicher Anblick! Grauenhaft!

Dann ist tatsächlich noch irgendein Zug weitergefahren, aber auch gleich wieder stehen geblieben. Als der Zug stehen bleibt, laufe ich nach vorne zu dem Lokomotivführer und sage: „Ich bin ein kriegswichtiger Mensch. Ich muss weiter nach Westen fahren. Sie müssen weiterfahren." Also der hat sich tatsächlich von mir einschüchtern lassen. Er fährt mit dem Zug weiter, bleibt dann irgendwo stehen. Er sagt: „Jetzt kann ich nicht mehr weiterfahren"; weil alles gesperrt war. Überall waren die Bomben gefallen.

Also ich steige aus; in irgendeinem Dorf. Ungefähr kannte ich die Geographie. Ich laufe mit meinem Rucksack durch dieses Dorf, sehe da einen Bauern mit einem Pferdewagen. Ich frage: „Können Sie mich bis zum Neckar fahren?" – „Nein, nein, das kann ich nicht. Die Straßen werden ja ununterbrochen bombardiert. Das Einzige, was ich machen kann: Ich kann sie über die alte Römerstraße durch den Wald fahren." Ich sage: „Los! Lassen Sie uns über die Römerstraße durch den Wald fahren! Hier sind tausend Mark." Geld hat ja überhaupt keine Rolle mehr gespielt. Ich gebe ihm also tausend Mark. Er fährt mit seinem Pferdewagen die Römerstraße durch den Wald. Dann sagt er: „So, jetzt kann ich nicht mehr weiterfahren. Da unten ist der Neckar. Wenn Sie wollen, können Sie da hinuntergehen." Also gut, ich nehme meinen Rucksack, laufe den Berg hinunter; da sind tatsächlich die Tiefflieger, schießen ununterbrochen auf alle Leute, die sie auf der Straße sehen können. Also ich laufe da hinunter, verstecke mich immer hinter Bäumen, wenn die zu schießen anfangen. Ich komme auf die Brücke. Hinter den Brückenpfeilern sitzt schon eine ganze Gruppe von Leuten. Die warten, dass die Tiefflieger wegfliegen. Und im Moment, wo man sieht, dass keiner in der Luft ist, springt alles auf, rast über die Brücke auf die andere Seite und setzt sich sofort wieder hinter irgendwelche Deckungen. Und dann kommen die Tiefflieger und schießen wieder hinunter.

Also ich bin auf der anderen Seite; schon in der Nähe von Daisbach und diesen ganzen kleinen Dörfern. Da treffe ich ein paar Gruppen von Soldaten, die nach Osten marschieren; und ich komme ja aus dem Osten. Die fragen: „Ja, wie schaut es denn dort aus?" Ich sage: „Wovon sprechen Sie? Sprechen Sie von Berlin? Sprechen Sie von Schlesien? Wovon sprechen Sie?" – „Nein, wir sprechen von Neckargemünd." Das ist gleich um die Ecke. Na, ich sage: „Da habe ich niemanden gesehen." – „Wir fliehen vor den Amerikanern. Die kommen jetzt gerade aus dem Westen und schieben die ganzen Truppen nach Osten." Ich sage: „Das ist ja wunderbar, dann bin ich ja bald da." Also ich gehe da durch; durch die ganzen fliehenden Truppen. Also ich marschiere weiter. Es gelingt mir, bis nach Daisbach zu kommen. Dort komme ich an, finde das Bauernhaus, pfeife meinen berühmten Familienpfiff für die Familie: „Pa-pi-pa-pa-pa-paaaa!" Da schaut tatsächlich Mai heraus und weiß: „Ah, das ist Heinz; jawohl!" Die kommen heraus, und wir sehen uns nach Monaten der Gefahr wieder. Ich habe ja nicht gewusst, ob sie Dresden überlebt hatte. Und sie hat nicht gewusst, ob ich Schlesien überlebt hatte.

Wir waren also wieder zusammen und haben uns entschlossen, sofort nach Österreich abzuwandern. Denn ich habe befürchtet: Wenn ich als Österreicher in Deutschland erwischt werde, werde ich eine so genannte *displaced person* und muss jahrelang in irgendwelchen Lagern leben. Ich habe gesagt: „Mai, wir müssen nach Österreich gehen." Sie hat das eingesehen, und die Großmutter hat das auch eingesehen. So sind wir also mit unseren zwei Kindern, Andreas und Thomas, um sechs Uhr früh aufgebrochen. Mit einem Handwagerl haben wir unser Gepäck gezogen und sind zum nächsten Bahnhof gegangen, der vielleicht zwei oder drei Stunden weg war. Den armen Johannes haben wir zurückgelassen, weil die Großmutter gesagt hat: „Den darfst du mir nicht wegnehmen, sonst nimmst du mir mein

Leben." Und wir haben gesagt: „Mit *drei* Kindern wird es schwierig sein, das zu überleben." So haben wir also Johannes zurückgelassen. Das war eines der schrecklichsten Erlebnisse meines Lebens; als wir den kleinen Buben da oben aus dem Fenster herauswinken gesehen haben. „Nein, nein, nehmt mich mit! Nehmt mich mit!" Und wir konnten ihn nicht mitnehmen und sind ohne ihn weggefahren. Das war sehr schrecklich.

So ist Johannes bei seiner Großmutter geblieben, und wir sind mit den zwei Buben, dem kleinen Wagerl und zwei Gepäckstücken aufgebrochen. Wir sind zum Bahnhof gekommen und dann nach Stuttgart gefahren; und von Stuttgart dann nach Kufstein.

Ein kurzer Rückgriff: Mein Freund Karl, der in Berlin im selben Haus gewohnt hat, war auch ein Österreicher; und zur Zeit dieser schweren Bombardements auf Berlin musste die Firma ihren Sitz wieder verlegen. Noch einmal nach Schlesien konnte sie nicht, denn Schlesien war ja schon von den Russen besetzt. So haben wir beide gesagt: „Wir müssen die Firma überreden, ihren Sitz nach Österreich zu verlegen." Denn wir beide wussten: Wenn wir nach dem Krieg als Österreicher in Deutschland geschnappt werden, werden wir in irgendein großes Lager gesteckt und kommen nie mehr aus dieser Sache heraus.

Wir haben uns wahnsinnig angestrengt, irgendeinen Platz in Österreich zu finden, der eine so große Forschungsgruppe wie die unserer Firma aufnehmen konnte. Wir haben in Kufstein eine große Stahlblechfirma gefunden. Die war ohne Aufträge und stand völlig leer; die ganzen großen Hallen waren unbenutzt. Wir haben also veranlasst, dass unser ganzer Betrieb mit allen Werkzeugen, allen Maschinen, allen Schreibmaschinen und Akten nun von Berlin nach Kufstein verlagert wurde. Das wurde über die Kanäle gemacht. Die Schiffe sind über die verschiedenen Kanalstrukturen Deutschlands nach Südwesten gefahren. Irgendwo sind dann die Boote ausgeladen und die Sachen auf Eisenbahnwaggons umgeladen worden.

Einer meiner früheren Mitarbeiter aus der Firma, der schon wieder eingezogen und Soldat in der deutschen Armee war, war zufällig an der Stelle, wo die Kähne ausgeladen und die Sachen in diese Waggons eingeladen worden sind. Der steht da und passt auf. Plötzlich sieht er einen großen Koffer, auf dem „HvF" steht.

Er sagt: „,HvF'; das muss doch Heinz von Foerster sein. Ich werde dafür sorgen, dass dieser Koffer wirklich sofort umgeladen wird."

Der Koffer kam also in einen Güterwaggon. Sonst wäre er verloren gegangen, dort liegen geblieben, zerbombt, zerstört, geraubt oder vandalisiert worden; weg wäre er gewesen.

Der Zug ist in Kufstein angekommen. Noch nie hatte es einen Luftangriff auf Kufstein gegeben, und am nächsten Tag war ein ganz großer Luftangriff auf Kufstein. Der Bahnhof wurde bombardiert; die ganzen Geräte sind alle in die Luft gegangen; alles war kaputt. Mai, ich und die zwei Kinder waren in Kufstein angekommen. Wir hatten absolut nichts. Ich fahre auf den Bahnhof, sehe die brennenden Waggons. Da steht einer ganz am Ende. Ich schaue in diesen Waggon hinein. Was steht in diesem Waggon? Mein Koffer aus Schlesien mit „HvF" drauf. Ich habe den Koffer herausgeholt, und wir haben geschaut, was da alles drin war. Da waren die schönen Abendkleider von Mai drin. Da waren mein Frack und mein Smoking drin. Da waren lauter völlig unverwendbare Sachen drin. Aber unter anderem war da zum Beispiel das kleine Bändchen von Wittgenstein, *Tractatus logico-philosophicus,* das ich mir eigens hatte binden lassen, drin; und ein paar schöne Bilder von den Verwandten, den Urgroßeltern und so weiter, waren da auch drin.

Die letzte Panzerschlacht

Das waren die letzten Tage des zweiten Weltkrieges; denn kaum hatten wir in einem Ort namens Oberndorf ein Quartier gefunden, kam der ganz große Vorstoß der *Rainbow Division,* der amerikanischen Division. Die hatte sich längs des Inn nach Osten durchgekämpft und ist dort gegen die großen Panzerdivisionen der Nazis angetreten, die natürlich das Inntal, das der Zugang zum Osten war, verteidigt haben.

Da saßen wir in diesem kleinen Dorf, Oberndorf, und die Panzer der *Rainbow Division* kamen an uns vorbei. Von der anderen Seite kamen die deutschen Panzer und haben die Panzer der *Rainbow Division* angegriffen. Also vor unserer Nase, vielleicht fünfzig Meter weit entfernt, standen vielleicht zwanzig, dreißig große Panzer der Amerikaner und ebenso viele der Deutschen, und die haben jetzt eine Panzerschlacht vor unseren Augen abgespielt. Wir saßen auf einer Parkbank. Es waren die ersten Tage im Mai 1945. Das schönste Wetter, der blauste Himmel, die Berge oben mit Schnee bedeckt; also das Schönste, was du dir vorstellen kannst. Alle Bauern aus diesem Dorf waren weg; nur Mai, ich und die zwei Kinder haben auf dieser Bank gesessen und haben die letzte Panzerschlacht des Zweiten Weltkrieges vor uns abspielen lassen.

Die Leute haben uns immer gefragt: „Ja, wieso seid ihr da sitzen geblieben? Warum seid ihr denn nicht geflohen?" Ich habe gesagt: „Wir wussten ja: Die schießen nicht auf uns; die schießen aufeinander. Die können uns überhaupt gar nicht sehen. Die wollen überhaupt nichts von uns wissen."

Also nach vier, fünf Stunden Panzerschlacht sind die Deutschen zurückgeschlagen worden und haben sich nach Osten längs des Inntals zurückgezogen, und die *Rainbow Division* hat dieses ganze Gebiet übernommen.

Nach einer Stunde sind Mai, die Kinder und ich auf die Schlachtfelder gegangen. Was wir dort gefunden haben, war einfach unglaublich. Die Amerikaner hatten vielfach ihre so genannten *C-Rations* weggeworfen. Das waren Dosen mit Marmelade, Dosen mit Leberpastete, Dosen mit *Spam*. Das waren kleine Brötchen, Kekse, Biskuits, Nescafé, Tee. Die Deutschen hatten ihre Rucksäcke weggeschmissen. Die hatten ihre Uniformen ausgezogen und weggeschmissen und ihre Zivilkleider angezogen, damit sie nicht als Soldaten erkannt werden. Das haben wir alles eingesammelt. Und in die Rucksäcke, die wir gefunden hatten, haben wir den Kaffee, die *C-Rations*, die *Spam*-Schinken und das alles hineingegeben und sind glücklich nach Hause gegangen.

Neben diesen unerhörten Funden haben wir auch jene Sachen gefunden, die Soldaten zurücklassen, wenn sie gegessen haben. Und was wir da gesehen haben, war sehr eindrucksvoll. Solche Resultate der Verdauung hatten wir noch nie vorher in unserem Leben gesehen. Da haben wir gesagt: „Die müssen den Krieg gewinnen, wenn die solche Sachen produzieren können."

Dann haben wir zu den Kindern gesagt: „Ja, schaut, Kinder, jetzt haben die Deutschen den Krieg verloren." Und Andy, zweieinhalb Jahre alt, sagt: „Ja, sie haben ihn auf den Straßen liegen lassen." Der Hörer, nicht der Sprecher bestimmt die Bedeutung einer Aussage: „Sie haben ihn auf den Straßen liegen lassen."

140

Bürgermeister von Ebbs-Oberndorf

Also wir sind zurück ins Dorf. Und als die Amerikaner da angekommen sind, haben sie mich sofort zum Bürgermeister dieses Dorfes gemacht; ich konnte ja damals schon ein paar Worte Englisch. Die Amerikaner haben sich einquartiert und gesagt, was für eine entsetzliche, scheußliche Gegend das ist. „Da bekommt man doch eine Klaustrophobie! Da stehen diese riesigen Berge und bedrängen einen." Ich habe gefragt: „Ja, von wo kommt ihr denn?" – „Wir kommen aus Illinois", wo man nichts als einen Baum sieht. Ja, und auf einmal sind sie in einer Gegend, wo sie von den schönsten Bergen umgeben sind. Da habe ich gesehen: Die Berge sind für *mich* schön, aber es sind keine schönen Berge. Für Illinoiser sind sie schreckliche, bedrohende Giganten, die da stehen; mit Schnee. Du weißt nie, ob sie jetzt herunterstürzen und dich begraben.

Also da war ich dann für acht oder vierzehn Tage der Bügermeister von Ebbs-Oberndorf.

Ich hatte keine Ahnung vom Schicksal meiner Mutter, meiner Schwester und meines kleinen Bruders, die alle drei in Wien zurückgeblieben waren. Ich wusste, dass die Russen Wien besetzt hatten. Die Amerikaner hatten sich ja von der Ostfront zurückgezogen, waren nach Westen abgezogen und hatten den Russen diese ganze Gegend geschenkt. Die Russen haben Schlesien bekommen, haben Österreich bekommen und so weiter und so weiter. Ich habe also gesagt: „Liebe Mai, liebe Kinder, ich muss nach Wien. Ich muss herausfinden, wie es meiner Mutter, meiner Schwester und meinem Bruder geht." Das haben sie natürlich eingesehen. Ich habe gesagt: „Ich werde versuchen, auf irgendeine Weise nach Wien zu kommen."

Reise nach Wien

Ich bin also nach Salzburg gefahren und habe gehört, dass die Amerikaner einen Zug hatten, der jetzt zum ersten Mal nach Wien fuhr. Der hieß *Mozartexpress*. Der war nur für amerikanische Soldaten und westliche Besatzungskräfte. Also ich bin auf den Bahnhof in Salzburg gekommen und wollte in den Zug einsteigen. „Nichts da! Der Zug ist nur für Amerikaner." Na ja, aber ich wollte ja nach Wien. Ich habe mich also draußen auf den Puffer gesetzt und bin mit dem *Mozartexpress* auf dem Puffer in Richtung Wien gefahren. Also der

Zug fuhr los; nach Osten. Die Soldaten, Amerikaner, Franzosen, alle möglichen Leute saßen im Zug; ganz fein. Die haben Zigaretten geraucht und sich wohl gefühlt.

Also nach ein oder zwei Stationen habe ich mir gedacht: „Ich werde doch versuchen, jetzt in den Zug einzusteigen." Das war die Station Enns. Enns war eine ganz wichtige Station nach dem Krieg. Enns liegt an einem kleinen Fluss, der Enns, die, vom Süden kommend, in die Donau mündet. Und da war die Grenze, wie ich das heute sagen würde, zwischen Russland und Amerika. Denn die Amerikaner waren bis zur Enns vorgedrungen; den Russen hatten sie das ganze Gebiet bis zur Enns geschenkt. Wenn du also die Enns in Enns überschritten hast, bist du von Amerika nach Russland gekommen. Also in Enns musste der Zug stehen bleiben. Da habe ich mir gesagt: „Jetzt gehe ich in den Zug und werde versuchen, die Amerikaner zu überreden, auch im Zug fahren zu dürfen." Und da saß auch schon ein anderer Österreicher mit einem großen Sack. Der hat da alle möglichen Sachen drin gehabt; hat wahrscheinlich westliche Güter nach Österreich geschmuggelt. Also mit Widerwillen haben die uns akzeptiert.

Die nächste Station heißt St. Valentin. Dort blieb der Zug noch einmal stehen. Und blieb stehen und blieb stehen; hat sich nicht bewegt.

Die Amerikaner und Franzosen, die da in dem Zug saßen, haben gesagt: „Was ist das für eine Schweinerei? Wieso fährt der Zug nicht weiter?" Also die sind ausgestiegen und zum Stationsvorstand von St. Valentin gegangen. Der saß in einem kleinen Häuschen; ein russischer Offizier.

Na, ich bin den Amerikanern mit großer Neugierde gefolgt. Was machen die mit dem russischen Offizier? Also die kommen dahin und sagen: „Wir müssen noch nach Wien, und der Zug fährt nicht weiter." Und der Russe sagt: „Ili wy wychodite ili ostantes sidetj!"

Die Amerikaner hatten einen Übersetzer. „Was sagt der?" – „Er sagt: ‚Entweder steigen Sie aus, oder Sie warten.'" – „Nein, nein, aber wir können ja nicht warten. Wir müssen ja nach Wien. Wir haben dort eine Konferenz." – „Ili wy wychodite ili ostantes sidetj." – „Was sagt er?" – „Entweder steigen Sie aus, oder Sie warten." Also nichts. Der war eisern. Der hat seine Schuhe nicht vom Tisch heruntergenommen. Der ist überhaupt nicht aufgestanden, als die Amerikaner gekommen sind. Der hat die behandelt wie den letzten Dreck. Und ich als Lausbub stand daneben; habe mir den Kampf zwischen zwei

Dinosauriern angeschaut, einem Brontosaurus mit einem Tyranno-saurus Rex. Die haben nichts miteinander anfangen können. Also was blieb denen übrig? Sie sind wieder in den Zug gestiegen und haben gewartet. Da hat der Wiener mit dem großen Sack gesagt: „Schauen Sie mal, was da mit der Lokomotive passiert."

Die Lokomotive wurde abgekoppelt und samt der ganzen Koh-le, die aus dem Westen kam, hinüber auf ein anderes Gleis gebracht. Dort stand eine russische Lokomotive, die mit Braunkohle aus Russ-land beladen war und die dann im Austausch an unseren Zug ange-hängt wurde.

„Sehen Sie, was die machen? Die sind Ihnen sehr dankbar, dass sie die wirkliche Kohle, die Schwarzkohle, übernehmen und Ihnen jetzt die schöne Kohle aus Russland vorne hinhängen können." – „Ja, aber was ist da der Unterschied?" Ich habe gesagt: „Die eine stinkt und raucht, die andere brennt." – „Ach so, na ja."

„Und", hat der Wiener gesagt, „jetzt freuen Sie sich. Wir wer-den jetzt von der Westbahn", die also direkt südlich der Donau nach Wien fährt, „auf die schöne Donauuferbahn umgeleitet." Die Ame-rikaner haben gefragt: „Ja, was bedeutet das?" – „Ja, das bedeutet, dass Sie die Züge, die aus Russland kommen, mit den Panzern und den schweren Geschützen nicht dauernd sehen. Wenn Sie auf der Donauufernbahn fahren, fahren Sie durch die schönen Weingegen-den, und sehen nicht einen Zug, der aus Russland kommt." Na gut, kaum gesagt, fuhr der Zug über die Brücke in St. Valentin auf die Donauuferbahn, sodass die Amerikaner und Franzosen das nicht sehen.

„Ja, wie lange wird das denn dauern bis nach Wien?" Der Wiener hat gesagt: „Na ja, diese Reise ist ja wunderschön. Wissen Sie, da kön-nen Sie die Landschaft genießen. Das dauert sicher zehn oder zwölf Stunden. Sicher sind wir morgen in der Früh in Wien." – „Was? Mor-gen in der Früh? Wir müssen ja *heute* nach Wien kommen." – „Na ja, da müssen Sie halt etwas anderes machen. Also der Zug fährt jetzt zehn oder zwölf Stunden nach Wien." Also diese armen Amerikaner und Franzosen waren entsetzt. „Zwölf Stunden? Wie lange hätte es denn normalerweise gedauert?" – „Na, drei Stunden, wenn Sie über die Westbahn fahren. Aber das geht ja nicht. Da sehen Sie ja die ge-samten russischen Panzer."

„Wo kommt der Zug denn an?" – „Der kommt am Ostbahnhof an. Das ist dort, wo die Russen sitzen." – „Ja, aber um Himmels willen;

wir müssen ja am Westbahnhof ankommen, wo wir sitzen." – „Nein, nein, aus Bequemlichkeit kommen Sie am Ostbahnhof an. Das ist doch viel schöner! Da fahren Sie durch die schöne Wachau; da fahren Sie durch die schönen Weinberge. Das werden Sie doch sehr genießen mit ihren Bundesgenossen." Also mit dieser Einführung sind wir dann zwölf Stunden durch die Nacht gefahren; an diesen schönen Weinbergen vorbei. Und der Wiener hat immer gezeigt: „Schauen Sie diese schönen Weinberge an! Auch die Russen finden diese Weinberge wunderschön. Die sind mit ihren Panzern da herauf- und herunter-, herauf- und heruntergefahren, sodass die ganzen Reben kaputt sind. Das müssen wir alles neu nachbauen. Das macht aber nichts", sagt er, „dann bekommen wir eben neuen Wein. Der wird vielleicht sogar noch besser als der alte. Aber da, schauen Sie, wie denen diese Gegend gefallen hat. Herauf und herunter, kreuz und quer sind die durch die Weinberge mit dem besten Wein, den es in Österreich gibt, gefahren. Schauen Sie, wie Ihre Bundesgenossen die Landschaft hier genießen." Der war wunderbar. Der hat den Zynismus bis zum Ende getrieben.

Na, dann kamen wir in der Frühe so um vier oder fünf am Ostbahnhof in Wien an. Da haben die Amerikaner gesagt: „Aber ist doch schrecklich! Da wollen wir nicht aussteigen!" Der Wiener hat gesagt: „Das ist ganz ungefährlich. Sie können in Wien hingehen, wo Sie wollen. Wenn Sie auf der Straße gehen, werden Sie halt ausgezogen. Das passiert. Aber das macht gar nichts. Die Wiener sind es schon gewohnt, dass die Leute nackt herumlaufen. Fürchten Sie sich nicht! Wenn Sie ausgezogen werden, können Sie überall anklopfen. Die Wiener sind ja gastfreundliche Leute. Im nächsten Haus werden sie aufgenommen. Die Leute geben Ihnen dann frische Hosen und Hemden, sodass Sie nicht nackt herumlaufen müssen." Der war gut; der war fabelhaft. Der hat das alles so leicht und lustig erzählt: „Begrüßen Sie das doch! Genießen Sie doch Wien und die Gastfreundschaft!"

Russen in Wien

In Wien angekommen, mussten die ganzen Leute einen Geleitzug formieren: Sechs oder acht Leute sind zusammen durch die Stadt zu ihren Wohnungen gegangen. Wir haben uns gegenseitig begleitet, denn die Gefahr war sehr groß: Sowie du allein in Wien auf der Straße warst, hat dir ein Russe deine Kleider oder deine Uhr und was immer du gehabt hast abgenommen.

So kam ich so um fünf oder sechs Uhr früh bei meiner Wohnung in Wien an, wo meine Mutter, mein Bruder und meine Schwester gewohnt haben. Ich habe meinen Familienpfiff gepfiffen: „Pa-pi-papa-pa-paaaa", und der Schlüssel für das Haus ist, wie in meiner Jugend, aus dem Fenster vom vierten Stock herausgeflogen. Ich sperre die große Haustüre auf, rase an der Wohnungstüre der Frau Grill, die schon lange nicht mehr lebt, vorbei, fliege die Treppen zum vierten Stock hinauf, und da stehen sie schon alle: meine Mutter Lilith, meine Schwester Erika und mein kleiner Bruder Uzzi. Wir umarmen uns, weinen und lachen bis zur Dämmerung. Dann endlich ein bisserl Schlaf in den Tag hinein; dann erzählen, erzählen, erzählen.

Mein Bruder Uzzi war damals sechzehn Jahre alt und hat den Schwarzhandel verstanden. Der hat im Schwarzhandel Sachen eingekauft und wieder teurer verkauft; hat den Russen Parfums und dieses oder jenes verkauft. Der wusste also genau, wie man schwarzhandelt. Er kam nach Hause und hat das ganze Geld in seiner Hosentasche gehabt; hat da ein ganzes Bündel von eingerollten Dollarscheinen herausgezogen; vielleicht hundert, vielleicht tausend Dollar; und damit ist er losgegangen und hat wieder Sachen eingekauft, die er dann den Russen auf dem Schwarzmarkt verkauft hat.

Eine ganz wunderschöne Geschichte hat er erzählt: Er kommt also auf den Platz, wo der Schwarzhandel in Wien stattfindet. Das war im Resselpark. Ressel genannt nach dem österreichischen Ingenieur, der die Schiffsschraube erfunden hat. Also im Resselpark in Wien war das große Schwarzhandelszentrum. Da hat er Folgendes erlebt: Ein junger Mann, auch ein Bub in seinem Alter, vielleicht sechzehn, siebzehn Jahre, kommt dorthin mit seinem Fahrrad. Zwei russische Soldaten halten ihn auf und sagen: „Gib uns das Fahrrad!" Der Bub sagt: „Nein, nein, das ist ja *mein* Fahrrad! Damit lebe ich ja! Ich brauche dieses Fahrrad!" – „Nein, nein, du brauchst dieses Fahrrad nicht. Lass uns das doch einmal ausprobieren." Der Bub sagt: „Nein, nein, ich brauche das!" – „Du glaubst, dass wir dir das nicht wieder zurückgeben. Ja, ja, ich verstehe. Du sollst einmal sehen, was die Russen für ehrliche Menschen sind. Borg uns das Fahrrad, und du wirst es wieder zurückbekommen." Also der Bub gibt denen das Fahrrad. Was soll er denn machen? Zwei russische Soldaten reden mit ihm. Also gut, der eine setzt sich auf das Fahrrad und fährt weg. Nach fünf Minuten kommt er wieder zurück und sagt: „Siehst du, was für ehrliche Menschen wir sind? Ich habe dir gesagt: ‚Ich komme wieder zurück.' Hier ist das Fahrrad. Danke vielmals." Der Russe steigt wieder auf das Fahrrad und fährt weg. Und der Bub hat kein Fahrrad mehr. Der Soldat hat ihm aber gezeigt, dass die Russen ehrliche Menschen sind. Diese Geschichte habe ich später Margaret Mead erzählt. „Da siehst du, Heinz, wie wichtig Symbole sind. Der hat bewiesen, dass er ein ehrlicher Mensch ist. Daher konnte er mit dem Fahrrad wegfahren."

Doppelleben

Die Amerikaner hatten die Erlaubnis, ihre Radiostation in Wien aufzubauen. Da wurde mein Vetter Martin, der Gott sei Dank damals auch in Wien war, von einem Freund, der inzwischen amerikanischer Soldat geworden war, angerufen. Das war Ernst Haeussermann, ein Burgtheater-Schauspieler, der nach Amerika geflohen war, als die Nazis gekommen waren. Und die Amerikaner haben natürlich alle jungen Männer, die aus Europa geflohen waren, sofort ins Militär eingeladen, und die haben sich auch freiwillig gemeldet. So war Haeussermann ein amerikanischer Offizier, der nach Wien gekommen war und dort im Auftrag der Amerikaner eine amerikanische Radiostation aufmachen sollte.

Haeussermann ruft Martin an und sagt: „Kannst du uns helfen, eine Radiostation aufzubauen?" Martin sagt: „Ich kann dir nicht helfen, aber ich habe einen Vetter; der kann dir sicher helfen." – „Was macht der?" – „Der ist ein Physiker, aber der kann alles mögliche andere auch." Also ich stelle mich bei dieser Radiostation vor, und Haeussermann sagt: „Na, sehr gut. Was können Sie?" Ich sage: „Na, was soll ich können?" Er sagt: „Schauen Sie, hier ist ein Fußballmatch. Berichten Sie darüber!" Da war natürlich gar kein Fußballmatch. Da saßen die Radioingenieure hinten im Studio; hinter der großen Glasscheibe; und ich sollte jetzt berichten. So habe ich ein großes Fußballmatch erfunden und berichtet, wie die Österreicher die Italiener ganz überlegen besiegen, die letzten Tore schießen, die Italiener völlig verlieren und das ganze Spiel fünf zu null gegen die Italiener ausfällt. Die Ingenieure auf der anderen Seite haben sich schiefgelacht und, wenn immer ich ein Tor geschossen habe, applaudiert. Also Haeussermann hat gesagt: „Sie haben den Job!" Ich war Mitglied Nummer 7 der amerikanischen Radiostation in Wien. Die hieß *Rot-Weiß-Rot*; der Radiosender hatte die österreichischen

Martin Lang (links) und Karl Paryla (rechts), 1947

Flaggenfarben. Also ich habe die Rolle übernommen und wurde der Chefredakteur für Kunst und Wissenschaft, der Kulturchef dieser Radiostation.

Natürlich habe ich als Kulturchef dann Martin eingeladen, ein paar Hörspiele mit seinen Schauspielerfreunden zu machen. Da hat Martin mit einem Kollegen, Karl Paryla, eine unglaubliche Detektivgeschichte im Radio gespielt. Paryla hat den Flüchtling, Martin den Detektiven gespielt.

Ich habe gesehen: Die Amerikaner verstehen die Situation in Wien leider überhaupt nicht, haben keine Ahnung, unter was für

147

schrecklichen Bedingungen die meisten Wiener sich jetzt ein Leben neu aufbauen müssen. Noch dazu wurden die Nazis von den Russen als Kommunisten eingestellt; die waren also wieder die Bosse. Wieso gerade die? Weil die ja Parteileute sind, denen man nur zu sagen braucht, was sie zu tun haben. Die Leute, die keiner Partei angehören, sind schlechte Leute. Die machen ihre eigene Sache. Aber die Parteileute machen das, was von der Partei verlangt wird. Also hatten die Nazis, die vorher schon Wien schikaniert haben, unter den Russen genau dieselben Positionen inne, die sie vorher innegehabt hatten. Also ich habe zu meinen amerikanischen Bossen gesagt: „Meine lieben Freunde. Wir müssen den Wienern zeigen, dass wir das verstehen." Und die haben gesagt: „Aber wieso? Die Russen sind doch unsere Bundesgenossen." Ich habe gesagt: „Das war vielleicht früher einmal. Aber jetzt müsst ihr einmal sehen, was die Russen mit euch anfangen." – „Nein, nein, die Russen fangen gar nichts mit uns an. Die sind unsere Bundesgenossen. Schulter an Schulter haben wir mit ihnen die Nazis besiegt." Ich habe gesagt: „Ja, das war einmal. Aber jetzt hat sich alles sehr geändert."

Da haben sich die tollsten Sachen abgespielt. Ein Beispiel: Der österreichische Sender *Rot-Weiß-Rot* hatte in Wien kaum Personal. Das meiste Personal war auf der amerikanischen Seite Österreichs in Salzburg. Die Salzburger waren eine große Gruppe, haben zwanzig oder dreißig Leute gehabt und ein Vollprogramm entwickelt. Wir waren in Wien vielleicht drei Leute mit mir als dem Chef und zwei weiteren Leuten, die mir geholfen haben. Also wurde die Sendung von Salzburg über die Telefonleitungen nach Wien übertragen, und die Wiener haben dann diese Sendung ausgestrahlt. Die Russen haben aber die Telefonleitungen kontrolliert, denn im Potsdamer Vertrag haben die alles bekommen, was die Deutschen in Österreich besessen hatten. Also saßen die Russen an der Quelle der Sendungen des amerikanischen Radiosystems in Salzburg, das nach Wien übertragen wurde. Wenn Nachrichten gekommen sind, haben die Russen das Kabel übernommen und konnten das amerikanische Radio abdrehen und ein anderes Programm hineinsetzen. Die haben also immer aufgepasst, was die Amerikaner gesagt haben, und wenn sie etwas gesagt haben, was den Russen nicht gefallen hat, haben die Russen einfach abgedreht.

Das habe ich durch Freunde erfahren und den Amerikanern gemeldet. Die haben gesagt: „Das ist alles eine Erfindung von Ihnen.

Rundfunksendung „Es steht zur Debatte", 1947:
Margarete Bauer-Chlumberg, „Dr. Heinrich", Diego Hanns Goetz,
Viktor Frankl (v. l. n. r.).

Die Russen sind unsere Bundesgenossen, die Schulter an Schulter
mit uns gekämpft haben." Ich habe gesagt: „Hören Sie doch einmal
Radio, wenn Nachrichten kommen." Danach haben die gesagt: „Das
ist aber sehr interessant." Da haben sie langsam zu verstehen begonnen, was eigentlich mit den Russen und den Amerikanern in Wien
los ist.

Ich habe beim *Rot-Weiß-Rot* eine Sendereihe eingeführt. Die hieß
Es steht zur Debatte. Da haben wir einmal in der Woche am Abend die
täglichen Probleme besprochen; vier Leute: Viktor Frankl; dann ein
Pater, ein Dominikaner, Diego Goetz, der in einer wunderschönen
weißen Kutte zur Radiostation kam; der alle Schauspieler und alle
kannte und wusste, was in diesen Menschen vor sich geht; und Margarete Bauer-Chlumberg. Sie hat sich selbst als Charakterologin bezeichnet, war eine bemerkenswerte Graphologin; eine Frau mit einer
unerhörten Einsicht in menschliche Fähigkeiten, menschliche Züge,
Menschlichkeiten. Die hat mit ihren Bemerkungen dem ganzen Programm eine tiefe Menschlichkeit gegeben. Die Eröffnungstakte waren von Mozarts Symphonie Nr. 41. Das war eine tolle Sendung.

Ich hieß damals Dr. Heinrich, weil ich eine zweite Stelle gehabt habe. Ich habe in einer Telefonfirma gearbeitet, die entfernten Verwandten von mir gehört hat. Die waren von den Russen völlig ausgeraubt worden. Die Russen sind mit ihren Panzern in die Werkstätte hineingefahren, haben die gesamten Werkzeugmaschinen herausgeholt und die ganze Firma leer geräumt. Die haben mich angerufen: „Heinz, du musst uns helfen, diese Firma wieder aufzubauen." Und das habe ich auch getan. Das konnte ich, weil ich ein Motorrad hatte; ein winziges Motorrad. Mit dem konnte ich in Wien herumschießen und daher an zwei Plätzen zugleich sein. Wenn ich an dem einen Arbeitsplatz war, habe ich gesagt: „Bitte fünf Minuten um Entschuldigung. Ich komme gleich wieder." Dann bin auf mein Motorrad gesprungen und hinüber zu der anderen Arbeitsstelle gefahren – entweder zum Radio oder zu der Telefonfirma – und habe dort zehn Minuten meine Sache gemacht. Dann bin ich auf mein Motorrad gesprungen und zu der anderen Stelle zurückgefahren, um dort meine Verhandlungen weiterzuführen. Also ich habe ein Doppelleben als Dr. Heinrich und Heinz von Foerster geführt.

Es war nämlich nicht möglich, zwei Jobs zu haben. Es war verboten, weil ich einem anderen den Job weggenommen hätte. Daher habe ich beim Radio Dr. Heinrich geheißen. Ich war Dr. Heinrich mit seiner Sendung *Es spricht die Wissenschaft*. Das war eine andere Sendereihe, die ich eingeführt hatte. Die Leute im Telefonbetrieb haben etwas geahnt: „Sagen Sie, wir hören da immer eine sehr interessante Sendung im Radio; von einem Dr. Heinrich. Der redet ja genauso wie Sie." Da habe ich gesagt: „Das ist durchaus möglich; ja, durchaus möglich." Also manche sind draufgekommen, dass da irgendetwas faul war. Kurz bevor ich nach Amerika umgesiedelt bin, habe ich den Direktor meiner Telefonfirma, Dr. Schrack, eingeladen, ein Radiointerview mit mir beim *Rot-Weiß-Rot* zu machen. Das war in meiner letzten Woche in Wien. Da habe ich gedacht: „Jetzt kann er mich nicht mehr rausschmeißen."

Wiedervereinte Familie

Gut, also ich war mit Mai und den zwei Kindern, die inzwischen nachgekommen waren, in Wien; das dritte hatten wir ja bei seiner Großmutter, der Mutter von Mai, zurückgelassen. Wir haben versucht, dieses Kind aus Deutschland abzuholen, aber die Grenze zwischen Österreich und Deutschland war gesperrt. Mai und ich haben Gesuche an die Besatzungsmächte eingereicht, unser Kind von Deutschland nach Wien bringen zu dürfen. Alle Gesuche wurden abgelehnt. Wir konnten also diese Grenze nicht überschreiten. Mai hat sich dann schließlich entschlossen, schwarz über die Grenze zu gehen. „Ich werde versuchen, ein Loch in dieser Grenze zu finden, mich da durchzuschmuggeln und dann meinen Sohn Johannes in Heidelberg abzuholen." Mai hat das tatsächlich gemacht. Sie hat einen Platz gefunden, wo die Stacheldrähte durchgeschnitten waren, ist da drunter hergekrochen und mit dem Zug nach Heidelberg gefahren. Ich war aber so aufgeregt, dass Mai da alleine unterwegs war, dass ich ihr nachgegangen bin. Ich bin also auch dorthin gekommen, bin auch unter den Stacheldrähten hergekrochen und mit dem Zug nach Heidelberg gefahren. So haben wir uns dann dort wiedergetroffen und sind zu dritt, mit dem kleinen Buben, nach vier Jahren Trennung wieder an derselben Stelle, an der wir hineingekrochen sind, durch den Stacheldraht gekrochen, nach Österreich zurückgekommen und dann mit dem Zug nach Wien gefahren. Da waren wir also endlich alle fünf, drei Kinder und wir zwei, wieder vereint. Zu fünft haben wir bei Tante Haserl, einer älteren Schwester meines Vaters, in einer winzigen Wohnung, in einem winzigen Kabinett gewohnt.

Arbeit am *Gedächtnis*

In der Zeit in Wien habe ich ein kleines Büchlein über das Gedächtnis geschrieben, ein Thema, das mich schon lange beschäftigte. „Das müsste ich doch einmal aufschreiben." Da hat mich ein Freund sehr encouragiert: „Heinz, schreib das doch auf! Das klingt doch gut. Du bist aber so faul, du wirst das natürlich nie aufschreiben." Ich habe gesagt: „Na, wenn du sagst, ich soll das aufschreiben, schreibe ich es auf." – „Nein, nein, ich wette mit dir, du wirst es nicht aufschreiben." Wir haben also eine Wette gemacht. Er hat gesagt: „Also wenn du das aufschreibst, lade ich dich auf ein Nachtmahl ein", was ein unerhörtes Geschenk war. „Und wenn ich es *nicht* aufschreibe, werde ich *dich* auf ein Nachtmahl einladen. So werden wir uns also gegenseitig auf Nachtmähler einladen; ob ich schreibe oder nicht."

Ich habe mich also tatsächlich hingesetzt; mit zwei Berufen: einer beim Sender *Rot-Weiß-Rot*, der andere bei Schrack-Ericsson, der Telefonfirma. Ich habe mich in der Nacht hingesetzt und dieses Büchlein über das Gedächtnis geschrieben. Wie konnte ich das? Ich hatte aus dem Zweiten Weltkrieg eine ganze Schachtel Benzidrin. Benzidrin putscht dich auf. Du brauchst gar nicht mehr zu schlafen. So habe ich am Abend ein Benzidrin genommen und die Nacht über *Das Gedächtnis. Eine quantenphysikalische Untersuchung* geschrieben. Am nächsten Morgen bin ich zu der Telefonfirma gefahren; am Mittag bin ich zu der Radiostation gefahren; am Abend bin ich nach Hause gekommen, habe ein Stück Brot gegessen, dann ein Benzidrin genommen und dann weiter an *Das Gedächtnis* geschrieben; bis das fertig war.

Dann habe ich das Manuskript Viktor Frankl gezeigt. Der hat gesagt: „Mensch, Heinz! Das ist genial! Ich frage einen meiner Kollegen, den großen Professor Pötzl; der soll ein Vorwort dazu schreiben." Also er hat das Pötzl geschickt. Pötzl hat ein Vorwort geschrieben und das dann seinem Verleger in Wien, Franz Deuticke, zum Publizieren gegeben. Aber Deuticke hat Frankl angerufen und gesagt: „Sie sind doch ein Psychiater; Sie verstehen doch nichts von Mathematik und Physik. Wieso wissen Sie, dass das kein Unsinn ist?" Darauf hat Frankl gesagt: „Das klingt alles so gut. Ich glaube: Das ist kein Unsinn." Deuticke hat aber Frankl nicht getraut und gesagt: „Ich kenne jemanden, der wirklich etwas von Physik und Mathematik versteht. Das ist Erwin Schrödinger", der Nobelpreisträger, der in Irland lebte.

Also er schickt Schrödinger das Manuskript; das bleibt ein oder zwei Wochen dort. Nach drei Wochen bekommt Deuticke das Manuskript wieder zurück. Schrödinger schreibt ihm: „Lieber Herr Deuticke. Ich konnte keinen Fehler in dieser Arbeit finden, aber ich glaube kein Wort." Da hat Deuticke gesagt: „Was Schrödinger weiß, interessiert mich, aber was er glaubt, interessiert mich nicht. Wenn kein Fehler drin ist, kann ich es publizieren." So hat er es publiziert.

In meinem Vorwort habe ich geschrieben: „Die Zeit scheint gekommen, wo die Wege geistigen Forschens heterogenster Gebiete zu ihrem gemeinsamen Ursprung zusammenfinden." Da bin ich sehr stolz, dass ich in einem kleinen Paragraphen, der meinem *Gedächtnis* vorangeht, sozusagen über die Vorteile der Interdisziplinarität geschrieben habe; schon im Jahre 1948.

Amerikapläne

Mai hat dann schließlich die Korrespondenz mit ihrer Schulfreundin Ilse Netter, die nach Amerika ausgewandert war, aufgenommen. Mai und Ilse waren unzertrennliche Freundinnen; sie sind fast wie Schwestern aufgewachsen.

152

Ilses Papa ist sofort, als die Nazis gekommen sind, zuerst in die Schweiz und dann nach Amerika ausgewandert. Also Ilse war schon in Amerika, hatte dort einen Amerikaner geheiratet – George Nelson, der auch ein europäischer Flüchtling gewesen war – und lebte sehr wohlhabend in New York. Sie hatte dann schließlich die Adresse von Mai herausgefunden und hat gesagt: „Mai und Heinz, ihr müsst nach Amerika kommen. Vielleicht könnt ihr euch hier ein Leben aufbauen."

Ilse und ihr Mann George sind dann einmal in die Schweiz gekommen, und es ist uns gelungen, eine Erlaubnis zu bekommen, aus der französischen Region von Vorarlberg für eine Stunde in die Schweiz gehen zu dürfen. Da hat Ilse ihre Freundin Mai zum ersten Mal nach vielen Jahren wiedergesehen, und ich habe Ilse und George Nelson kennen gelernt. Da hat Ilse wiederholt: „Heinz, versuch doch, nach Amerika zu kommen." Dann hat sie in rührender Weise ein *affidavit* für mich geschrieben und mir ein Ticket für die *Queen Mary* geschickt. Ich soll doch dieses Schiff nehmen und nach Amerika kommen. Anfang 1949 habe ich mich dann tatsächlich entschlossen, nach New York zu ziehen. Denn ich wollte ja nicht für immer in Wien ein Radiomoderator sein und in einer Telefonfirma alte Maschinen zusammenkleben. Ich wollte ja etwas Wirkliches tun.

EINTRITT IN NEUE WELTEN

Die Überfahrt mit der *Queen Mary*

Nachdem ich das Ticket hatte, habe ich fünf oder sechs Exemplare von *Das Gedächtnis. Eine quantenphysikalische Untersuchung* in meinen Koffer gepackt. Der Koffer war vielleicht zehn Zentimeter dick, dreißig Zentimeter breit und vierzig Zentimeter lang. Da waren all meine Kleider und diese fünf Büchlein drin. Damit bin ich nach Paris gefahren, um dann mit dem Zubringerzug nach Cherbourg zu fahren, in die *Queen Mary* einzusteigen und nach New York zu segeln, wie man so schön sagt. In Cherbourg stand die *Queen Mary*. Fantastisch! Ich war aber erstaunt, dass das ein eher kleines Schiff war. Ich hatte ein riesiges Schiff erwartet. Also gut; wir sind in das eher kleine Schiff eingestiegen und losgefahren. Plötzlich sehe ich eine riesige Insel im Ozean; völlig beleuchtet. Ich frage: „Was ist das?" Da sagt einer: „Das ist die *Queen Mary*." Wir waren nur mit einer Fähre dort hinausgefahren. Durch eine große Öffnung steigen wir in die *Queen Mary* ein. Es war einfach überwältigend für mich. Unwahrscheinlich! So sind wir dann schließlich und endlich spät in der Nacht mit der *Queen Mary* in Richtung Westen losgefahren.

Unwahrscheinliche Stürme – es war im Januar 1949 – haben das Schiff hin- und hergeschüttelt. Alles war seekrank. Überall sind kreidebleiche Menschen herumgegangen. Alles war verkotzt. Das ganze Schiff hat nach den armen Menschen, die da ihre Seekrankheit ausleben mussten, gestunken. Nur ich habe mich von dem wackeligen Schiff nicht stören lassen. Denn ich bin ja im berühmten Prater, im Vergnügungspark von Wien, aufgewachsen, wo lauter solche Wackelmaschinen waren; und diese ganzen Wackelmaschinen haben mich überhaupt nicht gestört. Ich war also einer der wenigen Menschen, die zu Mittag und am Abend in den Speisesaal gegangen sind; ein riesiger Speisesaal für zweitausend Passagiere, und kein Mensch war da. Ich saß an einem Tisch, und zwölf Kellner standen um mich herum. „Was dürfen wir Ihnen servieren? Hier ist Kaviar. Hier ist dieses, hier ist jenes." Also ich habe da wie ein König gesessen und mir die besten Speisen bestellt.

Und während ich dort sitze, sehe ich am anderen Ende des Speisesaals auch so eine Gruppe von Kellnern um einen Tisch herumstehen. Ich frage einen Kellner: „Was ist dort los?" Er sagt: „Da sitzt eine junge Dame. Die ist auch nicht seekrank. Wir haben nur diese beiden Gäste." Da sage ich: „Es ist doch furchtbar langweilig für mich. Warum soll ich alleine sitzen? Gehen Sie doch hinüber und bitten Sie die junge Dame, an meinem Tisch Platz zu nehmen."

Also der ist hinübergegangen; die junge Dame kam herüber. Sie war lustig, und wir hatten großen Spaß. Also wir saßen dort. Da kam plötzlich der *purser*, der Proviantmeister vom Schiff zu uns und sagt: „Sie gehören zu den wenigen Leuten, die nicht seekrank sind. Kommen Sie doch heute Abend in die Bar der ersten Klasse. Da wird Musik gespielt. Vielleicht können Sie sich unterhalten, ein bisserl tanzen." Also am Abend sind wir in die erste Klasse umgezogen. Dort hat eine wunderschöne Jazzkapelle gespielt, und wir haben Cha-Cha-Cha getanzt. Es war ein großes Vergnügen. Alle Gäste haben sich sehr gefreut, dass da endlich Leute tanzen und für eine gute Stimmung sorgen.

Am Tage habe ich draußen auf den Deckstühlen gelegen; mit einer Decke zugedeckt. Schon kam der *purser* wieder und hat gesagt:

„Kommen Sie doch mit! Spielen Sie *shuffleboard*. Da werden Sie die Leute unterhalten." *Shuffleboard* ist ein völlig vertrotteltes Spiel. Da sind ein paar Karos auf das Deck gemalt, und du schiebst mit einer Stange mit einem Brett vorne eine Scheibe von einer Stelle auf eine andere. Ich wollte am liebsten auf diesen Deckstühlen liegen bleiben. Aber da wir ja nicht seekrank geworden waren, mussten wir die Leute unterhalten. Dafür saßen wir in der ersten Klasse und konnten alle möglichen guten Speisen haben.

Ankunft in New York

Ich kam dann in New York an. Eine Nichte von mir, Hedi, die genauso alt war wie ich, hat mich abgeholt, und ich bin noch am selben Abend zu den Nelsons gefahren. Die hatten eine wunderschöne Cocktailparty für mich arrangiert. Ich kam also zu den Nelsons, konnte dort aber leider nicht wohnen. Die hatten gerade ein Kind bekommen, und das einzige Zimmer, das infrage gekommen wäre, schon in zwei Teile geteilt, wo auf der einen Seite der Sohn geschlafen hat und auf der anderen Seite das Baby, ihre Tochter Irene.

Da hat Ilse Nelson ihren Bruder Kurt, der ganz in der Nähe gewohnt hat, angerufen und gesagt: „Lieber Kurt, du fährst ja im Moment Ski in der Schweiz; lass doch Heinz so lange bei dir wohnen." So habe ich meinen Koffer genommen und bin in die andere Wohnung gegangen. Dort habe ich vielleicht ein oder zwei Wochen gewohnt. Das ging also ganz gut für eine Zeit. Dann ist Kurt vom Skilaufen zurückgekommen, und sie mussten noch eine andere Wohnung für mich finden.

Bei den Schaeffers

Ilse kannte einen ganz berühmten Kunsthändler sehr gut. Der hieß Hans Schaeffer. Schaeffer hatte eine Galerie in Midtown, New York. Er hat die wunderschönen europäischen Bilder aus der Renaissance eingekauft und den großen Museen in Amerika verkauft. Er war sozusagen der Bildverkäufer für die *National Gallery* in Washington und das *Metropolitan Museum* in New York. Die haben garantiert Originale – von Botticelli und anderen – bekommen; keine Fälschungen, denn sie konnten Hans Schaeffer vertrauen.

Die Schaeffers hatten ein sehr lustiges kleines *brownstone*-Haus – das war vier Stockwerke hoch – in der Mitte von New York und haben zu Ilse Nelson gesagt: „Wir haben im obersten Stock ein winziges Zimmer. Da ist ein Klappbett drin. Da kann Heinz ohne weiteres schlafen." Also ich bin dorthin umgezogen und habe im vierten Stock gewohnt. Ich habe dort herrlich gelebt, denn die Schaeffers hatten ein schönes Badezimmer.

Ihre Tochter, Cornelia Schaeffer, war damals so sechzehn oder siebzehn Jahre alt. Sie war im Krieg mit den Erwachsenen: „Die Erwachsenen sind Schwindler." – „Die Erwachsenen sind Lügner." – „Die Erwachsenen haben den Krieg angefangen." – „Den Erwachsenen kann man nicht trauen." Die wohnte auch im vierten Stock in einem kleinen Zimmer vis-à-vis von meinem Zimmer.

Ich habe, wenn ich aus meiner Türe herauskam, um hinunterzugehen, immer bemerkt, dass ein kleiner Spalt der anderen Türe offen war, wo ein blaues Auge herausgeschaut hat, um zu sehen, was für ein seltsames Tier da auf der anderen Seite wohnt. Also die hat versucht herauszufinden: Bin ich ein Erwachsener oder nicht? Kann man mit mir reden oder nicht? Dann hat sie erfahren, dass ich noch gar kein Englisch konnte. „Noch kein Englisch? Sehr gut. Also ein Mensch, der kein Englisch kann, ist kein Erwachsener." Also hat sie einmal die Türe ein bisserl weiter aufgemacht, hat gefragt: „Wer bist du denn?" Ich habe gesagt: „Ich bin Heinz." So haben wir uns begrüßt. Sie hat gesagt: „Also komm herein! Ich sehe, du kannst kein Englisch. Ich werde dir Englisch beibringen." So haben wir also angefangen, Englisch zu reden. Cornelia hat also mit mir getratscht; hat mir vertraut. Wir haben uns in dieser Zeit für unser ganzes Leben befreundet. Sie hatte also festgestellt: Ich bin kein Erwachsener; mit mir kann man reden.

Erste Begegnung mit McCulloch –
Die quantenphysikalische Theorie des Gedächtnisses

Gleichzeitig habe ich all meinen Freunden in Amerika ein Exemplar von *Das Gedächtnis. Eine quantenphysikalische Untersuchung* geschickt.

Und darunter war eben auch Maja, eine der Töchter von Stefan Grossmann und Esther Stroemberg, deren Mann, ein großer deutscher Pharmakologe, Professor Unna, auch wegen „jüdischer Versippung" fliehen musste und in Chicago an der Universität von Illinois ein Professor für Pharmakologie geworden war. Maja Unna habe ich ein Exemplar von *Das Gedächnis* geschickt. Ein paar Tage später habe ich in New York ein Telegramm bekommen: „Heinz, komm sofort nach Chicago. Hier ist jemand, der gerne mit dir über dein *Gedächtnis* sprechen will." Damals gab es eine Fluglinie, *Capital Airlines*, die einen Nachtflug hatte. Der ging um zwölf oder eins in der Nacht in New York los, und man kam dann so um sieben in der Frühe in Chicago an. Das waren ja damals alles noch Propellerflüge. Ein Flug nach Chicago hat achtzehn Dollar gekostet. Also ich habe mir die achtzehn Dollar geborgt, bin nach Chicago geflogen und so um sechs oder sieben in Chicago angekommen. Dann habe ich gewartet, dass es Zeit wird, zur Universität von Illinois, *Medical School* zu fahren.

Also ich setze mich auf eine Bank. Ich war sehr müde, denn ich bin ja die ganze Nacht durchgeflogen. Ich lege mich also einen Moment auf diese Bank. Plötzlich haut mir ein Polizist mit seinem Stock leicht auf die Schulter und sagt: „Sie dürfen hier nicht liegen." – „Ja, warum nicht?" – „Sie dürfen hier nicht liegen. Sie dürfen hier nur sitzen." – „Na, also im Sitzen darf ich schlafen?" – „Ja, im Sitzen dürfen Sie schlafen, aber Sie dürfen nicht liegen." Ich habe gedacht: „Sehr interessant, also in Chicago darf man nur im Sitzen schlafen. Das sind neue Länder mit neuen Sitten. So werde ich also sitzend schlafen."

Dann habe ich die *subway* genommen, bin zur Universität von Illinois gefahren und habe Maja Unna besucht. Nach zwanzig Jahren haben wir uns zum ersten Mal wieder gesehen. Wir haben uns umarmt, geweint und uns gefreut. Dann hat sie gesagt: „So, jetzt komm mit mir. Jetzt stelle ich dich Warren McCulloch vor." Sie hat mich Warren McCulloch vorgestellt, der damals *head* der Neuropsychiatrie war und mein Gedächtnisbüchlein gelesen hatte, obwohl er kein Deutsch konnte. Er hatte aber die Mathematik gesehen, hatte die Entwicklung der Idee gesehen und hatte gesehen, dass die Resultate, die ich da entwickelt hatte, auch mit den Experimenten übereinstimmten, die sie selber schon gemacht hatten. Sie hatten aber keine Theorie. Daher hat ihn die Theorie sehr interessiert.

Also ich komme da nach diesem Nachtflug zu Warren McCulloch, setze mich mit ihm in sein *study*. Er kann kein Deutsch; ich kann kein Englisch; also wir versuchen, uns zu verständigen. Da das ja alles über Mathematik ging, konnten wir die Mathematiksprache verwenden. Wir haben uns also sofort sehr gut verstanden. Er war von meiner Arbeit ganz entzückt.

Während wir da sprechen, höre ich über das *public address system* immer irgendeine Nachricht: „Mr. van Forster, henceodrendranmedirn." Also es kam mir so vor, als wäre da mein Name genannt worden. Es war aber unverständlich. Ich frage McCulloch: „Ist das eine Nachricht für mich?" – „Ja, ja", sagt er, „don't pay any attention", also: „Achte nicht darauf."

Zehn Minuten später: „Mr. van Forster, denhubinbakrghen." Ich habe kein Wort verstanden. Also ich frage wieder: „Ist das über mich?" – „Ja, ja", aber ich brauche mich nicht darum zu kümmern. „Also doch über mich." Also dann frage ich ihn noch einmal: „Sag, was sagt diese Nachricht?" – „Ach Gott", sagt er, „am Nachmittag ist ein Seminar", ich brauche mich aber nicht darum zu kümmern. „Ein Seminar? Wer spricht bei dem Seminar?" – „Ja, du natürlich." – „Iiiiiiiiich?!" – „Ja, du musst deine Theorie des Gedächtnisses vorstellen." – „Iiiiiiiiiiich?! Meine Theorie des Gedächtnisses? Auf Englisch?" – „Na ja, das ist ja kein Problem."

Tatsächlich also, nach einem kleinen Imbiss komme ich in das große Auditorium der Universität von Illinois. Hunderte von Ärzten sitzen dort. Jemand sagt: „Heinz wird jetzt über die *quantum mechanical theory of memory* sprechen." Na ja, jetzt musste ich Englisch erfinden, denn ich konnte ja keins. Also ich fange an, mein Englisch zu erfinden. Alles lacht sich schief; all diese Ärzte. „Heinz", sagen sie, „du brauchst nicht Englisch zu reden. Wir kommen ja aus Wien, aus Berlin, aus München, aus Frankfurt." Es waren lauter Flüchtlinge aus deutschsprachigen Ländern. Also ich habe gemütlich auf Deutsch gesprochen. Einige von denen haben für ihre amerikanischen Kollegen auf Englisch übersetzt. Also dank meiner *Rot-Weiß-Rot*-Erfahrung als Vortragender und als Zauberer wusste ich, wie man sich auf einer Bühne bewegt, wenn man nicht weiß, was man sagen soll.

Das ist also sehr gut gegangen; und da das ein großer Erfolg war, hat Warren gesagt: „In vierzehn Tagen habe ich eine sehr interessante Konferenz in New York. Das ist eine Macy-Tagung. Die Konferenz geht über *Circular Causal and Feedback Mechanisms in Biological and Social Systems*. Da kommst du hin und hältst deinen Vortrag! In der Zwischenzeit liest du dieses Buch von Norbert Wiener: *Cybernetics or control and communication in the animal and the machine!*" Das war im November 1948, zur selben Zeit wie mein *Gedächtnis*, erschienen. Er gibt mir dieses Buch und sagt: „Heinz, lies das, dann wirst du wissen, wovon diese Konferenz handelt!"

Ende März war diese Konferenz der Macy-Stiftung, der *Josiah Macy, Jr. Foundation*. Die hat diese Konferenzen gezahlt, meine Reise gezahlt, meinen Aufenthalt dort gezahlt, und ich habe dort also meine Theorie des Gedächtnisses vorgetragen. Ich war der dritte Vortragende.

Ich hatte eine Idee, wie das Gedächtnis funktionieren könnte, hatte aber nie irgendwelche Messungen gesehen, die meine Theorie entweder abgelehnt oder bestätigt hätten.

Da finde ich noch in Wien in einem Secondhand-Buchladen in einer Kiste ein Buch; das heißt *Einführung in die Psychologie* von Hubert Rohracher. Ich nehme es heraus, schlage es auf, und da ist eine Kurve mit einem Sprüchlein darunter: „Vergessenskurve; von Hermann Ebbinghaus". „Donnerwetter! Das ist genau das Buch, das ich brauche. Da kann ich feststellen, ob meine Idee, wie das Gedächtnis funktioniert, sich wirklich an diese Beobachtung anpasst." Ich kaufe das Buch für einen Schilling oder zwei, rase nach Hause, rechne meine Idee aus, schaue, ob sie auf diese Kurve passt, und sehe: Sie passt *nicht* auf die Kurve. Also irgendetwas ist falsch mit meiner Theorie. Ich lese also dieses Büchlein durch. Wie hat Ebbinghaus das Vergessen gemessen? Und da lese ich, dass Ebbinghaus seinen Studenten, vielleicht zwanzig oder dreißig Studenten, eine Gruppe von so genannten unsinnigen Silben zu lernen gegeben hat. Unsinnige Silben sind „tuk", „lap", „sif", „lom". Die mussten sie auswendig lernen. Dann hat er sie jeden Tag gefragt: „Welche Silben kannst du noch?" Von zwanzig Silben haben sie am dritten Tag nur mehr zehn, am sechsten Tag nur mehr vier, am zehnten Tag nur mehr zwei gewusst et cetera et cetera. „Aha", habe ich gesagt, „der misst ja gar nicht reines Vergessen", denn wenn die Studenten diese Silben nach zwei Tagen wiederholen müssen, lernen sie ja wieder; denn wenn ich etwas wiederhole, ist es, als ob ich es frisch lernen würde. „Das ist eine Kombination von Vergessen und von Lernen. Wenn ich jetzt also das Lernen mit einbaue", neben meiner Theorie des Vergessens, „müsste ich eigentlich diese Kurve richtig finden." Ich rechne das aus, und das, was dann herausgekommen ist, hat genau auf die Kurve gepasst; als wäre diese Kurve eine Beschreibung der Theorie, wie man lernt und vergisst.

Mit dieser Idee war das Feedback hergestellt. Das ist eine zirkulare Kausalität: Ich lerne etwas, wiederhole es, lerne es wieder, wiederhole es, lerne es wieder. Das ist ein Kreisprozess. Deswegen hat es diese Leute sehr interessiert. Der Kreisprozess war der Ansatz meiner Theorie. Das waren genau die *Circular Causal and Feedback*

Mechanisms. Daher haben sie gesagt: „Jetzt haben wir eine Theorie des Gedächtnisses."

Merkwürdigerweise war ungefähr ein halbes Jahr vorher eine ganz große Konferenz von den größten Psychologen, Neurologen, Neuropsychiatern über das Gedächtnis veranstaltet worden, es war aber keine Theorie, die sich irgendwie mit den Daten hätte decken können, herausgekommen. Und hier kommt dieser kleine Spring-ins-Feld aus Wien und behauptet, er weiß, wie das geht. Die waren also ganz begeistert; haben das sehr interessant gefunden. Ich habe das mit Quantenphysik interpretiert, nämlich behauptet, dass Vergessensphänomene zustande kommen, weil die Elementarbewusstseinsinhalte sozusagen auf Molekülen gespeichert sind, die dann von selber zerfallen. So konnte ich die Quantenphysik mit der Physiologie verbinden; und diese beiden Ideen haben so schön zueinander gepasst, dass alle Leute mir damals gesagt haben: „Das musst du aufschreiben!"

Eigentlich habe ich schon damals, als ich meinen Vortrag gehalten habe, nicht mehr geglaubt, dass die Theorie stimmt. Ich habe schon gezweifelt. Aber bitte, es hat alles so schön gestimmt, dass man sich überreden konnte: „Nein, nein, das muss ja so sein." Na *anyway*, ich bin im Laufe meines Lebens immer wieder auf das Gedächtnis zurückgekommen und habe ganz andere Theorien des Gedächtnisses entwickelt und versucht, meinen Kollegen abzugewöhnen, das Gedächtnis als einen Speicher aufzufassen. Die großen Fachleute, die über das Gedächtnis schreiben, fassen das Gedächtnis wie einen *taperecorder* auf, in dem irgendetwas gespeichert wird. Ich habe gesagt: „Wenn Sie von speichern reden, müssen Sie mir auch sagen, wie Sie dieses Gespeicherte abrufen." Und das weiß kein Mensch; wie das gehen soll. Da habe ich eben Methoden entwickelt, wo dieses Abrufen, dieses Speicherproblem überhaupt nicht vorkommt.

Die Macy-Konferenzen

Ich kam also zu dieser Macy-Tagung – das war das sechste Meeting in dieser Reihe – und war tief beeindruckt: Das waren nur zwanzig oder fünfundzwanzig Leute. Von diesen fünfundzwanzig Leuten kannte ich fast alle Namen. Da war John von Neumann, dieses ungarische Genie; der in Wien aufgewachsen ist. John von Neumann hat die Computerrevolution erfunden. Da war Margaret Mead, die An-

Teilnehmer der zehnten Macy-Konferenz, 1953.
Erste Reihe (v. l. n. r.): Theodore C. Schneirla, Yehoshua Bar-Hillel, Margaret
Mead, Warren S. McCulloch, Jan Droogleever Fortuyn, Yuen Ren Chao, W.
Grey Walter, Vahe E. Amassian.
Zweite Reihe: Leonard J. Savage, Janet Freed Lynch, Gerhardt von Bonin,
Lawrence S. Kubie, Lawrence K. Frank, Henry Quastler, Donald G. Marquis,
Heinrich Klüver, Filmer S. C. Northrop.
Dritte Reihe: Peggy Kubie, Henry W. Brosin, Gregory Bateson, Frank Fremont-
Smith, John R. Bowman, George E. Hutchinson, Hans Lukas Teuber, Julian H.
Bigelow, Claude E. Shannon, Walter Pitts, Heinz von Foerster.

thropologin, berühmt durch ihre schönen Bücher *Sex and Tempera-*
ment ..., *Growing Up in New Guinea, Coming of Age in Samoa* et cetera
et cetera; schöne, sexy Bücher, die von allen Teenagern gelesen wurden. Da war Gregory Bateson, ihr damaliger Mann, der mir durch
seine Philosophie sehr bekannt war. Da war Heinrich Klüver, ein
Physiologe. Da war Lawrence Kubie, ein Psychoanalytiker. Dann
war da Norbert Wiener, der den Namen „Kybernetik" erfunden hat.
Dann natürlich Warren McCulloch. Also die Größen der amerikanischen Wissenschaft waren da alle beisammen.

161

Also ich halte dort meinen Vortrag; schon ein bisserl besser: Ich habe ja schon ein paar Worte mehr gekonnt. Ich war ja nun schon ein paar Wochen in Amerika, habe also nicht mehr nur zehn, sondern vielleicht zwanzig oder dreißig Wörter Englisch gekonnt. Mit meinen dreißig Wörtern habe ich meine Quantentheorie des Gedächtnisses vorgetragen. Und da ich ein Gastsprecher war, hat der Vorsitzende – das war McCulloch – nach meinem Vortrag gesagt: „Wir haben jetzt eine Besprechung untereinander. Bitte warte so lange draußen." Also ich gehe hinaus, und nach ungefähr zwanzig Minuten rufen sie mich herein und sagen: „Lieber Heinz, *was* du da erzählt hast, war wirklich sehr interessant, aber *wie* du das erzählt hast, war einfach entsetzlich. Wir haben also nachgedacht, wie du Englisch lernen könntest, und da haben wir die Idee gehabt, dich zum Herausgeber der Transaktionen unseres Meetings zu machen." Ich habe gesagt: „Aber ich kann doch nicht Norbert Wiener; ich kann doch nicht Gregory Bateson editieren." – „Versuch es doch einmal!" Also ich habe gesagt: „Ja, vielleicht könnte ich das tun. Aber ich glaube, wir müssen den Titel unserer Konferenz ändern, denn den kann ich ja nicht einmal aussprechen. *Circular Causal and Feedback Mechanisms in Biological and Social Systems*; das kann ja kein Mensch lesen. Ich schlage vor: Nennen wir doch diese Konferenzen im Übertitel *Kybernetik* und im Untertitel *Circular Causal and Feedback Mechanisms in Biological and Social Systems*." Alles hat gelacht und applaudiert, und Norbert Wiener, der neben mir saß, hat, als er gesehen hat, dass seine Kollegen, seine *peers* seinen Titel „Kybernetik" akzeptiert haben, Tränen in die Augen bekommen, ist aufgestanden und hat das Zimmer verlassen, weil er seine Rührung geheim halten wollte. Daher ist seit 1949 Kybernetik mit Norbert Wiener und mit Heinz von Foerster verknüpft. Fünf Bände über diese Sitzungen habe ich herausgegeben.

Die Transaktionen

Ich habe mich bemüht, in meinen Transaktionen die Dramaturgie dieser Konferenzen aufrechtzuerhalten. Denn das, was mich bei diesen Gesprächen wirklich berührt hat, war, dass all diese Menschen kooperativ diskutiert haben: Wenn jemand etwas nicht verstanden hat, hat er gesagt: „Ich verstehe das nicht." Darauf hat der Sprecher gesagt: „Das kann ich dir erklären." Immer wenn einer gesprochen hat, haben die anderen zugehört, was der gesagt hat, und ihn nicht bekämpft. So war das eine ganz synergetische Gruppe von Sprechern und Zuhörern; eine kooperative Gruppe von Menschen, die miteinander gesprochen, einen Dialog geführt, miteinander mit diesem Dialog etwas haben entstehen lassen und sich nicht durch blöde Zankereien gegenseitig heruntergezogen haben.

Es hat mich tief beindruckt, dass alle konkret und positiv mitgespielt, mitgedacht und mitkreiert haben. Ich habe mir gedacht: „Diese Dramaturgie möchte ich in meinen Transaktionen aufrechterhalten." Und es ist mir, glaube ich, gelungen. Immer noch gratulieren mir Leute und sagen: „Heinz, du hast diese Bände großartig zusammengestellt."

Ich habe unlängst wieder in eine spätere Diskussion hineingeschaut und muss sagen: Es ist wirklich sehr interessant. Das Ganze ist wirklich wie ein Theaterstück zu lesen. Man sieht viel mehr, als wenn man nur einen Vortrag hören würde. Denn in dem Moment, wo du als Leser plötzlich nicht mehr verstehst, was der Sprecher sagt, sagt schon jemand aus der Audienz: „Erklär mir das doch! Ich habe das nicht ganz verstanden." Also in dem Moment, wo du verzweifelt bist, was der eigentlich sagt, sagt schon ein anderer: „Bitte, erzähl mir das noch einmal"; oder: „Erklär mir diesen Punkt." Und so ist das dann für den Leser eine lebendige dialogische Darstellung von Ideen, die alle relativ neu waren und da zum ersten Mal formuliert worden sind.

Das Pech war: Als ich nach meiner ersten, also der insgesamt sechsten, Konferenz diesen Band abgegeben habe – ich war wahnsinnig aufgeregt; ich habe nicht gewusst, ob ich das richtig oder falsch gemacht hatte –, haben die gesagt: „Heinz, wir verstehen, dass du Schwierigkeiten gehabt hast. Wir geben dir zwei *assistant editors*." Das waren Margaret Mead und Hans Lukas Teuber. Hans Lukas Teuber war ein Professor für Neuropsychiatrie und leider sehr akademisch orientiert. Er hat gesagt: „Solche Transaktionen, wo die Leute reden können und Einwände machen können, kann ich nicht akzeptieren. Der akademische Vorgang ist ein *paper*. Das wird gedruckt; das kannst du lesen; das kannst du studieren; und dann kommt das nächste *paper*; als eine Sammlung von Vorträgen." Ich habe versucht, mich zu wehren, und habe gesagt: „Nein, nein, die Macy-Transaktionen sind keine Sammlung von Vorträgen. Sie sind eine Beleuchtung einer Konferenz. Es ist ein Drama, wo sich etwas entwickelt." – „Nein", haben die gesagt, „so wollen wir das nicht haben." Daher ist der letzte Band, also der fünfte Band, über die letzte Sitzung, die zehnte Konferenz, nur mehr eine Sammlung von Vorträgen.

Das abgelehnte Vorwort

Eine andere lustige Sache: Die Leitung der *Macy Foundation* hat gesagt: „Sie haben Ihren ersten Band herausgegeben. Wir pflegen immer ein Vorwort zu haben, und dieser Band hat kein Vorwort. Würden Sie ein Vorwort für den nächsten Band schreiben?" Also habe ich für den nächsten Band ein Vorwort geschrieben. Und mich hat besonders die Zirkularität berührt. Die fand ich ganz wichtig. So habe ich in dem Vorwort meinen tiefen Eindruck bezüglich der Bedeutung des Übergangs von der linearen zur zirkularen Kausalität hervorgehoben. Ich habe geschrieben: „Das Faszinierende an diesen ganzen Ideen, die da zugrunde liegen, ist die Idee der Zirkularität der Kausalität. Dieser Übergang ist ganz entscheidend im westlichen Denken. Das ist ein ganz wesentlicher Schritt in neue Einsichten, die die alten klassischen Philosophen einfach nicht haben konnten." Dann habe ich geschrieben: „Die zirkulare Kausalität ist keine gerade Linie mehr. Um das aufzuschreiben, braucht man eine zweite Dimension. Ein Blatt Papier ist eine Ebene; die hat zwei Dimensionen. Die Zirkularität bedingt eine neue Dimensionalität. Und jetzt glaubt man zunächst, dass man einen neuen Freiheitsgrad hat, denn man hat ja eine zweite Dimension. Aber das Faszinierende ist, dass dieser Vorteil der zweiten Dimension dadurch wegfällt, dass der Anfang in einem Kreisprozess mit dem Ende übereinstimmen muss. Das ist eine faszinierende Einschränkung der Dimensionalität der zirkulären Prozesse."

Das habe ich philosophisch entwickelt. Ich war sehr stolz auf mein Vorwort und habe es Hans Lukas Teuber und Margaret Mead geschickt. Die haben mir zurückgeschrieben: „Lieber Heinz, man sieht deutlich, dass du aus Europa kommst, wo du sehr philosophisch beeinflusst worden bist. Wir in Amerika sind Pragmatiker. Dieses philosophische Vorwort interessiert uns nicht. Du musst stattdessen schreiben, wie sich die Kybernetik in technischen und technologischen Anwendungen entwickelt hat; wie die Kybernetik aus Feedback-Mechanismen entstanden ist." Ich habe gesagt: „Das ist aber höchst uninteressant. Wir haben ja eine neue philosophische Idee." Jedenfalls ist mein Vorwort nicht akzeptiert worden. Teuber und Mead haben ein neues geschrieben. Das neue Vorwort finde ich leider sehr langweilig und *pedestrian*.

Ich war überrascht, dass meine Freunde in der kybernetischen Branche nicht gesehen haben, was für eine bedeutende Idee die Zirkularität mit sich bringt.

Hintergründe zu Macy

Die Macys waren sehr reiche Leute oder sind es immer noch. Die haben das Kaufhaus *Macy's* gegründet und in New York gelebt. Die Tochter der alten Macys, Kate Macy, ist sehr lustig aufgewachsen; ein wunderschönes und brillantes junges Mädchen. Als sie etwa zwölf war, hatte sie plötzlich Schwierigkeiten mit dem Gehen. Das ist schlimmer und schlimmer geworden: Sie konnte überhaupt nicht mehr gehen; konnte nur im Rollstuhl sitzen; war also sehr schwer körperbehindert. Aber da die Macys ja nicht arm waren, haben sie gesagt: „Wir werden die besten Ärzte der Welt herbeiholen; die werden schon wissen, wie sie diesem Mädchen helfen können." Die besten Ärzte der Welt sind gekommen, haben das Mädchen angeschaut und gesagt: „Das ist das und das", und haben es entsprechend behandelt. Es hat nicht geholfen. Dann haben sie Gott sei Dank einen Arzt gefunden, Dr. Ludwig Kast. Der hat gesagt: „Lieber Herr Macy, wir haben keine Ahnung, was das ist." – „Wow! Ja, was macht man da?" – „Da müssen wir forschen. Wenn man keine Ahnung hat, muss man forschen. Ich habe folgenden Vorschlag: Ich kenne viele Leute, die sich mit solchen motorischen Dysfunktionen, also schlechtem Funktionieren des Motoriums des Menschen, beschäftigen. Die werde ich alle zu einer Konferenz einladen. Da können wir vielleicht herausfinden, was geforscht werden muss, um zu verstehen, was in diesem Fall nicht funktioniert." Er hat die also eingeladen. Das war die erste Macy-Konferenz.

Da sind Neurologen und Muskelforscher zusammengekommen und haben nachgedacht, was diesem Mädchen fehlen könnte. Erstes Meeting, zweites Meeting, drittes Meeting. Dann sind sie draufgekommen: Es war ein simples Enzym oder ein Vitamin, das der Körper dieses Mädchens nicht produziert hat; das notwendig ist, um den elektrischen Impuls von einer Nervenfaser auf eine Muskelfaser zu übertragen, sodass sich die Muskelfaser kontrahieren kann. Da brauchte sie nur das Vitamin zu nehmen, und nach ungefähr einem Jahr konnte sie wieder gehen. Und als ihr Vater, Josiah Macy, Jr. gestorben war, hat die Tochter gesagt: „Ich möchte meinen Vater ehren, indem ich das Geld, das er mir vererbt hat, dazu verwende, regelmäßige Konferenzen über solche Probleme einzuführen."

Und da ist sie also zu ihrem Arzt, Dr. Kast, gegangen und hat gesagt: „Ich habe die Absicht, das Geld, das ich von meinem Vater geerbt habe, zu verwenden, Ihre Idee mit den Konferenzen weiterzuführen. Möchten Sie die Rolle des Organisators dieser Konferenzen übernehmen?" Da hat er gesagt: „Ich bin entzückt! Das mache ich mit größtem Vergnügen."

Dieser Mann hatte anscheinend sehr viele Beziehungen zur ärztlichen Kunst und Wissenschaft und hat dann verschiedene andere Konferenzen einberufen, die sich mit aktuellen großen medizinischen Problemen beschäftigt haben. Da gab es zum Beispiel eine große Konferenzserie, die sich mit Problemen des Sehens, mit dem Glaukom, beschäftigt hat. Das Glaukomproblem war zu der Zeit noch ungelöst.

Als dieser Arzt nach einigen Jahren entweder zu alt geworden oder gestorben ist, haben die Macy-Leute oder hat er selbst einen anderen Mann vorgeschlagen: Frank Fremont-Smith. Frank Fremont-Smith war auch ein Arzt und ein Hansdampf in allen Gassen, der alle Leute kannte; mit allen Leuten diniert und getratscht hat. Die ganze ärztliche Mischpoche hat er gekannt; hat sich mit denen gut unterhalten; die haben ihn alle gern gehabt.

Unter anderem ist er auf zwei Leute gestoßen: Norbert Wiener und Warren McCulloch. Die hat er gefragt: „Was geht in der medizinischen Fakultät vor sich? Was sind die interessanten und merkwürdigen Probleme, die wir heute haben?" Da hat, glaube ich, McCulloch ihm gesagt: „Das aktuellste Problem sind diese Systeme, die ein Ziel, die einen bestimmten Zweck haben. Es ist die Idee von teleologischen Systemen." Daher haben die ersten Macy-Konferenzen *Teleological Mechanisms* geheißen. McCulloch wurde als *chairman* eingesetzt.

Der lebendige Dialog, der durch die *Macy Foundation* entstanden ist, kann sicher auf Frank Fremont-Smith, den Organisator dieser Konferenzen, zurückgeführt werden.

Nach Fremont-Smith ist ein neuer Organisator gekommen. Ich glaube, ihm war die Organisation von Konferenzen zu mühsam, und er hat stattdessen die Gelder, die ihm in jedem Jahr zur Verfügung standen, einfach *en bloc* an irgendwelche Krankenhäuser vergeben. Er wollte, wie es scheint, nichts mehr mit den Konferenzen zu tun haben. Soweit ich mich erinnere, hat dieser Nachfolger alle Dokumente, die gesamten Archive der Macy-Konferenzen, vernichten lassen. Eine unwahrscheinliche Idee! Ich weiß leider nicht, was die *Josiah Macy, Jr. Foundation* heute unterstützt.

Logische Formalismen

Dadurch, dass ich fünf Jahre lang immer wieder die Konferenzen mitgemacht und editiert habe, war ich in einem ständigen seelischen und körperlichen Kontakt mit diesen Menschen.

Zum Beispiel habe ich mehr und mehr von McCulloch gehört, weil ich ihn oft auf seiner Farm besucht habe. Da hat er mir verschiedene seiner Arbeiten gezeigt, die ich faszinierend fand. Eine Arbeit von McCulloch und einem jungen Forscher namens Walter Pitts hieß *A Logical Calculus of Ideas Immanent in Nervous Activity*, also ein logischer Kalkül von Ideen, die im Nervensystem eingebaut sind.

Ich war ja früher immer sehr mathematisch interessiert; ich habe doch Mathematik auf meine Gedächtnisideen angewandt. Die Idee, Mathematik so zu verwenden, als ob sie auf ein physikalisches Universum angewandt wäre, war schon prävalent in Wien. Von Bertalanffy zum Beispiel, der die theoretische Biologie eingeführt hat, hat als Erster Thermodynamik verwendet, um etwas über lebende Systeme aussagen zu können. Von Bertalanffy hat Ideen der Thermodynamik so modifiziert, dass man sie auf lebende Systeme anwenden konnte. So hat Heinz von Foerster Mathematik auf das Phänomen Gedächtnis angewandt, als ob das Gedächtnis ein physikalisches Problem wäre.

Als ich aber jetzt mit den Macy-Leuten, mit Biologen wie Heinrich Klüver, mit Warren McCulloch, Psychologen oder Mathematikern, die auch ihre Mathematik auf ganz neue Gebiete anwenden wollten, in Berührung gekommen bin, habe ich mich gefragt: „Wie muss ich meine Mathematik umlernen oder neu lernen, damit ich sie so anwenden kann, dass sie richtig biologisch wird und nicht mathematisch auf die Biologie angewandt wird?" Das war meine erste Begegnung mit dem logischen Kalkül in seiner Anwendung für die Interpretation der Nervenaktivität von Warren McCulloch.

Da gibt es einen logischen Formalismus, der sich mit der Funktion des Nervensystems beschäftigt; und zwar nicht mit Differenzialgleichungen oder anderen mathematischen Formalismen; sondern es ist ein ganz anderer Formalismus.

Gott sei Dank habe ich diese logischen Formalismen schon ganz gut gekannt; noch aus Wien; vom *Wiener Kreis*, von Bertrand Russell. So habe ich viele von McCullochs Arbeiten sehr schnell verstanden. McCulloch, Wiener und von Neumann haben mich auf einen Formalismus aufmerksam gemacht, der mir zwar in der Form bekannt, aber in seiner Reichweite noch unbekannt war. Und ich habe mich mit großer Freude auf dieses Thema gestürzt. Was konnte ich daraus lernen?

Es gibt zwei Entwicklungen der Formalisation. Eine betrifft die Formalisation von syntaktischen oder, wie man sagen könnte, logischen Kombinationen von Aussagen. Das ist der „Aussagenkalkül". Die andere betrifft das Verhalten von Kombinationen von Systemen, deren individuelles Verhalten bekannt ist. Dieser Zweig wird in der Fachsprache *theory of finite-state machines* genannt.

Ich halte diese Ausschweifung in die Formalisationen im Rahmen unserer Ethikgespräche für wichtig, denn in beiden Fällen lassen sich Grenzen des Wissbaren zeigen; und wie du weißt, kann Ethik für mich nur im Rahmen von Freiheit entstehen, die sich ja aufgrund der Unentscheidbarkeit ergibt, das heißt nur dort, wo meine Entscheidungen nicht durch Regeln anderer erzwungen werden.

Der Aussagenkalkül

Lass mich mit dem so genannten Aussagenkalkül beginnen.

Der Versuch, so einen Kalkül zu entwickeln, ist schon sehr alt. Ich glaube, man könnte Raimundus Lullus als den Vater dieser Denkweise bezeichnen. Für die heutigen Bestrebungen würde ich Gottlob Frege mit seinen *Grundlagen der Arithmetik* von 1884 als denjenigen betrachten, der das Denken in dieser Richtung wieder in Schwung gebracht hat.

Die formale Logik konfrontiert dich mit Sätzen, die entweder wahr oder falsch sind. Ein Satz wird zum Beispiel mit „x", ein anderer Satz mit „y" bezeichnet. Jetzt kann man Kombinationen dieser beiden Sätze bilden. Man kann sagen: „x *und* y", „x *oder* y", „*wenn* x, *dann* y", „*entweder* x *oder* y"; lauter solche Relationen kann man herstellen.

Der Satz „x *und* y" ist nur dann wahr, wenn „x" und „y" wahr sind. Wenn „x" falsch und „y" wahr ist, ist der Satz „x *und* y" nicht wahr. Der Satz „x *oder* y" ist wahr, auch wenn „x" falsch und nur „y" wahr ist, denn ich kann ja sagen: „Heute regnet es *oder* mein Name ist Joseph Schmidt." Dieser Satz ist korrekt, wenn es heute regnet.

Man drückt Aussagen wie „Ich heiße Martin" oder „Der Tisch ist rund" et cetera durch Buchstaben, „p", „q", „r", aus und bezeichnet syntaktische oder logische Verknüpfungen durch entsprechende Symbole wie „p ist falsch", das heißt „non p", durch „p̄" und *und, oder, wenn – dann* durch „&", „v", „→". Dann fragt man nach dem Wahrheitswert einer Kombination solcher Aussagen, wobei der Wahrheitswert der einzelnen Aussagen bekannt ist.

Zum Beispiel: Die Aussage oder Proposition sei „Ich heiße Martin" und wird durch den Buchstaben „p" symbolisiert. Die bejahte Aussage ist dann „p". Die verneinte Aussage, „Es ist falsch, dass ich Martin heiße", ist dann „p̄". Jetzt können wir eine Tabelle aller Wahrheitsfunktionen von „p" konstruieren.

Proposition	Wahrheitsfunktionen	
p	p	p̄
w	w	f
f	f	w

Wenn die Proposition „p" wahr ist, ist ihre Bejahung auch wahr, aber ihre Verneinung „p̄" ist falsch.

Vielleicht wird es amüsanter, wenn ich eine andere logische Funktion mit „p" vorstelle: „p̄ *oder* p".

Proposition	Wahrheitsfunktionen
p	v p̄
w	w
f	w

Also wenn „p" wahr ist, ist auch „p *oder* p̄" wahr; und so ist auch „p *oder* p̄" wahr, wenn „p" falsch ist. Mit anderen Worten: „p v p̄" ist immer wahr, wie wahr oder falsch „p" ist!

Ist das nicht schön? Wollen wir nicht immer zu Aussagen kommen, die wahr sind, auch wenn all ihre Bestandteile falsch sind? Die Meteorologen, die Schwierigkeiten haben, das Wetter vorauszusagen, haben daher die Formel erfunden: „Wenn der Hahn kräht am Mist, ändert sich das Wetter oder bleibt, wie es ist."

169

Wenn ich aber sage: „Heute regnet es *und* mein Name ist Joseph Schmidt", ist dieser Satz falsch, auch wenn es tatsächlich regnet, weil der Satz „Mein Name ist Joseph Schmidt" falsch ist. Die *und*-Kombination ist falsch, wenn eine der beiden Komponenten falsch ist. Die *oder*-Kombination ist nur falsch, wenn *beide* Komponenten falsch sind. Wenn man jetzt eine ganze Serie solcher Sätze aufschreibt, kann man – und das ist das Interessante an diesem Formalismus – so wie in einer mathematischen Formel Schlüsse ziehen. Du kannst von deinen Ansätzen jetzt mit logischen Operationen die Konsequenzen ausrechnen. Das Schöne ist, dass du die Konsequenzen jetzt in Sprache bekommst. Die Konsequenzen werden durch die Sätze, die man hineingibt, ausgerechnet. Du sagst: „Ich weiß *das*, ich weiß *das*, ich weiß *das*." Oder du sagst: „*Das* ist wahr, *das* ist wahr, und *das* ist wahr", und kannst dann die Konsequenzen ausrechnen. Das Lustige ist jetzt, dass einer sagen kann: „Passen Sie mal auf! Sie sagen: ‚X ist wahr, y ist wahr, z ist wahr.' Aber ich behaupte: ‚Z ist falsch.'" Was sind jetzt die neuen Konsequenzen; wenn „Z" falsch ist? Kann man das ableiten? Manches kann man ableiten, manches kann man nicht ableiten.

Ich finde es sehr interessant, dass es logische Formen gibt, die immer wahr sind: die so genannten „Tautologien". Das hat Wittgenstein dazu bewegt, seine Proposition 6.1 zu schreiben: „Die Sätze der Logik sind Tautologien." Und so sind die Gleichungen der Mathematik: Das ist die Proposition 6.21: „Der Satz der Mathematik drückt keinen Gedanken aus." Das ist doch unheimlich! Man hätte doch gedacht, dass die Mathematik die höchste geistige Errungenschaft ist.

Das Nervennetz als logische Maschine

McCulloch ist aufgefallen, dass ein Nerv die merkwürdige Eigenschaft hat, dass er, wenn er von einem anderen Nerven stimuliert wird, eine bestimmte Reizschwelle zu überschreiten hat, um selbst einen Impuls liefern zu können. Das hieß damals eine *all-or-none response*. Eine „Alles-oder-nichts-Antwort".

Also entweder reagiert das Neuron oder es reagiert nicht. Das ist keine kontinuierliche, sondern eine diskrete, eine digitale Operation: Der Nerv springt zum Arbeiten an, oder er tut nichts.

McCulloch ist aufgefallen, dass ein Neuron wie ein logischer Operator funktioniert, der entweder „ja" oder „nein", „falsch" oder

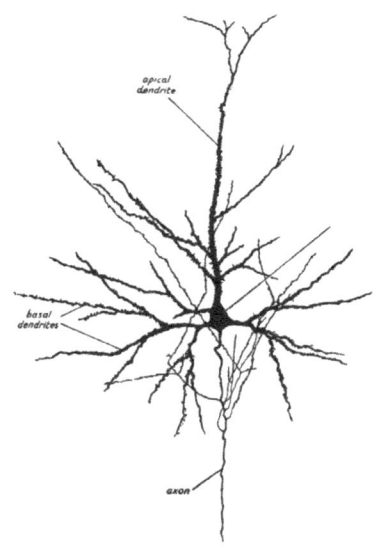

Eine Nervenzelle, ein Neuron, hat wie jede andere Zelle einen Zellkörper und darin einen Zellkern. Im Unterschied zu anderen Körperzellen hat das Neuron zwei Auswüchse. Der eine nach oben, der Dendrit, sieht wie ein Baum mit vielen Ästen aus. Auf der anderen Seite entwickelt sich ein dünner, langer Schlauch, das Axon, das sich mit seinen Endknöpfen an die Dendriten oder die Zellkörper anderer Neuronen anklebt. Das Erstaunliche hier ist, dass das Axon nach außen hin mit etwa 0,9 Volt elektrisch geladen ist. Wenn diese Ladung an irgendeiner Stelle gestört wird, wird ein elektrischer Impuls entlang seiner Ausdehnung geschickt, bis dieser Impuls ein anderes Neuron trifft, wo er dann zwei verschiedene Effekte produzieren kann: Entweder stimuliert er das betroffene Neuron selbst zum Aussenden eines solchen Impulses, oder er verhindert, dass ein solcher Impuls stimuliert wird.

Zellkörper, Dendriten (oben) und Axon (unten) eines kortikalen Neurons, d. h. eines Neurons der Hirnrinde

„wahr" sagt und damit als Elementarrechner in einem Nervennetz aufgefasst werden kann. Also McCulloch hat das Nervensystem wie eine logische Maschine behandelt.

Und er hat sich gedacht: „Wenn das so ausschaut, kann ich ein Nervennetz aufbauen, das alle logischen Funktionen rechnet." Er hat sich gefragt: „Kann ich all diese logischen Funktionen, wie zum Beispiel x *und* y, x *oder* y, *wenn* x, *dann* y mit einer Nervengruppe darstellen?" Und er hat gesehen: „Das kann man tun." Jetzt hat er sich gefragt: „Wenn ich eine logische Funktion mit Nerven ausrechnen kann; was für Nervennetze muss ich bauen, damit ich jeden beliebigen Satz als wahr oder falsch ausrechnen kann?" Und er hat angegeben, wie die Nervennetzstruktur ausschauen muss, damit dieser Satz errechnet werden kann.

In ihrem Artikel *A Logical Calculus of Ideas Immanent in Nervous Activity*, der im Jahre 1943 veröffentlicht wurde, haben Warren McCulloch und Walter Pitts im Detail gezeigt, wie man solche Nervennetze konstruiert.

171

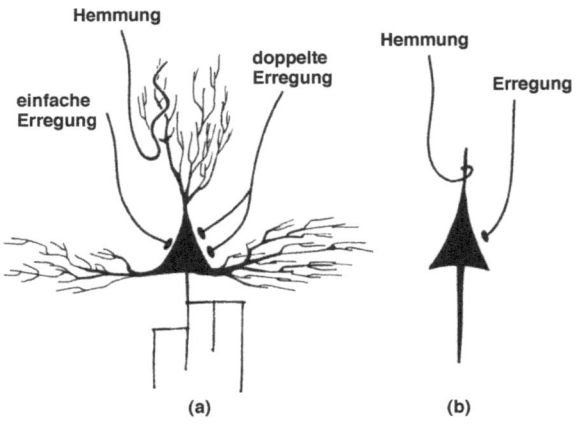

Schematische (a) und symbolische (b) Repräsentation der Funktionen eines einzelnen Neurons

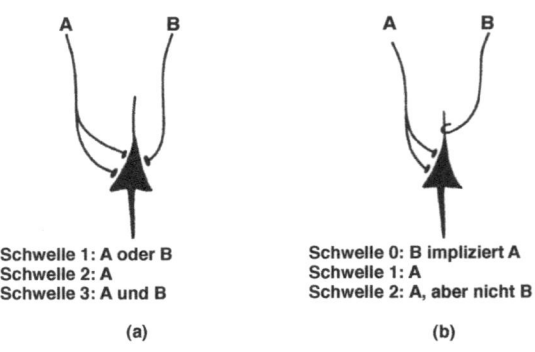

Einzelne Neuronen beim Errechnen einer Vielzahl logischer Funktionen

Sie haben gezeigt, dass ein Nervennetz gezeichnet werden kann, bei dem die Synapsen, die Verbindungen zwischen den einzelnen Rechenelementen, den Neuronen, so arrangiert werden können, dass die logischen Funktionen der gesamten Aussage durch dieses Nervennetz errechnet werden können. McCulloch und Pitts haben also eine Methode entwickelt, mit der jede beliebige auch noch so lange logische Relation durch ein Nervennetz dargestellt werden kann, das genau diese logische Relation errechnet.

John von Neumann, das mathematische und logische Genie, folgerte: „Alles, was sich eindeutig in einer endlichen Reihe von Worten beschreiben lässt, kann durch ein entsprechendes Nervennetzsystem berechnet werden." Das heißt, alles, was ich beschreiben kann, kann in einem Nervennetz dargestellt werden. Er hat diese Einsicht als die bedeutendste Einsicht des zwanzigsten Jahrhunderts bezeichnet.

Er hat gesagt: „Das ist ja unglaublich! Das ist ein ganz wichtiger epistemologischer Schritt, denn wenn mir jemand sagt: ,Computer, Rechenmaschinen, können das oder das nicht', sage ich: ,Sag mir genau, was eine Maschine *nicht* tun kann, und ich gebe dir die Organisation der Maschine, die genau *das* tun kann.' Das Argument, dass Maschinen nicht alles machen können, was man beschreiben kann, ist durch das McCulloch-Pitts-Theorem nichtig geworden, das heißt, McCulloch und Pitts haben das mentale Problem gelöst."

Ich halte dieses Papier für die Geburtsstunde der *Artificial Intelligence*, der Künstlichen Intelligenz.

Die *Artificial Intelligence* hatte am Anfang einen unglaublichen Erfolg bei den Leuten, die Geld für solche Ideen zur Verfügung gestellt haben; und für mich ist es amüsant, dass *Artificial Intelligence* aus einem Missverständnis entstanden ist: Für die Armee, die Luftwaffe und die Marine bedeutet das Wort *intelligence* Spionage: Was kann ich über den Gegner herausfinden? Jetzt kommen Leute und sagen: „Ich habe Systeme für *Artificial Intelligence*." Na ja, das muss man sofort kaufen! Das ist ja viel billiger, als einen Menschen dorthin zu schicken, der vielleicht von den Feinden erwischt wird. „Wenn ich *Artificial Intelligence* habe, ist das fabelhaft." Da haben sie also sofort die ersten zehn Millionen in das *Artificial Intelligence Lab* am MIT, das ist das *Massachusetts Institute of Technology*, investiert. Die *Artificial Intelligence* hat jedoch nicht gehalten, was sie versprochen hat.

Später haben McCulloch und Pitts ein zweites ganz wichtiges Papier geschrieben, *How We Know Universals*, das zeigt, dass Nervennetze Invarianten, also das, was im Wechsel konstant bleibt, ausrechnen können. Also wenn Heinz von A nach B geht, ist das immer noch Heinz? Wenn die Invariante „Heinz" von einem Nervensystem gerechnet werden kann, bleibt Heinz unverändert, obwohl er von A nach B geht, obwohl er auf dem Kopf steht, obwohl er auf den Händen geht, obwohl er dieses und jenes tut.

Nimm ein Dreieck, und fang an, dieses Dreick in allen möglichen Richtungen zu verbiegen. Würdest du das immer noch „Dreieck" nennen? Der Apparat oder das Nervensystem, das McCulloch und Pitts sich ausgedacht haben, sagt immer: „Du kannst mich nicht hereinlegen. Das ist immer noch ein Dreieck; auch wenn es ganz verbogen ist. Ich weiß immer noch: Es handelt sich um ein Dreieck."

Das Errechnen von Invarianten in sich veränderndem Kontext war das Problem, das die beiden mit einem Nervennetzsystem gelöst haben.

Exkurs: John von Neumann und das Grenzproblem der Kernphysik

Ich hatte noch die Chance, öfter mit John von Neumann zu sprechen, der mich immer wieder eingeladen hat, ihn in Princeton zu besuchen. Warum? Weil ich aus Wien komme und von Neumann aus Budapest – und Ungarn und Wien von den Russen besetzt waren. Da hat er sich natürlich sehr interessiert, wie man in einem Land lebt, das von den Russen besetzt ist. Darüber und über viele andere Dinge auch haben wir uns sehr gerne unterhalten.

Von Neumann war in Princeton am *Institute for Advanced Studies*. Er hat die ersten großen Rechenmaschinen gebaut. Er hat das berühmte Grenzproblem der Kernphysik gelöst: Was ist die kritische Masse einer Ansammlung radioaktiver Atome, also die Masse, die notwendig ist, um eine Kettenreaktion in dieser Gruppe auszulösen? Diese Rechnung ist eine riesige, komplizierte Gleichung, die nur sehr mühsam zu lösen ist. Man wollte hundert Mathematiker einstellen, die diese Gleichung lösen sollten. Da hat von Neumann gesagt: „Engagiert nicht hundert Mathematiker. Ich werde eine Maschine bauen, die diese Gleichung löst. Die hundert Mathematiker brauchen zwei Jahre, um diese Gleichung zu lösen; ich brauche zum Bauen der Maschine ein Jahr, und dann kann die Maschine das Problem in zehn Minuten lösen." Die haben gesagt: „Gut, machen Sie das." Er hat das gemacht: die Maschine gebaut und das Problem in zehn Minuten gelöst. Die kritische Masse wurde bestimmt, und die Leute konnten dann eine Atombombe bauen. Von Neumann hat sich gesagt: „Ich muss das machen, denn die Nazis sind so gefährlich; wenn die das machen, sprengen die die Welt in die Luft. Ich muss die

Welt verteidigen, indem ich helfe, so eine Bombe zu entwickeln." Als Flüchtling aus Ungarn kannte er die Schrecken einer autoritären Regierung. Er hat gesagt: „Ich werde alles in meinem Leben einsetzen, um zu verhindern, dass diese autoritären Regierungen an die Macht kommen."

Endliche Zustandsmaschinen

Von Neumann und ich haben uns überlegt, wie der Formalismus für Biologie, für Lebewesen sein könnte. Und da hat er mich auf eine ganze Schule des Denkens aufmerksam gemacht; das sind die *finite-state machines*, also die endlichen Zustandsmaschinen. Das Wort „Maschine" ist hier verwendet worden, um ein System zu bezeichnen. Es ist ja alles historisch gebunden. Zum Beispiel hat Alan Turing seine ganze Mathematik entwickelt, indem er seine Operationseinheiten immer als „Maschine" bezeichnet hat. Daher kam der Ausdruck „Turing-Maschine". Das Wort „Maschine" ist in die Theorie der endlichen Zustandssysteme hineingerutscht, sodass die Leute, statt von Systemen zu sprechen, immer wieder das Wort „Maschine" benutzt haben.

Endliche Zustandsmaschinen haben die folgende merkwürdige Eigenschaft: Nachdem sie durch einen Schritt der Rechnung oder der Operation gegangen sind, können sie in einen anderen Zustand umspringen.

Wenn du gerne wissen möchtest, was die Maschine tut, und ein Experiment machst, gibst du ihr irgendeinen Reiz, einen Stimulus oder – wie die Mathematiker es nennen – einen *input*. Sagen wir, es ist eine Maschine, die mit zwei multipliziert. Da gibst du ihr den *input* zwei, und es kommt vier heraus. Wenn du jetzt drei hineingibst, kommt sechs heraus. Also nach einiger Zeit findest du heraus, dass der innere Zustand dieser Maschine die Multiplikation mit zwei ist.

Jetzt hast du eine Maschine, die, nachdem sie mit zwei multipliziert hat, das nächste Mal mit drei multipliziert, die also von der Multiplikation mit zwei auf die Multiplikation mit drei wechselt. Du gibst der Maschine eine zwei; vier kommt heraus. Jetzt gibst du ihr noch einmal eine zwei, aber sechs kommt heraus. Was ist das? Entweder bist du verrückt oder die Maschine.

Triviale und nichttriviale Maschinen

Eine Sache, die mir sehr gelegen kam zu der Zeit, weil sie in andere Beobachtungen, die ich schon vom *Wiener Kreis* gelernt und für mich angenommen hatte, hineingepasst hat, ist eben dieser Unterschied zwischen trivialen und nichttrivialen Maschinen. Ein triviales System ist eines, das nur eines Zustandes fähig ist; nichttriviale Systeme beginnen ab zwei Zuständen. Was mich an den Resultaten dieser Unterschiede zwischen trivialen und nichttrivialen Maschinen interessiert hat, war, dass nichttriviale Maschinen prinzipiell nicht voraussagbar sind, weil sie von den vorausgegangenen Operationen abhängig sind. Das hat mich berührt, weil auch in der Logik unentscheidbare Fragen auftauchen.

Die Synthese, also das Bauen nichttrivialer Maschinen, das heißt von Maschinen, deren innere Zustände sich ununterbrochen, wenn auch nach einer vorgeschriebenen Regel, ändern, ist überhaupt kein Problem. Du kannst jede beliebige nichttriviale Maschine bauen. Die Analyse jedoch, das analytische Problem, stellt sich als unlösbar heraus.

Sagen wir, du erfindest einen Anagrammor. Ein Anagrammor verwandelt einen Buchstaben in einen anderen. Du hast eine gewisse Regel: Wenn du ein A hineingibst, kommt ein B heraus; wenn du ein B hineingibst, kommt ein C heraus; wenn du ein C hineingibst, kommt ein D heraus; wenn du ein D hineingibst, kommt ein A heraus. Also nimm einen solchen Anagrammor, der ein A in ein B, ein B in ein C, ein C in ein D und ein D in ein A verwandelt; also nur vier Buchstaben verarbeitet! Wenn das ein trivialer Anagrammor ist, behält er diese Transformationsregel bei, das heißt, wenn immer du ihm ein A gibst, kommt ein B heraus; wenn immer du ihm ein B gibst, kommt ein C heraus; wenn immer du ihm ein C gibst, kommt ein D heraus; wenn immer du ihm ein D gibst, kommt ein A heraus.

Jetzt stell dir aber einen Anagrammor vor, der von dieser Kombination abgeht: Wenn du einen Buchstaben eingegeben hast, wird das A nicht in ein B, sondern in ein C verwandelt; das B nicht in ein C, sondern in ein D verwandelt; das C nicht in ein D, sondern in ein A verwandelt; das D nicht in ein A, sondern in ein B verwandelt. Also wenn du vier solcher Buchstaben hast, kannst du zwei hoch vier, also sechzehn verschiedene Anagramme erzeugen.

Angenommen, du hast jetzt einen Anagrammor, der nach jeder Operation ein anderes der sechzehn Anagramme erzeugt. Es ist überhaupt kein Problem, einen solchen Anagrammor zu konstruieren; ein Programm für so etwas zu schreiben. Wenn du so einen Anagrammor konstruierst, der da zwischen verschiedenen Anagrammen hin- und herspringt, lässt sich zeigen, dass es von einer bestimmten Größe an prinzipiell unmöglich ist, den Anagrammor zu analysieren, also die Transformationsregeln dieser Maschine herauszufinden. Selbst der Konstrukteur kann es nicht herausfinden, wenn er nicht die einzelnen Schritte der Vergangenheit verfolgt hat; denn die Maschine ist vergangenheitsabhängig.

Das Amüsante an diesen nichttrivialen Maschinen ist, dass schon eine Maschine mit ganz wenigen inneren Zuständen, das heißt eine Maschine mit ganz wenigen Möglichkeiten der Operation, so sein kann, dass die Anzahl der verschiedenen Maschinen, die man mit diesen Operationen bauen kann, so groß ist, dass, wenn man zur Zeit des Urknalls des Universums angefangen hätte, mit ihnen zu experimentieren und man jede Mikrosekunde eine solche Maschine berechnet hätte, man heute immer noch keine Ahnung hätte, wie diese Maschine funktioniert.

Also nichttriviale Maschinen sind nicht voraussagbar; sie sind nicht analysierbar; aber man kann sie konstruieren; sie sind konstruktiv eindeutig festgelegt, also deterministische Maschinen. Es gibt keinen Zufall innerhalb der Maschine. *Obwohl* sie deterministische Maschinen sind, sind sie nicht voraussagbar und analytisch unbestimmbar.

triviale Maschinen	nichttriviale Maschinen
synthetisch determiniert	synthetisch determiniert
vergangenheitsunabhängig	vergangenheitsabhängig
analytisch bestimmbar	analytisch unbestimmbar
voraussagbar	nicht voraussagbar

Wenn man Wittgensteins Satz kennt: „Der Glaube an die Kausalität ist der Aberglaube", sieht man genau die nichttriviale Maschine, die prinzipiell unanalysierbar und nicht voraussagbar ist, hier realisiert. Das heißt, wenn wir von der Idee, dass die Welt eine triviale Maschine ist, weggehen, ist die Welt nicht mehr voraussagbar.

Jetzt siehst du diese Möglichkeit der prinzipiellen Unentscheidbarkeit auf der einen Seite; auf der anderen Seite siehst du – wie diese endlichen Zustandsmaschinen zeigen –, dass es Systeme gibt, die prinzipiell nicht analysierbar sind.

Also die beiden Erkenntnisse, die ich da gehabt habe, sind die Unentscheidbarkeit gewisser logischer Strukturen und die Unentscheidbarkeit bezüglich des Verhaltens gewisser Systeme. In beiden Fällen finde ich Grenzen in meinem Wissen. Das kam mir insofern wichtig vor, als in vielen Fällen durch diese Unentscheidbarkeit ein Raum geöffnet wird, in den man hineinsteigen kann, um eine Entscheidung dort durchzuführen. Es entsteht ein Raum der Freiheit, in dem ich nicht durch ein logisches „Muss" gezwungen werde, eine Entscheidung *so* oder *so* zu fällen.

Das ist das Amüsante an den prinzipiell unentscheidbaren Fragen; dass es eben keinen Formalismus, keinen Zwang, gibt, der mich zwingt, diese Frage in dieser oder jener Form zu beantworten. Mit dieser prinzipiellen Unentscheidbarkeit ist ein Raum der Freiheit geöffnet, in dem du jetzt entscheiden kannst. Das heißt, prinzipiell unentscheidbare Fragen können nur *wir* entscheiden, indem wir sagen: „Ich möchte diese Entscheidung wählen, denn ich habe die Freiheit, hier zu wählen, was ich will." Die Idee, die Freiheit mit der prinzipiellen Unentscheidbarkeit zu kombinieren, bringt jetzt die Idee der Verantwortung mit sich, denn wenn ich eine prinzipiell unentscheidbare Frage entscheide, habe ich mit dieser Entscheidung die Verantwortung für diese Entscheidung übernommen.

Diese Grenzen der Entscheidbarkeit, die Grenzen des Wissens, diese Verbindungen zwischen Wittgenstein, Russell und der Systemtheorie oder der Theorie der endlichen Zustandssysteme haben mich sehr ergriffen; die Möglichkeit, eine Endlichkeit, eine prinzipielle Unanalysierbarkeit, eine Unwissbarkeit in diesen vielen Dingen sehen zu können, von denen man vorher geglaubt hat, wenn man nur Geduld hat, würde man sie schon lösen; wenn man noch ein paar Tricks erfindet, würde man sie schon lösen. Das Faszinierende ist die Unerreichbarkeit einer Antwort für eine große Klasse von Problemen.

Wenn man zum Beispiel behauptet: „Ich kann das Schicksal des Weltalls voraussagen", fragt man sich: „Gehöre ich da dazu oder nicht?" Die amüsante Sache ist, dass im achtzehnten Jahrhundert die Welt wie eine Uhr aufgefasst wurde; alles mit kausaler Sicherheit; jeder Zustand von A nach B, von B nach C. Die Idee war, dass, wenn man die Stellung und die Geschwindigkeit aller Moleküle des Universum kennen würde, man für alle Zukunft voraussagen könnte, wie sich das Universum verhält. Wenn man jetzt den Menschen, der das behauptet, mit in dieses Universum hineinzieht und weiß, dass er ein nichttriviales System ist, lässt sich auch die Zukunft des Universums nicht voraussagen.

Wenn ich ein Teil des Universum, bin, ist das gesamte Universum zusammen mit mir eben ein nicht voraussagbares System. Wenn ich mich von dem Universum trenne, kann ich mir einbilden, dass ich über das Universum Voraussagen machen kann; wenn ich annehme, es ist eine triviale Maschine.

Wenn du fragst: „Wie ist das Universum entstanden?", wirst du viele Leute mit verschiedenen Antworten finden. Die einen sagen: „Es ist entstanden, weil ein überirdisches Wesen, ein Gott, die Welt erschaffen hat." Andere – das sind die Physiker – werden sagen: „Die Welt ist mit einem Urknall entstanden." Andere Religionen werden sagen: „Die Welt ist entstanden, indem sich Schildkröten übereinander gestellt haben, bis endlich oben die Erde erschienen ist." Et cetera et cetera. Ich sage: Das Universum ist *nie* entstanden. Es war immer da und wird immer da sein. Weil die Frage, wie die Welt entstanden ist, prinzipiell unbeantwortbar ist, kannst du sie nur innerhalb eines kulturellen Rahmens beantworten.

Also durch diese Macy-Berührung, durch die Gespräche mit Warren McCulloch, John von Neumann, Norbert Wiener, Heinrich Klüver und anderen, bin ich auf eine Betrachtung, auf einen Formalismus gekommen, der für mich sehr bedeutsam gewesen ist, denn ich habe gesehen, in welcher Weise Formalismen auch auf biologische oder soziale Systeme anwendbar sind. Meine ursprüngliche Mathematik war die der kontinuierlichen Funktionen. Aber mit dem Kennenlernen der logischen Formalismen – „Logistik" nennen es manche Forscher – habe ich eine neue Welt für mich entdeckt, die ich für meine eigenen Ideen und Gedanken anwenden konnte. Die erscheinen dann in meinen Artikeln in verschiedensten Formen, sodass man gar nicht merkt, wieso der logische Formalismus hinter diesem Argument steckt.

Norbert Wiener: *Stationary Time Series*
Norbert Wiener wusste natürlich auch von dem McCulloch-Pitts-Papier *A Logical Calculus of Ideas Immanent in Nervous Activity*.

Die amerikanische Luftwaffe wusste, dass Wiener sich für kontrollierte Messsysteme interessiert hat; für Messsysteme, die gewisse Operationen sozusagen *goal oriented*, zielorientiert, durchführen können, also zum Beispiel für Systeme, die sagen: „Ich möchte zum Punkt B kommen."

Da haben sie ihn gefragt, ob er ihnen helfen könnte, die Flugbahnen von *missiles*, also Raketen, so zu berechnen, dass die abgeschossene Rakete im Rahmen der Luftabwehr in die Höhe schießt, das Ziel, ein feindliches Flugzeug, genau trifft und es in die Luft sprengt.

Wiener hat denen die Rechnungen dafür geliefert. Er war ja ein Patriot.

Die Methode, so etwas auszurechnen, ist das Verständnis einer Statistik, die man *stationary time series* nennt. Wenn gewisse Vorgänge sich in verschiedenen Zeitabständen wiederholen, können sie, wenn sie lange genug laufen, eine Stabilität erzeugen. Das sind *stationary time series*. Das ist ein schwieriges mathematisches Problem.

Da rufen die Leute von der *Airforce* am MIT an und sagen: „Professor Wiener, können Sie uns Ihre Theorie *der stationary time series* erläutern?"

Da sagt Wiener: „Selbstverständlich." – „Warten Sie einen Moment, wir hängen einen *taperecorder* dran." Wiener beginnt zu reden; er redet eine Stunde. Dann sagen die: „Warten Sie einen Moment! Wir müssen das Band wechseln." Die wechseln das Band. Wiener redet eine zweite Stunde. Er redet sechs Stunden. Daraus ist das berühmte Buch *Extrapolation, Interpolation, and Smoothing of Stationary Time Series* entstanden. Das hat Wiener aus dem Kopf heraus über das Telefon diktiert.

Wiener war der Sohn eines genialen russischen Philologen, der dieses Kind mit sechs oder sieben Sprachen aufgezogen hat. Wiener war – wie man hier sagt – ein *child prodigy*. Also er hat die Schule mit zwölf Jahren absolviert; mit fünfzehn oder sechzehn hat er eine Doktorarbeit für Harvard geschrieben und wurde ein Doktor der Mathematik. Er wurde sofort am MIT als Professor angestellt und hat dann dort als Fünfzehn- oder Sechzehnjähriger die zwanzig-, einundzwanzig-, zweiundzwanzigjährigen Studenten unterrichtet. Er hat ein kleines Buch geschrieben; das heißt *Ex-Prodigy: My Childhood and Youth*. Darin hat er seine Jugend geschildert: wie er von seinem Vater getrietzt worden ist, wieder eine Sprache zu lernen, wieder eine Sprache zu lernen, wieder eine Sprache zu lernen. Er konnte Chinesisch, und zwar Mandarin. Dann konnte er Französisch,

Deutsch natürlich, Englisch und Italienisch et cetera. All diese indoeuropäischen Sprachen konnte er fließend. Auch Griechisch und Latein; und Russisch.

Heinrich Klüver

Ein weiterer Macy-Mitspieler war Heinrich Klüver, ein Physiologe. Klüver war einer der bestbelesenen Menschen, die ich in meinem Leben getroffen habe. Als ein ganz berühmter Augenfachmann, Stephen Polyak, gestorben war, der ein riesiges Buch über das Auge und eine große Bibliographie angefangen, aber nicht zu Ende geführt hatte, hat Klüver dieses Buch beendet und diesem Buch eine Bibliographie, die ungefähr zweihundert Seiten hat, angehängt. Das Buch hat den Titel *The Vertebrate Visual System*.

Auf jeder Seite sind dreißig Arbeiten, dreißig Bücher, erwähnt. Es sind zweihundert Seiten; also sind etwa sechstausend Bücher erwähnt. Nachdem ich Klüver getroffen und mich mit ihm sehr befreundet hatte, habe ich ihn gefragt: „Hast du diese ganzen Bücher gelesen?" Da hat er gesagt: „Na, selbstverständlich habe ich die gelesen; sonst könnte ich sie ja nicht in der Bibliographie anführen."

Klüver ist berühmt durch seine Arbeit mit Affen. Er hat studiert, ob die auch nervenkrank werden können; ob die auch verrückt werden können. Nach ihm benannt ist das berühmte Klüver-Syndrom. Er hat nachgewiesen, dass auch Primaten, also Schimpansen und Orang-Utans, verrückt werden können.

Mit Klüver war ich einmal bei einer Konferenz in Chicago, die sich auch mit dem Auge, dem Sehen und der Perzeption beschäftigt hat. Da hat ein Vortragender gesagt: „Meine Damen und Herren! Das *Office of Naval Research* hat einen Apparat konstruiert, mit dem man die eigene Retina sehen kann." Das ist ein sehr komplizierter Apparat, und der wurde vorgeführt. Dann wurde eine Diskussion einberufen, und Klüver hat aufgezeigt. Er wurde aufgerufen und hat gesagt: „Meine Damen und Herren, ein junger Mann von sechzehn Jahren mit dem Namen Sigmund Exner hat im Jahre 1862 einen Apparat gebaut, der ungefähr fünfundzwanzig Cent gekostet hat, und hat damit als Erster seine eigene Retina gesehen." – „Ja, aber woher wissen Sie das?" Da hat er gesagt: „Das ist sehr einfach. Es gibt ein Handbuch der Physiologie, das im Jahre 1876 herausgekommen ist. In dem steht eigentlich alles, was heute erfunden wird. Also wenn man diesen Band kennt, kennt man alles, was heute erfunden wird."

Alles hat natürlich gelacht, und Klüver hat sich über die neuen Erfindungen lustig gemacht. Ich habe gesagt: „Aber Heinrich, wie kannst du das sagen?" – „Ja, komm doch zu mir nach Hause. Ich zeige dir diesen Band." Ich bin also mit zu ihm nach Hause gegangen. Er hat mir diesen Band und vieles andere auch gezeigt.

Erster Besuch an der Universität von Illinois

Wie bin ich dann an die Universität von Illinois gekommen? Am Ende meines Vortrags über das Gedächtnis in der *Medical School* der Universität von Illinois in Chicago hat McCulloch gesagt: „Das ist ja sehr interessant! Was bist du eigentlich? Ein Psychologe? Ein Psychiater?" Ich habe gesagt: „Nein, ich bin ein Physiker." – „Ach so, dann gehörst du ja gar nicht hierher. Die Universität von Illinois hat ein großes *Department of Physics*, of *Electrical Engineering* et cetera; ungefähr zweihundert Meilen südlich von hier; auf der Universität von Illinois in Champaign-Urbana. Fahr doch dahin. Ich rufe den Dekan an und werde ihn bitten, dir das *Department of Physics* zu zeigen." – „Okay", habe ich gesagt, „sehr schön."

Ich bin also am nächsten Tag mit dem *Illinois-Central-Zug*, dem *Panama Limited*, nach Champaign-Urbana gefahren und habe mit Schrecken bemerkt, dass ich nie verstehen konnte, bei welcher Station ich war. Da kam ein Schaffner durch den Zug und hat gesagt: „Next station: Ichnakoelnquaquak." Ich habe kein Wort verstanden. „Next station: Egnakoenkoingkankakee." Also ich wusste nicht, wo ich war. Ich wusste nur, ich sollte in Champaign-Urbana aussteigen.

Also ich schaue immer hinaus. Da sehe ich Gott sei Dank an manchen Bahnhöfen Schilder. „Kankakee. Unglaublich, so eine verrückte Stadt gibt es auch!" Dann komme ich zu einer Stadt; die heißt tatsächlich Champaign. Also ich schaue zum Fenster hinaus. Wen sehe ich da draußen auf dem Bahnsteig stehen? Einen alten Freund aus Wien, Willi Jentschke. Also ich winke; er winkt zurück. Ich stürze also zum Ausgang und steige mit meinem winzigen Koffer aus.

Willi sagt: „Der Dekan der *Engineering School* hat gefragt: ‚Wer ist hier ein Wiener? Wer kennt einen Wiener namens Heinz von Foerster?' Da habe ich gesagt: ‚Natürlich, das ist ein alter Freund von mir.' ‚Der kommt jetzt mit dem Zug an. Holen Sie ihn doch ab.'" Also hat Willi Jentschke mich vom Zug abgeholt. Wir sind dann zur Universität gefahren. Dort wurde ich dem Dekan vorgestellt. Dann wurden mir diese ganzen wunderschönen *departments* gezeigt. Also ich treffe diese Leute. Die führen mich durch die ganze Universität. Ich komme in das *Department of Electrical Engineering*. Da werde ich sehr freundlich begrüßt. Da wird mir ein großes Laboratorium gezeigt. „Das ist unser Mikrowellenlaboratorium", sagen sie zu mir. „Verstehen Sie etwas von Mikrowellen?" Ich sage: „Ja, natürlich! Ich habe ja beruflich immer in diesem Feld gearbeitet." – „Der Direktor dieses Labors hat gerade gekündigt. Wir suchen einen neuen Direktor für dieses Laboratorium. Würden Sie diese Stellung übernehmen?" Ich sage: „Na selbstverständlich! Das ist ja mein Beruf." – „Sie würden das *wirklich* tun?" Ich sage: „Ja, mit Begeisterung." – „Ausgezeichnet."

Dann haben sie mich noch gefragt: „Was haben Sie denn für Erfahrungen?" Da habe ich ihnen an der Tafel gezeigt, was ich bisher alles gemacht hatte. Die haben gesagt: „Wunderbar! Wir schreiben einen Brief, mit dem wir Sie einladen, Direktor vom *Electron Tube Research Laboratory* am *Department of Electrical Engineering* an der Universität von Illinois zu werden. Sie können hier sofort angestellt werden, wenn sie über ihr Besuchervisum eine Arbeitserlaubnis bekommen haben." Ich habe gesagt: „Sehr gut; ich werde mich bemühen."

Immigration

Ich nehme den Brief, fahre nach New York zurück, gehe zu der Immigrationsbehörde und bitte aufgrund dieser Einladung der Universität von Illinois um eine Arbeitserlaubnis auf mein Besuchervisum.

Die sagen: „Die bekommen Sie bei uns nicht. Da müssen Sie nach Washington gehen. Da müssen Sie zu diesen und jenen Stellen gehen. Da bekommen Sie dann eine Arbeitserlaubnis." Ich gehe also nach Washington, gehe zu den Behörden dort. Die sagen: „Nein, nein, hier bekommen Sie Ihre Arbeitserlaubnis nicht; die bekommen Sie in New York. Sie sind ja in New York angekommen. Sie sind in New York immigriert. Sie müssen zu den dortigen Behörden gehen." Okay, ich gehe zu diesen Behörden, bekomme dort die Antwort: „Sie müssen nach Washington gehen." Also das ist ein- oder zweimal passiert. Da hat sich Ilse Nelson in liebenswürdiger Weise zur Verfügung gestellt und gesagt: „Heinz, du fährst nach Washington, wohnst in einem billigen Zimmer, gehst dort auf die Behörden und sagst mir, wo ich in New York hingehen soll. Du rufst mich an; ich rufe dich zurück und werde dir sagen, wo du in Washington hingehen sollst." Das haben wir also vielleicht ein oder zwei Wochen gemacht; vier- oder fünfmal; jedes Mal wieder ein anderes Zimmer, wieder ein anderes Zimmer, wieder ein anderes Zimmer. Langsam wurde ich immer verzweifelter, denn immer wieder hat man mir gesagt: „Lieber Heinz von Foerster, Sie müssen zurück nach Österreich und dort ein neues Visum beantragen." Also dieser Schrecken, wieder nach Österreich zurück zu müssen, ganz teure Reise, ganz lange Verzögerung – es wird schrecklicher und schrecklicher und schrecklicher. In dieser Verzweiflung ist mir plötzlich eingefallen, dass ich ja einen sehr guten Freund in der amerikanischen Regierung hatte.

Dazu eine kleine Seitengeschichte: Als Martin und ich noch junge, lustige Leute waren und noch in Wien gelebt haben, wurden wir immer von größeren Veranstaltern eingeladen. In Wien waren jedes Jahr zum Fasching ganz große Künstlerbälle im *Künstlerhaus*. Das ist eine schöne Künstlervereinigung von Zeichnern, Malern, Skulptoren, die ein jährliches G'schnasfest haben, wo sich alles verrückt verkleidet. Und da wird getanzt und gejazzt. Also wir haben uns beide als Clowns verkleidet. Martin als der Clown und ich als der August. Also in dieser Verkleidung sind wir auf das G'schnasfest gegangen, hatten natürlich unsere ganzen Zaubersachen dabei und sind durch diese Massen von Leuten gezogen. Sowie wir angefangen haben, eine kleine Zaubervorstellung zu machen, hat sich ein kleiner Kreis von Leuten gebildet. Die haben applaudiert und gelacht. Und dann hat Martin mir natürlich die berühmten Commedia- dell'Arte-Fragen gestellt, und ich habe diese dummen Antworten gegeben.

Dann kamen die Akrobaten; da haben wir Purzelbäume und Salti mortali gemacht. Dann haben wir wieder gezaubert: Sachen verschwinden, Tauben kommen aus unseren Ärmeln heraus und so weiter.

Als wir über dieses Fest gewandert sind, ist uns ein gut ausschauender, starker, kräftiger Mann gefolgt. Er war deutlich kein Wiener, sondern hat uns immer mit einem amerikanischen Dialekt zugerufen, was für lustige Burschen wir sind. „Ach, das ist aber schön!" So gegen zwei Uhr nachts hat er gesagt: „Sie müssen ja hungrig sein; Sie müssen ja durstig sein. Kommen Sie an meinen Tisch. Da trinken wir einen Champagner; da gebe ich Ihnen etwas zu essen." Also wir haben uns mit diesem Mann an einen Tisch gesetzt. Er hat uns Champagner serviert. Wir haben ein Nachtmahl gegessen. „Ich habe eine Tochter, Ann, die jetzt fünfzehn Jahre alt wird. Die hat in ein paar Tagen Geburtstag. Würden Sie kommen und eine Vorstellung machen?" Ich habe gesagt: „Natürlich, mit dem größten Vergnügen kommen wir ins Haus." Also er gibt uns seine Karte. Auf der steht: „William Bullitt. Amerikanischer Gesandter für Wien".

Er wohnt natürlich ganz elegant in einem feinen Gesandtschaftsgebäude. Also wir kommen zum Geburtstag von Ann; läuten die Glocke. Natürlich: Ein Diener mit weißen Handschuhen macht uns auf. Wir kommen hinein. Dort laufen natürlich lauter Diener herum; schöne Damen; Servierpersonal.

Kinderjause: Tochter Ann mit vielen anderen Mädeln und Buben. Die sind alle so dreizehn, vierzehn, fünfzehn Jahre alt. Wir geben eine schöne Zaubervorstellung. Alles ist begeistert.

Auch Bullitt war ganz begeistert, und wir fanden ihn so lustig. Martin hatte ja diese zauberhafte Mutter, Grete Wiesenthal. Die hat einen schönen Salon veranstaltet. „Den müssen wir Grete Wiesenthal vorführen." Also Martin sagt: „Wollen Sie nicht meine Mutter, Grete Wiesenthal, treffen?" – „Grete Wiesenthal? Die Tänzerin?" Ah, das hat er gewusst. Also wir haben ihn eingeladen. Er kam dorthin und war entzückt von Grete Wiesenthal. Die charmiert ja alle Menschen. Er hat Blumen geschickt und wurde in die Familie aufgenommen. Wir sind mit ihm in den Prater gegangen. Es hat sich eine wirkliche harmonische Freundschaft mit William Bullitt entwickelt. Er war vorher Gesandter in Russland und hat uns die schönsten Geschichten aus seiner Gesandtschaft in Russland erzählt. Das war die erste Begegnung mit Bullitt in Wien.

Nach dem Krieg hat Mai ihr Geld in Wien verdient, indem sie im ISB, der *Information Services Branch* der amerikanischen Armee, die ganzen Übersetzungsarbeiten gemacht hat; aus den amerikanischen Zeitungen und Zeitschriften für die österreichischen Leser übersetzt hat. Im *Reader's Digest* findet Sie plötzlich einen Artikel über William Bullitts neuestes Buch. Das hieß *The Great Globe Itself*. Das war die erste Nachricht, die wir von einem Amerikaner gehört haben, der an dem Blödsinn der russisch-amerikanischen Schulter-an-Schulter-Arbeits-und-Freundschaftsbeziehung gezweifelt hat.

Er hat geschrieben: „Passt einmal auf: Die Russen tun nur so, als ob sie eure Freunde wären. Die haben euch schon hereingelegt, indem sie von euch das ganze Ostdeutschland, das ganze Polen, die ganze Tschechoslowakei, das ganze Ungarn abgespalten haben; indem sie euch das Freundschaftsspiel vorgespielt haben. Passt nur auf!" Also kaum sieht Mai diesen Artikel, übersetzt sie den sofort auf Deutsch. Wir kopieren den noch und noch, geben ihn unseren Freunden und sagen: „Die Amerikaner sind nicht alle vertrottelt. Es gibt welche, die verstehen, dass die Russen hier eine Gefahr sind und nicht Bundesgenossen."

Also William Bullitt ist mir da in Washington wieder eingefallen. Ich habe mir gesagt: „Ja Mensch, ruf doch Bullitt an. Vielleicht kann der dir helfen." Also ich rufe ihn an. Er sagt: „Heinz, du bist in Amerika? Wunderbar! Komm doch zum *lunch* zu mir."

Also ich komme zum *lunch*. Leider war damals mein Englisch noch nicht sehr gut. Er hatte noch mehrere sehr interessante Leute eingeladen. Ich bringe mein kleines Gedächtnisbuch mit; er schenkt mir zu meinem Besuch sein schönes Buch *The Great Globe Itself*; mit Widmung. Und da erzähle ich eben: „Ich habe ein Immigrationsproblem. Ich brauche ein Visum. Ich habe die Einladung von der Universität von Illinois, aber ich habe keine Arbeitserlaubnis." – „Also, Heinz, kein Problem. Ich werde dir morgen zwei Leute in dein Hotel schicken, die deinen Brief und deinen Pass abholen. Die werden schon herausfinden, wo du die Arbeitserlaubnis bekommst." Am nächsten Tag kommen zwei sehr elegante junge Herren. Denen gebe ich meinen Pass und den Brief. Die sagen: „Wir werden uns darum kümmern." Zwei Tage später kommen die wieder zurück: „Hier ist der Pass, hier ist der Brief. Geh ins Zimmer Nummer siebzehn des Immigrationsbüros. Die geben dir den Stempel." Na, also das war das hundertste Zimmer: Nummer siebzehn, zweiundzwanzig, einhundertfünfundzwanzig. Na ja, ich habe gedacht: „Versuchen kann ich es ja." Also ich gehe dorthin und klopfe an. „Kommen Sie herein!" Ich gebe ihnen den Brief von der Universität und meinen Pass. Der greift unter den Tisch, holt einen Stempel hervor, haut – Pamm! – auf den Brief von der Universität und – Pamm! – auf den Pass. „Hier, bitte schön." – „Danke schön." Fünf Sekunden. Jubelnd gehe ich weg. Ich habe die Papiere.

Als ich dann endlich die Arbeitserlaubnis hatte, bin ich sofort zur Universität von Illinois gefahren, habe mich wieder bei dem Direktor der gesamten Abteilung vorgestellt und habe gesagt: „Hier ist das Dokument." Er sagt: „Ich verstehe dieses Dokument überhaupt nicht. Wir haben hier einen Dekan für *foreign students*. Zeigen Sie dem Ihr Papier."

Er hat mich zu dem Dekan begleitet. Der hieß Quint Hamilton. Er war das fünfte Kind in einer Familie, und seine Schwester war eine berühmte Mythologin. Dem habe ich meinen Brief gezeigt. Quint Hamilton hat zu dem Direktor gesagt: „Ich gratuliere Ihnen. Sie haben einen sehr guten Mann gefunden. Ich habe noch nie gesehen, dass es jemandem gelungen ist, so eine Arbeitserlaubnis zu bekommen. Würden Sie uns allein lassen? Ich möchte mit Heinz von Foerster einen *lunch* haben, bei dem er mir erklärt, wie er dieses Dokument bekommen hat." So sind wir also zum *lunch* gegangen. Das war ein sehr wichtiger *lunch*, denn ein paar Monate später hat der Dekan es möglich gemacht, dass die Immigrationsautoritäten tausend Dollar auf den Tisch gelegt bekommen haben, damit Mai, die auch nur ein Besuchervisum hatte, ins Land gelassen wurde.

Einreise von Mai

Sofort nachdem ich meinen Stempel in der Immigrationsbehörde bekommen hatte, wollte ich Mai anrufen, um ihr zu sagen, dass sie sich vorbereiten kann, nach Amerika zu kommen.

Und da ja zwischen Illinois und Wien sieben Stunden Zeitdifferenz sind und ich Mai so um acht oder neun in der Frühe erwischen wollte, habe ich bis ein Uhr nachts gewartet und dann die internationale Vermittlungsstelle angerufen. Ich habe genau auf die Uhr geschaut und der Dame am Telefon gesagt: „Bitte schön, schalten Sie nach zehn Minuten ab, denn ich kann nicht so lange sprechen. Ich muss meiner Frau in Wien nur eine ganz kurze Nachricht geben." Also die Verbindung wird hergestellt.

Nach neun Monaten Trennung hören wir zum ersten Mal unsere Stimmen wieder. Also ich erzähle: „Mai, ich habe die Arbeitserlaubnis bekommen. Ich bin in Illinois, bitte pack deine Sachen ein, kauf dir ein Ticket, sag der amerikanischen Gesandschaft, du brauchst jetzt ein Immigrationsvisum. Also los, auf geht's!" Ich hänge das Telefon auf und schaue auf die Uhr. Es ist zwei Uhr dreißig. „Ja, aber wie kommt das? Ich habe doch um eins angerufen. Das muss doch irgendein Irrtum sein. Was ist da los?" Ich schaue noch einmal auf meine Armbanduhr. „Jawohl, zwei Uhr dreißig." Eineinhalb Stunden haben wir gesprochen, ohne dass wir es gemerkt haben und ohne dass der *operator* uns nach zehn Minuten getrennt hat. Also die

Telefonrechnung kannst du dir vorstellen: Illinois—Wien; eineinhalb Stunden. Ich glaube, das waren hundertfünfzig Dollar, und ich
habe ja noch fast nichts verdient. Also ich bin zu der Telefonfirma gegangen – apropos Ethik – und habe gesagt: „Ich habe den *operator* gebeten, er soll mich nach zehn Minuten abstellen. Der hat das vergessen. Ich kann diese Rechnung von hundertfünfzig Dollar nicht
bezahlen. Das ist unmöglich." – „Na, zahlen Sie sie halt, wenn immer Sie können", hat der Mann gesagt. „Jeden Monat schicken Sie
uns Geld, bis Sie die hundertfünfzig Dollar gezahlt haben." Ich
sage: „Gut. Das ist ein gutes *agreement*." Und das habe ich auch so
gemacht. Ich glaube, nach einem halben Jahr hatte ich die hundertfünfzig Dollar gezahlt.

Gut, also Mai geht zum amerikanischen Konsul und lässt sich
ein Visum geben. Das Fabelhafte war: Die Deutschen hatten ja gar
keine Schwierigkeit mit einem Immigrationsvisum, denn die deutsche Quote war weit offen, während die österreichische Quote vollkommen zu war. Als österreichischer Quoteneinwanderer hätte man
zwei oder drei Jahre warten müssen. Also Mai bekommt eine deutsche Quote, einen Stempel in den Pass, und die sagen: „Kommen Sie
in zwei Wochen wieder, wenn Sie das Ticket haben. Dann bekommen Sie die restlichen Dokumente."

Gut, Mai packt alle Bücher ein und schickt sie per Post; packt
ihre Kleider, drei oder vier Unterhosen, fünf oder sechs Jacken von
den Kindern in den Koffer, beschafft sich das Ticket, geht zum amerikanischen Konsul, um sich den letzten Passstempel geben zu lassen. Da sagt der Konsul zu ihr: „Vor zwei Tagen ist die deutsche
Quote gesperrt worden. Sie können also kein Visum bekommen."
Die deutsche Quote wurde ausschließlich für *displaced persons* verwendet, die Asyl in Amerika bekommen haben. „Da die deutsche
Quote so groß war, haben wir all diese Leute auf die deutsche Quote
einwandern lassen." Die Mai sagt: „Das geht doch nicht! Ich habe
mir doch jetzt schon –; da, hier ist mein Ticket! All meine Sachen
sind eingepackt. Ich habe nichts mehr hier. Alle Kleider –; alles ist
weg! Ich habe nichts mehr zugänglich. Sie können mir doch jetzt
nicht das Visum verweigern! Ich habe ja nichts mehr!" – „Ja, das ist
Ihr Problem. „Aber das ja schrecklich! Was soll ich denn jetzt tun?"
– „Ja, wissen Sie was, liebe Frau von Foerster, ich gebe Ihnen ein
Besuchervisum. Damit kommen Sie zumindest auf das Schiff. Aber
wahrscheinlich werden Sie in Amerika Schwierigkeiten haben.

Aber ich vertraue Ihnen; Sie werden das schon schaffen." Er gibt ihr also ein Besuchervisum.

Sie geht glücklich weg, steigt in die *Queen Elizabeth* ein und segelt nach New York; neun Monate, nachdem wir uns das letzte Mal gesehen haben. In New York gehe ich auf den Piers. Ich weiß, wann die *Queen Elizabeth* ankommt: „Die kommt so um zehn oder elf an." Da kommt dieses Riesenschiff angefahren. Ich sehe Mai ganz oben auf dem Deck stehen. Sie winkt mir zu. Ich winke zurück. Sie zeigt mir immer „zwei"; „zwei". „Aha", habe ich gedacht, „also um zwei etwa wird sie herauskommen." Also gut, das Schiff öffnet sich, spuckt diese tausende von Leuten aus. Alles kommt heraus; alles kommt heraus; alles kommt heraus. Keine Mai kommt heraus. Mehr Leute kommen heraus. Da sehe ich eine junge Frau, die ein Armband hat: *Aid for foreign students*, also Unterstützung für ausländische Studenten. Also es wird schon zwei; es wird halb drei. Ich gehe zu dieser Frau und sage: „Ich sehe Sie da immer auf das Schiff gehen. Haben Sie da eine Frau mit drei kleinen Buben gesehen?" Sie sagt: „Ja, ja, die habe ich gesehen. Die steht schon über eine Stunde da." – „Ja", sage ich, „aber was ist los?" – „Ja, ich glaube, die hat irgendwelche Immigrationsschwierigkeiten." Ich sage: „Gehen Sie doch einmal hinein, und fragen Sie, was los ist!" Also sie geht hinein; kommt zurück. „Ja", sagt sie, „die hat ziemliche Schwierigkeiten." Ich sage: „Ich bin ein Professor, ein *foreign professor*, ein ausländischer Professor, an der Universität von Illinois. Können Sie mir da helfen?" Sie sagt: „Nein. Ich wüsste nicht, was ich tun sollte. Sie werden schon sehen, was da passiert."

Endlich sehe ich Mai aus diesem Schiff herauskommen; mit zwei Polizisten. Die gehen mit den drei Buben an mir vorbei. Sie wird sofort in ein Polizeiauto gesteckt. Wir winken uns zu, und sie fährt weg. Ich frage irgendjemanden: „Wohin fahren die denn?" – „Nach Ellis Island." Ellis Island ist das große Gefängnis für ankommende Ausländer, die keine richtigen Visa haben. Die müssen in Ellis Island so lange warten, bis sie wieder deportiert werden.

Also verzweifelt gehe ich zu den Nelsons zurück, die sich schon gefreut hatten, Mai am Abend zu begrüßen. Die Champagnerflasche und alles war schon da. Ich sage: „Mai ist in Ellis Island." – „Na ja, das haben wir uns gedacht; denn sie kommt ja mit einem Besuchervisum, und zwei Leute, ein Ehepaar, können nicht mit einem Besuchervisum hier sein; denn die könnten ja dann in Amerika verschwinden. Man hat ja hier gar keine Methode, Eingereiste zu erwischen. Wir haben ja keine Registrierung. Wenn du in ein Hotel gehst oder irgendwo wohnen willst, will niemand von dir wissen, ob du da wohnst oder nicht. Aber das ist kein Problem. Du wirst wahrscheinlich ein *hearing* bekommen, das heißt, du wirst eingeladen, deine Stellung zu verteidigen, warum ihr beide nach Amerika gekommen seid." Also das hat mich etwas beruhigt. „Ich werde sehen, dass ich so schnell wie möglich dieses *hearing* bekomme." Die Nelsons kannten irgendwelche Leute von der *Catholic Health Association*. Die haben gebohrt. „Den von Foersters müssen wir ein *hearing* geben." Endlich habe ich ein *hearing* bekommen. Ich bin auf die Südspitze von Manhattan, genau vis-à-vis von Ellis Island, gefahren und habe mich bei den Immigrationsbehörden vorgestellt: „Ich habe heute ein *hearing* bezüglich der Einreise meiner Frau."

„Jawohl, das ist für zwölf Uhr mittags angesetzt." Ich warte. Tatsächlich wird Mai an Handschellen mit den Kindern vorgeführt. Also zum ersten Mal nach neun Monaten sehen wir uns; vor einem Richter. Wir umarmen uns und freuen uns sehr, und der Richter sagt: „Also ich sehe, Sie haben eine Einladung von der Universität von Illinois. Ich glaube, es ist kein Problem. Sie können ihre Frau ohne weiteres mitnehmen. Sie müssen nur *bonds* erstehen, also Geld hinterlegen, sodass wir, wenn wir Schwierigkeiten mit Ihnen und Ihrem Unterhalt haben, Sie dann mit dem Geld, das sie hier hinterlegt haben, wieder nach Hause schicken können." – „Wie viel wollen Sie denn haben?" Der sagt: „Für wie viele Leute ist das? Drei Kinder, zwei Erwachsene; für jeden sind es fünfhundert Dollar; fünf mal fünfhundert Dollar sind zweitausendfünfhundert Dollar." Ich sage: „Zweitausendfünfhundert Dollar? Aber so viel habe ich überhaupt nicht!" Ich habe meine Brieftasche herausgezogen. „Ich habe hier fünfundzwanzig Dollar und zweiundzwanzig Cent." – „Ich verstehe. Sie haben fünfundzwanzig Dollar und zweiundzwanzig Cent. Vielleicht machen wir es für zweitausend Dollar." – „Ja aber, ich habe immer noch nur fünfundzwanzig Dollar und zweiundzwanzig Cent." – „Na ja, aber wie wäre es denn mit tausendfünfhundert Dollar?" Also ich mache wieder ein Gewimmer und sage, was ich habe, und habe jetzt erwartet, der würde vielleicht tausend Dollar sagen. Da klingelt das Telefon auf seinem Tisch. Er hebt es ab.

„Sehr gut, die tausend Dollar sind gerade angekommen." – „Tausend Dollar sind angekommen?" – „Ja, ja, ich habe gerade gehört, dass die Universität von Illinois Ihnen *bonds* im Wert von tausend Dollar zur Verfügung stellt. Also Sie können Ihre Frau mitnehmen." „Ja, aber wieso die Universität von Illinois?" – „Ja, das weiß ich auch nicht. Aber jedenfalls bin ich gerade informiert worden, dass sie Ihnen tausend Dollar zur Verfügung stellt." – „Also das ist völlig rätselhaft. Wie ist das passiert?" Dann wollte ich Mai schon mitnehmen. „Nein, nein, Sie müssen jetzt schon tausend Dollar dalassen. Die bekommen Sie ja dann wieder zurück, wenn die tausend Dollar von der Universität von Illinois kommen."

Das dauert ein paar Tage, bis das Geld von Illinois nach New York kommt. Für diese paar Tage muss ich, wenn ich Mai heraushaben will, tausend Dollar auf den Tisch legen. Also ich rufe Ilse an. Ich sage: „Ja, Ilse, wir haben die Erlaubnis zu gehen. Kannst du mir für ein paar Tage tausend Dollar borgen?" Sie sagt: „Ja, das kann ich. Da muss ich ins Büro von George gehen und mir dort tausend Dollar abholen, die ich dann gegen *bonds* einlösen kann. Ich komme, so schnell ich kann, hinunter. Am schnellsten geht es, wenn ich mit der *subway* fahre. Also du wartest dort am Ausgang von der *subway*." Hier ist Ilse mit den *bonds*. Ich rase in das Immigrationsbüro; in den vierten Stock; gebe dem die *bonds*. Der sagt: „Wunderbar, jetzt brauchen Sie nur noch einen Notar, der Ihnen das notariell beglaubigt." – „Ja", sage ich, „wo ist ein Notar?" – „Auf der anderen Straßenseite." Also ich rase hinunter; will auf die andere Straßenseite zum Notar. Da kommt die Feuerwehr mit zwei riesigen Wagen angefahren, bleibt vor dem Notar stehen. Ich stürze hinein. Jemand sagt: „Halt, hier brennt es!" Ich sage: „Nein, nein, ich muss da hinein. Ich muss meine notarielle Beglaubigung haben." – „Nein, nein, da kann jetzt niemand mehr hinein." Ich stürze hinein. Da sehe ich einen zitternden Notar. Ich haue ihm die Papiere hin: „Bestätigen Sie die Papiere!" – „Nein, es brennt!", sagt er. „Ja, aber hier brennt es auch. Los! Wo sind die Stempel?" Also der haut diese zwei Stempel drauf; ich rase hinaus, renne in den vierten Stock. Es war zehn Minuten vor vier.

Das war gerade, als die letzte Fähre von Ellis Island zum Festland zurückfahren sollte. Ich gebe dem Mann die Papiere. Er ruft an und sagt: „Jawohl, Ihre Frau kommt mit der letzten Fähre." Also ich warte am Pier. Um vier Uhr fünfzehn oder vier Uhr dreißig am Freitagnachmittag kommt Mai mit den drei Buben angefahren. Dann haben wir bei den Nelson unseren Besuch gefeiert. Da waren wir also endlich da.

Familienpyramide: Johnny, Andy, Tommy, Mai, Heinz (v. o. n. u.)

Das Haus auf der Prairie Street – amerikanischer Alltag

Ich habe mich natürlich bemüht, eine Wohnung zu haben, bevor Mai mit den Kindern ankommt. Und da haben mir die Leute immer gesagt: „Aber Heinz, nimm doch keine Wohnung! Miete dir doch ein Haus!" – „Ein ganzes Haus? Wir kommen ja aus einem Kabinett bei Tante Haserl, wo wir in einem fünf mal sechs Meter großen Zimmer zu fünf gewohnt haben." – „Na ja, miete doch ein Haus! Das ist sogar billiger."

Also ich habe mich umgeschaut. Tatsächlich habe ich ein winziges Haus gefunden; mit einem großen Keller, mit drei oder vier Zimmern: einem Zimmer für die Kinder, einem Schlafzimmer für uns, einem Wohnzimmer und einer winzigen Küche. Die Küche war so groß wie ein Küchenschrank. Aber jedenfalls; es war ein unglaubliches Haus. Also ich habe dieses Haus gemietet. Ich habe gesehen: „Das kann ich tatsächlich zahlen."

Jetzt war nur die Frage: „Wie heizt man das?" Unten im Keller war ein riesiger Ofen. Ich habe also meine Kollegen an der Universität gefragt: „Was mache ich mit diesem riesigen Ofen?" – „Na, bestellen Sie sich doch Kohle." – „Kohle bestellen?"

In Wien, konnte ich mich noch erinnern, ist man zum Kohlenhändler gegangen; hat vielleicht eine Wurstscheibe oder zwei Zigaretten gehabt und hat gefragt: „Lieber Herr Müller, können Sie mir ein paar Stücke Kohle verkaufen? Hier ist eine Wurst." Dann hat der gesagt: „Ja, nehmen Sie sich da vier Stück. Haben sie Zeitungspapier?" Dann hat man sich die vier Stück Kohle in Zeitungspapier eingepackt, hat ihm die Wurst gegeben und hundert Schillinge und ist damit nach Hause gegangen. „Also ich soll mir Kohle bestellen? Wie macht man das? Das kann man ja auch überhaupt nicht bezahlen. Brauche ich eine Wurst?"

„Wie mache ich es, dass der mir Kohle liefert?" – „Ja, sagen Sie, Sie brauchen Kohle und wo Sie wohnen." Also ich mache das, rufe diesen Menschen an: „Ich wohne dort und dort. Können Sie mir Kohle liefern?" Er sagt: „Jawohl, heute Nachmittag liefere ich Ihnen die Kohle", und hängt auf. „Wow! Was ist los?" Also am späten Nachmittag komme ich nach Hause. Von Kohle ist absolut nichts zu sehen. Ich öffne die Türe zum Keller; ist der halbe Keller voll mit einem Berg Kohle. Ein Kohleberg ist da unten.

Ich konnte meinen Augen überhaupt nicht trauen. Die letzte Erinnerung waren vier Stück Kohle, in Zeitungspapier eingewickelt, in den Ofen gesteckt und vorsichtig verbrannt. „Ja, wie zahle ich das?" – „Warte nur, der schickt dir doch eine Rechnung." Also der hat mir dann eine Rechnung geschickt. Verrückt! Eine lächerliche Summe. Es war unbegreiflich.

Also die ganze Familie fliegt von New York nach Chicago und fährt dann mit dem Zug von Chicago nach Champaign, Illinois. Die

Flugzeuge sind damals noch nicht nach Champaign geflogen. Die Kinder haben sich wahnsinnig über die komischen Namen der Stationen, durch die man da fährt, gefreut. Und dann sind wir zu dem kleinen Haus gefahren, das in einer Straße war, die Prairie Street hieß. Ich war ganz stolz: „Dieses herrliche Haus!" Das hatte ich schon in den Nächten vorher weiß ausgemalt. Das war nämlich so dreckig innen, dass man gar nicht hätte einziehen können. Ich hatte ein paar Betten gekauft; die billigsten Betten bei *Sears, Roebuck & Co.* Das war auch eine schöne Geschichte. Ich habe gesagt: „Ich möchte bei Ihnen ein Konto eröffnen." Darauf sagen die: „Sehr gut, das können Sie machen. Wo haben Sie noch weitere Konten?" Ich habe gesagt: „Ich habe nirgends ein Konto. Ich bin niemandem etwas schuldig. Ich habe alles abgezahlt." – „Sie haben nirgendwo Schulden?" Ich sage: „Nein." – „Na ja, dann können wir für Sie kein Konto eröffnen." Ich sage: „Was, Sie können nur ein Konto eröffnen, wenn ich irgendwo Schulden habe?" – „Ja, natürlich, denn das ist eine Garantie, dass die anderen Leute Vertrauen in Sie haben; dass Sie zahlen können."

Also ich bin zur Universität gegangen und habe dort gefragt: „Könnt ihr mir eine Bestätigung geben, dass ich tatsächlich Geld bei euch verdiene?" Die haben mir ein Papier gegeben. Ich bin zu *Sears, Roebuck & Co.* gegangen, habe denen das Papier gezeigt, und darauf haben sie für mich ein Konto eröffnet. Das sollte eine gute Lehre für mich sein: Nur wenn man Schulden hat, bekommt man Geld geborgt. Das war eine andere amerikanische Erfahrung.

Dann haben wir uns Möbel von der Universität von Illinois ausgeborgt. Da gab es eine Leihstelle; da haben wir uns einen Tisch und fünf Stühle ausgeborgt.

Das erste Auto

Ich bin immer ein paar Schritte zur nächsten Autobusstation gegangen und dann mit dem Bus zur Universität gefahren. Aber nach ungefähr zwei, drei Monaten haben wir gesehen: „Man kann in Amerika nicht ohne Auto leben." Da haben wir gesagt: „Wir müssen uns ein Auto kaufen." Also ich bin zu den Gebrauchtwagenhändlern in Champaign-Urbana gegangen; habe versucht, ein Auto zu finden. Das waren nur die schrecklichsten Schaluppen: kaputte, heruntergekommene alte Chevrolets, Fords mit wackligen Fenstern. Mit einem Mann habe ich gesprochen und gesagt: „Am liebsten möchte ich ein

Angekommen in Amerika

Cabriolet haben. Das ist für mich das ideale Auto." – „Na ja, vielleicht kann ich etwas finden. Ich werde mal schauen. Geben Sie mir Ihre Telefonnummer!" Also eines Tages ruft der an und sagt: „Ich habe das Auto für Sie." Ich sage: „Wunderbar." – „Ich komme mit dem Auto vorgefahren und führe es Ihnen vor." Also ich warte zwanzig Minuten. Plötzlich kommt da ein Auto vorgefahren; ein Oldsmobile; das ist das ganz feine, wie ein Cadillac; ein Cabriolet; wunderschön; schwarz; mit elektrischen Fenstern. „Das ist ja unglaublich!" – „Ja, das habe ich mir gedacht. Das ist das Auto für Sie. Sie haben ja immer von einem Auto geschwärmt, das elegant ausschaut und ein Cabriolet ist." Ich sage: „Das ist ja auch wunderschön. Aber ich glaube, das kann ich nicht kaufen. Das ist zu teuer." – „Nein, nein, das können Sie ohne weiteres kaufen. Das ist sooo billig. Das kriegen Sie nirgends je wieder." – „Ja, was kostet es denn?" – „Tausendfünfhundert Dollar." – „Tausendfünfhundert?" Fünfhundert Dollar habe ich im Monat verdient. Drei Monate! „Nein, leider; ich kann mir ..." – „Aber nein, da zahlen Sie mir halt immer, wenn Sie etwas Geld haben. Das ist Ihr Auto. Tausendfünfhundert Dollar. Danke vielmals. Auf Wiedersehen." Also haben wir dieses Oldsmobile gekauft. Da habe ich mir gesagt: „Jetzt muss ich den Eltern ein Foto schicken und denen zeigen: ,Wir sind in Amerika angekommen.'"

DAS ELECTRON TUBE RESEARCH LAB

Gesettelt in Champaign-Urbana; ich der Direktor vom *Electron Tube Laboratory*, also vom Radioröhren- oder Elektroröhrenlaboratorium. Der Vorsitzende meiner Fakultät hat gesagt: „So, Heinz von Foerster, jetzt müssen Sie zum *Office of Naval Research*" – das ist das Office der Marineforschung – „gehen, die das Geld für dieses Laboratorium geben. Sie müssen sich dort vorstellen und sagen, dass Sie der neue Direktor sind und jetzt die Forschungsarbeit übernehmen." Also ich fahre nach Washington, klopfe an die Tür und stelle mich dort vor: „Ich bin Heinz von Foerster von der Universität von Illinois." Der Mann springt mit rotem Gesicht auf: „Was, Sie kommen von der Universität von Illinois? Sie trauen sich noch, hier aufzutauchen?" Ich sage: „Ja, warum denn nicht? Ich habe gehört, dass Sie diese ganze Forschungsarbeit unterstützen." – „Ja, ja, aber seit einem Dreivierteljahr bekommen wir ja schon gar keinen *report* mehr. Wir wissen ja überhaupt nicht, ob Sie da auf der Universität von Illinois noch leben." Ich sage: „Ich bin ja erst seit acht Tagen dort. Ich bin doch gerade erst aus Europa angekommen. Ich bin jetzt der neue Direktor." – „Ach so, Sie sind der neue Direktor. Also Sie wissen nicht, dass die Universität uns schon sechs *reports* schuldig ist und nicht *einen* Bericht von ihrer Arbeit gemacht hat. Nicht *einen* Cent haben sie aufgebraucht!" – „Ja", habe ich gesagt, „es hat dort niemand gearbeitet. Der Direktor hat das *Lab* verlassen." – „Ach so, na ja, das ist etwas anderes. Na, also gut, was haben Sie vor zu tun?" Ich habe ihnen also einen kurzen Bericht gegeben, was ich gerne tun wollte. Die haben gesagt: „Das ist sehr interessant. Gut, wir werden Ihnen weiter Geld schicken." Ich bin wieder zurückgefahren, war also finanziell abgesichert von diesem *Office*, das die Unterstützung einfach weitergeführt hat.

Joseph Tykocinski Tykociner
Drahtlose Telegraphie für die russische Flotte

Das *Lab* war von Joseph Tykocinski Tykociner gegründet worden, der sich schon sehr früh für die Erzeugung ganz kurzer elektromagnetischer Wellen interessiert hat. Also nicht nur Mikrowellen, sondern Mikromikrowellen, das heißt Millimeter-, nicht Zentimeter oder Dezimeterwellen. Das ist ein ziemliches Problem. Aber Tykociner hat sich sehr dafür interessiert, weil er gesagt hat: „Das ist die Zukunft der elektrischen Nachrichtenübermittlung." Denn wenn du Wellen hast, die so kurz wie das Licht sind, kannst du sie – so wie bei einem Scheinwerfer – mit Spiegeln bündeln und sie ganz genau in eine Richtung schießen, ohne dass der elektrische Informationsstrahl sich in alle Richtungen ausbreitet und dadurch seine Energie verliert. Er bleibt gebündelt. Die ganze Energie fährt sozusagen in einem ganz kleinem Zylinder von der Breite eines Spiegels durch die Gegend.

Tykociner hat ursprünglich in Berlin bei Siemens gearbeitet. Er war ein Freund von Marconi. Tykociner hat die drahtlose Telegraphie für Deutschland eingeführt, so wie Marconi die drahtlose Telegraphie für Italien eingeführt hat.

Siemens hatte Vertretungen in Russland. Die Russen haben von dieser drahtlosen Telegraphie gehört und waren im Begriff, einen großen Krieg mit Japan anzufangen. Sie hatten die gesamte russische Flotte in der Ostsee versammelt und haben zu Tykociner gesagt: „Rüsten Sie bitte diese Flotte mit drahtloser Telegraphie aus, damit wir, wenn diese Flotte jetzt aus dem Skagerrak in den Atlantischen Ozean hinausfährt, dann um das Kap Horn herumfährt und dann in den Indischen Ozean hineinrutscht, immer wissen, wo die sind."

Tykociner hat gesagt: „Gut, ich werde da die drahtlose Telegraphie einbauen." Als alles erledigt war, hat er gesagt: „Alles ist fertig. Sie können fahren." Da haben die gesagt: „Jetzt müssen Sie noch die letzten *checks* machen, ob alles in Ordnung ist." Er ist also auf das Boot gegangen und hat die letzten *checks* gemacht.

Als er da unten im Boot stand, hat er plötzlich gemerkt, dass das Boot wackelt. Er hat gedacht: „Das ist ja merkwürdig." Er ist also auf das Deck hinaufgelaufen, hat geschaut und kein Land mehr gesehen. Die haben ihn gekidnappt, sind also mit ihm auf das Meer hinausgefahren und wollten ihn jetzt nach Japan mitnehmen. Da hat er gesagt: „Das ist ja Wahnsinn! Die haben mich geschnappt! Wie komme ich da jetzt heraus? Um Himmels willen! Ach so, ich habe ja drahtlose Telegraphie." Also er hat das Gerät umgeschaltet, hat nach Deutschland, nach Schweden, nach Frankreich und nach England telegraphiert und gesagt: „Ich, Joseph Tykocinski Tykociner, wurde von der russischen Flotte gekidnappt. Bitte retten Sie mich! Ich bin im Flaggschiff." Also gut, nach ungefähr einer Stunde waren dreißig Boote da und haben Tykociner abgeholt. Die russische Flotte, die da heimlich wegfahren wollte, war wohl auf der ganzen Welt bekannt; alles hat gewusst, dass sie jetzt nach Japan fährt.

Nach einem Jahr war die Flotte knapp vor Japan. Inzwischen hatten die Japaner herausgefunden, dass diese Schiffe Kanonen haben, die genau fünf Kilometer weit schießen. Also haben sie gesagt: „Wir bauen jetzt Kanonen, die sechs Kilometer weit schießen." Und da haben sie mit diesen sechs Kilometer weit schießenden Kanonen die gesamte russische Flotte vernichtet. Das war das Ende des russisch-japanischen Krieges, die Schlacht bei Tsuschima, 1905; katastrophale Berichte, wie die unerhörte Anstrengung der Russen völlig ins Auge gegangen ist.

Gut, also das ist die Geschichte von Tykociner. Der Zar hat ihn mit einer wunderschönen Uhr belohnt, weil er die drahtlose Telegraphie für die russiche Flotte eingerichtet hat, die daher ununterbrochen mit dem Land in Kontakt sein konnte. Diese Uhr hat er mir gezeigt; eine wunderschöne, mit Email verzierte fabelhafte Uhr, die er an einem schönen Uhrband in seiner Westentasche getragen hat.

Der erste Tonfilm

Dann ist Tykociner nach Amerika gekommen und hat dort dieses neue Forschungslaboratorium aufgebaut, in dem er ganz kurze Wellen, also Ultrakurzwellen, entwickeln wollte. Gleichzeitig hat er sich sehr dafür interessiert, ob man nicht dem Schwarz-Weiß-Film, den es damals nur gab, vielleicht auf der Seite ein Tonband einbinden könnte, sodass dieser Film ein Tonfilm wird. Wie macht man das? Natürlich: Film ist lichtempfindlich; also schreibt man auf einen schmalen Streifen, den so genannten Tonstreifen, ein Lichtsignal auf, das sich ununterbrochen ändert, wenn der Ton sich ändert, sodass du, wenn du den Film jetzt abspielst, über eine Fotozelle Musik oder Sprache und so weiter wieder regenerieren kannst.

Tykociner hat den ersten Tonfilm entwickelt. Den habe ich gesehen und gehört. Er dauert ungefähr fünfunddreißig Sekunden. Dafür hat Tykociner seine Kamera vor seine Frau gestellt. Frau Tykociner, die eine sehr komische, rundliche, kleine Frau war, sitzt auf einem Stuhl hinter einem Tisch. Auf dem Tisch steht eine Glocke. Der Film beginnt. Frau Tykociner sagt: „Sehen Sie diese Glocke?" Dann nimmt sie die Glocke in die Hand, läutet die Glocke und sagt: „Hören Sie diese Glocke?" Und dann ist der Film zu Ende. Fünfunddreißig Sekunden.

Also das hatte Tykociner gemacht. Er brauchte aber für die Weiterentwicklung finanzielle Unterstützung; er hatte bis dahin fast alles aus seiner eigenen Tasche gezahlt. Er ist also zum Präsidenten der Universität gegangen, hat dem seinen Film vorgespielt und gesagt: „Hier ist eine neue technische Entwicklung. Wir haben jetzt tönenden Film; wir haben Sprechfilm. Ich nenne das *sound-on-film*". Er hat Licht gebraucht, um das zu schreiben; und das Lichtgeschriebene, also den Filmstreifen, konnte er in Schall, in Ton, verwandeln. „Ich möchte das weiterentwickeln. Könnte mir die Universität aus ihren Forschungsgeldern ein wenig Geld geben?"

Darauf hat der Präsident gesagt: „Das ist ja sehr interessant. Ich werde mich bei verschiedenen Experten erkundigen, ob das möglich ist und wie man das machen kann."

Also der Präsident ist zuerst zu den Physikern gegangen und hat die gefragt: „Ich habe einen verrückten Mann im *Department of Electrical Engineering;* Joseph Tykocinski Tykociner. Der sagt, er kann *sound-on-film* machen", Schall, Ton mit Licht erzeugen. Die Physiker lachen sich schief und sagen: „Der hat ja den Unterschied zwischen Schall und Licht nicht verstanden! Das sind zwei fundamental verschiedene Dinge: Licht ist elektromagnetisch; Schall ist einfach Molekülbewegung; also Schall mit Licht –; da ist er völlig auf dem falschen Weg."

Darauf ist der Präsident zu den Psychologen gegangen. Die haben gesagt: „Was, der macht Ton mit Licht? Jeder weiß, dass zwei sensorische Modalitäten des Menschen nicht gleichzeitig getäuscht werden können. Man kann wohl das Auge durch einen Film täuschen, aber nicht gleichzeitig das Ohr mit einem Lautsprecher. Also der Mensch lässt sich prinzipiell nicht über zwei verschiedene sensorische Kanäle gleichzeitig täuschen." „Na", sagt der Präsident, „das schaut nicht sehr gut aus. Aber nächste Woche bin ich ja bei Kodak eingeladen. Die haben ein größeres Fest. Da werde ich George Eastman, der die ganze Filmindustrie unter sich hat, kennen lernen." Er kommt also zu dem großen Diner mit Leuten von Kodak, sitzt zufällig neben Eastman, dem Direktor der riesigen Eastman-Kodak-Filmproduktion, und sagt: „Lieber Herr Eastman, ich habe einen seltsamen Menschen auf der Universität von Illinois; Joseph Tykocinski Tykociner. Der sagt, er kann sprechenden Film machen. Hat das irgendeine Zukunft?" Da sagt Eastman: „Ist doch lächerlich! Die Leute gehen doch nicht ins Kino, um etwas zu hören; die gehen doch ins Kino, um etwas zu sehen. Also wenn jetzt die Menschen im Film anfangen zu sprechen, werden die Leute alle weggehen und sich nicht mehr für diesen Film interessieren. Also ein Tonfilm hat überhaupt keine Zukunft; hat überhaupt keine Möglichkeit, sich je irgendwo zu etablieren." – „Danke vielmals. Jetzt weiß ich, wie ich das Problem Tykociner zu behandeln habe", sagt der Präsident und fährt wieder nach Hause.

Ist das nicht schön? Das sind drei Fachleute, die über die Zukunft, über die Physik und über die Psychologie sprechen. Ich habe diese Geschichte deswegen erzählt, weil sie im Kontext unserer Ethikbesprechung ein sehr interessantes Licht auf das Verhalten von Wissenschaftlern bezüglich neuer Ideen wirft; sie zeigt, wie Wissenschaft über Wissenschaft spricht. Was ich besonders interessant finde, ist, dass diese Wissenschaftler und Finanzgenies überhaupt nicht erkennen, was da vorliegt; weil sie überhaupt nicht zuhören; weil die Arroganz sie völlig eingenommen hat. Sie wissen, wie alles geht. Wenn einer kommt und sagt: „Es gibt Tonfilm", sagen sie: „So etwas gibt es ja nicht!".

Vier, fünf Jahre später hat ein Mann namens Lee de Forest auch einen Tonfilm produziert und ist, weil er viel geschickter PR, Public Relations, gemacht hat, mit *RCA*, der *Radio Corporation of America*, glaube ich, gearbeitet hat, natürlich sofort lanciert worden und als der Erfinder des Tonfilms in allen Büchern über Tonfilm erwähnt.

Trotzdem hat Tykociner seine Sache weitergemacht. Er hatte eben nur leider keine Public-Relations-Maschine, die ihm diese Erfindung verkauft hätte.

In dieses *Lab* bin ich eingestiegen. Tykociner war zu der Zeit schon pensioniert. Der war über siebzig Jahre alt, als ich gekommen bin. Nach Tykociner hatten sie einen anderen Direktor. Der war nur ein Jahr da und hat sich dann von der Industrie abkaufen lassen, sodass niemand mehr da war.

Projekte im *Electron Tube Research Lab*
Die schnellste Uhr der Welt

Ich habe mich am *Electron Tube Research Lab* auf zwei Projekte spezialisiert, die dann wirklich gut herausgekommen sind. Das eine waren Kurzzeitmessungen. Was ist kurz? Eine Millionstel Sekunde? Nein; wir haben eine Uhr gebaut, mit der du ein millionstel einer millionstel Sekunde messen kannst.

Mit dieser Uhr konnten wir Vorgänge messen, von denen niemand gedacht hätte, dass man sie je messen könnte; wie zum Beispiel den Vorgang, wenn ein Photon auf eine Fotozelle trifft; wie lange es dauert, bis dieses Photon ein Elektron aus dieser Fotozelle herausschießt.

Jedenfalls haben wir damals die schnellste Uhr der Welt gebaut; die die kürzesten Zeitintervalle messen konnte: zehn hoch minus zwölf Sekunden, also ein Millionstel einer millionstel Sekunde.

Modulation von Licht mit Mikrowellen

Das andere Projekt: Wir wollten ja Nachrichtenübertragung mit Kurzwellen machen. Warum nimmt man Kurzwellen? Kurzwellen kann man modulieren, das heißt, man kann mit Kurzwellen Nachrichten übertragen. Wie findet die Nachrichtenübertragung mit normalen Wellen statt? Ein Sender sendet eine Welle aus; die nennt man die Trägerwelle. Die hat eine bestimmte Frequenz. Jetzt wird diese Trägerwelle von Empfängern mit Antennen wieder aufgefangen. Wenn diese Trägerwelle jetzt einmal stärker und einmal dünner und einmal dünner und einmal stärker wird, kann dieses „dünner und stärker werden" verwendet werden. Denn wenn man das jetzt verstärkt, kann ein Lautsprecher diese starken und weniger starken Signale in Form von Musik, in Form von Sprache wiedergeben.

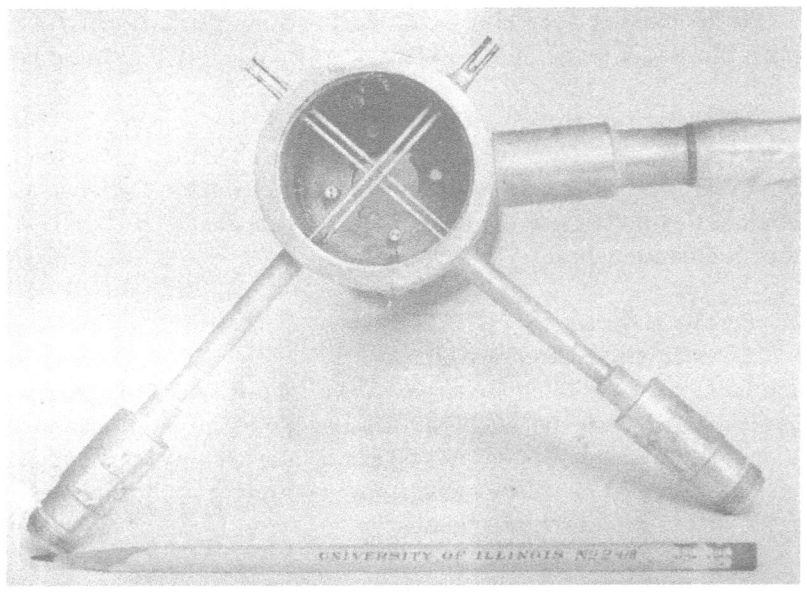

Die schnellste Uhr der Welt

Die Trägerwelle hat eine bestimmte Länge. Man kann nicht kürzer modulieren als die Länge der Trägerwelle ist, denn sonst würde man die Trägerwelle stören. Also man kann die Trägerwelle nur mit Änderungen modulieren, die viel länger sind als die Welle der Trägerwelle. Wenn also die Welle der Trägerwelle kürzer und kürzer wird, kann man mehr und mehr auf dieser Trägerwelle übertragen. Also wenn du Mikrowellen hast, kannst du vielleicht hundert Telefongespräche über eine Trägerwelle bringen. Wenn du aber Licht, das eine winzige Welle ist, als Trägerwelle nimmst, kannst du fünftausend Telefongespräche gleichzeitig über dieselbe Trägerwelle übertragen. Ich habe gesagt: „Versuchen wir doch, Licht mikrowellenmäßig zu modulieren." Alle haben gesagt: „Das geht nicht! Das kann man nicht!" Wir haben uns das ausgerechnet: „Wir können das machen." Ein sehr begabter Student, Donald Holshouser, hat seine Doktorarbeit über die Modulation von Licht mit Mikrowellen durchgeführt.

Der Vorsitzende meiner Lehrkanzel hat sich einen Bleistift genommen und sich ausgerechnet, ob Foerster tatsächlich Licht mit Mikrowellen modulieren kann. Er hat gesehen: „Wenn er das tut, schneidet er die Lichtwelle in kleine Wurstscheibchen, die alle vielleicht nur ein, zwei Zentimeter lang sind." Da hat er sich ausgerechnet, wie lang denn ein Quantum in so einer Lichtwelle ist. Er hat gesagt: „Das Quantum ist ja viel länger. Das heißt, Foerster glaubt, er kann Quanten klein schneiden. Das ist Unsinn. Das ist ein Scharlatan. Der hat das dem *Office of Naval Research*, das Quantenphysik nicht versteht, verkauft, damit sie ihm Geld geben." Also ist er zu mir gekommen und hat gesagt: „Lieber Herr von Foerster. Sie dürfen diese Arbeiten nicht mehr fortsetzen, denn was Sie da tun, geht ja im Prinzip nicht." Darauf habe ich gesagt: „Lieber Herr Vorsitzender, das geht sehr gut. Ich kann Ihnen das vorrechnen. Es geht wunderbar." – „Ich habe mir das ausgerechnet. Sie können ja die Quanten nicht zerteilen." – „Aber lieber Herr Vorsitzender, Sie missverstehen Quantenphysik. Quanten werden nicht *zerteilt* oder *nicht zerteilt*. Die kommen einmal oder kommen nicht. Es ist eine statistische Angelegenheit." – „Nein, nein, ich habe mir das ausgerechnet. Es geht prinzipiell nicht. Ich werde sehen, dass Ihre Arbeit unterbrochen wird." Ich habe gesagt: „Die lasse ich mir nicht unterbrechen. Das funktioniert wunderschön." Der wollte wirklich, dass das *Office of Naval Research* die *funds,* also das Geld, das sie für diese Untersuchung gezahlt haben, zurückziehen.

Als ich gesehen habe, dass diese Arbeit unterbrochen werden sollte, bin ich zu John Bardeen gegangen. Der saß im *Department of Physics*. John Bardeen hatte ungefähr ein halbes Jahr zuvor den Nobelpreis für die Erfindung des Transistors bekommen. Also ich gehe hinüber zu John Bardeen, den wir gut gekannt haben, und sage: „Könntest du einmal zehn Minuten zu mir ins *Lab* kommen? Da zeigen wir dir, wie wir Licht modulieren." Darauf hat er gesagt: „Mit größtem Vergnügen!" Er kommt also, schaut sich das an und sagt: „Mensch, du hast ja eine völlig neue Technologie entwickelt. Jetzt kann man Lichtsignale über die Fiberoptik schicken." Ich sage: „Genau, deswegen machen wir das." – „Das ist ja unglaublich. Da kannst du ja eine Million Telefongespräche über einen Draht schicken." Ich sage: „Jawohl, deswegen machen wir das." – „Fantastisch! Unglaublich!" – „Also, würdest du dem Vorsitzenden meines Departments erzählen, dass wir etwas machen, das sehr gut geht?" Er sagt: „Selbstverständlich."

Der Vorsitzende hat sich aber dadurch nicht beirren lassen. Darauf ist Bardeen zum Dekan dieser ganzen Abteilung gegangen und hat gesagt: „Da ist ein Mensch, der die Arbeit von Foerster unterbrechen will."

Der Dekan, ein großer Politiker, hat daraufhin für den Vorsitzenden an einer anderen Universität eine Stelle gefunden und ihn an diese andere Universität versetzt. Hinausschmeißen konnte er ihn nicht, denn dieser Vorsitzende hatte ja eine *tenure*. *Tenure* heißt, du kannst den Professor nicht hinausschmeißen. Also der ist gegangen; wir haben einen neuen Vorsitzenden bekommen, und ich habe meine Modulation gemacht. Das ist ein berühmtes Papier geworden, das im *Journal of the Optical Society of America* veröffentlicht wurde. Die waren ganz zufrieden mit dem, was Foerster mit seinem *Lab* gemacht hat.

Als ich dort angefangen habe, waren die Studenten, die da gearbeitet haben, alle ehemalige Soldaten, die im Zweiten Weltkrieg eingezogen gewesen waren, also so genannte GIs. Amerika hatte die „GI Bill" eingeführt, das heißt, die jungen Menschen, die nach dem Krieg aus der Armee entlassen worden sind, haben ein Stipendium von der Regierung bekommen, sodass sie an die Universität gehen und studieren konnten. Wenn sie schon verheiratet waren, haben sie ein Verheiratetengeld bekommen, sodass sie also auch Frau und Kinder ernähren, eine kleine Wohnung nehmen und die *tuition* zahlen konnten; oder die *tuition* wurde einfach aufgehoben. Diese jungen Menschen, die bei mir im *Electron Tube Lab* gearbeitet haben, waren alle auf „GI Bill", waren alle Papas oder Mamas, waren Menschen mit großer Verantwortung, die mit großem Interesse und mit großem Vergnügen gelernt haben. Die haben meine unüblichen Forschungsprogramme mit Begeisterung aufgenommen. Also das war eine wunderbare Zusammenarbeit. Die waren *so* gut! Das Modulationsgerät, das Holshouser gebaut hat, war eine Meisterleistung. Ich alleine hätte das gar nicht machen können.

Erste Erfahrungen als Lehrer in Amerika

Von Zeit zu Zeit hat man mich angerufen, ich soll doch eine Klasse übernehmen. Die amerikanische Universitätserziehung hat ja die folgende Idee: Die ganz großen Kurse, zum Beispiel die Kurse für Studenten im erstem Jahr, die *Mechanical Engineering* oder *Electrical Engineering* oder so etwas studieren, werden nicht alle zusammen in einer riesigen Klasse unterrichtet, sondern in lauter kleine Klassen von ungefähr fünfzehn oder zwanzig Studenten unterteilt, die alle von so genannten *research assistants* or *teaching assistants* unterrichtet werden, die selber gerade erst dieses Buch gelesen haben, selber gerade durch die Prüfung gegangen sind. Die werden jetzt vor diese Studenten hingestellt. Ein Vorsitzender koordiniert all diese Vorlesungen für den ganzen Kurs und synchronisiert die *teaching assistants*, sodass sie immer am Donnerstag über Elektronen und am Freitag über Ionen sprechen.

Eines schönen Tages ruft mich der Vorsitzende der Lehrkanzel an: „Lieber Heinz, wir haben keinen *teaching assistant* für diese und jene Klasse. Würdest du die heute und für die nächsten drei, vier Wochen übernehmen?" Ich frage: „Was wird da unterrichtet?" Er sagt: „Einführung in Magnetismus und Elektrizität." Da sage ich: „Wunderbar, mit großer Begeisterung. Gibt es für diesen Kurs ein Lehrbuch, sodass ich weiß, in welchem Bereich ich da unterrichten soll?" Er sagt: „Jawohl, wir haben dieses Lehrbuch." Ich sage: „Bitte schick mir das, dann kann ich mir das anschauen. Wann fängt die erste Klasse an?" – „Heute um zwei." Er hat mich um zwölf angerufen. Ich bekomme das Buch, schau es an und sage: „Das ist ja ein entsetzliches Buch! Das ist ja so was Blödes! Da werden die ganzen Sachen so dumm erklärt! Das kann ich ja nicht machen! Das geht zu weit!" Also ich komme um zwei in diese Klasse. Ich sage: „Also, meine Damen und Herren, ich bin jetzt euer neuer *teaching assistant.*"

Ein junger Mann zeigt auf und sagt: „Sie müssen zuerst einen *roll call* machen." Ich frage: „Was ist ein *roll call*?" – „Sie müssen feststellen, wer in dieser Klasse ist." Ich sage: „Warum soll ich feststellen, wer in dieser Klasse ist?" – „Ja, weil wir ein Zeugnis abgeben müssen, dass wir tatsächlich in dieser Klasse waren." Ich sage: „Aber das interessiert *mich* doch nicht! *Ihr* wollt doch *Electrical Engineering* lernen, nicht ich!" – „Nein, nein, Sie müssen das machen!" Ich sage: „Na gut, also wenn ihr das machen wollt, soll einer von euch diesen *roll call* übernehmen." Also einer macht den *roll call*; schreibt alle Namen auf. Ich dachte: „Das ist grotesk! Wir sind doch hier nicht in einer Mittelschule!"

Dann sage ich: „Ich habe dieses Lehrbuch. Wir haben zwei Möglichkeiten: Ich kann nach diesem Lehrbuch vorgehen und Seite für Seite erzählen, was hier falsch und was zu seicht ist. Das wäre eine Methode. Die andere Methode ist, dass ich euch sage, wie Elektrizität und Magnetismus funktionieren. Was wollt ihr?" – „Wir wollen wissen, wie Elektrizität und Magnetismus funktionieren." Ich sage: „Wunderbar, dann können wir das Buch schon wegschmeißen." Du siehst, ich hatte Schwierigkeiten, Unterricht im amerikanischen Stil zu machen.

Ich habe sehr viel über die Geschichte gesprochen, über die Entwicklung; wie es dazu gekommen ist et cetera et cetera. Dann habe ich ihnen Aufgaben gegeben; Vorträge über dieses und jenes zu halten: „Einer soll herausfinden, was Faraday gemacht hat. Ein anderer soll herausfinden, warum das Elektron Elektron heißt"; woher das kommt; aus dem Griechischen et cetera. Also die haben mit großem Spaß mitgemacht.

SABBATICAL 1956/57

Jedes Jahr fand eine weitere Macy-Tagung statt. Mein Geist, mein Spirit, meine Erfahrung, meine Fähigkeiten und meine Technologie waren da, um diese Röhren zu bauen, aber mein Herz und meine Seele waren bei den Kybernetikern, den Macy-Leuten.

Nun gibt es diese herrliche Einrichtung in Amerika: Wenn du sechs Jahre an der Universität unterrichtet hast, kannst du einreichen, das siebente Jahr in Ferien zu gehen, und die Universität zahlt dir das halbe Gehalt. Das nennt man *sabbatical leave*. Mein Plan war, dieses Sabbatical-Jahr 1956/57 zu verwenden, um mehr über Neurophysiologie, Physiologie und Biologie zu lernen.

Ich hatte also ein halbes Gehalt und habe gedacht: „Vielleicht finde ich eine Stiftung, die mir die andere Hälfte des Gehalts gibt." Ich habe also bei der *Guggenheim Foundation* eingereicht, ein Stipendium zu bekommen, um ein Jahr Biologie zu studieren. Die haben das tatsächlich akzeptiert. Ich wurde ein *Guggenheim Fellow*.

Ich habe Warren McCulloch gefragt, ob ich die erste Hälfte meines Sabbatical-Jahres bei ihm am MIT arbeiten darf.

McCulloch war von der Universität von Illinois weggegangen, weil er eine Einladung vom Forschungsdirektor am MIT bekommen hatte. Das war Jerry Wiesner; auch ein Macy-Mitarbeiter. Also Warren war eingeladen worden, in dem berühmten *Research Laboratory of Electronics, RLE*, am MIT mit einigen Genies im elektronischen Bereich zu arbeiten. Und da hat er seine Mitarbeiter aus Illinois mitgenommen; Jerry Lettvin und andere, mit denen er früher gearbeitet hatte. So war ich ein halbes Jahr am MIT; mit Warren McCulloch, Jerry Lettvin und anderen; und wir haben uns königlich unterhalten.

Dann nach dem halben Jahr bei Warren McCulloch habe ich Norbert Wiener getroffen und gesagt: „Jetzt möchte ich mehr über kybernetische Biologie, über Neurologik, Neurologie, Neurophysiologie lernen. Wo soll ich hingehen?" Norbert Wiener hat gesagt: „Heinz, du gehst nach Mexico City zu meinem Freund Arturo Rosenblueth, mit dem ich die ersten Arbeiten über *teleological mechanisms* geschrieben habe. Ich schreibe ihm eine *note*, dass du gerne dort arbeiten möchtest." Ich habe gesagt: „Ich bin entzückt." Er hat Arturo Rosenblueth eine *note* geschrieben, und der hat gesagt: „Ich freue mich, Sie für ein halbes Jahr bei mir in meinem *Lab* zu haben."

Schon im Herbst 1956 haben Mai und ich beschlossen: „Wir fahren mit dem schönen Oldsmobile mit allen Kindern und Gepäck nach Mexico City."

Ivan Illich

Zunächst ein kleiner Einschub: Viele Jahre später waren wir noch einmal in Mexiko. Kurz vor diesem späteren Mexikobesuch, im April 1970, hatte Mai einen Artikel im *New Yorker* über einen sehr interessanten Menschen gelesen: Ivan Illich. Ivan Illich war auch ein Wiener. Er war ein Vorzugsschüler, der am *Theresianum* studiert hat. Ganz früh schon war er mit der Matura fertig. Da haben die Leute ihm empfohlen: „Du bist so begabt, du kannst Latein, du kannst Griechisch, geh doch in die Kirche! Werde ein Theologe!" Also hat er Theologie studiert. Auch darin war er brillant. So wurde er nach Rom eingeladen und hat dort Theologie studiert. Er hat alles wunderbar absolviert.

Da haben die großen Bonzen vom Vatikan zu dem Buben gesagt: „Du hast das Potenzial, Kardinal zu werden. Du gehst jetzt in die besten Schulen der Welt! Du wirst von uns eingeladen. Du kannst studieren und arbeiten, wo du willst." Er hat gesagt: „Ja wunderbar! Das würde ich sehr gerne." Die haben ihn also in die entsprechenden Schulen in Rom geschickt und ihn dann gefragt: „Wo möchtest du jetzt arbeiten?" Die haben natürlich geglaubt, er würde in Rom bleiben wollen. Er hat gesagt: „Ich möchte gerne nach Puerto Rico gehen." – „Nach Puerto Rico? Das ist ja völliger Wahnsinn! Da sind lauter Bettler und arme Hunde. Was willst du dort lernen?" – „Ich möchte dort *birth control* einführen." – „Was; du als Katholik? *Birth control?*" – „Ja, die brauchen das. Ich möchte diesen Menschen helfen. Deswegen fahre ich dorthin." Also, er ist dorthin gefahren und hat dort *birth control* eingeführt. Die haben ihn also aus der Kirche hinausgeschmissen und gesagt: „Dieser Mann ist sehr gefährlich. Den müssen wir zur Inquisition schicken. Der soll sich dort verteidigen." Also, Ivan Illich geht dorthin. Er ist natürlich ein guter Geschichtsforscher und wusste, dass die Regeln, wie eine solche Verhandlung durchgeführt werden soll, genau festgelegt sind.

Er wusste, dass eine Inquisition auf Lateinisch durchgeführt werden muss. Also er kommt nach Rom, geht noch vor der Inquisition ins Kaffeehaus, trinkt einen Mokka und geht dann hinüber und lässt sich „inquirieren". Er kommt herein. Die wollen auf Italienisch ansprechen. Darauf sagt er: „Nein, nein, es ist Vorschrift, dass wir das alles auf Lateinisch erledigen müssen", und beginnt, von nun an nur mehr Lateinisch zu sprechen. Die konnten natürlich nicht so gut Lateinisch wie er und waren also völlig verzweifelt. Wenn die irgendetwas auf Italienisch gesagt haben, hat er gesagt: „Ich verstehe nicht, was Sie sagen." Nach ungefähr einer Stunde, in der sie verzweifelt etwas aus ihm herausbringen wollten, haben sie gesagt: „Wir hoffen, wir sehen Sie nie wieder." Und da hat er gesagt: „Das hoffe ich auch."

Dann hat er gesagt: „Gut, jetzt baue ich ein Institut auf. Wo mache ich das? Na, in Südamerika werde ich schon einen Platz finden." Er begibt sich also nach Südamerika, kauft sich ein paar dicke Nagelschuhe und fängt an, von Mittelamerika bis Tierra del Fuego, Feuerland, längs der Anden hin und her zu wandern.

Eineinhalb Jahre ist er da zu Fuß gewandert und hat ununterbrochen mit den Leuten gesprochen: „Wo könnte ich ein Institut etablieren?" Auf dem Rückweg ist er dann schließlich nach Cuernavaca in Mexiko gekommen und hat dort mit dem Bischof gesprochen: „Ich möchte ein Institut für Dokumentation, für weltliche und geschichtliche Angelegenheiten einrichten."

Da hat der Bischof gesagt: „Sei mein Gast." So hat er sich dort niedergelassen und dieses fabelhafte CIDOC, *Centro Intercultural de Documentación*, in Cuernavaca gegründet. Er hat eine große Ranch, *Rancho de Tela*, gemietet und dort 1961 sein Institut eröffnet.

Also wir haben erfahren, wo Cuernavaca ist, sind da hinübergefahren und haben an die Türe geklopft.

„Wir möchten Ivan Illich kennen lernen." Die Dame, die dort die Türe geöffnet hat, hat gesagt: „Mr. Illich ist heute leider nicht da." Ich habe gesagt: „Das ist schade. Ich überlasse Ihnen ein kleines Papier, das ich einmal geschrieben habe. Richten Sie ihm bitte aus, dass ich morgen wiederkommen werde." Am nächsten Tag bin ich wiedergekommen und nähere mich der *Casa Blanca* der *Rancho de Tela*, ein weiß angestrichenes Haus, in dem er residiert hat. Da kommt dieser lange Lulatsch, Ivan Illich, herausgewandert, stürzt auf mich zu und sagt: „Wissen Sie, was Sie gemacht haben?" Ich schaue ganz erstaunt: „Ja, was?" – „Sie haben Skinner ruiniert." Skinner hat doch damals diesen Behaviorismus eingeführt. „Sie haben Skinner erledigt." Darauf habe ich gesagt: „Ja, ich weiß." Das steht in meinem Papier *Molecular Ethology*. Also sehr lustig. Wir haben uns also sofort sehr befreundet.

Paolo Freire

Am frühen Nachmittag hat Illich gesagt: „Jetzt ist es halb zwei. Ich habe Sie für einen Vortrag angesetzt. Die jungen Menschen warten schon auf Ihren Vortrag. Übrigens", hat Illich gesagt, „Sie müssen so um vier oder fünf aufhören, denn ich bekomme einen Besuch von Paolo Freire." Paolo Freire war ein brasilianischer *educator*, der eine Methode erfunden hat, wie die Bauern, die *campesinos*, in Brasilien blitzartig schreiben und lesen lernen können.

Das war natürlich für die brasilianische Regierung außerordentlich gefährlich, denn wenn die lesen und schreiben können, können sie ja die Berichte lesen; können lesen, was los ist. Also haben sie Paolo Freire verhaftet und ins Gefängnis gesteckt. *Amnesty International* hat ihn aus dem Gefängnis herausgeholt und ihn, soweit ich mich erinnere, merkwürdigerweise nach Wien geflogen.

Dort hat er gesagt: „Ich muss sofort nach Mexico, um meinen Freund Ivan Illich zu treffen." Er ist also, aus dem Gefängnis kommend, zuerst nach Europa und von dort nach Mexico geflogen. Dann ist er mit der Limousine vom Flughafen in Mexico City nach Cuernavaca, *Rancho de Tela*, gefahren. Er kam um fünf Uhr nachmittags dort an, und Illich hat gesagt: „Ja wunderbar, Paolo, ich habe schon einen Platz für dich, wo du deinen Vortrag halten kannst." So ging das zu im CIDOC. Also diesen unglaublichen Menschen habe ich kennen gelernt.

Den Erfolg seiner Idee, den Bauern lesen und schreiben beizubringen, hat er dadurch erreicht, dass er die Bauern versammelt hat und ein Wort gesagt hat, bei dem die alle völlig wild geworden sind: „Policíííííííííííííía!" – „Wooooooooooow!" – „Nieder!" Er schreibt *policía* an die Tafel: „Po-li-cía". „Policíííííííííííííía!"

Arturo Rosenblueth und das Muskelpapier

Nun zurück in das Jahr 1956. Als ich dann zu Rosenblueth gekommen bin, hat er gesagt: „Leider habe ich mein ganzes Beschäftigungsfeld hier verändert. Ich bin nicht mehr in der Neurophysiologie. Ich bin jetzt der Direktor des *Instituto Nacional de Cardiología*." Das ist das Herzinstitut an der mexikanischen Universität. Ich habe gesagt: „Das macht mir nichts aus. Ich möchte einfach lernen, wie man in biologischen Systemen experimentiert"; denn das habe ich ja überhaupt nicht gekonnt.

Bei Rosenblueth habe ich mich hauptsächlich mit Muskeln beschäftigt, denn das Herz ist ja ein Muskel und kein Nerv. Das war sehr interessant. Da habe ich ein Papier über Muskelarbeit geschrieben.

Der wesentliche Inhalt des kleinen Büchleins mit dem Titel *Phenomenology of External and Internal Work in the Active Whole Muscle* beschäftigt sich mit folgendem Problem: Wenn du einen Stein auf ein Brett legst, bewegt sich nichts. Der Stein bleibt auf dem Brett liegen, und keine Arbeit wird geleistet; keine Energie wird verbraucht. Der Stein bleibt einfach so lange liegen, bis ein Wind oder ein Mensch ihn wegräumt. Wenn aber ein Mensch mit einem ausgestreckten Arm einen Stein hält, kann er das vielleicht für ein paar Minuten machen; dann wird er müder und müder und muss den Stein fallen lassen. Wieso wird er müder? Der Stein bleibt doch immer an derselben Stelle. Warum soll er sich anstrengen? Keine Arbeit wird geleistet. Der Stein wird ja nicht bewegt. Wieso wird der Mensch, wird der Arm müder und müder?

Wieso entsteht Arbeit, obwohl sich nichts bewegt? Arbeit wird ja in der Physik so verstanden, dass eine Kraft etwas bewegt; wenn Energie verbraucht wird. Aber beim Halten eines Steines wird offenbar keine Energie verbraucht. Wieso braucht der Arm Energie?

Das habe ich durch eine Aktivität erklärt, die, wie ich behaupte, die innere Aktivität dieser Muskelfasern ist. Die Muskelfasern müssen ununterbrochen aktiv sein, damit der Arm horizontal stehen bleibt. Und das macht den Menschen müde. Die Muskelfaser ist ja eine elastische Faser. Also damit der Arm die horizontale Stellung

210

aufrechterhalten kann, werden die Muskelfasern ständig angezogen. Das verlangt Arbeit. Der Muskel wird einmal zusammengezogen; dann wird er wieder entspannt; dann muss er wieder angezogen werden. Für diese Tätigkeit habe ich ausgerechnet und gezeigt, wie viel innere und äußere Arbeit stattfindet. Wenn man irgendeinen Gegenstand hält, wird nicht nur äußere, sondern auch innere Arbeit von dem Muskel geleistet.

Obwohl das Thema meines Wissens noch nicht von anderen Wissenschaftlern dargestellt worden ist, habe ich dieses Papier leider nie veröffentlicht. Als ich es fertig hatte, kam ich mit der Familie aus Mexico zurück nach Champaign; und unmittelbar nach dem Ankommen habe ich das *Biological Computer Lab* an der Universität von Illinois gegründet. Das hat so viel Energie von mir genommen, dass ich keine Zeit mehr hatte, mich mit diesem Muskelpapier zu beschäftigen. So liegt das Muskelpapier bis heute nur in Manuskriptform vor. Das ist alles noch handgeschrieben.

Wir hatten ein Visum für genau hundertachtzig Tage. Am hundertachtzigsten Tag haben wir die Grenze nach Amerika wieder überschritten und sind zurück nach Illinois gekommen. Ich habe dann meinen Vorgesetzten auf der Universität gesagt: „Ich möchte ein neues Laboratorium gründen."

DAS *BIOLOGICAL COMPUTER LAB*

Laszlo Goldstein und andere übernehmen das *Electron Tube Research Lab*

Das *Electron Tube Research Lab* hatte ich so aufgebaut, dass ich mich ohne weiteres von ihm entfernen konnte, ohne dass es zusammengebrochen ist. Ich habe vier ganz hervorragende Leute eingeladen, da mitzuarbeiten. Die wurden von der Universität von Illinois eingestellt. Einer war Laszlo Goldstein, ein ungarischer Physiker. Er war ein ganz berühmter Fußballspieler, ein professioneller Fußballspieler. Er hat das Geld für sein Studium als Fußballspieler in der französischen Auswahlmannschaft verdient.

Er hat seine Doktorarbeit unter Marie Curie geschrieben; eine unerhörte Doktorarbeit; zweihundert Seiten. Die hat er ihr gegeben, und sie hat sie mit nach Hause genommen. Nach einem Monat hat sie ihm die Doktorarbeit zurückgegeben und gesagt: „Nicht gut!" – „Ja, was kann ich machen?" – „Nicht gut!" Also ist er nach Hause gegangen und hat die Doktorarbeit gelesen. Er hat keine Ahnung gehabt, was da nicht gut ist. Also schreibt er eine andere Doktorarbeit mit zweihundert Seiten und gibt sie Madame Curie. Die behält sie einen Monat und sagt dann: „Nicht gut! Nicht gut!" Na ja, er wusste nicht, was er damit anfangen soll, geht wieder nach Hause, schreibt eine dritte Doktorarbeit und gibt sie Madame Curie. Sie nimmt sie; zwei Monate. „Gut!"; akzeptiert sie. Das sind die pädagogischen Kunstgriffe der französischen Wissenschaftler.

Laszlo Goldstein hat die Plasmaoszillation übernommen. Das war mein Feld, Plasmaphysik, und Goldstein war ganz berühmt für seine Plasmaforschung. Die Universität hat ihn als Professor eingestellt.

Ein anderer war Paul Coleman, ein Hochspannungsphysiker. Der hat die ganze Hochspannungsabteilung übernommen. Dann waren da noch zwei weitere Leute, hervorragende Physiker; wunderbare Menschen. Ich habe gesehen, das *Laboratory* ist in besten Händen. Die Studenten, die bei mir gearbeitet haben, waren alle graduiert. So konnte ich also das *Lab* verlassen, ohne irgendwelche Schäden anzurichten.

Die finanzielle Basis

Ich bin wieder nach Washington gefahren; zu den Leuten, die das *Electron Tube Laboratory* gezahlt haben, den Leuten vom *Office of Naval Research*. In der Zwischenzeit hatte McCulloch, der gewusst hatte, dass ich ein neues *Lab* gründen wollte, Leuten ganz oben im *Office of Naval Research*, die er kannte, gesagt: „Da kommt ein junger Mann namens Heinz von Foerster, der ein neues Laboratorium gründen will. Helft dem doch, so gut ihr könnt!" Also ich bin zu meinen Sponsoren gekommen und habe gesagt: „Ich möchte ein neues Laboratorium gründen." Die haben gesagt: „Ja, Heinz, das ist eine gute Idee. Wir werden dir einen kleinen Vorschuss geben, so dass du dein neues *Lab* gründen kannst. Wie möchtest du das nennen?" Ich habe gesagt: „Ich möchte das gerne *Biological Computer Lab*, BCL, nennen."

Die Uridee: Das Parallelrechnen

Die Uridee, die ich im Laufe dieser Monate, in denen ich mit McCulloch und Rosenblueth gearbeitet habe, entwickelt hatte, war die Idee des Parallelrechnens.

Ich habe durch das Studieren der Nervennetze gelernt, dass bei den Lebewesen die Operationen alle parallel laufen. Was mich schon sehr früh gewundert hat, war, dass die einzelnen Nerven sehr langsam sind und trotzdem unglaubliche Operationen machen können, die ein ganz schneller Computer nicht machen kann.

John von Neumann hat diese geniale Maschine erfunden, wo ein Zentralprozessor all die großen Kunststücke mit Daten macht, die ihm gefüttert werden.

Die neumannsche Computeridee war, das wenn Prozesse durchgeführt werden, das Resultat zu einer neuen Station geschoben wird, wo neue Prozesse durchgeführt werden. Und das Programm, das du der Maschine eingibst, sagt genau, was bei diesen einzelnen Schritten gemacht werden soll. Das nennt man „sequenziell", also die Operationen werden in einer Sequenz durchgeführt, bis das Endresultat herausgespuckt wird.

Das Rechnen mit einem Zentralprozessor geht natürlich irrwitzig schnell, so können sehr viele Operationen gemacht werden.

Ein paralleler Rechner ist zum Beispiel das Auge. Du hast zehn Millionen Zäpfchen und Stäbchen auf der Retina, die alle gleichzeitig beleuchtet werden und dann ihre Signale weiterschicken, wo alles parallel gerechnet wird und parallel ins Hirn läuft. Das Hirn hört, sieht, schmeckt, fühlt alles gleichzeitig und produziert aus dieser Gleichzeitigkeit gewisse Resultate, die dann in das Verhalten übergehen.

Ganz besonders lehrreich war für mich ein Besuch bei einem Professor in Boston, der sich mit *praying mantises*, also mit Gottesanbeterinnen – das sind Insekten –, beschäftigt hat. Er hat die Gottesanbeterin auf ein kleines Stäbchen geklebt, sodass sie nicht wegfliegen kann. Dann hat er eine Fliege an ihr vorbeiziehen lassen. Da sitzt die Gottesanbeterin und schnappt mit ihren Vorderfüßen die Fliege aus der Luft, während diese vorbeifliegt.

Er hat gesagt: „Es war sehr mühsam, immer die Fliegen zu fangen. Wir haben eine ganze Fliegenzucht angefangen. Da bin ich zum Kunst-Department gegangen und habe gefragt: ‚Könnten nicht die Studenten künstliche Fliegen für uns herstellen?' Darauf haben die Studenten künstliche Fliegen hergestellt." Und da hat er mir einen Karton mit vielleicht dreißig Fliegen gezeigt: fünf Reihen und sechs Reihen hinunter. Dann hat er mich gefragt: „Welche ist eine künstliche Fliege?" Also ich schaue mir das an und sage: „Da ist keine künstliche Fliege dabei." Er sagt: „Alle sind künstlich." Die waren so gut, dass du absolut nicht feststellen konntest, dass es künstliche Fliegen waren.

Das Schöne war: Wenn sie eine künstliche Fliege vorbeigezogen haben, hat sich die Gottesanbeterin zurückgelehnt und ihre Tageszeitung weitergelesen. Sie hat sich zu Tode gelangweilt, wenn eine Kunstfliege vorbeigekommen ist. Wenn eine wirkliche Fliege gekommen ist, hat sie „schnapp" gemacht und sie gefangen.

Eine Gottesanbeterin hat große Facettenaugen. Das sind also vielleicht zehntausend Augen auf jeder Kugel, und das Hirn, der Computer, ist ein Millimeter links, ein Millimeter rechts; ein kleiner Würfel von einem Kubikmillimeter. In diesem Kubikmillimeter wird ausgerechnet: „Ist das eine Fliege oder ein Schmäh? Wo fliegt sie? Wie schnell fliegt sie? In welche Richtung fliegt sie?" Das war für mich das Beispiel, wie man eigentlich Computer bauen sollte. Und das ist natürlich eine Paralleloperation: Die zehntausend Ommatidia vom Auge der Gottesanbeterin schicken ihre Signale zu diesem einen Kubikmillimeter großen Rechner, der aus diesen Daten dann ausrechnet, wohin die Fliege fliegt, wenn es überhaupt eine Fliege ist, wie schnell sie fliegt, damit er die Muskeln so dirigieren kann, dass die Gottesanbeterin – „Schnapp!" – diese Fliege aus der Luft herausgreifen kann. Also wenn du diese Zauberkunststücke im biologischen Bereich siehst, sagst du dir, dass die sequenzielle Computerlösung keine gute Lösung ist.

Wenn du parallel rechnest, kann der einzelne Rechner sehr langsam sein, wie zum Beispiel ein Neuron. Ein Neuron ist ja nicht so schnell wie ein Mikrochip in einem Rechner. Ein Mikrochip kann in einer millionstel Sekunde rechnen; ein Neuron braucht ungefähr eine zehntel Sekunde, bevor es „Mu" sagen kann. Aber wenn du mit zehn Millionen Neuronen gleichzeitig rechnen kannst, bist du hundertmal schneller als ein Microchip.

Also wenn du parallel rechnest, kannst du sehr viel mehr in kürzerer Zeit ausrechnen. Die Methode des Rechnens ist völlig anders. Also das war die Grundidee, mit der ich das *Biological Computer Lab* Anfang des Jahres 1958 begonnen habe.

Namur

Gordon Pask

Die Leute in der Navy, die mich ja sofort sehr unterstützt haben, haben gesagt: „Wir haben gerade gehört, dass da eine sehr interessante Konferenz in Namur stattfindet. Das ist der zweite internationale Kongress der internationalen Gesellschaft der Kybernetik. Wir schicken dich nach Namur; da sollst du teilnehmen." Also ich bin nach Namur geflogen und habe einen Vortrag gehalten. Der hieß *Some Aspects in the Design of Biological Computers*. Da habe ich meine ersten Ideen vorgetragen. Das war im September 1958.

Glücklicherweise wusste ich, dass bei den Franzosen der Vorsitzende einer Konferenz die Gelegenheit benutzt, dass er endlich sprechen darf, ohne dass ihn jemand unterbrechen kann. Also bei einer Vortragsserie von drei oder vier Sprechern, die innerhalb von eineinhalb Stunden diese Sitzung zu Ende bringen müssen, pflegt gewöhnlich der französische Vorsitzende eine Stunde zu reden und dann den drei oder vier Sprechern je fünf oder zehn Minuten zum Sprechen zu überlassen. Ich wusste: „Ich muss meinen Vortrag auf zehn Minuten zusammenschnüren", obwohl er im Programm auf eine halbe Stunde angesetzt war. Also die Konferenz beginnt. Der Vorsitzende spricht eine Stunde. Dann kommt der erste Sprecher. Der sagt: „Meine Damen und Herren, ich möchte Ihnen gerne meine Ideen vorstellen." Der Vorsitzende klopft auf den Tisch: „Vortrag zu Ende. Danke vielmals. Der nächste Sprecher bitte!" – „Meine Damen und Herren, ich möchte Ihnen dieses und jenes erzählen." – „Danke vielmals, der nächste Sprecher bitte schön." Der nächste und letzte Sprecher war ich. Ich war aber darauf vorbereitet und habe meine Geschichte in drei oder vier Minuten herunterrasseln können. Man konnte also verstehen, was ich gesagt habe.

Nach meinem Vortrag kamen ein paar junge Leute auf mich zu und haben gesagt: „Wir haben hier einen anderen Sprecher gehört. Der hat sehr interessant gesprochen; über ganz ähnliche Themen wie Sie. Den müssen Sie treffen!" – „Na, ich treffe den sehr gern. Wer ist das?" – „Der heißt Gordon Pask und sitzt jetzt wahrscheinlich in irgendeinem Kaffeehaus in Namur; mit einem Schwarm von Leuten um ihn herum, die ihn alle ununterbrochen befragen wollen." Ich sage: „Auf! Lasst uns die Kaffeehäuser von Namur durchsuchen!" Also wir gehen da durch die Straßen, Kaffeehaus für Kaffeehaus. Dann sehen wir in einem Kaffeehaus wirklich einen Schwarm von

Leuten um einen Tisch im Freien stehen. Die sagen: „Da ist er! Da ist er!" Also wir kommen dorthin.

Da sitzt tatsächlich ein Männchen, das wie ein Leprechaun oder wie ein Gartenzwerg ausschaut: klein mit schwarzen Haaren, die in alle Richtungen stehen; mit einem weißen Hemd, einem schwarzen Anzug und einer schwarzen Krawatte; eine lange Zigarettenspitze, an deren Ende eine Zigarette raucht, in der Hand haltend. In einem wunderschönen britischen Akzent beantwortet er elegant die *barrage* der Fragen, die auf ihn einstürzen. Also ich kämpfe mich durch diese Leute durch und stelle diesem komischen Kauz auch ein paar Fragen. Er antwortet mit größter Begeisterung. Ich antworte mit größter Begeisterung. Wir fangen ein lustiges Gespräch an. Ich setze mich an den Tisch und bestelle einen Kaffee. Innerhalb einer Stunde waren wir die besten Freunde. Am Ende dieses Gesprächs habe ich mir gedacht: „Diesen Mann möchte ich ans BCL einladen." Gordon Pask war also mein erster Gast am BCL. Er kam direkt nach der Konferenz nach Amerika.

Stafford Beer und das Management
Zwei andere Menschen habe ich auch damals in Namur getroffen. Der eine war Stafford Beer. Stafford Beer war der so genannte „Managementkönig", der unglaubliche Managementideen hatte. Er hat das Buch *Cybernetics and Management* geschrieben. Stafford Beer hatte eine geniale Managementtechnik, mit der er die englische Stahlindustrie gerettet hat. England war ja im Krieg nicht so sehr zerbombt und zerstört worden. Die Engländer hatten also noch die ganz alten Maschinen. Die deutschen Fabriken waren alle zerbombt und konnten sich durch den Marshallplan die neuesten Maschinen kaufen. Also die Engländer waren ganz zurück in der Stahlmanufaktur, in der Blechmanufaktur und konnten für die Automobilindustrie überhaupt nichts leisten. Ihr Problem war, dass die Walzwerke noch so ungenau gearbeitet haben, dass sie, wenn eine Automobilfirma ein Blech bestellt hat, das genau 1,1 Millimeter dick sein sollte, das nicht durchführen konnten. Das Blech war entweder 1,2 oder 1 Millimeter dick. Stafford Beer als ein Manager hat gesagt: „Dass wir nicht genau walzen können, ist kein Nachteil, denn wir können das Resultat ja ganz genau messen. Wenn da ein Blech herauskommt, messen wir das auf einen hundertstel Millimeter. Das hat dann 1,111 Millimeter; das legen wir auf den 1,111-Millimeter-Haufen, und dort haben

wir nur diese Bleche. Dann haben wir einen anderen Haufen mit Blechen, die 1,112 Millimeter dick sind. Also wir können die größte Genauigkeit dadurch herstellen, dass wir sortieren statt neue Maschinen zu kaufen." So hat er die englische Stahlindustrie wieder belebt. Er hat also kybernetisch gedacht.

Ein anderes Beispiel: *Lion's* ist so eine Art *McDonald's* in England. Da kommst du hinein, nimmst dir Besteck, holst dir die Teller, bekommst deinen Salat oder was immer du kaufen möchtest, kommst zum Ausgang und zahlst; genau wie in einer Cafeteria. Das waren, glaube ich, die ersten Cafeterias auf der Welt.

Denen hat Beer gesagt: „Passt einmal auf! Die Leute kommen herein, wissen noch nicht, was sie essen, nehmen sich also alles: eine Gabel, zwei Teller, zwei Löffel, zwei Messer et cetera et cetera. Das ist ja Wahnsinn! Gebt doch die Bestecke erst heraus, wenn die Leute wissen, was sie essen. Lasst sie zuerst das Essen aussuchen und am Ende der Reihe ihr Besteck nehmen. Da erspart ihr euch das Waschen von unendlich vielen Gabeln und Messern, die überhaupt nicht verwendet worden sind." Also das ist ein weiteres Beispiel, wie Stafford Beer kybernetische Einsichten auf Management angewandt hat.

Ross Ashby und der mechanische Schachspieler
Dann kannte ich schon von den Macy-Konferenzen Ross Ashby. Der war auch in Namur. Und Stafford Beer, der damals sehr reich war, hat uns alle auf das Schloss in Namur oben auf dem Berg in ein ganz teures Restaurant eingeladen. Pask, Ashby, Heinz und noch zwei oder drei andere Leute haben dort als Gäste von Stafford Beer gespeist.

Ashby war von McCulloch eingeladen, auf einer Macy-Tagung einen Vortrag zu halten mit dem Titel: *Can a mechanical chess player outplay its designer?* Kann ein künstliches Schachprogramm den Programmierer im Schach schlagen? Er ist zu dem Schluss gekommen: „Ja." Aber er konnte den Vortrag nicht halten, denn kaum hat er angefangen, zu sprechen: „A mechanical chess player …", sagt Julian Bigelow: „Was meinen Sie mit einem ‚mechanical chess player'?" Da sagt Ross: „Ein System, das für einen Menschen konstruiert wird, der die Regeln des Schachs kennt, und Strategien hat, eine Antwort auf einen gewissen Zug zu geben." – „Was meinen Sie mit einer Antwort?" Ross sagt: „Nicht eine Antwort, sondern einen Gegenzug."

– „Ach so, einen Gegenzug. Nun, was soll dieser ‚mechanical chess player' sonst noch alles können?" – „Der muss gar nichts anderes können. Es müssen ihm nur die Züge eingegeben werden, die der Opponent macht, und dann kann er einen Gegenzug machen." Also Julian Bigelow, an und für sich ein Mensch, der sehr früh mit der Kybernetikgruppe beisammen war, hat Ashby überhaupt nie zum Sprechen kommen lassen und die scheußlichen Fragen gestellt. „Was meinen Sie mit …?"

Ich, der ich ja der Editor war, wollte so etwas gar nicht zulassen, denn was mache ich dann mit dem Käse, der dann in den Transkripten ist? Also ich habe das schrecklich gefunden, dass diese fürchterlichen Attacken auf diesen lieben Ross Ashby losgelassen wurden.

Ich wende mich an den Chairman – das war eben Warren McCulloch – und sage: „Mr. McCulloch, ich möchte gerne einen Vorschlag machen: Lassen wir doch Professor Ashby seinen Vortrag zu Ende halten und setzen wir die Diskussion über diesen Vortrag nach dem Vortrag an." Darauf wendet sich McCulloch an alle übrigen Mitglieder der Gruppe und sagt: „Bitte, wollen wir jetzt Ashby nicht mehr unterbrechen, sondern lassen wir ihn seinen Vortrag zu Ende bringen." Nach diesem Meeting hat die Schwiegermutter von McCulloch alle Macy-Leute zu sich in ein New Yorker Apartment eingeladen, wo es Kaffee, Schnaps, Wein und lauter so gute Sachen gab. Also wir kommen zu diesem Meeting hinauf, und Ross Ashby wendet sich an mich und sagt: „Lieber Heinz von Foerster, ich werde Ihnen nie vergessen, dass sie mich aus dieser peinlichen Situation herausgeholt haben."

Paul Weston und die *Numarete*

Langsam habe ich angefangen, das *Biological Computer Lab* aufzubauen. Inzwischen hatte sich auf der Universität herumgesprochen: „Da ist ein merkwürdiges Laboratorium, das sich für kognitive Prozesse, für Rechenmaschinen, für Systemik et cetera interessiert." Junge Leute kamen also herbeigeströmt und haben gefragt: „Dürfen wir da mitspielen?"

Es ist dann ein sehr interessanter junger Mensch bei uns angekommen: Paul Weston. Ich halte Paul Weston für ein Genie. Er hat den ersten Parallelcomputer in der Welt gebaut. Der hieß *Numarete*, eine Nummernretina. Diese Maschine bestand aus vierhundert kleinen Fotozellen, die im Quadrat von zwanzig mal zwanzig ange-

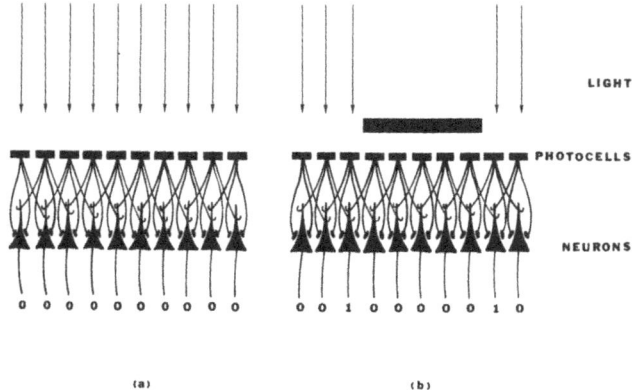

Modell der Struktur und Funktion eines speziellen Netzwerks in einer eindimensionalen Retina. Dieses System ist fähig, ein Objekt als Einheit und mehrere Objekte als unterschiedliche Einheiten zu erkennen: „Sieben-heit", Zwanzigheit" etc. analog der menschlichen Perzeption von „Rotheit" und „Grünheit". Als periodisches Netz errechnet das System die invariante „Ecke" unabhängig von der Position und der Größe des Objekts sowie unabhängig von der Stärke der Beleuchtung.

ordnet waren. Wenn du auf dieses quadratische Fotozellensystem irgendwelche Gegenstände gelegt hast, zwei Münzen, eine Brieftasche und einen Ring, und dann auf einen Knopf gedrückt hast, hat die Maschine „vier" gesagt. Wieso vier? Weil vier Gegenstände auf der *Numarete* lagen. Die Maschine hat unabhängig von der Beleuchtung und unabhängig von der Größe, der Position und der Form dieser Gegenstände die Anzahl der Gegenstände ausgerechnet. Das war also ein sehr genereller Zähler, der nicht im Sinne von „eins", „zwei", „drei", „vier", „fünf" gezählt hat; sondern die Fünfundzwanzigheit gesehen hat und „fünfundzwanzig" gesagt hat. Das war die Idee der Abstraktion. Du abstrahierst von der Form et cetera. Du sagst nur: „Da ist eine Einheit, und da ist eine andere Einheit."

John von Neumann hat uns öfter besucht. Wir haben ihm natürlich die erste Parallelrechenmaschine vorgeführt. Er hat gesagt: „Ich werde das gleich prüfen. Bringt mir doch eine Brezel." Er legt die Brezel auf die *Numarete*, legt in jeden Bogen der Brezel, ich glaube, eine Münze und drückt auf den Knopf. Die Maschine sagt: „Drei." – „Wow!", sagt er, „Wie habt ihr das gemacht?" Jedenfalls hat er ver-

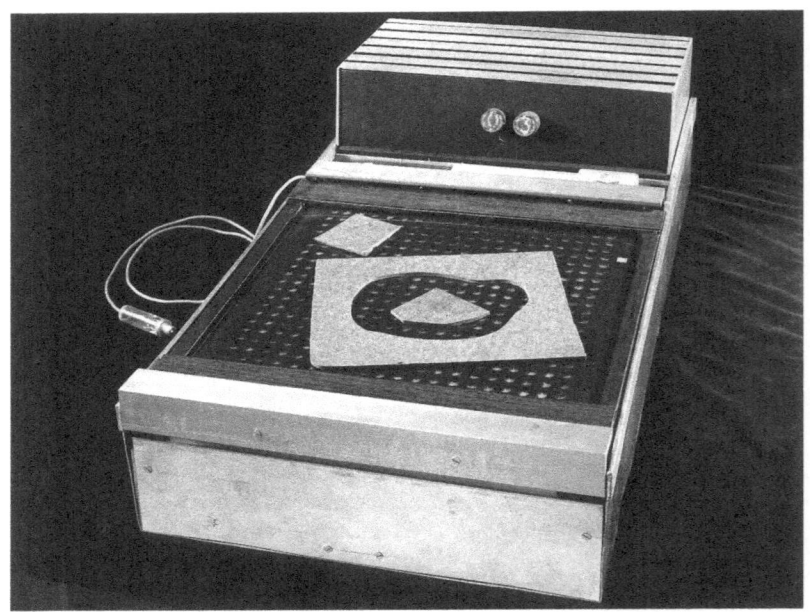

*Die Numarete, eine künstliche „Retina", welche die Anzahl von Objekten unab-
hängig von deren Größe, Position und Form sowie unabhängig von der Stärke
der Beleuchtung zählt*

sucht, die Maschine zu bedackeln. Die Maschine hat aber immer die
richtige Antwort gegeben.

Das Gerücht von dieser interessanten Maschine ist natürlich
auch bis zu den Fernsehleuten, die über Wissenschaft berichten,
vorgedrungen. CBS, also das *Columbia Broadcasting System*, hat mich
eingeladen, die Maschine vorzuführen: „Wir zahlen Ihnen den Flug
von Champaign nach New York. Nehmen Sie die Maschine mit, und
führen Sie sie bei uns vor." Ich sage: „Gut, sehr schön", habe Paul
Weston überredet, die Maschine in einen Koffer zu geben, und bin
mit ihm und dem Koffer nach New York geflogen.

Leider haben die Männer den großen Koffer mit der schweren
Maschine fallen lassen, bevor sie ihn ins Flugzeug hineingestellt
haben. Also wir haben sehr Schlimmes befürchtet. Wir kommen bei
CBS an, stöpseln diese Maschine ein, und natürlich: Nichts geht. Die
Maschine ist blind. Also da waren wir mit unserem Parallelcom-

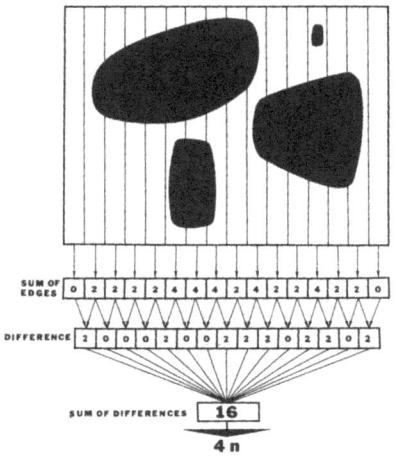

SUM OF EDGES | 0 | 2 | 2 | 2 | 2 | 4 | 4 | 4 | 2 | 4 | 2 | 2 | 4 | 2 | 2 | 0 |

DIFFERENCE | 2 | 0 | 0 | 0 | 2 | 0 | 0 | 2 | 2 | 2 | 0 | 2 | 2 | 0 | 2 |

SUM OF DIFFERENCES | 16 |

4 n

Funktionsweise der Numarete: Das zweidimensionale Netzwerk zählt konvexe Objekte sofort unabhängig von deren Größe und Position sowie unabhängig von der Stärke der Beleuchtung.

puter. „Was machen wir jetzt? Reparieren? Nein, reparieren können wir die Maschine nicht. Das dauert ein oder zwei Tage." Da habe ich gesagt: „Dann tun wir einfach so, als ob die Maschine funktionieren würde."

Na, die CBS-Leute waren sofort bereit, das zu tun. Mein Vorschlag war: Ich stehe auf einer Leiter im Studio, schaue von oben hinunter, wie viele Gegenstände sie auf die *Numarete* legen, und wenn ich von oben fünfundzwanzig sehe, drücke ich auf den Knopf für fünfundzwanzig, und dann sagt die *Numarete*: „Fünfundzwanzig." So haben wir das gemacht. Paul Weston hat sehr schön darüber gesprochen: „Jetzt, meine Damen und Herren, lege ich fünf Gegenstände auf die *Numarete*." Ich drücke auf den Knopf – Blipp! Paul Weston sagt: „Sehen Sie, was die Maschine sagt? Fünf." So haben wir also die Maschine vorgeführt, ohne dass sie noch irgendetwas machen konnte.

Gordon Pask und seine *whiskers*

Gordon Pask hat wunderschöne *self-organizing systems* gebaut. Und zwar hat er metallische Lösungen hergestellt. Wenn man da Elektroden angehängt hat, sind die schönsten Farne, metallische Farne und seltsame Blüten, die nach allen Richtungen so kleine Zotteln gehabt haben, in diesen Lösungen gewachsen. Er hat sie *whiskers* genannt, Schnurrbärte. Die haben sich selbst organisiert. Durch die Elektrizität wurden die metallischen Bestandteile separiert. Die haben sich aneinander geklebt und ein *self-organizing system* geformt. Zu der Zeit, also 1958/59, ist plötzlich der Begriff *self-organizing systems* aufgetaucht. Der war 1954 von zwei Forschern, Belmont Farley und Wesley Clark, die am *Lincoln Laboratory* am MIT in Massachusetts gearbeitet haben, erfunden worden.

Die *Self-Organizing-Systems-Konferenz*
Das Order-from-noise-Prinzip

Wir haben von *self-organizing system* gehört und waren ganz entzückt von dieser Idee. Ich habe gesagt: „Das ist ein fabelhafter Begriff. Das interessiert uns sehr." Ich wusste, dass das *Office of Naval Research*, unsere Sponsoren, von Farley und Clark gewusst hat. Also bin ich nach Washington gefahren und habe gesagt: „Ihr müsst unbedingt eine Konferenz über *self-organizing systems* veranstalten. Die haben gesagt: „Gut, das klingt interessant. Das machen wir. Wir werden das zahlen." So kam die *Self-Organizing-Systems*-Konferenz im Jahre 1959 zustande. Der Veranstalter war der Sohn des ganz großen und genialen Mathematikers Hermann Weyl.

Ich habe da, glaube ich, ein sehr interessantes Papier geliefert. Das hieß *On Self-Organizing Systems and Their Environments*, also über selbst organisierende Systeme und ihre Umwelten. Da habe ich ein Maß der Ordnung eingeführt, das dann von vielen Leuten aufgegriffen und sehr publiziert worden ist; überall in verschiedenen Artikeln erwähnt worden ist. Dieses Maß der Ordnung habe ich unter anderem dazu verwendet, um das *Order-from-noise*-Prinzip zu entwickeln, also die Idee einer „Ordnung aus Unordnung".

Erwin Schrödinger, der Nobelpreisträger, der Erfinder der Wellenmechanik, hat im Jahre 1946 ein sehr schönes Buch veröffentlicht: *What is Life?* – Was ist Leben? Darin hat er gesagt: „Das Erstaunliche des Lebens ist, dass es immer eine hohe Organisation, eine hohe Ordnung aufrechterhält, obwohl ständig Störungen von außen und von innen stattfinden. Denken Sie an ein Gen, welches über Generationen dieselben Merkmale in seinen Erben erzeugt, wie zum Beispiel das Gen der Habsburg-Lippe. Schauen Sie sich Karl den Fünften an. Der fängt mit dem Habsburg-Lippe-Gen an, und alle ihm nachfolgenden deutschen Kaiser haben dieses schöne Habsburg-Lippe-Gen. Dieses Gen behält dieselbe chemische Organisation bei, obwohl es durch Körper wandert, die alle eine sehr hohe Temperatur, 36,6 Grad, haben, die eigentlich schon längst so eine Organisation zerstört haben könnte. Nein, das Habsburg-Lippe-Gen erhält sich über Generationen und Generationen aufrecht." Wieso? Schrödinger sagt, dass die lebende Organisation Ordnung von außen importiert, also Ordnung aus Ordnung erzeugt. Ich habe das aufgegriffen und gesagt: „Es ist keineswegs notwendig, Ordnung aus Ordnung zu importieren. Man kann Ordnung auch aus Unordnung erzeugen." Ich habe also in die Idee der Selbstorganisation eingeführt, dass, wenn in einem System potenzielle Verbindungen vorhanden sind, du nur ein bisschen ungeordnete Energie, also *noise*, brauchst, um diese Relationsstruktur zu realisieren.

Wir haben sehr schöne Experimente in dieser Richtung gemacht. Zum Beispiel haben wir kleine Holzwürfel gebaut; aus einem ganz leichten Holz, sodass sie im Wasser schwimmen. Dann haben wir kleine, flache Magnete ausgeschnitten und so auf diese Holzwürfel geklebt, dass entweder der Nordpol oder der Südpol nach außen zeigt.

Wenn du diese Würfel mit den angeklebten Magneten ins Wasser wirfst und anfängst zu rühren, also *noise* einführst, kleben die sich in den tollsten Formen, den verrücktesten Strukturen zusammen. Du glaubst, du hast eine surrealistische Welt durch dieses Rühren erzeugt. Indem man *noise*, also ungerichtete Energie, in dieses System hineinbringt, werden die potenziellen Relationsstrukturen, die in den einzelnen Elementen sitzen, realisiert. Das war mein Vorschlag zur Selbstorganisation.

Die Idee ist die folgende: Du hast ein System, das aus Elementen besteht, die zunächst einmal in keiner Weise miteinander verknüpft sind; aber jedes Element hat das Potenzial einer Verknüpfung. Nimm zum Beispiel einen Betrieb. Zunächst ist es ein Aggregat von Menschen, die nichts miteinander zu tun haben; aber jeder kann sich mit einem anderen verbinden.

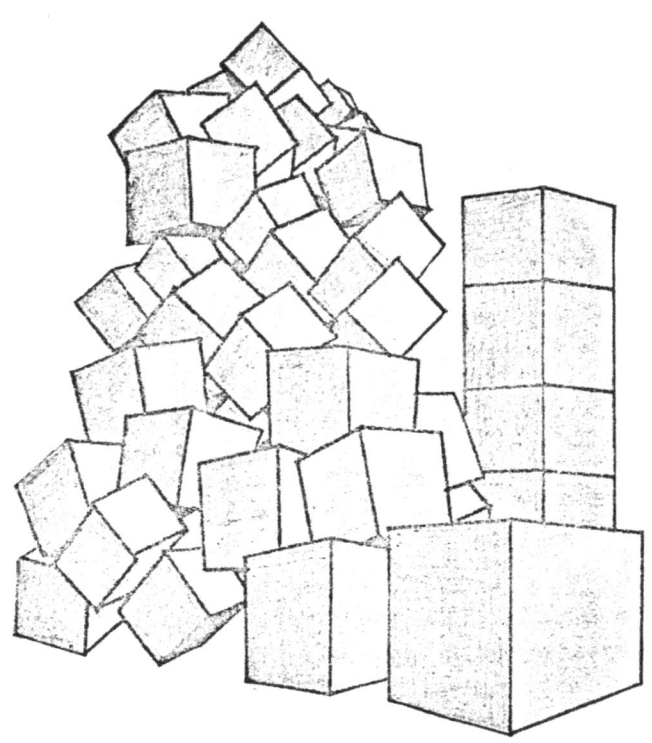

Holzwürfel: vorher …

Das Einzige, was du tust, ist, die füttern. Du bringst also Energie hinein, sodass sie nicht sterben. Nach einer Zeit werden sie anfangen, miteinander zu reden, werden einen Club formieren; der eine sammelt Marken, der andere schaut sich pornographische Bücher an et cetera et cetera. Nach einiger Zeit ist eine Ordnung in dem System. Woraus besteht Ordnung? Mein Vorschlag ist: Ordnung kann man dann sehen, wenn die Beschreibung eines Systems kürzer und kürzer wird. Wenn die Beschreibung eines Systems noch sehr lang ist, ist das System nicht geordnet. Wenn das System nicht geordnet ist, muss ich von jedem Element des Systems sagen, wo es sich befindet, welche Richtung es hat, in welche Richtung es schaut. In dem Moment, wo eine Beziehung zwischen den Elementen hergestellt ist, werden die Beschreibungen weniger; denn wenn ich von

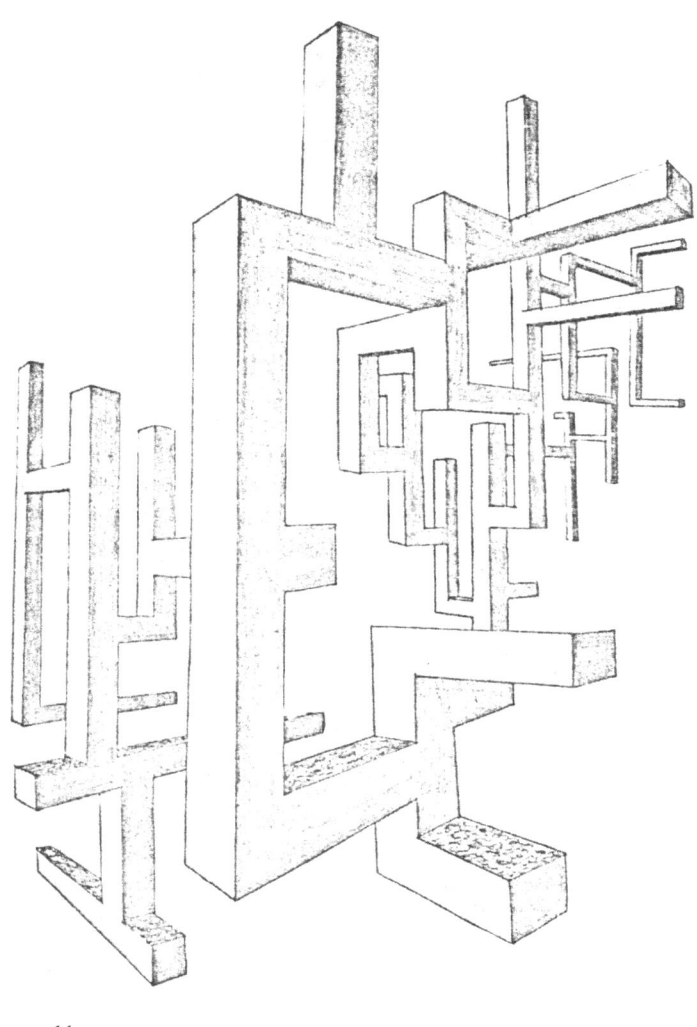

… nachher

einer Gruppe mit nur drei solchen Elementen sage: „Die befinden sich in der linken Ecke", ist die Beschreibung schon kürzer geworden.

Paul Weston und der Pentagondodekaeder

Paul Weston hat die ersten rekursiven Operatoren hergestellt. Er hat einen Pentagondodekaeder, also einen fünfeckigen Zwölfflächer – das schaut wie ein Fußball aus – gebaut. An jede dieser Ecken hat er ein Lämpchen geklebt, und in der Mitte war eine Batterie. Die Lämpchen waren so miteinander verbunden, dass, wenn ein Lämpchen geleuchtet hat, sich ein anderes ausgelöscht hat. So haben da wunderschön um diesen Fußball herum die Lämpchen aufgeblitzt; zuerst in völlig verwirrender, chaotischer Weise: Man konnte überhaupt nicht sehen, dass da irgendein Muster entsteht. Nach einiger Zeit konnte man leichter und leichter erkennen: Erst hat dieses Lämpchen geleuchtet, dann jenes. Schließlich ist das in ein ganz stabiles Muster übergegangen.

Die Leute würden das heute einen „Attraktor" nennen. Wir haben das damals, da ich von der Mathematik des neunzehnten Jahrhunderts beeinflusst war, von Hilbert und ähnlichen Menschen, eben „rekursive Funktionen" genannt mit „Eigenwerten". Heute heißt das „Chaostheorie" mit „Attraktoren". Es ist genau dasselbe, nur mit einer propagandistischen Terminologie versehen. Jeder hört zu, wenn ich von Chaostheorie spreche; niemand hört zu, wenn ich von einer rekursiven Funktionentheorie spreche. So hatte ein paar Jahre zuvor ein Franzose, René Thom, eine lustige Theorie „Katastrophentheorie" genannt. Das wurde natürlich wahnsinnig bekannt. Alles hat von „Katastrophentheorie" gesprochen. Das war natürlich ein uralter langer Bart, der aus dem neunzehnten Jahrhundert kam; nur hat es nicht Katastrophentheorie, sondern Bifurkationstheorie geheißen. Also wenn man diesen Sachen einen anderen Namen gibt, werden sie gleich ganz modern; und je katastrophaler die Namen sind, desto populärer werden sie.

Das war also die Konferenz *Self-Organizing Systems*. Gordon Pask kam mit seinen *whiskers*, Paul Weston mit seinem unglaublichen Apparat.

Ein automatischer Fliegenfänger

Am BCL waren neben Paul Weston und Gordon Pask auch schon ein paar sehr brillante und lustige Studenten. Die haben dort gearbeitet und wurden auf Vertragsbasis bezahlt. Ich habe immer gesagt: „Was würden Sie gerne machen?" Dann hat der Student gesagt: „Ich würde am liebsten Fliegen fangen." – „Ausgezeichnet; dann können Sie

226

sich überlegen, einen automatischen Fliegenfänger zu bauen." Dann hat er darüber nachgedacht, einen automatischen Fliegenfänger zu bauen. Die Leute haben da sehr gerne gearbeitet, denn sie konnten machen, was sie wollten. Und in dem Moment, wo du die Leute das machen lässt, was sie wollen, sind sie ja sehr gut. Dann erfindet jemand alles, um einen automatischen Fliegenfänger zu bauen.

Die *Principles-of-Self-Organization*-Konferenz

Nach der *Self-Organizing-Systems*-Konferenz, die ein großer Erfolg war, habe ich dem *Office of Naval Research* gesagt: „Die Idee der Selbstorganisation ist ein faszinierendes Problem. Ich würde gerne eine Konferenz mit dem Titel *Principles of Self-Organization* an der Universität von Illinois arrangieren. Was sind die fundamentalen Prinzipe, unter denen Selbstorganisation stattfinden kann?" Das *Office of Naval Research* hat den Vorschlag akzeptiert.

Die Konferenz *Principles of Self-Organization* wurde dann tatsächlich im Jahre 1960 in Illinois an unserer Universität abgehalten. Und ich habe wirklich eine tolle Gruppe von Leuten eingeladen. Da waren zwei Nobelpreisträger dabei. Der eine war Ludwig von Bertalanffy, der andere Friedrich von Hayek, der einen Nobelpreis in Ökonomie bekommen hatte. Dann waren da noch andere fabelhafte Leute: Ross Ashby, Stafford Beer et cetera et cetera.

Ich hatte lauter ganz gescheite und große Professoren aus der ganzen Welt eingeladen, aber es war keine Frau dabei. Da habe ich zu meiner lieben Freundin Cornelia Schaeffer gesagt: „Cornelia, komm doch, sei dabei! Du kannst als schöne Frau den Katalysator spielen, sodass diese steifen Professoren sich endlich lockern und vielleicht lustig vor sich her reden." Cornelia hat mit Begeisterung mitgespielt.

Das war das schönste Bild, das du dir vorstellen kannst. Cornelia saß wie eine Königin in einem unerhörten Clubfauteuil, und die Nobelpreisträger haben für sie geschwärmt, vor ihr am Boden gekniet und ihr ihre Theorien erzählt. Cornelia hat gesagt: „Oh, wie interessant! Erzählen Sie mir mehr."

Von Bertalanffy hat sie sehr lustige Sachen erzählt. Er hatte gerade angefangen, Krebszellen zu studieren, und wollte ihr seine Krebstheorie erzählen. So kam er also ununterbrochen mit Bildern angelaufen. Das waren Bilder von Zellen, die entweder krebskrank waren oder nicht. „Schauen Sie, hier ist eines der schönsten Bilder,

*Die Teilnehmer der Principles of Self-Organization-Konferenz,
8. und 9. Juni 1960*

*1 Saul Amarel, 2 Gordon Pask, 3 Manuel Blum, 4 Kathy Forbes, 5 Peter Greene,
6 Ross Ashby, 7 Jack Cowan, 8 Heinz von Foerster, 9 Alfred Inselberg, 10 Ludwig von Bertalanffy, 11 Scott Cameron, 12 Murray Babcock, 13 John Tooley, 14
Cornelia Schaeffer, 15 Stephen Sherwood, 16 George Jacobi,
17 Hans Oestreicher, 18 John Bowman, 19 Jack Steele, 20 Friedrich von Hayek,
21 Hewitt Crane, 22 Anatol Rapaport, 23 Raymond Beurle, 24 Jerome Elkind,
25 John Platt, 26 Charles Rosen, 27 Roger Sperry, 28 Frank Rosenblatt, 29
Joseph Hawkins, 30 Albert Novikoff, 31 Stafford Beer, 32 Paul Weston, 33
David Willis, 34 George Zopf, Jr., 35 Albert Mullin, 36 Warren McCulloch, 37
Marshall Yovits, 38 Leo Verbeek*

das ich je gemacht habe!" Und dann hat er ihr wieder eine kaputte Zelle gezeigt. „Und hier ein noch schöneres Bild!" Also sie war ganz entzückt, wie begeistert die Menschen von ihren eigenen Projekten sind.

Die Ashbys

In einer Pause dieser Konferenz nimmt mich Stafford Beer zur Seite und sagt: „Lieber Heinz, Ross Ashby ist als Direktor einer ganz großen psychiatrischen Anstalt in England ganz unglücklich. Lade ihn doch ein, ein Mitglied des BCL zu werden." Ich sage: „Ross Ashby; den großen Psychiater? Den soll ich zu mir ans BCL einladen?" – „Ja, der würde sehr froh sein. Mach ihm doch den Vorschlag." Also wir sitzen alle an einem Tisch, essen zu Mittag, und ich wende mich an Ross Ashby: „Lieber Ross Ashby, würden Sie eine Einladung ans BCL annehmen?"

Da steht Ross Ashby auf und sagt: „Nichts würde ich lieber tun als das. Erlauben Sie mir, dass ich meine Frau anrufe." Er geht zum Telefon, ruft seine Frau in England an. Nach fünf Minuten kommt er zurück; mit einem ganz langen, traurigen Gesicht. „Ich sage ihr, dass ich gerne nach Amerika gehen will, um am BCL zu arbeiten. Wissen Sie, was sie sagt? ‚Over my dead body'." – Sie wollte also absolut nicht kommen. Da sage ich: „Das ist ja sehr traurig. Ja, warum denn nicht?" – „Ja, wir haben uns gerade ein wunderschönes Haus in England gekauft. Sie hat einen der schönsten Steingärten entworfen. Sie kann das alles nicht mehr verlassen." Ich sage: „Das ist ja sehr traurig. Vielleicht kann ich ja mal mit Ihrer Frau sprechen."

Tatsächlich: Einen Monat später bin ich zu einer Konferenz in Locarno in einem wunderschönen Schweizer Schloss eingeladen. Ich komme also dorthin. Da kommt Ross Ashby mit seiner Frau Rosebud, Rosenknospe; und ihr Mädchenname war Thorn, also Dorne; sie war Rosebud Thorn. Ganz in der Nähe von Locarno ist ein ganz berühmtes Puppenspiel, und die Organisatoren haben gesagt: „Diese Gäste aus der ganzen Welt müssen unbedingt zu diesem Puppenspieltheater gehen." So sind wir also dorthin gegangen. Das war ein eher kleiner Raum; da können nicht mehr als dreißig oder vierzig Leute sitzen, und ich habe keinen Platz zum Sitzen gehabt. Da hat Rosebud gemeint, ich könnte mich doch auf ihren Schoß setzen. Darauf habe ich mich auf ihren Schoß gesetzt. Und dann habe ich ihr noch einmal zugeredet, doch nach Amerika zu kommen. Und es ist mir gelungen, während dieses Puppenspiels Rosebud Ashby zu überreden, die Einladung nach Amerika anzunehmen. – Ich will nur beschreiben, wie das *Biological Computer Lab* zustande gekommen ist.

Ross und Rosebud sind noch im selben Jahr im Winter nach New York gekommen; mit ihrem eigenen Auto. Ross fuhr gerne sehr schnell; mit kleinen Sportwagen. Er hatte einen Jaguar-Rennwagen; ein Cabriolet. Also er kommt nach New York, lädt das Cabriolet aus dem Schiff aus, und der kälteste Winter des Jahrhunderts beginnt, sich über New York und Pennsylvania zu senken. Also Ross und Rosebud sind mit diesem Cabriolet von New York nach Illinois gefahren; durch die ganzen Schneelandschaften, mit Schneepflügen vorher.

Schließlich kamen sie in Illinois an; direkt vor unserem Haus. Ich sehe: Da kommt dieses kleine Cabriolet; da steigt Ross aus; und da steigt ein Riese aus; das war Rosebud, die einen russischen Pelzmantel anhatte. Beide kommen mit einer Flasche Champagner in der Hand herein. Ross gibt mir die Champagnerflasche, ein Gruß von Stafford Beer; und in dem Moment, wo er sie mir gibt, macht sie „Bubb!", platzt, und der ganze Champagner rieselt in Form von Schneeflocken aus dieser Flasche heraus.

Rosebud kommt mit ihrem russischen Pelzmantel ins Zimmer und sagt zu Mai: „Don't expect me to get much smaller underneath. Once I was weighing as much as my husband, our three children, and the dog." Einst habe ich so viel gewogen wie mein Mann, meine drei Kinder und der Hund. Sie zieht also ihren russischen Pelz aus und war wirklich nicht viel kleiner und dünner, nachdem sie aus diesem Pelzmantel heraus war.

Zehn Jahre war Ross bei mir. Er hatte gerade dieses unerhörte Buch geschrieben, *An Introduction to Cybernetics*, und da habe ich ihn gefragt: „Würdest du vielleicht dieses Buch als Grundlage für deinen Kurs *An Introduction to Cybernetics* verwenden?" Ross hat gesagt: „Das mache ich mit großem Vergnügen." Wir haben also den Kurs ausgeschrieben, und Ross hat im Frühjahr begonnen, diesen Kurs zu lehren. Nach ungefähr ein oder zwei Wochen kamen Studenten aus diesem Kurs zu mir. Sie wollten mit mir sprechen. Die haben sehr streng und sehr ernst ausgeschaut. Ich habe gesagt: „Ja, was ist los?" – „Wir wollen uns beschweren." – „Ja, worüber wollt ihr euch denn beschweren?" – „Wir sind in dem Kurs bei Ross Ashby. Wissen Sie, was er uns lehrt?" – „Na ja, natürlich: *Introduction to Cybernetics*." – „Nein, Trivialitäten." – „Trivialitäten? Aber …" – „Nein, nein, dazu sind wir nicht an einer Universität." Ich habe gesagt: „Na, beruhigt euch, und wartet zwei oder drei Wochen. Es wird schon schwieriger werden." Also die verlassen etwas unbefriedigt mein Büro. Fünf Minuten später kommt Ross Ashby zu mir. Ich sage: „Ross, wunderschön, dass du hier bist. Es war gerade eine Gruppe von Studenten da. Die haben sich über deinen Kurs beschwert." Ross schaut mich mit großen Augen an: „Über *mich* haben sie sich beschwert?" – „Ja, sie haben gesagt, du lehrst sie Trivialitäten." Darauf schaut Ross mich an, strahlt über das ganze Gesicht. „It took me twenty years to make these ideas appear as if they were trivialities." Es hat mich zwanzig Jahre Nachdenken gekostet, diese Gedanken so aussehen zu lassen, als wären sie Trivialitäten. Da hast du Ross Ashby in einer Nussschale.

Dann hat sich der Ruhm dieses *Lab* weiter und weiter ausgebreitet. Leute aus aller Welt sind gekommen.

Lars Löfgren

Lars Löfgren, ein Schwede, ein Logiker aus Lund, hatte von diesem *Biological Computer Lab* gehört; hat von uns gewusst; von den Arbeiten her; und war in Los Angeles.

Da hat er sich gesagt: „Vielleicht könnte ich Foerster da in Urbana besuchen. Aber zuerst muss ich mir ein Auto kaufen." Da ruft mich ein Autohändler aus Los Angeles an und sagt: „Sagen Sie, kennen Sie einen Lars Löfgren?" Ich sage: „Na, selbstverständlich." – „Der ist gerade hier und möchte sich ein Auto kaufen." – „Gratuliere, da haben Sie Glück gehabt." – „Kann ich dem vertrauen?" – „Na ja, selbstverständlich. Das ist Lars Löfgren, ein weltberühmter Professor. Der kann das schon alles zahlen. Dem können Sie ohne weiteres ein Auto verkaufen." Lars Löfgren hat also dieses Auto dort gekauft und ist mit dem Auto über den berühmten Highway 66 nach Champaign-Urbana gefahren. Eines Nachmittags kommt dann plötzlich ein Riese in meinen Garten in Champaign und sagt: „Ich bin Lars Löfgren." Er hat dann in dieser Gruppe mitgespielt und war ein lieber, gescheiter und hervorragender Mann. Er hat viele Jahre bei uns gearbeitet und wunderschöne Papiere geschrieben.

Baby und der computererstellte Sternenkatalog

Lauter solche Menschen sind gekommen. Eines Tages kommt eine junge Frau, eine Astronomiestudentin, weinend zu mir und sagt, sie habe dem *head* des Astronomie-Departments gesagt: „Ich möchte einen Sternenkatalog mit dem Computer erstellen, sodass wir für jeden beliebigen Stern einfach auf den Knopf drücken können und sagen können, welche Eigenschaften, welche Temperatur, Größe und Geschwindigkeit dieser Stern hat."

Darauf habe der *head* des Astronomie-Departments gesagt: „Wissen Sie nicht, dass Astronomie-Departments keine Computer haben? Wir haben Fernrohre. Wenn sie etwas mit Computern machen wollen, dann müssen Sie zum Computer-Department gehen." Also kam sie zu mir. Ich habe ihr natürlich sofort eine Position gegeben. Das ist Lenore Sarasan. Die haben wir „Baby" genannt. Eine unerhörte Grafikerin. Die hat jetzt in Chicago den größten Katalog aller Museumssammlungen auf dem Computer. Wenn du gerne wissen möchtest, wo sich ein Frans Hals von 1615 mit einem grauen Hintergrund befindet, gibst du das ein, und der Computer sagt: „Die Staempfli Galery hat diesen Hals."

Humberto Maturana

Ich bin natürlich zu allen Konferenzen gefahren, wo es um Informationsverarbeitung und das Nervensystem und so weiter ging. Ralph Gerard, ein ehemaliger Teilnehmer der Macy-Konferenzen, hat im Jahre 1962 eine große Konferenz mit dem Titel *Information Processing in the Nervous System* in Leiden veranstaltet, und ich bin dorthin geflogen.

Die Konferenz war eigentlich für Montag und Dienstag angesetzt, aber zu meiner Freude hat Ralph Gerard uns schon für Freitag eingeladen. Ich fand das eine geniale Idee, denn Menschen, die aus Amerika kommen, haben einen *jet lag*. Dann ist dort Scheveningen; diese herrlichen Strände sind gleich um die Ecke. Also ich war begeistert. Ich kam also am Freitag abend an und habe einen Zettel in meinem Zimmer gefunden. Da schreibt Ralph Gerard: „Morgen findet eine kleine Begrüßungsfeier statt. Kommen Sie um neun Uhr zur Universität." So war ich um neun Uhr dort. Ralph Gerard steht da und sagt: „Meine Damen und Herren, ich freue mich, dass Sie alle da sind. Ich habe geplant, heute und morgen, Samstag und Sonntag, eine Generalprobe für unsere Konferenz am Montag und Dienstag zu machen. So würde ich jeden von Ihnen bitten, Ihren Vortrag heute oder morgen zu halten, dann die Kritik von den verschiedenen Mitgliedern entgegenzunehmen und dann die korrigierte Version am Montag und am Dienstag vorzutragen." Ich habe geglaubt, ich werde verrückt. Eine Konferenz ist ja dazu da, dass man auf dieser Konferenz spricht und nicht vorher eine Generalprobe hat. Also ich sage mir: „Ich denke überhaupt nicht daran, da mitzumachen", schleiche also vorsichtig aus dem Zimmer hinaus, das viele Türen auf einen langen Korridor hatte. Also ich schleiche da heraus, mache die Türe vorsichtig hinter mir zu und schaue den Korridor entlang. Am anderen Ende schleicht auch jemand ganz vorsichtig aus diesem Zimmer heraus und macht die Türe zu.

Also ich sage: „Sagen Sie, haben Sie die Absicht, diese Vorkonferenz mitzumachen?" Der sagt: „Nein. Nicht im Mindesten. Das ist mir viel zu langweilig." Ich habe gesagt: „Wollen Sie vielleicht mit mir nach Amsterdam fahren? Da können wir ins Museum gehen und sehr gut essen. Würden Sie das tun?" – „Ja, ich wäre entzückt", sagt er. Ich sage: „Mein Name ist Heinz von Foerster", und er sagt: „Mein Name ist Humberto Maturana." Auf diese Weise haben wir uns kennen gelernt.

Maturana hatte damals schon zusammen mit McCulloch, Pitts und Lettvin ein ganz berühmtes Papier veröffentlicht: *What the Frog's Eye Tells the Frog's Brain*. Es handelt sich um Folgendes. Man glaubte in der Neurophysiologie immer, dass das Bildchen, das von der Linse auf die Retina geworfen wird, dann durch die Nerven in den visuellen Kortex geleitet wird und man dann dort „sieht".

Maturana und Lettvin haben herausgefunden, dass davon überhaupt keine Rede ist. Was der Kortex bekommt, ist ein unglaublich vorerrechnetes Konstrukt, das mit dem Originalbild überhaupt nichts mehr zu tun hat. Das ist eine erstaunliche Erkenntnis: Die Information über ganz fundamentale Eigenschaften, wie zum Beispiel, ob ein Körper rund oder eckig ist, kommt schon vom Auge in den Kortex und wird nicht erst dort errechnet. Du bekommst also schon ein analysiertes Bild in den Kortex, bevor du überhaupt darüber reflektierst, was das alles ist. Das wird von den *neural nets*, den Nervennetzen, analysiert, mit denen wir uns am *Biological Computer Lab* von Anfang an sehr beschäftigt haben.

Also Maturana und ich waren die schwarzen Schafe. Als wir am Montag oder Dienstag wieder in Leiden waren, haben die Leute überhaupt nicht mehr mit uns gesprochen. Entweder war das aus Neid, weil wir eine gute Zeit in Amsterdam gehabt hatten, oder sie waren wirklich böse, weil wir dieses Spiel nicht mitgespielt haben. Ich habe Maturana gleich eingeladen, zu uns ans *Biological Computer Lab* zu kommen, und das hat er natürlich mit Entzücken angenommen. Das war schon ein guter Start.

Es sind diese persönlichen Beziehungen, die die Basis der Gruppe am *Biological Computer Lab* gebildet haben. Alle waren befreundet; alle waren wahrscheinlich mehr oder weniger schlimme Kinder.

Vertrauensatmosphäre am BCL

Die Atmosphäre des *Biological Computer Lab* war eine Atmosphäre des Vertrauens. Dadurch ist ein Freundschaftsnetz entstanden, das so produktiv und glücklich machend für die einzelnen Leute war; ob das nun die führenden Geister wie Ross Ashby oder Gordon Pask waren oder die Studenten, die in dieses Netz hineingefallen sind, sich unendlich wohl gefühlt und plötzlich gesehen haben, dass ihre so genannten Professoren ihre Freunde sind.

In gewisser Hinsicht, würde ich auch sagen, reflektiert das über Ethik. Die Ethik eines solchen Systems ist auf Vertrauen gerichtet. Wir hätten uns ja auch gegenseitig hereinlegen können. Zum Beispiel hätte ich Ashby doch fallen lassen können. Ich hätte mich ja auf die Seite von Bigelow schlagen können, der gesagt hat: „Was wollen Sie mit Ihrem komischen Schachspieler?" Nein, Ashby hat mir vertraut; ich habe ihm vertraut. Maturana hat mir vertraut. „Wir können das zusammen machen." Und da sieht man auch: Er hat sich eben unendlich wohl gefühlt. Niemand hat an ihm gezweifelt. Alle haben ihm vertraut.

Ich hätte ja mein Vertrauen zurückziehen können. Ich habe es aber nie zurückgezogen, denn das Wesentliche des Vertrauens ist, dass es hält, sonst ist es kein Vertrauen. Du musst es durchhalten und durchhalten. Das heißt, es ist nicht: „Du musst"; es ist ein Teil meines Lebens zumindest. Ich vertraue dem anderen, und ich behaupte: Vertrauen ist ansteckend. Wenn ich dem anderen vertraue, wird er plötzlich sagen: „Heinz kann ich ja nicht hereinlegen. Der ist zu naiv. Der ist zu einfach. Der ist wie ein Kind. Der vertraut mir." Also diese Verbindung des gegenseitigen Vertrauens hat eine wesentliche Atmosphäre des *Biological Computer Lab* ausgemacht.

234

Viele Leute kommen heute noch zu mir und fragen: „Wie haben Sie das gemacht, dass diese kleine Gruppe – so viele interessante Menschen – so wunderbar zusammengearbeitet hat? Was war die Magie, die euch alle so zusammengehalten und glücklich gemacht hat?"

Ross Ashby hat mir, nachdem er pensioniert war, aus England geschrieben: „Lieber Heinz, diese zehn Jahre, die ich bei dir verbracht habe, waren die schönsten Jahre meines Lebens." Das ist doch sehr ergreifend, oder?

Gotthard Günther und die Platzwertlogik

Eines Nachts um zwei Uhr bei mir in Champaign ruft mich Warren McCulloch aus Georgia an: „Heinz, ich habe einen unglaublichen Menschen getroffen. Ich habe einen Vortrag gehalten, und er war der Einzige, der mir wirklich gute und verzwickte Fragen gestellt hat. Den musst du einladen!" – „Ja, warum muss ich den einladen?" – „Ja, den versteht keiner. Aber der Einzige, der ihn verstehen wird, bist du. Also lade ihn doch ein. Er ist großartig. Er heißt Gotthard Günther." Na also gut, wenn Warren McCulloch sagt, ich soll jemanden einladen, lade ich ihn natürlich ein. Also ich lade Gotthard Günther ein, einen Vortrag am BCL im Seminar zu halten. Jede Woche hatten wir so eine Vorlesung. Da war Gordon Pask dabei oder wer immer dabei sein wollte. Das BCL hat sich in einem Klassenzimmer getroffen, und einer war ausgewählt, einen Vortrag zu halten.

Also Gotthard hält einen sehr lustigen Vortrag. Er hat das immer so schön mit Geschichten vermischt. Wenn er von irgendeinem Menschen gesprochen hat, hat er gleich ein paar Anekdoten von diesem Menschen erzählt. So hatte diese ganze Logik, die er entwickelt hat, eine sehr menschliche Basis.

Die Logik selbst war völlig verrückt. Ich habe aber sofort gesehen, dass das ein sehr wichtiger Beitrag war. Die Standardlogik ist zweiwertig, wie man das üblicherweise nennt: Eine Aussage, die man macht, zum Beispiel: „Heute regnet es", ist entweder wahr oder falsch. Eine Aussage hat also zwei Werte: wahr oder falsch.

Gotthard hat eine geniale Sache eingeführt: Er hat einen Platz eingeführt, in dem man eine Aussage machen kann. Er hat das *place value logic* genannt, Platzwertlogik.

Also du musst erst einen Platz haben, um eine Bemerkung wie „Heute regnet es" zu machen. Dann kannst du dir überlegen: „Soll ich in diesen Platz diesen Satz hineinsetzen? Soll ich die Bemerkung machen?" Du könntest ja sagen: „Ich möchte diesen Satz dort nicht hineinsetzen", und den Platz für etwas anderes verwenden. Gotthard hat also eine „Ablehnung" eingeführt. Im Englischen heißt das *rejection value*. Das heißt, du brauchst diesen Satz nicht zu beurteilen, wenn du ihn zunächst einmal abgelehnt hast.

Das fand ich ganz wichtig für Revolutionäre. Revolutionäre haben ja immer den König oder die Administration der Universität herunterreißen wollen: „Nieder mit der Administration!" – „Nieder mit dem König!" Ich habe denen immer schon gesagt: „Aber Kinderln, ihr macht ja Propaganda für den König, wenn ihr schreit: ,Nieder mit dem König.'" Oder: „Ihr macht Propaganda für die Administration, wenn ihr schreit: ,Nieder mit der Administration.' Auf diese Weise kommt ,Administration' immer wieder vor. Weglassen müsst ihr ,Administration', redet vom Wetter oder von Marlene Dietrich, aber nicht von Administration." Das fand ich wichtig, dass es die Revolutionäre verstehen; dass in beiden Fällen, ob sie „ja" oder „nein" sagen, der König oder die Administration da ist. Aber wenn der König oder die Administration gar nicht da ist, kann man weder „nein" noch „ja" sagen.

Also mir hat diese so genannte *place value logic* von Günther großen Spaß gemacht. Und die hat er dann weiterentwickelt in sehr komplizierte logische Strukturen.

Günther kam ursprünglich aus Schlesien; er war ein schlesischer Bauernbub. Schon als Kind hat er seine Lehrer geärgert. Wenn die gesagt haben: „Du kannst zwei Zwetschgen und drei Äpfel nicht zusammenzählen", hat er gesagt: „Das kann ich ohne weiteres. Ich sage: ,Das sind drei Äpfel und zwei Zwetschgen.' Was ist das Problem?" – „Nein, die kann man nicht zusammenzählen. Man darf nur Äpfel zusammenzählen und nur Zwetschgen zusammenzählen." Also da war er schon ein schlimmes Kind. Und dann hat er Logik studiert, hat angefangen, sich mit Hegel zu beschäftigen. Er hat eine jüdische Frau geheiratet, und als die Nazis gekommen sind, musste er den so genannten Vertrauenseid unterschreiben. Da hat er gesagt: „Ich würde diesen Eid mit Entzücken unterschreiben, aber leider kann ich das nicht." – „Ja, warum nicht?" – „Der ist in einem so schlechten Deutsch geschrieben; das kann ich einfach nicht unterschreiben." – „Ja, aber das müssen Sie doch!" – „Nein, nein, ein so schlechtes Deutsch kann ich nicht unterschreiben."

Als er dann auf einer Vortragsreise in Italien war, haben seine Freunde ihm geschrieben: „Lieber Gotthard, bleib in Italien. Komm nicht mehr zurück." Da ist seine Frau nach Italien nachgekommen, und als sich dann auch die Italiener den Nazis angeschlossen haben, sind die beiden nach Südafrika gezogen, wo, glaube ich, seine Frau, irgendwelche entfernte Verwandte hatte. Dort hat er in Stellenbosch an der Universität Logik unterrichtet. Schließlich und endlich ist es ihm gelungen, nach Amerika auszuwandern, wo er in irgendeiner Südstaatenschule schwarze Kinder unterrichtet hat. Dort hat Warren McCulloch ihn getroffen.

Also ich habe Gotthard Günther eingeladen und ihm eine Stellung im *Department of Electrical Engineering* angeboten; unter den größten Schwierigkeiten. Denn natürlich hat der Vorsitzende meiner Abteilung, meiner Lehrkanzel, gesagt: „Der ist doch ein Logiker. Der beschäftigt sich mit Hegel. Der vertritt fernöstliche Philosophie. Wir sind eine Lehrkanzel für *Electrical Engineering.*" Ich habe gesagt: „Deswegen brauchen wir einen Logiker, der mit fernöstlicher Philosophie vertraut ist." Na *anyway*; Günther wurde ein Professor bei uns. Er war unendlich glücklich. Auf einmal hatte er wieder Boden unter seinen Füßen. Seine Frau war auch unendlich glücklich.

Der *Dynamic Signal Analyzer* von Murray Babcock

Ich habe schon erwähnt, dass ein wesentlicher Beitrag, den wir versucht haben, zu der ganzen Idee der Perzeption, der Kognition zu leisten, die Idee des parallelen Rechnens war; als eine Möglichkeit, Strukturen zu errechnen, die mit sequenziellen Operationen wie den linearen Operationen von John von Neumann eigentlich gar nicht errechenbar sind.

Ein Beispiel ist das so genannte akustische Paradox. Das akustische Paradox ist beim Studium des menschlichen Gehörs aufgetaucht. Helmholtz hat einen großartigen Vorschlag gemacht, wieso wir so genau und präzise Töne erkennen können. Und zwar hat er angenommen, dass im Ohr lauter Resonatoren sitzen, die so funktionieren wie eine gespannte Saite einer Violine, die anfängt, auf einen bestimmten Ton, den du auf einem anderen Instrument daneben spielst, mitzuschwingen.

Jetzt gibt es die interessante Regel in der Akustik: Je präziser ein Resonator auf einen bestimmten Ton reagiert, desto länger braucht er, um in Resonanz zu kommen. Das heißt, je präziser der Mechanis-

Der Dynamic Signal Analyzer (links Murray Babcock)

mus auf den Ton reagiert, desto länger dauert es, bis er weiß, dass dieser Ton da ist. Das menschliche Ohr hört jedoch ganz präzise und unmittelbar. Also das menschliche Ohr erfüllt das Gesetz, dass das Erkennen des Tones umso länger dauert, je präziser der Ton erkannt wird, nicht.

Also entweder ist das Gesetz nicht auf das menschliche Ohr anwendbar oder das menschliche Ohr versteht nicht, wie es sich physikalisch richtig zu verhalten hat. Wir haben dann gesagt: „Wahrscheinlich spielt das menschliche Ohr eine ganz andere Rolle. Wahrscheinlich spielt es nicht ‚Resonanz', sondern macht etwas anderes. Vielleicht ist das menschliche Ohr ein paralleler Computer, der sofort, wenn da ein Ton ankommt, errechnet, in welcher Gegend der Basilarmembran dieser Ton am höchsten ist." Das ist sozusagen auch eine Resonanztheorie, die aber gleichzeitig ausrechnet, an welchen der vielen Resonatoren überhaupt irgendeine Schwingung festzustellen ist.

Murray Babcock hat dann einen Parallelcomputer, den *Dynamic Signal Analyzer*, gebaut, der, wenn ein Ton gespielt wurde, mit ungefähr hundert oder zweihundert parallelen Sensoren sofort festgestellt hat, was das für ein Ton war. Diese Maschine hat nicht nur das akustische Paradox gelöst, sondern konnte auch musikalische Instrumente analysieren, die mit normalen Mikrophonen nicht hätten analysiert werden können, denn die sind ja dem Helmholtzschen Modell gemäß gebaut.

Wenn du eine Trompete bläst oder eine Geige streichst, kannst du gewöhnlich nicht erkennen, was das für ein Instrument ist, wenn du sie nicht schon eine Zeit lang hast spielen lassen. Aber der *Dynamic Signal Analyzer* konnte, wenn ein Ton anspringt, sofort sagen, was für ein Ton das ist. Und er konnte die Variation von verschiedenen Instrumenten bestimmen; ob sie den richtigen Anschlag haben, der das Instrument dann erkennen lässt.

David Freedman und die ersten Analog-digital-Übersetzer

David Freedman, ein musikalisch interessierter Mensch, hat gesagt: „Wir können den *Dynamic Signal Analyzer* auch umbauen, wenn wir die kontinuierlichen Schallschwingungen in ein digitales System übersetzen." David Freedman war der Erste, der einen Analog-digital-Übersetzer gebaut hat, sodass ein Ton dann in einer Reihe von Nullen und Einsen abgespielt wurde. David Freedman hat die ersten sehr schnellen Analog-digital-Übersetzer gebaut. Wenn du irgendein Musikstück gespielt hast, ist das sofort an der anderen Seite in *digitals* herausgekommen. Das konntest du dann in einen Computer eingeben und rechnerisch analysieren.

Herbert Brün

Durch die Beschäftigung mit Musik sind wir auf Herbert Brün gekommen. Ich hatte Herbert schon früher kennen gelernt, weil er auch aus Europa emigriert war und auch in Urbana an der Universität von Illinois war.

Herbert Brün hat sich sehr für unsere musikalischen Studien interessiert. Er war Professor für Komposition an der *School of Music* und hat am *Computer Music Lab* und im *Experimental Music Studio* an der Universität von Illinois gearbeitet. Er hat nicht nur mit Noten für Instrumente komponiert, sondern direkt in die Computer hineinkomponiert; das heißt, er hat vorgeschrieben, welche Töne und Kombinationen von Tönen erzeugt werden sollen, indem er die Tonfrequenzen angegeben hat. Er hat also Programme geschrieben, die – sehr amüsant – auf zwei Arten repräsentiert werden können: in Form von Graphiken und in Form von Musik. Das heißt du kannst sowohl hören als auch sehen, was da komponiert worden ist.

Nach einiger Zeit hat David Freedman gemeint: „Wir haben so viele interessante Erkenntnisse, die die *computation* und die Musik betreffen, lasst uns doch eine Vortragsserie in der *1966 Fall Joint Com-*

Graphik von Herbert Brün

puter Conference arrangieren." Das ist ein ganz großer Zirkus. Da kommen die Computerfachleute aus der ganzen Welt.

So haben David Freedman und ich da eine kleine Session mit hineingebaut. Unsere Session, die *Computers in Music* hieß, war ein unerhörter Erfolg. Da ist ein nettes Buch entstanden: *Music by Computers.*

Wir haben sehr eng mit Herbert zusammengearbeitet, weil er sich nicht nur für Computer, sondern auch allgemein für Perzeption und Verstehen interessiert hat. Er war ein enger Freund unserer ganzen Gruppe.

240

Forschungsprojekte *Heuristics I* und *II*

Die Studenten der Universität von Illinois arrangieren jedes Jahr im Frühjahr ein großes Fest, bei dem sie den ganzen Campus in einen großen Zirkus verwandeln. Das heißt *Illioskee*. *Illioskee* haben, glaube ich, die Indianer geheißen, die in Illinois gelebt haben. Da sind kleine Buden aufgestellt. Da machen sie ihre Wurschteln und spielen ihre Musik. Da spielen kleine Orchester. Da sitzen die *combos*. Und da haben sie Sänger. Und da haben sie Agitatoren, die verrückt schreien: „Nieder!", und so weiter und so weiter.

Also Herbert Brün und ich pflegen da zusammen durch die Massen zu gehen und uns anzuschauen, was es da für Talente gibt. Wir sind sozusagen auf Talentsuche. Während wir da so wandern, kommt auf einmal ein junger Mann auf mich zu. Ein Riese; ein wunderschöner junger Mann; wie ein Siegfried hat der ausgeschaut: blonde Haare, ein ganz schönes Gesicht. Ganz ernst kommt er auf mich zu, nimmt mich beim Knopfloch und sagt: „Wollen Sie einen Kurs über *heuristics* lehren?" Darauf frage ich: „*Heuristics* – in welchem Sinne? Im Sinne einer bestimmten Strategie, mathematische Probleme zu lösen, oder im Sinne eines Unterrichtssystems, bei dem die Schüler selber ihre Lösungen finden?" Ich habe ihm angesehen, dass er diesen Unterschied gar nicht kannte. Aber schlau wie der Bursche war, sagt er: „Beides!" Darauf wende ich mich an Herbert, der neben mir steht: „Herbert, würdest du mit mir einen Kurs über *heuristics* unterrichten?" Herbert sagt: „Jeden Kurs, der von Studenten vorgeschlagen wird, unterrichte ich, denn wir sind ja für die Studenten da und nicht die Studenten für uns." Darauf sage ich: „Jawohl, kommen Sie morgen in mein *office*; da werden wir etwas für diesen Kurs ausarbeiten." Am nächsten Tag kommt er zu mir ins *office* und sagt: „Lieber Herr von Foerster, ich habe die ganze Universität von unten bis oben abgeklappert, um einen Kurs über *heuristics* einzuführen. Alle Leute, die die Kurse bestimmen, haben gesagt: ‚Das tun wir nicht.' Ich bin zum Kanzler für Forschung gegangen, und der hat gesagt: ‚Ich weiß nichts von *heuristics*. Das brauchen wir nicht an der Universität.' Ich habe alle Schritte unternommen, um diesen Kurs einzuführen und Sie sagen: ‚Jawohl, warum nicht?'" Ich sage: „Na ja, gut; na, machen wir den Kurs. Ich bin für den Kurs verantwortlich, Sie für die Studenten."

Wir haben also den Kurs für das Herbstsemester 1968 ausgeschrieben. Es haben sich ungefähr fünfzig Leute gemeldet. Da die von so verschiedenen Disziplinen, wie Soziologie, Biologie, Management et cetera et cetera, kamen, war es sehr schwierig, einen gemeinsamen Termin für das Treffen zu finden. Schließlich habe ich das *Center for Advanced Study* angerufen, dessen Direktor ich gut kannte. Ich habe ihm von unserer Situation erzählt. Er hat gesagt: „Heinz, ich lade dich ein, deine Kurse am Abend bei uns zu halten." Das waren wunderschöne, riesige Räume mit wunderschönen Lederclubfauteuils und einer Bar für anschließend. Alle Vorrichtungen, Projektionsapparate, Tafeln, alles war da.

Also wir haben uns dort dann am Abend getroffen. Das Nette war, dass es keine Schulatmosphäre, sondern eine Clubatmosphäre war; sodass der Sprecher auch so wie ein Teil der Klasse erschienen ist; und nicht ein Mann vorne am Katheder gestanden hat und den Leuten gesagt hat, um was es sich handelt. Man saß zusammen, um sich mit einem Problem zu beschäftigen.

Gott sei Dank hatte ich zu der Zeit einige Gäste und Mitglieder bei mir am BCL, die da alle mit Begeisterung mitgespielt haben. Zu der Zeit war ja Humberto Maturana schon da. Zu der Zeit hat mich John Lilly aus Kalifornien besucht. John Lilly hat interessante Studien mit Delphinen gemacht: Kann man Delphinen Englisch beibringen, oder können uns die Delphine Delphin beibringen? Also lauter sehr interessante Leute waren da. Die habe ich alle eingeladen, von ihren Projekten zu erzählen. Und die Studenten waren sehr neugierig und haben gefragt: „Sagen Sie, wie ist das? Wie machen Sie das? Wie kommen Sie auf diese Frage?" Et cetera et cetera. So war das Ganze eigentlich ein Diskussionsclub, wo sehr interessante Themen besprochen wurden. Studenten sind ja sehr an gewissen problematischen Begriffen interessiert, die noch nie irgendwo erklärt oder besprochen worden sind. Die haben sich also mit Begeisterung auf diese Themen gestürzt.

Dann hatten wir ein *arrangement*: Die Studenten selber haben den Kurs dirigiert. In jeder Veranstaltung war ein anderer Student der Vorsitzende und Kursleiter. Der Vorsitzende hat bestimmt, wer jetzt reden soll und wer nicht. Wenn eine Diskussion aufkam, haben wir immer dem Diskussionsleiter zugehört, ob wir jetzt etwas sagen sollen oder nicht. Wir haben uns also völlig den Elementen der Klasse, den Studenten, unterworfen, weil wir gesagt haben: „Wir sind eine Universität. Wir wollen etwas für die Studenten machen. Wenn die Fragen haben, werden wir uns bemühen, sie zu beantworten."

242

Einer der Studenten war ein ganz schwerer Stotterer. Der konnte kaum sprechen. Der hat immer gesagt: „I-I-I-I wou-wou-wou-would …", et cetera et cetera. Der hat sich natürlich schrecklich gefürchtet, dass *er* einmal der Kursleiter sein muss und dann vorne stehen und sagen muss: „Meine Damen und Herren, heute spricht Herbert Brün." Oder: „Heute spricht Humberto Maturana", aber kein Wort hervorbringen könnte. Nun haben wir das völlig ignoriert. Wenn der drangekommen ist und irgendwas sagen wollte, haben wir uns überhaupt nicht darum gekümmert, ob der stottert oder nicht. Als der drankam, sein kleines Sprücherl zu sagen, konnte er das ohne Schwierigkeiten sagen. Wir waren also sozusagen auch gleichzeitig eine psychotherapeutische Gruppe. Und das wussten die Studenten. „Wir wissen, dass wir diese und jene Situation unterstützen und verändern können, wenn wir uns so und so verhalten."

Also das erste Semester ist wunderbar abgelaufen. Alle waren begeistert. Da haben wir gesagt: „Wir machen noch ein zweites Semester." Das zweite Semester war noch besser.

Da hatte ich noch andere interessante Besucher von auswärts, die alle mit Begeisterung vorgetragen haben. Im zweiten Semester im Frühjahr 1969 waren es ungefähr siebzig Studenten.

Da das so verschiedene junge Menschen waren, die aus so verschiedenen Gründen zu diesem Kurs kamen, hat man natürlich manchmal das Wesen der Fragen nicht gesehen: „Was will der Mensch, wenn er diese Frage stellt? Von was will er denn reden?" Und da haben wir das Folgende eingeführt. Ich habe mir drei Pappendeckel um den Hals gehängt, die verschiedene Farben gehabt haben: eine rote, eine grüne und eine schwarze Scheibe. Wenn jetzt ein Student irgendeine Frage gestellt hat: „Warum lernen wir jetzt etwas über die Retina?", habe ich gesehen: „Der möchte nicht wissen, was man über die Retina sagen kann, sondern er möchte wissen, warum wir über die Retina sprechen." Dann habe ich gesagt: „Aha, das ist eine Frage zum Kurs", und – sagen wir – auf Rot gestellt. Dann haben wir gesagt: „Okay, sprechen wir darüber, warum wir über dieses Thema sprechen!" Oder wenn einer nicht verstanden hat, was ein postretinales Netzwerk ist, was ein Netzwerk ist, das hinter der Retina ist – der wollte einfach die Mechanik der Retina verstehen –, habe ich das auf Grün gedreht und gesagt: „Also lasst uns jetzt über die Retina sprechen!" Das Dritte war: „Warum sitzen wir überhaupt hier zusammen in einem Kurs über *heuristics*?" Dann habe ich auf Schwarz gedreht.

Das war wunderbar und hat sehr zur Diskussion beigetragen und auch den Studenten ein klares Bild gegeben: „Worüber reden wir denn jetzt?" Das ist ja oft auch im Privatleben das Problem; dass man nicht weiß: „Wovon reden wir denn jetzt eigentlich? Reden wir davon, dass wir uns nicht gerne haben? Reden wir davon, dass wir Schwierigkeiten haben, zusammenzuleben? Oder reden wir davon, dass du einer anderen politischen Meinung bist als ich?"

Wir haben *heuristics* so aufgefasst, wie das Wort *heuristics* ursprünglich gemeint war, nämlich „etwas finden". Das griechische Wort *heurískein* heißt „finden". „Heureka!" – ich habe es gefunden, hat ja Archimedes ausgerufen, als er sich in die Badewanne gesetzt und bemerkt hat, dass er leichter geworden ist. Da hat er das so genannte archimedische Prinzip erfunden; dass der Körper im Wasser um so viel leichter wird, wie er an Wassermasse verdrängt. Das hat er plötzlich erkannt. Er hat eine Einsicht gehabt. Und da hat er gerufen: „Heureka! Heureka!" – ich habe es gefunden. Und seither ist *heureka* Basis der Idee von *heuristics*. Wie findet man etwas? Die Mathematiker haben das übernommen. Und die Pädagogen haben das übernommen; für eine Kurstechnik oder eine Lehrtechnik, bei der Studenten selber entwickeln, wie man zu einer Lösung kommt, und nicht der Professor ihnen die Lösung sagt.

In jeder Sitzung gab es einen *scribe*. Das war ein Schüler, der aufgeschrieben hat, was in der Klasse diskutiert wurde. Die haben sich der Reihe nach abgewechselt.

Forschungsprojekt *Heuristics III:* Der *Whole University Catalog*

Als das zweite Semester zu Ende war, habe ich gesagt: „Das waren zwei wunderschöne Semester über *heuristics*. Ich muss leider aufhören, diese Klasse zu unterrichten." Denn Herbert Brün ging auf ein Sabbatical, Humberto Maturana musste zurück nach Chile, John Lilly ist nach Kalifornien zurückgefahren; diese interessanten Mitarbeiter waren alle weg. Und ich hatte einen neuen, großen Forschungsauftrag, der sehr viel Arbeit von mir verlangt hat.

Ich habe gesagt: „Ich kann das leider nicht mehr machen." Da haben sich die Studenten sehr gewehrt: „Das geht nicht! Sie müssen das machen! Wir werden Ihnen helfen, diesen Kurs zu machen. Also bitte schreiben Sie den wieder aus!" Und da ich ja ein *sucker* bin – ein *sucker* ist jemand, der das macht, was die anderen ihn bitten zu tun –, habe ich natürlich nachgegeben: „Okay, wenn ihr mir helft, können wir das wirklich machen."

Also ich schreibe den Kurs noch einmal aus. Das Herbstsemester 1969 kommt. Der erste Tag ist natürlich im Vorlesungsverzeichnis ausgeschrieben: „Erstes Treffen in dem und dem Zimmer in dem und dem Gebäude um drei Uhr nachmittags." Ich gehe dort hinüber. Es war die Zeit der Studentenrevolutionen. Da sind die Studenten auf dem Campus herumgerannt und haben gesagt: „Wir sind gegen die Administration." – „Wir haben nicht die richtigen Kurse." – „Die Lehrer sind zu faul." – „Das Prüfungssystem ist eine Schweinerei." – „Alles ist ein Skandal." Die Studenten waren mehr auf der Straße als in den Klassenzimmern. Also ich komme zu dem Gebäude, wo der Kurs stattfinden sollte, und komme überhaupt nicht hinein. Die ganzen Eingänge sind mit jungen Menschen verstopft. Ich wühle mich da durch, will in das Zimmer gehen; ist absolut nicht zu machen. Die Gänge sind voll mit jungen Menschen. Endlich frage ich einen: „Sagen Sie mal, was ist da heute los? Warum kann man da nicht hinein?" – „Ja, wir wollen gerne in einen Kurs." – „Ja, in was für einen Kurs wollen Sie?" – „Wir wollen gerne den Kurs *Heuristics* belegen." – „In *Heuristics* wollt ihr alle gehen?" – „Ja, heute ist der erste Tag."

Also ich habe gleich gesehen: Dieses Zimmer 212, in dem wir uns treffen sollten, wo vielleicht für dreißig Leute Platz war, kann man nicht mehr verwenden. Ich bin also sofort zur Administration und habe gefragt, ob wir nicht das große Auditorium haben können. Wir haben das Auditorium bekommen. Alles ist ins Auditorium marschiert. Da waren also ungefähr hundertsechzig Studenten da. Während ich da hinübergehe, schaue ich mich nach den Studenten um, die mir helfen wollten, diesen Kurs zu machen. Keiner von denen ist erschienen. Na ja, das waren *graduate students*, die mich zwar gebeten haben, den Kurs fortzusetzen, aber natürlich selbst keine Zeit hatten, da mitzuspielen. Die schreiben ja ihre Doktorarbeit, die schreiben dieses, die schreiben jenes. Die müssen ja auch in die Klassen gehen. Die haben also nicht mitmachen können. Also ich gehe da hinüber: „Heinz, jetzt musst du schnell denken. Mit den hundertsechzig Leuten soll ich jetzt einen Kurs halten. Was kann ich tun? Was kann ich machen?" Also ich wandere da, so langsam ich kann, hinüber. Ich komme dahin. Da fällt mir Folgendes ein: Die Studenten sind ja in den Korridoren herumgelaufen, weil sie mit der Universität nicht zufrieden sind. Da habe ich mir gedacht: „Vielleicht könnten wir ein Buch schreiben, wie eine Universität sein sollte oder wie sie gerne hätten, dass eine Universität wäre."

Zu dieser Zeit gab es zufällig ein Journal, das großartig angelegt war. Das hieß *Whole Earth Catalog*. Das war von Stewart Brand in Kalifornien entwickelt. Im *Whole Earth Catalog* war alles beschrieben, was du brauchst, wenn du ein Revolutionär sein willst. Da war eine *nomadics*- Abteilung. Da konnte man sich Zelte kaufen; von verlässlichen Firmen. Da konnte man sich Sprachrohre kaufen. Da konntest du dir kleine Öflein kaufen, die du dann in einem Park im Zelt verwenden kannst, um zu heizen oder deine Kartoffeln zu braten, et cetera et cetera. Eine wunderbare Sammlung. Und Bücher, die du lesen sollst, damit du ein guter Revolutionär wirst. Alles war in diesem *Whole Earth Catalog* zu finden. Da habe ich mir gedacht: „Da das so populär ist" – jeder von den Studenten hat einen *Whole Earth Catalog* gehabt –, „machen wir jetzt einfach einen *Whole University Catalog*."

Ich habe also gesagt: „Ich bin sehr froh, dass wir alle hier sind. Ich habe den Plan, mit euch zusammen ein neues Buch zu schreiben, in dem ihr sagen könnt, wie ihr gerne wollt, dass eine Universität läuft; und das nennen wir den *Whole University Catalog*. Um das zu machen, müssen wir kooperieren, müssen wir alle zusammenarbeiten. Es sollen sich also zuerst lauter Gruppen bilden, die sich für ähnliche Themen interessieren. Manche interessieren sich für Geschichte. Manche interessieren sich für Fotografie. Manche interessieren sich für Politik. Manche interessieren sich für dieses und jenes. Ich verteile also jetzt Zettel; da schreibt ihr drauf, wie ihr heißt und was ihr studiert: Journalismus, Biologie; was immer. Dann schreibt ihr auf, wofür ihr euch interessiert; ob ihr gerne Revolutionäre sein wollt oder ob ihr gerne malen wollt, ob ihr gerne dieses oder jenes machen wollt! Schreibt das alles auf! Und eure Adresse und eure Telefonnummer."

Das haben die alle gemacht. Ich habe dann daraus am nächsten Tag im *Biological Computer Lab* ein kleines Büchlein produziert, ein *Directory of Heuristics*. Das allein ist meiner Meinung nach ein sehr interessantes Dokument.

Wenn du wissen wolltest, wer auch ein Fotograf ist, hast du hinten im Index nachgeschaut. Da stand dann: Nummer 5, 11, und 17 sind Fotografen. So konnten sich tatsächlich Gruppen bilden. Dieses

Directory ist für mich ein ganz wichtiges kulturelles Dokument, denn es zeigt, was für eine Haltung die Studenten gegenüber der Universität hatten. Zum Beispiel haben vielleicht dreißig Prozent der Studenten meinen Vorschlag, ein solches Projekt zu machen, nicht ernst genommen. In der Rubrik „Interesse", das war abgekürzt mit BAG für *background*, haben viele geschrieben „sex" oder „sleeping" oder „doing nothing".

Ein Mädchen zum Beispiel hat geschrieben: „Trying to get laid all the time", also einfach mit ins Bett genommen und – auf Deutsch – gevögelt werden; „all the time", ununterbrochen.

Ich habe das natürlich in dieses *Directory* hineingegeben. Also als sie das dann am nächsten Tag bekommen hat, hat sie sich gefunden. Sie ist daraufhin zu mir ins *office* gekommen; tränenüberströmt, und hat gesagt: „Wie können Sie so etwas drucken? Wie können Sie mir das antun?" Ich habe gesagt: „Aber wieso? Ich habe ja gesagt: ‚Jeder schreibt auf, was er gerne machen möchte', und wenn Sie gerne etwas anderes lieber gemacht hätten, hätten Sie wahrscheinlich etwas anderes geschrieben."

Die erste Lehre, die die Studenten meiner Meinung nach aus diesem Kurs gezogen haben, war: Man kann ernst genommen werden. Das war etwas, das ihnen gar nicht mehr geläufig war. Dass, wenn du etwas sagst, der andere zuhören und sagen kann: „Ich verstehe, was du möchtest." Das war schon eine unglaubliche Einsicht. Die Gruppen haben sich so gebildet, wie ich gehofft hatte: Die Fotografen haben sich getroffen, die Schreiber haben sich getroffen, die, die an ähnlichen Themen interessiert waren, haben sich getroffen. Es haben sich also lauter Grüppchen gebildet, die dieses und jenes studiert haben.

Ein Mädchen im Rollstuhl – die hat Kinderlähmung gehabt – kam zu mir ins *Lab* gerollt und hat gefragt, ob ich eine Kamera hätte. Ich habe gesagt: „Natürlich habe ich eine Kamera." – „Ja, darf ich mir die Kamera ausborgen?" Sie wollte die Graffiti in den Damentoiletten fotografieren. Natürlich habe ich ihr eine Kamera gegeben. Sie ist also in ihrem Rollstuhl herumgerollt und hat die Graffiti von den Damen in den Toiletten fotografiert. Dann kam sie zurück. Ich habe gesagt: „Ich bin sehr neugierig, wie das Fotografieren gegangen ist." Sie hat gesagt: „Ich habe den Film falsch aufgemacht. Alles ist kaputt." Ich habe gefragt: „Ja, aber warum bist du nicht zu einem der anderen Fotografen gegangen?", der ihr ja sofort geholfen hät-

THE PUBLICATION OF THIS CATALOGUE WAS MADE POSSIBLE BY THE FINANCIAL SUPPORT OF ALL STUDENTS WHO PARTICIPATED IN A COURSE ON HEURISTICS (EE 271; EE 497; ENGL. 199; FALL 1969), A GROUP OF GRADUATE STUDENTS WHO WISH TO REMAIN ANONYMOUS, AND THE SCHOOL OF LIBERAL ARTS AND SCIENCES THROUGH ITS PLANNING COMMITTEE FOR THE L.A.S. SYMPOSIUM ON APRIL 12-17, 1970; AND BY THE IMMEASURABLE ENTHUSIASM AND UNCOUNTABLE HOURS OF WORK CONTRIBUTED TO THE ORGANIZATION AND ASSEMBLY OF THIS PUBLICATION BY MRS. ALEXIS PETERSON AND MISS JANET FICKEN OF THE BIOLOGICAL COMPUTER LABORATORY. ONE THOUSAND (1000) COPIES OF THIS CATALOGUE WERE PRINTED BY THE RANTOUL PRESS, RANTOUL, ILLINOIS AND THEY ARE SOLD FOR THE PRICE OF $1.00 EACH. SHOULD THERE BE ANY PROFITS MADE THROUGH THIS SALE THEY WILL GO TO THE UNIVERSITY FOUNDATION WITH THE SPECIFICATION TO PROVIDE FINANCIAL AID TO THE SPECIAL EDUCATION OPPORTUNITIES PROGRAM (S.E.O.P.) OF THE UNIVERSITY OF ILLINOIS IN URBANA.

Umschlag des Whole University Catalog

te, diese Filme zu entwickeln. Ja, sie hätte sich nicht getraut; ob der das mitmachen würde. Ob sie noch einmal eine Rolle Film haben könnte. Ich habe gesagt: „Okay, hier hast du noch einmal eine Rolle Film." Sie hat das Toilettenprogramm aufgegeben und stattdessen die Bäume fotografiert: „I thought the trees of the campus were so beautiful."

Am Ende des Semesters haben sie dann ihre Resultate zusammengestellt. Sie haben die Projekte immer auf ein großes Blatt Papier geklebt und gemalt. Einer hatte Freunde bei einer Zeitung, die in Champaign herausgegeben wurde. Ich glaube, das war der *Champain-Urbana Courier*. So hat der es erreicht, dass das auf Zeitungspapier gedruckt, also ganz billig produziert wurde. Tausend Exemplare wurden gedruckt. Die wurden für einen Dollar verkauft, und der Reingewinn ist zu einem Institut der Universität gegangen, das den körperbehinderten Studenten geholfen, hat; überall Rampen zu haben et cetera et cetera. Die haben das mit großer Freude angenommen.

Auf der letzten Seite steht, was die Klasse beschlossen hat, mit diesem Geld zu machen. Allein so etwas zu entwickeln ist doch sehr interessant; dass sie immer argumentiert haben, diskutiert haben und dann diese Form gewählt haben und es hinten auf den Katalog gedruckt worden ist.

Das Interessante war: Als die Universität von dieser Produktion erfahren hat, haben sie gesagt: „Das darf nicht sein. Wir müssen das einstampfen." Die Direktion der Universität von Illinois hat nicht erlaubt, dass die Universität mit dieser Produktion identifiziert wird. Oben stand ursprünglich *University of Illinois* und unten, glaube ich, *Biological Computer Lab* oder *Department of Electrical Engineering*. Die haben gesagt: „Das darf da nicht stehen!" Sie wollten sich nicht mit einer solchen Schweinerei identifizieren, die wir da produziert hatten. Daher wurden die Studenten gebeten, schwarze Streifen über die entsprechenden Stellen zu kleben.

Ein Student hat zum Beispiel auf einer ganzen Seite beschrieben, wie man Marihuana anbaut, wie man die Pflanzen schneidet, wie man daraus Zigaretten macht und wie man das raucht. Das Schöne war: Da jeder Student wusste, wie man das macht, konnte er sich einen Witz leisten und hat alles so beschrieben, wie es *nicht* geht. Und das haben wir natürlich als einen Witz mit in den Katalog aufgenommen. Die guten Professoren sind darauf hereingefallen und haben gesagt: „Jetzt publiziert Foerster, wie man die Leute in Drogenfreaks verwandelt. Im Namen der Universität, im Namen des Lehrens unterrichtet Foerster in seiner Klasse die lieben blaublütigen jungen Bürger des Staates Illinois in der Drogennutzung."

Da wurde ich dann vom Senator von Illinois zu einem *hearing* vorgeladen. Das war irrsinnig komisch, weil die nicht gewusst haben, dass das Ganze ein Witz ist. Mai war da auch mit dabei. Das war ein völlig vernarrter Senator. Ich saß da und habe mich einfach schiefgelacht. Ich habe nur komische Antworten gegeben. Ich habe gefragt: „Haben Sie den Marihuana-Beitrag studiert?" – „Natürlich! Ein Skandal!" – „Na, haben Sie versucht, ob das funktioniert?" – „Wir werden doch so etwas nicht tun!" – „Na ja, warum haben Sie es nicht versucht? Dann hätten Sie gesehen, dass es nicht geht; dass das Ganze ein Jux ist."

Die mussten mich dann natürlich am Schluss wieder gehen lassen, aber die Universität hat sich wirklich bemüht, mich zu eliminieren. Dieser *Whole University Catalog* war denen ein Dorn im Auge. Aber sie konnten mich nicht hinausschmeißen, weil ich ja diese wunderschöne *tenure* hatte.

Aber du siehst, dass da durch diese und ähnliche Vorfälle Spannungen zwischen mir und der Universität entstanden sind. Zum Beispiel wurde der Präsident auch zu diesem *hearing* vorgeladen und musste auch sagen, wieso er so etwas unterstützen konnte. Und das Erste, was die mich gefragt haben, war: „Haben Sie das den Oberen Ihrer Universität gezeigt?" Ich habe gesagt: „Na, selbstverständlich. Das war das Erste, was ich gemacht habe; dem Präsidenten einen Katalog zu zeigen." – „Na, was hat der dazu gesagt?" – „Er war erschrocken. Er hat gesagt: ‚Um Himmels willen, was hast du mir da angetan.'" Alles hat natürlich schon wieder gelacht.

Dann war eine Pause von *Heuristics*.

Forschungsprojekt Ökologie: Das *Ecological Sourcebook*

Ich wurde von den Studenten gewählt, die so genannte *honors class* der *Engineering School* im Frühjahrssemester 1970 zu unterrichten. Unter dem Dach der *Engineering School*, der Ingenieurschule, sind die Physiker, die Chemiker, die Elektroingenieure, die Maschinenbauingenieure.

In der *honors class* sind die besten Schüler aus jeder Klasse, die nur „A" in ihren Kursen bekommen haben. Die haben das Recht, einen Kurs zu bestimmen; mit dem Lehrer, den sie sich wählen. Und da haben sie in einem Jahr mich als den Leiter dieses Kurses gewählt. Da ist natürlich auch allen Leuten schlecht geworden. Denn Foerster ist ja ein Kinderverführer, der die Studenten auf den schlechten Pfad des Lebens führt.

Die haben mich also gewählt, um sie weiter auf den schlechten Pfad zu führen. Und ich bin dahin gegangen und habe mich gefragt: „Was mache ich mit denen?" Zu der Zeit war das Problem der Ökologie aufgetaucht. „Was tun wir?" – „Wir zerstören die Welt." – „Wir zerstören die Seen." – „Wir zerstören die Luft." – „Was machen wir?" Da habe ich den Studenten vorgeschlagen: „Warum schreiben wir nicht ein *Ecological Sourcebook*, in dem jemand, der sich für die ökologischen Probleme interessiert, nachschlagen kann: ‚Was sind die Probleme?', ‚Was kann ich tun, um diese Probleme zu beseitigen?', ‚Wo finde ich Quellen, wo ich nachlesen kann, was wir mit den Wäldern und den Seen machen?', ‚Wie kann man die Zerstörung verhindern?', ‚Welchen Senatoren schreibe ich was?' Machen wir doch so ein Buch!" Diesen Vorschlag haben die mit großer Begeisterung angenommen.

Wir haben das gemacht, haben es produziert und wieder bei der lokalen Zeitung gedruckt; auch auf Zeitungspapier. Das ist sehr nett geworden. Das hat ungefähr dreihundert Seiten, ist also ganz dick; mit vorformulierten Briefen. Wenn jemand einem Senator schreiben will: „Wir müssen dieses und jenes tun, um die Luftverpestung aufzuhalten", ist dieser Brief schon im Buch drin. Du brauchst also nur den Brief abschreiben. Die Adresse des Senators steht auch im Buch. Dann nimmst du ein Kuvert, steckst den Brief hinein und schickst das dem Senator. Viele solche Anhaltspunkte waren in diesem *Ecological Sourcebook*, und die Studenten, die das gemacht haben, waren ganz begeistert.

Der *assistant dean* hat einen Brief an den *head* des *Department of Electrical Engineering* geschrieben, wie begeistert die jungen Menschen in diesem Kurs mitgemacht haben und dass er mir sehr dankbar ist, dass ich die Ökologie, das ökologische Problem aufgegriffen habe.

Forschungsprojekt *Heuristics IV: Cybernetics of Cybernetics*
Ich habe mich erinnert, dass Margaret Mead mir immer gesagt hat: „Heinz, du musst ein Buch über Kybernetik schreiben." Ich habe gesagt: „Liebe Margaret, ich schreibe keine Bücher. Ich kann vielleicht einen Artikel schreiben, der von einem Vortrag kommt; aber ich kann keine Bücher schreiben."

Mit den Erfolgen von dem *Ecological Sourcebook* und dem *Whole University Catalog* habe ich gesagt: „Vielleicht können wir mit einer Klasse ein Buch über Kybernetik schreiben." Ich habe also für das Herbstsemester 1974 einen Kurs ausgeschrieben, der *Cybernetics of Cybernetics* hieß, weil ich behauptet habe: „Wir werden den Kurs über Kybernetik kybernetisch halten, sodass der ganze Kurs eine Kybernetik der Kybernetik wird." Da haben sich auch eine Menge Studenten, fünfundvierzig, glaube ich, gemeldet. In der Kursbeschreibung stand schon, dass wir ein Buch schreiben wollen, das mindestens fünfhundert Seiten haben soll, das so und so aufgebaut werden soll, das reich illustriert sein soll et cetera et cetera. Diese Kursbeschreibung ist natürlich im Buch, denn es ist ja eine Kybernetik der Kybernetik; die muss sich ja selber beschreiben können.

Übrigens ist der Ausdruck *Cybernetics of Cybernetics* auch von Margaret Mead inspiriert worden. Wir hatten sie eingeladen, einen Vortrag bei dem ersten Treffen der *American Society for Cybernetics* im Jahre 1967 zu halten. Sie kam auch und hat einen wunderbaren Vortrag gehalten; sie spricht ja völlig aus dem Stegreif; sie braucht überhaupt keine Notizen.

Wir haben alle Vorträge dieser Konferenz auf ein Band aufgenommen, und ich habe mit einigen Studenten zusammen diese Vorträge editiert, um sie als Buch herauszugeben.

Margaret hatte keinen Titel für ihren Vortrag und war zu der Zeit auf den Trobriand Islands oder in Samoa und hat da ihr zwölftes Buch geschrieben; hat geschaut, wie die Mädchen dort auf den Heiratsmarkt geworfen werden, wie man das in Wien nennt; *coming of age*.

Aber wir mussten doch einen Titel für ihren Vortrag finden. Wir haben ihr also immer Briefe geschrieben, in denen wir gefragt haben: „Wie sollen wir dein Papier nennen?" – „Möchtest du deinen Vortrag korrigieren?" Sie hat aber nie geantwortet.

Schließlich habe ich gesagt: „Ich muss diesem Vortrag einen Titel geben." Nun hat sie kybernetisch über Kybernetik gesprochen. Sie hat gesagt: „Eine Gesellschaft muss sich ihren eigenen Maximen gemäß verhalten. Wenn ihr eine kybernetische Gesellschaft seid, müsst ihr bemerken, wenn ihr nicht mehr funktioniert, und euch dann vielleicht auflösen." So habe ich ihren Artikel dann *Cybernetics of Cybernetics* genannt. Da ist also zum ersten Mal diese Kombination aufgetaucht.

Bei einer späteren Gelegenheit – 1974, da hatte Klaus Krippendorf mich eingeladen, einen Vortrag bei einer Konferenz der *American Society for Cybernetics* in Philadelphia zu halten – habe ich gesehen: „Diese Idee von *Cybernetics of Cybernetics* ist ja eine sehr gute." Da ist mir erst eingefallen, wie bedeutungsvoll diese Begriffe, die sich auf sich selbst anwenden, sind. Da habe ich die Idee von *Second-Order Cybernetics* erfunden.

Die Studenten kamen auch wieder aus allen Klassen, also *freshmen*, die gerade aus der *high school* kamen, Studenten in ihrem ersten Jahr an der Universität; dann *postdocs*, also Leute, die den Doktor schon gemacht und irgendwelche Assistentenstellen an der Universität hatten. Das war ein unglaublicher Erfolg. In der ersten Hälfte habe ich immer Vorträge gehalten und gesagt, um was es in der Kybernetik geht, womit man sich beschäftigt, was für Gebiete berührt werden et cetera et cetera. Die Studenten haben dann alles Weitere aus der Literatur ermittelt.

Die wollten ein *dictionary* erstellen. Sie haben sich also einige Begriffe wie zum Beispiel „Bewusstsein", „Zukunft" oder „Wahrheit" ausgesucht und verschiedene große Forscher angeschrieben: „Wir schreiben ein Buch über Kybernetik. Können Sie uns ‚Bewusstsein' definieren?" – „Können Sie uns ‚Intelligenz' definieren?" – „Können Sie uns das und das definieren?" Da haben diese großen Forscher zurückgeschrieben; viele, ja, fast alle, haben geantwortet. Das Schöne war, dass sich herausgestellt hat, dass jeder „Bewusstsein" anders definiert. Das allein ist doch schon eine wichtige Einsicht für einen jungen Menschen, der sagt: „Jetzt möchte ich etwas über Bewusstsein wissen. Über was werde ich informiert? Über den Schreiber, aber nicht so sehr über Bewusstsein." So ist dann dieses Buch zustande gekommen. Die Studenten haben bis tief in die Nacht hinein gearbeitet. Dann haben sie die ganzen Seiten getippt, beklebt, mit Illustrationen versehen und in den Korridoren meines Forschungs-*Lab* ausgelegt. Da haben die Seiten neben den Seiten neben den Seiten neben den Seiten gelegen; bis sie gesagt haben: „Ja, die werden wir dahin geben. Das werden wir dorthin geben."

Dann wurden zwei Zusatzbücher erfunden. Das *Metabuch* hat über die Autoren, die Beiträge geschrieben haben, informiert; was das für Leute sind und was die hauptsächlich interessiert hat: Kognition, die Funktionsweise des Nervensystems et cetera et cetera. Das *Metabuch* wurde hinten angehängt. Da haben wir einen Klettverschluss verwendet, sodass man das Büchlein herausnehmen und wieder hineingeben kann.

Dann gab es das so genannte *Parabuch*. Das *Parabuch* ist sozusagen das Buch über das Buch; sozusagen ein Metainhaltsverzeichnis. Da konntest du eine Liste der Themen, die behandelt wurden, finden. Da konntest du die Autoren finden: Wer die Autoren sind und was die geschrieben haben. Das *Parabuch* ist genau in der Mitte und hat einen grauen Rand, sodass du es sofort findest. „Wo finde ich die Autoren?" – „Was für Themen werden behandelt?"

Die ersten dreihundert Kopien habe ich bei mir in der BCL-Druckerei gedruckt. Binden lassen habe ich sie von der *University Press* der Universität von Illinois.

Die Studenten haben ein sehr hübsches Cover ausgesucht; ein Bild von Pieter Brueghel: *Kinderspiele*, denn sie haben gesagt: „Spiele sind ja eigentlich eine kybernetische Beschäftigung. Der eine spielt mit dem anderen; der andere mit dem einen. Zirkularität ist schon in den Kinderspielen vorhanden."

Schon in der Kursbeschreibung habe ich geschrieben: „Wir müssen etwas erfinden, sodass die Linearität des Buches aufgehoben wird; sodass man von jedem Thema sehr leicht zu einem verwandten Thema an einer anderen Stelle des Buches hinüberfinden kann; sodass das Thema in seiner Gesamtheit und nicht nur einseitig behandelt wird." Das war wichtig, denn die Studenten waren ja damals ganz gegen die Linearität. Linearität war absolut *out*.

Da hat ein Student die schöne Idee gehabt: „Wir machen einfach Löcher in den Rand, sodass man, wenn man einen Stift durch diese Löcher schiebt, von der einen Stelle, wo das Thema behandelt wird, zu einer anderen Stelle, wo dieses Thema noch einmal behandelt wird, kommt. Wenn du also zum Beispiel etwas über Kognition wissen willst, siehst du Neurologie auf Seite 110. Dann steckst du einen Bleistift durch die Löcher und kommst auf Seite 450, wo du dann die philosophische oder die logische Behandlung von Kognition findest. Du brauchst nur mit einer kleinen Lochzwicke Löcher zu zwicken und kannst dann dieses Buch sozusagen *cross*-disziplinär lesen; also nicht linear, sondern räumlich sozusagen."

Jeder Student hat, glaube ich, zwei oder drei Kopien bekommen. Dann waren ein paar übrig, und das war eigentlich das Ende dieser Geschichte.

Einige Jahre später, als ich schon in Kalifornien war, hat durch Zufall jemand dieses Buch bei mir entdeckt. Das kam so: Ich war bei einer Konferenz hier in Kalifornien, in Asilomar, und saß an einem Tisch mit mehreren anderen Leuten. Da haben wir natürlich gesprochen: „Was machen Sie?" – „Was machen Sie hier?" Ich habe meinen Tischnachbarn gefragt: „Was machen Sie?" Er sagt: „Ich bin ein *publisher of unpublishable books*." – Ich bin Verleger von unverlegbaren Büchern. Ich habe gesagt: „Wollen Sie *the most unpublishable book* sehen?" – „Ja natürlich, das würde mich sehr interessieren!" – „Das können Sie bei mir zu Hause sehen." Also Asilomar ist hier an der Küste südlich von Santa Cruz. „Wann fliegen Sie weg?", habe ich gefragt. „Ich fliege heute Nachmittag weg." – „Von wo?" – „Vom Flughafen in San Francisco." – „Na, dann können Sie ja bei mir vorbeikommen; dann zeige ich Ihnen *the most unpublishable book*." Also der kam wirklich vorbei; nachmittags zum Kaffee. Ich zeige ihm eine Kopie von *Cybernetics of Cybernetics*. Wir saßen draußen auf dem Deck. Der schaut das an. Dem ist einfach das Wasser im Mund zusammengelaufen. „Das gibt es doch nicht! Ist ja unglaublich! Das muss ich publizieren." – „Ja ja, aber das ist die letzte Kopie. Leider kann ich die ..." – „Nein, nein, das muss ich publizieren. Sie müssen mir das Buch geben." – „Nein, nein, das kann ich Ihnen nicht geben. Das ist meine letzte Kopie." – „Nein, nein, das müssen Sie mir geben." Also er hat schließlich gewonnen. Er hat das Buch mitgenommen und eine neue Auflage produziert, eine verbesserte Auflage, denn er hat ein viel besseres Papier genommen. Ich hatte ja nur das Papier nehmen können, das mir zufällig irgendjemand geschenkt hatte. Genau die dreihundert Kopien konnte man aus diesem Papier machen. Er hat das alles auf weißem Papier gedruckt. Die Fotografien hat er *computer enhanced*, sodass alle Bilder schöner als in der Originalausgabe geworden sind. Er hat, glaube ich, tausend Kopien von dem Buch hergestellt.

Quantitative Hämatologie und die *von-Foerster-Gleichung*
Ein wichtiger finanzieller Beitrag zum *Biological Computer Lab* kam von den *National Institutes of Health*. Fast dreißig Prozent der Kosten sind von diesem Institut übernommen worden.

Wir hatten mit den *National Institutes of Health* ein Programm zur quantitativen Hämatologie. Dazu eine kleine Vorgeschichte:

Die Wiener in Champaign
Wir sind aus der Weltstadt Wien in eine winzige Provinzstadt im Mittelwesten von Amerika, inmitten dieser gigantischen Ebenen, gekommen; in eine kleine Stadt im *biblebelt* und im *cornbelt* der Vereinigten Staaten. *Biblebelt,* weil jeder drei Bibeln zu Hause liegen hat; die Kinder werden gewöhnlich mit biblischen Namen versehen. Und das Einzige, wovon die Leute leben, ist natürlich *corn*, also „Kukeruz", wie man in Wien sagt.

Wir haben keinen Menschen gekannt. Aber durch einen unerhörten Zufall sind wir sofort in eine Gruppe hineingekommen, die es auch von Wien nach Champaign-Urbana verschlagen hat. Wieso? Die Freundin von Mai, Ilse Nelson, die ja in New York schon viele Jahre gelebt hatte, die alle Musicals kannte, stand mit der Oper in guter Beziehung und kannte die ganzen Leute von der Oper.

Der Chordirektor der *Metropolitan Opera* hieß Kurt Adler. Kurt Adler ist in das akademische Gymnasium in Wien gegangen. In der selben Klasse dieser Mittelschule war ein junger Mann mit dem Namen Ludwig Zirner. Adler und Zirner wurden sehr gute Freunde. Beide wurden Musiker. Zirner ist nach Amerika ausgewandert, weil er und seine Frau ja auch jüdisch waren, und ist zufälligerweise nach Champaign-Urbana an die Universität von Illinois gekommen. Als Adler in New York gehört hat, dass ein anderer Wiener, der ins akademische Gymnasium gegangen ist, nach Champaign-Urbana kommt, hat er gesagt: „Ilse, du musst Heinz sagen, dass da ein Freund von mir ist, Ludi Zirner. Der ist der Operndirektor der Universität von Illinois." Also Ludi Zirner wurde verständigt, dass ein Heinz von Foerster mit seiner Frau ankommt. „Das sind Flüchtlinge aus Wien. Die haben alles verloren; sind ausgebombt worden, haben also praktisch nichts mehr." Das wussten die Zirners. Als wir dort ankamen, wurden wir eingeladen, den Neujahrsabend – wir sind ja so Ende Dezember angekommen – bei den Zirners zu verbringen.

Wie ich dir schon erzählt habe, war durch einen glücklichen Zufall mein riesiger *overseas trunk*, mein Koffer, in dem alles drin war, was ich noch aus Schlesien retten konnte, nicht von der Bombardierung des Zuges in Kufstein betroffen. Dieser Koffer kam natürlich nach Wien und dann nach Amerika.

Und da drin waren eben die besten Kleider; die schönsten Abendkleider von Mai mit Goldlamé und allem, was du willst; mein Frack und mein Smoking; die schönsten Bilder; Sachen, die man sonst nirgends bekommen konnte.

Wir kamen also zu dieser Neujahrsparty; ich im Frack, Mai in einem Goldlamé-Kleid der modernsten Schnittweise; mit einer Flasche Champagner. So kamen die Flüchtlinge aus Wien, die alles verloren hatten. Also das Erstaunen und das Gelächter kannst du dir vorstellen: „Die Flüchtlinge aus Wien, schaut euch die an!" Alles hat sich schiefgelacht. Das war eine sehr schöne Party, und wir wurden alle sehr gute Freunde.

Henry Quastler und die Informationstheorie
Ein weiterer Gast, den ich nicht gekannt hatte, war ein praktischer Arzt aus Wien, Henry Quastler.

Quastler ist zu der lokalen Klinik gegangen und hat sich als Doktor beworben. Er wurde natürlich nicht angenommen, weil er keine amerikanische Prüfung absolviert hatte. Er hat dann eine amerikanische Doktorprüfung absolviert und wurde in der *Carle Clinic* in der kleinen Stadt Urbana angestellt.

Quastler war ein unglaublicher Mensch. Er war tief betroffen von den Scheußlichkeiten, die sich die Menschen im Zweiten Weltkrieg angetan haben: Atombomben schmeißen, die die Leute zur Hälfte verbrennen; am lebendigen Leib. Er hat gesagt: „Das ist so grausam; das muss man wirklich verstehen. Ich muss die grässlichen Effekte, den Einfluss der Kernstrahlung auf lebendiges Gewebe, untersuchen." Er hat sich also vom *Department of Physics* an der Universität von Illinois kleine Alphastrahler ausgeborgt.

Er hat sehr interessante Studien gemacht und nachgedacht: „Wie kann ich die Resultate am besten repräsentieren?" Er hatte von der so genannten Informationstheorie gehört und gesagt: „Vielleicht ist Informationstheorie das richtige Format, um die Ergebnisse solcher Strahlungen zu repräsentieren und damit zu operieren." Er hat gewusst, dass ich mit den ganzen Leuten zusammenarbeite, die die Informationstheorie entwickelt haben; Norbert Wiener, Claude Shannon – all diese Leute habe ich persönlich gekannt. So kam er zu mir: „Sag, Heinz, kannst du mir Bücher über Informationstheorie besorgen?" – „Kannst du mir helfen, diese und jene Sache zu verstehen?" So habe ich also mit Henry Quastler sehr intensiv über Informationstheorie gearbeitet. Ich war fasziniert, wie schnell er das verstanden hat. Im Jahre 1952 hat er ein Symposium an der Universität von Illinois einberufen und in seinem Buch *Information Theory in Biology*, das 1953 erschienen ist, dokumentiert. Das war die erste Konferenz dieser Art. Da kamen sie aus aller Welt.

Henry Quastler hatte solche Erfolge mit seiner Arbeit, dass zuerst das *Department of Physics* an der Universität von Illinois gesagt hat: „Kommen Sie doch zu uns, und arbeiten Sie nicht da im Keller dieser lächerlichen *Carle Clinic*. Arbeiten Sie bei uns am *Department of Physics*." Also ist er umgezogen und hat dort gearbeitet. Dann sind seine Arbeiten so bekannt geworden, dass das *Brookhaven National Laboratoy* in Brookhaven, das die ganz großen Kernmaschinen, die Beschleunigungsanlagen, hat, gesagt hat: „Kommen Sie doch zu uns, und arbeiten Sie hier." Also ging er nach Brookhaven. Das Erste, was er gemacht hat: Er hat entscheidend an einer ganz großen Konferenz in Gatlinburg, Tennessee, zum selben Thema, *Information Theory in Biology*, mitgewirkt. Das war im Jahre 1956. Darüber gibt es ebenfalls ein Buch. Dann hat er im Juni 1957 die ganz große Konferenz über Homöostasis im Rahmen der Brookhaven *Symposia in Biology* organisiert.

Der Begriff „Homöostasis" war schon sehr alt, aber die ganze Theorie der Homöostasis, auch im Zusammenhang mit Informationstheorie, überhaupt nicht entwickelt. *Homeostatic Mechanisms* hat diese Konferenz geheißen. Mich hat er eingeladen: „Heinz, du sollst die *keynote address* geben, weil du eine geschickte Art hast, solche Sachen so zu erzählen, dass andere Leute sie auch verstehen." Also habe ich dort einen Vortrag gehalten: *Basic Concepts of Homeostasis*. Ich habe mich sehr angestrengt, die Tiefe und die Breite dieses Konzepts so klar zu machen, dass Leute, die nicht in Mathematik, nicht in Information und nicht in dieser ganzen Welt leben, auch verstehen, was für ein geistiges Werkzeug das ist.

Die Welt der Hämatologie
In der Pause dieser Riesenkonferenz – da waren hunderte von Leuten; die besten Hämatologen aus aller Welt – kommen auf einmal drei sehr soigniert aussehende Herren auf mich zu; mit tadellosen *business*-Anzügen, mit Krawatten und allem; wohl gekämmt und gebürstet und geschniegelt und geschnatzt; ganz ernst kommen die auf mich zu.

„Lieber Herr von Foerster, wir sind Hämatologen. Wir kommen von den *National Institutes of Health*. Wir haben keine Ahnung von Mathematik. Wir sind keine Mathematiker. Wir sind keine Physiker. Wir sind keine Formalisten. Sie haben Ihren Vortrag so gehalten, dass wir, die wir uns für die Zellstruktur interessieren, fasziniert waren bezüglich der Möglichkeit der Anwendung der Begriffe, die Sie uns vorgeführt haben. Wir haben jedes Wort verstanden und sind Ihnen unendlich dankbar. Wir würden Sie gerne einladen, uns in den *National Institutes of Health* mehr über Ihre Ideen zu erzählen. Wir würden auch gerne einen Vertrag mit Ihnen abschließen, sodass Sie auch mit Ihren Leuten an der Universität für uns arbeiten können." Darauf sage ich: „Ich bin entzückt von dieser Idee, aber, meine Herren, ich habe ja das Wort ‚Hämatologie' hier überhaupt zum ersten Mal gehört. Ich kann Ihnen also keinen Vorschlag machen, wie ich das tun sollte."

Da haben sie gesagt: „Sie brauchen sich darum nicht kümmern. Wir schreiben den *grant* – das ist eine Spende oder ein Vertrag – auf und unterzeichnen ihn. Dann müssen nur noch *Sie* unterzeichnen, dass Sie sich an diesem *grant* beteiligen wollen." Ich sage: „Aber wenn ich gar nicht weiß, was Hämatologie ist, wie kann ich einen *grant* für Hämatologie unterschreiben?" – „Das ist überhaupt kein Problem. Wir laden Sie ein, über mehrere Wochen immer für zwei, drei Tage nach Bethesda in Maryland zu fliegen. Da geben wir Ihnen einen Einführungskurs in Hämatologie."

Ich war in der Folgezeit tief ergriffen von zwei Punkten: Der erste Punkt: dass die so völlig hingerissen waren von ihrem Beruf; sich mit der Entwicklung der Blutkörperchen und ihrem Bestand im menschlichen Körper zu beschäftigen. Der zweite Punkt: dass sie das so gut verstanden haben und mir in den einfachsten Worten erzählt haben, dass ich diesen Sachen habe folgen können.

Eine vollkommen neue Welt: Ich habe gelernt, wie die Zellen sich teilen; was das Problem in der Hämatologie ist et cetera et cetera. Ich werde nur ein kleines Problem erwähnen. Die Blutzellen entstehen alle aus einer Urzelle, einer Mutterzelle, die immer gleich ausschaut. Die heißt „Stammzelle". Die spaltet sich und erzeugt zwei Zellen. Eine verändert sich etwas, beginnt sich auch zu spalten und wieder Tochterzellen herzustellen. Auch die verwandeln sich; schauen wieder anders aus; schauen wieder anders aus; wieder anders aus. So geht die Zellteilung voran; mit gleichzeitiger Verwandlung der Form der Zelle. Plötzlich kommt aus einer Stammzelle nach der vierten, fünften oder sechsten Generation eine Zelle, die völlig anders ausschaut als die Stammzelle. Die Form dieser Zelle kann dir verraten, in welcher Generation diese Zelle gerade lebt, denn sie ist – um ganz einfach zu sprechen – zuerst eine Kugel; verwandelt sich dann in einen Würfel; dann in einen Tetraeder. Also alle schauen verschieden aus. Trotzdem ist es nicht leicht, zu unterscheiden, in was für einem Zustand diese Zelle sich jetzt befindet; was für ein Gesicht sie hat. Hat sie das Gesicht einer *promyelocyte* oder einer *myelocyte*?

Hämatologie und Kognition

Die „National Institutes of Health" haben uns mikroskopische Präparate geschickt, damit wir lernen können, wie sie diese Zellen nennen. Als wir diese mikroskopischen Präparate bekommen haben, haben wir bemerkt, dass die Zellen, die alle so ausgeschaut haben wie Elefanten, manchmal auch „Esel" genannt wurden. Also wir waren uns nicht sicher, ob die wissen, wie eine solche Zelle ausschaut. Da haben wir ein Experiment gemacht. Wir haben diese Präparate auseinander gesägt und sie um neunzig oder hundertachtzig Grad herumgedreht. Dann haben wir sie zurückgeschickt und gesagt: „Leider haben wir die Bezeichnung dieser Zellen verloren. Können Sie uns noch einmal sagen, was das für Zellen sind?" Sie haben dann diese Präparate zurückgeschickt, und natürlich waren die Zellen, die um neunzig Grad gedreht waren, plötzlich anders benannt.

Natürlich verändert sich ein Elefant, wenn du ihn auf den Rücken legst; plötzlich schaut er anders aus; nicht wie ein Elefant. So haben wir gesagt, dass das Zählen solcher Zellen in verschiedenen Lebensumständen ein kognitives Problem ist. Wir haben getestet, ob die selbst konsistent sind, und gesehen, dass sie nicht konsistent sind.

Wir haben also festgestellt, dass das Zählen solcher Zellen keine absolute Sache ist, sondern eine weitere Analyse der kognitiven Fähigkeiten des Menschen, der diese Zellen betrachtet, erfordert; und das fiel ja genau in unsere Sparte der Untersuchung. Wir haben uns ja mit kognitiven Problemen beschäftigt.

Als ich das den Organisatoren meines Programms mitgeteilt habe, waren die natürlich fasziniert und haben gesagt: „Das ist hoch interessant, was Sie da gefunden haben. Wir müssen da also tiefer in die Analyse hineinsteigen." Darauf wurde unser Programm *Quantitative Hämatologie* in eine Menge anderer Branchen des *Biological Computer Lab* ausgedehnt; wie in die kognitive Branche, wo wir uns für Kognition, Unterscheidung von Konfigurationen, Formbestimmung et cetera et cetera, interessiert haben.

Also dass wir mit den *National Institutes of Health* gearbeitet haben, war für uns ein Bonus.

Außerdem habe ich mich natürlich sehr mit der Mathematik solcher nicht gut definierbaren Körper beschäftigt. Sehr bald schon nach dem ersten Kontakt mit den *National Institutes of Health* wurde ich eingeladen, bei einer ganz großen Konferenz von Hämatologen in Salt Lake City mitzumachen. Ich sollte da ein größeres Papier geben und habe versucht, mich sehr gut vorzubereiten. Das war eine internationale Konferenz von Hämatologen, und mein Vortrag hieß *Some Remarks on Changing Populations*.

Population, weil es sich ja um die Bevölkerung roter Blutzellen und weißer Blutzellen handelt. Das Ganze ist ein Populationsproblem: Zuerst kommen schwarze Kinder auf die Welt; die werden langsam grün. Dann werden sie blau; dann haben sie Schwänze; dann haben sie Hörner. Also das ist eine *changing population*".

$$\frac{\partial N_a}{\partial a} + \frac{\partial N_a}{\partial t} = -N_a \theta.$$

Die von-Foerster-Gleichung

Ich habe mir besondere Mühe gegeben. Erstens, weil mich das Problem fasziniert hat; zweitens, weil ich nirgendwo in der Mathematik Anschlüsse gefunden habe; wo ähnliche Probleme schon behandelt worden sind. Ich habe also versucht, mich vollkommen neu in dieses Thema hineinzudenken. Das ist konzeptuell gar kein leichtes Problem. Ich habe mich da tagelang hineingekniet. Ich glaube, was ich da erlebt habe, war eine Art Meditation. Ich habe an nichts anderes mehr gedacht als ausschließlich daran, wie ich das, was ich jetzt beschreiben will, so einfangen kann, dass es mathematisch behandelbar ist. Nach Tagen von Nachdenken ist mir dann endlich eine Form gekommen. Die habe ich dann niedergeschrieben. Dann habe versucht, diese Form noch einfacher zu erklären, sodass sie jeder versteht. Mit diesen Resultaten bin ich nach Salt Lake City geflogen.

Dieses Papier, *Some Remarks on Changing Populations*, wurde publiziert. Wenn ich irgendeine Fußstapfe in der wissenschaftlichen Welt zurückgelassen habe, ist es diese Publikation. Es ist die einzige Publikation, die in die wirklich große Wissenschaft einbezogen worden ist. Die ist mit meinem Namen in die Mathematik eingegangen. Die *von-Foerster-Gleichung* findet Platz in Lehrbüchern über Differenzialgleichungen, denn sie ist eine Differenzialgleichung mit besonders merkwürdigen und interessanten Eigenschaften. Sie gehört zur Klasse der hyperbolischen Differenzialgleichungen.

Eine lustige Geschichte: Ein Mathematikprofessor vom *Department of Mathematics* der Universität von Illinois wird an ein Mathematik-Department in Israel eingeladen. Er kommt in eine Vorlesung. Der Professor steht an der Tafel und sagt: „Jetzt werde ich Ihnen die hyperbolische von-Foerster-Differenzialgleichung vorführen", und beginnt, diese Gleichung hinzuschreiben und die Probleme und die interessanten Lösungen.

Der Professor aus Illinois wundert sich: Er kennt ja einen von Foerster. Das kann doch nicht derselbe sein! Das ist ein Wurschtl, der im *Electrical Engineering* über Kognition nachdenkt und schreckliche Kurse hält, wo die Schüler *Cybernetics of Cybernetics* machen. Er geht also nachher hin: „Sie haben den Namen von Foerster erwähnt. Was ist das für ein von Foerster?" – „Das ist doch ein Kollege von Ihnen! Der ist auf der Universität von Illinois."

Selbstmord der Quastlers

Quastler, der mich ja in diese ganze Welt eingeführt hat, hatte eine charmante Frau, Gertrud, eine Künstlerin, eine Malerin, die noch an der Universität von Illinois eine Klasse für die Physiker abgehalten hat; die sind abends alle zu ihr gekommen und haben malen gelernt. Leider hatte sie Lungenkrebs, an dem sie langsam und sehr unangenehm gestorben ist. Und Henry konnte sich als Arzt natürlich alle Mittel verschaffen, die dich von diesem Leben in das andere hinüberschicken. So haben die beiden, Gertrud und Henry, sich so ein Mittel verschafft und zusammen Selbstmord verübt. Die gesamte wissenschaftliche Welt hat schwer getrauert. Er war ein unglaublich lieber und fürsorglicher Mensch, der diese ethische Idee hatte, die Störungen in lebendem Gewebe infolge radioaktiver Strahlen zu untersuchen. Es wurde ein kleines Büchlein geschrieben, ein Nachruf auf Quastler: *Henry Quastler* oder *The Quastlers*, das ich ganz ergreifend und wunderschön finde.

Doomsday: Friday, 13 November, A. D. 2026

Noch einmal zurück zu den Problemen der quantitativen Hämatologie. Was sind die Probleme? Um was kümmert man sich da? Bei der quantitativen Hämotologie geht es darum abzuleiten, wie viele Zellen da und da entstehen oder vergehen; es ist also eine Theorie der Entstehung und des Sterbens von Blutzellen. Das Problem ist immer, wie viele Zellen dieser Art in einem kleinem Bluttropfen zu finden sind. Das ist also eine etwas erweiterte Populationstheorie. Man möchte herausfinden, wie viele Zellen dieser Art dann wie viele jener Art werden. Dieses Populationsproblem kann man natürlich auch ausdehnen auf andere Populationen: Populationen von Ameisen, Populationen von Menschen, Populationen von Chinesen et cetera et cetera. Das ist ein ganzes Gebiet der Soziologie und heißt Demographie.

Einige meiner Studenten, die da mitgearbeitet haben, haben gefragt: „Könnten wir unsere Theorie nicht auch auf die menschliche Bevölkerung anwenden? Könnten wir nicht herausfinden, wie eine Population aussieht, wenn die Elemente, die in der Gruppe aufwachsen, miteinander kooperieren?" Die meisten Elemente einer Blutprobe oder von Tierpopulationen in der Wildnis konkurrieren ja miteinander. Die eine Zelle braucht etwas, das die andere Zelle auch braucht. Das heißt, die wetteifern um einen bestimmten Agenten, den beide brauchen. Also wenn die eine das der anderen Zelle wegfrisst, bekommt die andere weniger.

Aber mit der menschlichen Bevölkerung ist es doch so, dass wir uns ja gegenseitig ununterbrochen unterstützen. Die Bauern bauen das Getreide an; aus dem Getreide kann der Bäcker das Brot backen; mit dem Brot füttert er die anderen Menschen; die sorgen für die Elektrizität, legen die Drähte zu den Bauern. „Lassen sich die Gleichungen, die wir entwickelt haben, auf eine Bevölkerung anwenden, die sich unterstützt und nicht gegenseitig bekämpft?" Wir haben neue Gleichungen geschrieben und sind dann auf das Resultat gekommen, dass die menschliche Gesellschaft nicht stabil ist; das heißt, sie strebt nicht auf einen gewissen Gleichgewichtszustand hin, auf dem sie dann stehen bleibt. Die menschliche Gesellschaft hat durch ihre Kooperation keinen Gleichgewichtszustand wie zum Beispiel die Hasen und die Füchse: Die Füchse fressen die Hasen, bis fast keine Hasen mehr da sind. Dann verschwinden die Füchse, weil sie verhungern. Wenn die Füchse weniger werden, werden die Hasen wieder lustig; dann gibt es wieder viel mehr Hasen als Füchse. Schon wieder gehen die Füchse los und fressen die Hasen. So gibt es zwischen diesen beiden Arten eine Oszillation: einmal viele Hasen, einmal viele Füchse.

So ist es nicht mit der menschlichen Gesellschaft. Die Anzahl der Menschen steigt und steigt und steigt. Also wir haben das nicht für möglich gehalten; und ich habe meine Studenten gebeten: „Bitte findet aus der Literatur heraus, wie viele Menschen von den Demographen in den verschiedenen Jahrhunderten geschätzt werden! Geht so weit zurück, wie ihr könnt. Findet heraus, wie viele Menschen es zur Zeit Jesu, zur Zeit der Pharaonen, zur Zeit der mittelalterlichen Kreuzzüge et cetera gab!"

In ein paar Monaten hatten wir hunderte solcher Daten gefunden und haben dann unsere Kurve, unsere Gleichungen auf diese Resultate angewendet. Zu unserem Erstaunen ist jede Schätzung der Population der frühen Gesellschaften genau auf die Kurve unser Gleichung gefallen. „Das ist unheimlich", haben wir gesagt. „Das ist ja unglaublich! Diese Theorie, die alle Daten, die es gegeben hat, richtig erfasst, müssen wir publizieren. Vorher jedoch wollen wir noch vergleichen, was Demographen der *United Nations* über die Zukunft der menschlichen Gesellschaft sagen und was *wir* über die Zukunft der menschlichen Gesellschaft sagen."

Da war ein unglaublicher Unterschied! Also die Demographen der *United Nations* haben gesagt: „Im nächstem Jahr werden es soundso viele Menschen sein." Wir haben gesagt: „Fast doppelt so viele." – „Also unsere Theorie stimmt leider nicht, denn die Demographen der *Vereinten Nationen* wissen natürlich genau, was los ist." Also wir warten ein halbes Jahr, sehen die Resultate der Bevölkerungszählungen auf der Welt. Wer hatte Recht? Unsere Voraussage war genau richtig, während die *Vereinten Nationen* völlig falsch vorausgesagt hatten. Darauf haben wir gesagt: „Na, jetzt müssen wir veröffentlichen." Also haben wir 1960 im *Science Magazine*, dem Standard-Wissenschaftsmagazin in Amerika, veröffentlicht. Der Artikel heißt *Doomsday: Friday, 13 November, A. D. 2026*. Das ist der Tag, an dem die menschliche Gesellschaft unendlich groß wird. Das heißt, an diesem Punkt ist das System instabil, kollabiert, bricht zusammen, und wird etwas anderes.

Der Artikel ist erschienen, und die Demographen haben laut geschrien: „Das ist ein Skandal! Das sind Wahnsinnige! Die sind verrückt! Dass ein wissenschaftliches Journal wie *Science Magazine* so etwas überhaupt druckt!" Dieses Papier ist so populär geworden, dass alle Zeitungen und Magazine Amerikas das übernommen haben: die *New York Times*, der *New Yorker*, das *Time Magazine*, der *Herold Tribune*, *Newsweek* et cetera et cetera; alle haben darüber berichtet.

Nach ein paar Wochen ist es nach Europa hinübergesprungen. Da haben alle großen Zeitungen und Zeitschriften Europas, die *Kölner Illustrierte*, die Wiener *Neue Freie Presse*, die *Frankfurter All-gemeine Zeitung* et cetera et cetera diesen Bericht gebracht. Die Berliner Zeitungen haben das gebracht; dann die Russen, die Japaner et cetera et cetera. Also nach ungefähr einem Jahr war diese

doomsday story vom 13. November 2026 um die ganze Welt gegangen.
Doomsday – wir haben das als einen Witz genommen. Du weißt ja auch, dass der 13. November mein Geburtstag ist. Der Artikel hieß übrigens *Doomsday, Friday 13 November, A. D. 2026 plus/minus 4 years*, denn man kann es ja nicht genau voraussagen.

„Pogo"
Auch viele Witzjournale haben das übernommen. Zum Beispiel gab es einen Cartoonisten, der mit seinen Witzzeichnungen sehr beliebt in Amerika war. Der hat so einen kleinen Strip gehabt; mit einem kleinen Tier, das Pogo hieß. Pogo hat sich immer über alle möglichen Sachen, die auf der Welt vorgegangen sind, lustig gemacht. Und eines schönen Tages erscheint ein Pogo, der sich mit dieser Bevölkerungsthematik beschäftigt. Pogo packt sein Sandwich aus, das in Zeitungspapier eingewickelt war. Er schaut sich das an und sagt zu seinem Freund: „Hier steht, dass am 13. November 2026 der *Doomsday* sein wird. Da wird die menschliche Gesellschaft kollabieren." Da sagt sein Freund: „Das ist ja schrecklich! Vor oder nach dem *lunch?"*

Also diese Pogo-Geschichte ist in Chicago erschienen. Dann haben die Studenten an der Universität von Illinois diesen Pogo-*strip* in der Studentenzeitung *Daily Illini* abgedruckt, sodass die ganze Universität wusste: „Heinz von Foerster mit seinem *Doomsday, November 13*[th] ist im Pogo. Das ist eine ganz große Ehre."

Ein paar Tage später kamen auf einmal die Leute vom *Office of Naval Research* zu mir und haben gesagt: „Lieber Heinz von Foerster. Wir haben eine traurige Nachricht. Wir können leider Ihren Vertrag nicht verlängern. Aber da sind Sie nicht der Einzige, der leidet. Sogar den Vertrag von John Bardeen, dem Nobelpreisträger, müssen wir kürzen." Ich habe gesagt: „Na ja, Bardeen hat den Nobelpreis bekommen, aber ich war im Pogo." Da haben die gesagt: „Ja, wir wissen, dass Sie im Pogo waren, aber Sie waren mit einem Vertrag von den *National Institutes of Health*, nicht vom *Research Department* vom *Office of Naval Research* im Pogo. Deswegen können wir Sie auch nicht weiter unterstützen." Das fand ich sehr schön; dass meine Bemerkung, im Pogo gewesen zu sein, so gut ist, wie einen Nobelpreis zu bekommen; dass die das auch wirklich ernst genommen haben und sich verteidigt haben.

Der „Pogo"-Cartoon von Walt Kelly

Ende des BCL

Die Gelder des BCL kamen zu dreißig oder vierzig Prozent von dem Geld, das ich für Forschungsaufträge von außen hereingebracht habe. Wenn zum Beispiel die *National Institutes of Health* mir hunderttausend Dollar für die Forschung gegeben haben, hat die Universität vierzigtausend Dollar bekommen. Also wenn ich summiere, wie

266

viel ich der Universität in den zwanzig Jahren BCL gebracht habe, sind das zehn Millionen Dollar. Deswegen haben sie mich immer gehalten; weil ich eine gute Melkkuh war. Da konnte man immer Geld von Heinz von Foerster rausziehen; und zwar nicht ein bisserl, sondern Millionen. Das hat natürlich viele Leute überzeugt: „Schmeißen wir Foerster nicht hinaus, lassen wir Foerster hier arbeiten! Es ist zwar eine verrückte Schule – wir haben keine Ahnung, was die machen; die schlechtesten unserer Schüler blühen und gedeihen dort; das müssen Wahnsinnige sein – aber lassen wir sie ruhig ihre Sache machen, denn wir bekommen jedes Jahr fünfhunderttausend Dollar von denen."

Das, was wir damals am BCL verfolgt haben, dieses starke Hinüberrutschen in die kognitiven Bereiche – Was ist Kognition? – und dann in die sozialen Bereiche, besonders unser Interesse an natürlicher Sprache und der Wechselwirkung mit Computern, hat uns sehr gefangen genommen.

Es sieht für mich so aus, als wäre es meinen Geldgebern, den Leuten vom *Office of Naval Research*, nicht wichtig erschienen, irgendwelche Versuche zu machen, mit Rechenmaschinen in natürlicher Sprache zu kommunizieren.

Das Sprachproblem ist ein unglaublich schwieriges Problem, das wir *computing in the semantic domain* genannt haben. Das sind Errechnungen einer völlig anderen Dimension, als du sie mit normalen von-Neumannschen Rechenarchitekturen machen kannst.

Das sind sehr interessante und unglaublich faszinierende Rechenstrategien, und mein Gefühl war, dass meinen Geldgebern schon aufgefallen war, dass dies ein Programm von einer Tiefe war, die sie einfach ihren Vorgesetzten gegenüber nicht rechtfertigen konnten. So haben sie sich mehr und mehr von unseren Interessen distanziert; und als dann noch dieses Populationsprojekt dazugekommen ist, das ja von den *National Institutes of Health* bezahlt wurde, haben die Navy-Leute gesagt: „Foerster wird ja sowieso von anderen Leuten unterstützt; da brauchen wir ihn nicht mehr zu unterstützen."

Nun hat das *Office of Naval Research* aber genau die Themen unterstützt, die uns wirklich nahe am Herzen lagen, nämlich gerade dieser Marsch in die erkenntnistheoretischen Probleme, in Kognition und in Sprache; aber das Konversieren mit Maschinen in natürlicher Sprache, semantische Strukturen et cetera et cetera war ihnen zu tief und zu weit, und so haben sie mir eben eines schönen Tages

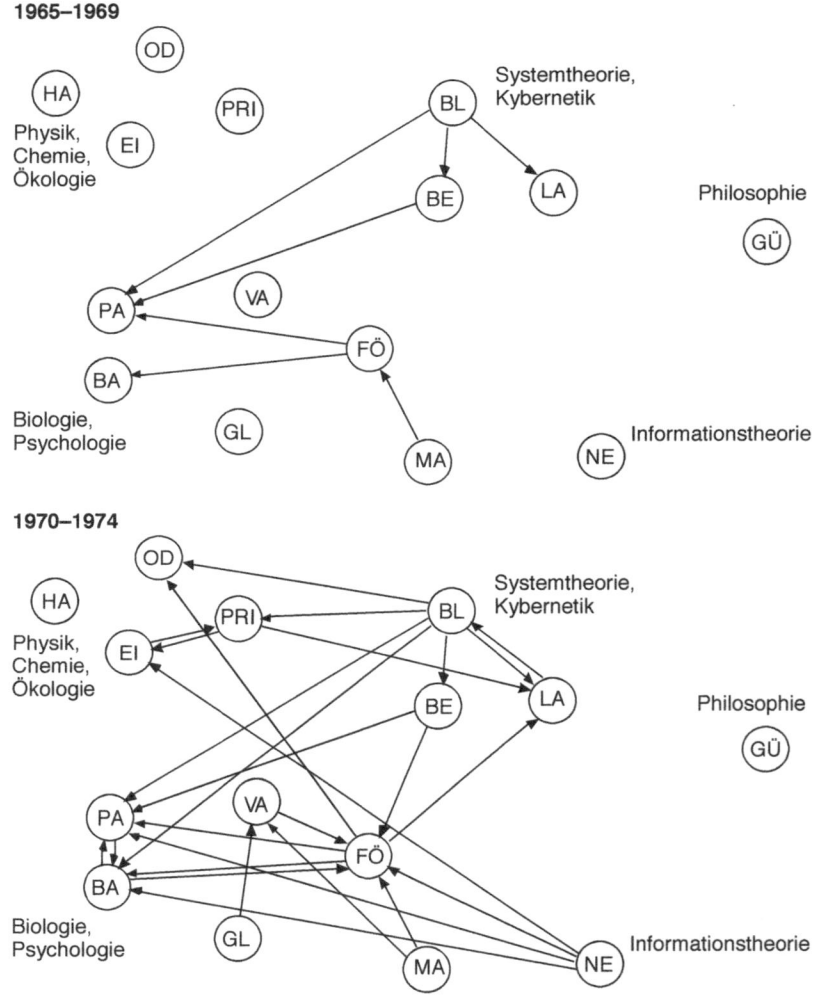

Die „Küppers-Matrizes". *Günter Küppers von der Universität Bielefeld konnte anhand des „Citation Index" des Institute for Scientific Information (ISI) in Philadelphia zeigen, wie sich die verschiedenen Ansätze in den Bereichen Selbstorganisation, Autopoiesis und Second-Order Cybernetics im Laufe der Zeit vernetzten, weil die Wissenschaftler ihre Arbeiten gegenseitig wahrgenommen und zitiert haben. Die abgebildeten Matrizes zeigen das Entstehen einer zusammenhängenden Forschungsfront. Lediglich das BCL blieb lange Zeit relativ isoliert.*

1975–1979

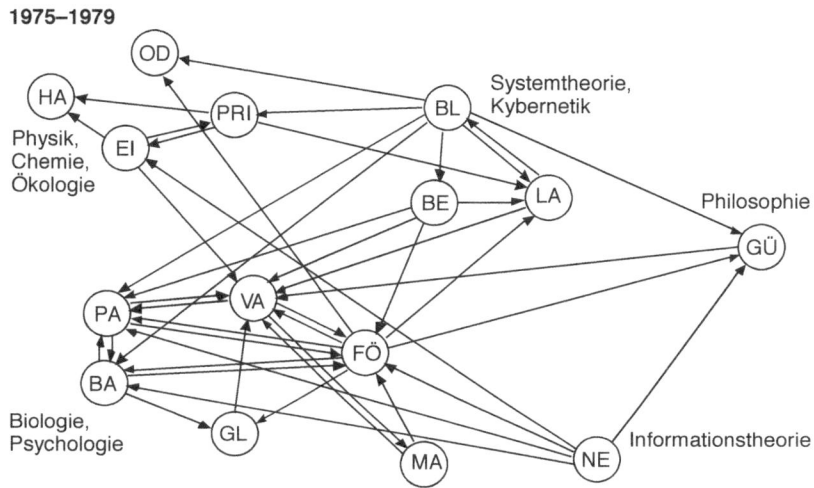

1980–1983

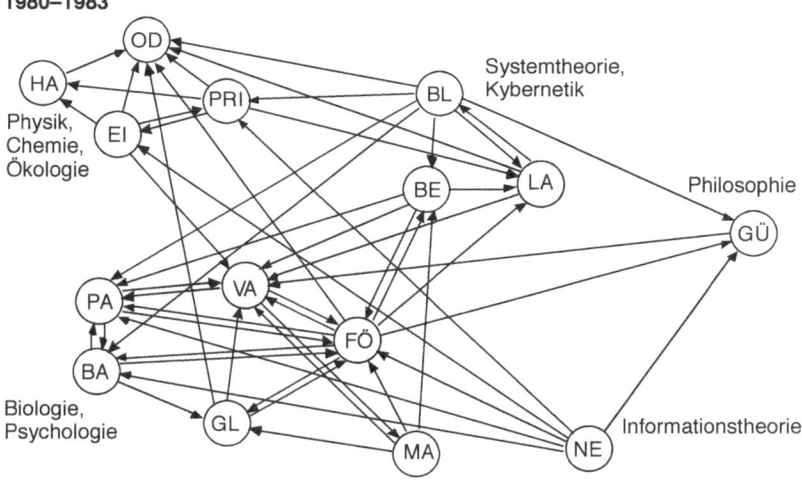

BA = Bateson, BE = Beer, BL = Bertalanffy, EI = Eigen, FÖ = v. Foerster,
GL = v. Glasersfeld, GÜ = Günther, HA = Haken, LA = Laszlo,
MA = Maturana, NE = v. Neumann, OD = Odum, PA = Pask,
PRI = Prigogine, VA = Varela

(einfacher Pfeil = einseitige Zitation; Doppelpfeil = wechselseitige Zitation)

gesagt: „Lieber Heinz von Foerster, wir fürchten, dass wie Sie nicht mehr weiter unterstützen können."

Dadurch ist eine ganz große Stütze des BCL weggefallen. Und du musst bedenken, es waren ja so viele junge Studenten da; dann Ross Ashby, Maturana und Löfgren. Das ist ja alles nicht billig. Also diese Gelder konnte ich einfach nicht mehr aufbringen.

Ich habe gedacht: „Das Wichtigste ist, dass alle Studenten, die jetzt bei mir als Doktoranden arbeiten, ihre Doktorarbeit fertig stellen können." So wurden also sehr viele Dissertationen in den letzten Jahren des BCL geschrieben und geprüft, und diese ganzen jungen Menschen sind dann in die Welt hinausgeflogen und haben überall sehr schöne Stellen bekommen.

Ross Ashby hat sich gesundheitlich nicht wohl gefühlt und hat gesagt: „Ich kann leider nicht mehr mit dir arbeiten. Ich gehe zurück nach Europa." Gotthard Günther wurde von der Universität von Hamburg eingeladen. Das war ein Aktionsprogramm der deutschen Universitäten, die gesagt haben: „Wie wollen diese großen Menschen, die unter Hitler alle auswandern und im Ausland eine Stellung finden mussten, wieder zurück nach Deutschland einladen; und wenn sie kommen, bekommen sie Ehrenprofessuren bis ans Ende ihres Lebens." Das hat Gotthard Günther mit Vergnügen angenommen, denn er hat sich auch in Amerika nicht so wohl gefühlt. So hat er bei uns gekündigt, ist mit seiner Frau Mieke nach Hamburg gegangen, hat von der Universität von Hamburg die Ehrenprofessur akzeptiert und dann dort in den kritischen Jahren der Studentenrevolution seine Logik unterrichtet. Er hat sich von den Revolutionären nicht beirren lassen; und die haben ihn deswegen sehr gerne gehabt. Günthers Vorlesungen waren immer besucht; auch als die Universitäten geschlossen waren. Maturana war wieder zurück in Chile, und das Geld ist langsam ausgegangen.

Und ich habe ja gewusst, dass ich pensioniert werden muss, und habe mir gesagt: „Wenn ich jetzt, mit fünfundsechzig, pensioniert werde, bin ich noch ein rüstiger Mensch und kann noch alles Mögliche anfangen." Also habe ich etwa zu meinem fünfundsechzigsten Geburtstag meinen Brief mit der Bitte um Pensionierung eingereicht. Dann haben Mai und ich uns überlegt, nach Kalifornien umzusiedeln, denn dort war unser Sohn Andreas, ein Architekt. „Wenn es uns gelänge, ein kleines Grundstück zu kaufen, könnte Andreas uns ein Haus bauen; dann haben wir Familienanschluss."

270

Ich habe kürzlich einen Artikel gelesen, der die Geschichte der Nervennetze behandelt. Da habe ich mich unendlich amüsiert. Der Autor schreibt über die Arbeit an Nervennetzen und erwähnt hundert Forscher; aber die Netzwerke am *Biological Computer Lab* sind überhaupt nicht erwähnt.

Es ist interessant, wie „vercliqued", also in kleine Gruppen gespalten diese ganzen Wissenschaftler sind. Ein Deutscher, Günter Küppers, hat einmal ein Relationsnetzwerk aufgezeichnet, das die einzelnen Forscher erfasst, die weltweit an verschiedenen Stellen an denselben Problemen arbeiten. Das sind lauter kleine Gruppen, und ganz dünne Linien führen zwischen den Gruppen hin und her. Und das *Biological Computer Lab* sitzt wie in einem Vakuum.

Ich glaube, das ist meine Schuld gewesen. Ich glaube, ich habe die Politik der Wissenschaft zu wenig verstanden. Ich war zu naiv. Ich habe gedacht: „Jetzt arbeiten wir." Und: „Das wird sehr interessant." Und: „Das sind faszinierende Probleme." Ich habe nicht daran gedacht: „Wie verkauft man das? Was muss man machen, dass es an die Öffentlichkeit kommt, dass es in die Zeitungen kommt, dass es die Institute wissen, die die Gelder hergeben?" Also in Public Relations habe ich völlig versagt. Weil ich es einfach nicht ernst genug genommen habe. Ich habe mich so über die Arbeiten, die wir machen, gefreut; wir haben uns so sehr mit der Arbeit identifiziert, dass mir das Verkaufen dieser Arbeit irgendwie nicht in den Sinn gekommen ist. Das heißt, ich war einfach nicht dabei. Und die anderen haben das sehr gut verstanden: Zuerst die Propaganda, dann das Resultat.

GEORGE SPENCER BROWN UND DIE OM-KONFERENZ

Als ich noch an der Universität am *Biological Computer Lab* war, hat mir Stewart Brand, der diese interessante Zeitschrift, den *Whole Earth Catalog*, herausgegeben hat, ein Buch mit einem Brief geschickt und gesagt: „Dieses Buch habe ich Gregory Bateson geschickt und ihn gebeten, uns eine Buchbesprechung zu schreiben. Gregory Bateson hat es John Lilly geschickt und ihn gebeten, eine Buchbesprechung zu schreiben. Beide haben gesagt: ,Das ist ein hoch interessantes Buch', aber sie könnten damit nichts anfangen. ,Der Einzige, der Ihnen etwas darüber schreiben kann, ist sehr wahrscheinlich

Heinz von Foerster', und mit dieser Bitte schicke ich Ihnen dieses Buch."

Der Titel des Buches war *Laws of Form*, Gesetze der Form; geschrieben von einem englischen Logiker, George Spencer Brown. Zufällig habe ich von George Spencer Brown etwas gewusst; von Gordon Pask. Die haben sich sehr gut gekannt. George Spencer Brown hat nicht weit weg von Gordon Pask gewohnt, der in Richmond, Surrey, gelebt hat.

Und Pask hatte mir einmal von einem verrückten Freund erzählt, der zwar *George* Spencer Brown heißt, aber sich gewöhnlich, wenn er Pask besucht, *James* Spencer Brown nennt und mit Pasks kleinen Töchtern gerne in Richmonds Parks spazieren geht, also ein bisserl so eine Erscheinung ist wie der Mann, der *Alice im Wunderland* geschrieben hat.

Ich lese das Buch mit größtem Vergnügen in der Nacht von Freitag auf Samstag. Am nächsten Morgen fragt mich Mai: „Hat Stewart Brand dir ein Witzbuch geschickt? Ich habe dich ununterbrochen lachen gehört." Ich sage: „Ich habe gelacht, weil der solche lustigen logischen Purzelbäume macht, dass ich ganz entzückt und begeistert bin."

Also am Freitag habe ich das Buch bekommen, am Samstag habe ich es gelesen; Samstag und Sonntag habe ich meine Buchbesprechung geschrieben und sie am Montag Stewart Brand für den *Whole Earth Catalog* geschickt. Am Mittwoch war sie veröffentlicht.

Was hat mich an diesem Buch so amüsiert? Ich bin ja fasziniert von dem Problem, über etwas zu sprechen, das spricht, also zum Beispiel über Sprache zu sprechen. Wenn sie über Sprache sprechen, behaupten viele Leute: „Ich spreche in einer Metasprache." Ich behaupte: Die Idee mit der Metasprache ist falsch, denn ich spreche mit der Metasprache nichts anderes als mit Sprache. Also wenn ich mich auf Metasprache berufe, ist das eine Ausrede; denn ich nenne die Metasprache auch wieder Sprache; Sprache, die jetzt über sich selbst spricht.

Was sind die Probleme? Was sind die Tricks? Wenn man das System benutzt, um über das System zu sprechen, pflegen gewöhnlich Paradoxien zu entstehen. Diese Paradoxien werden von der Logik ausgeschlossen. Bertrand Russell war der Erste, der entdeckt hat, dass es die Selbstreferenz, Selbstbezüglichkeit ist, die diese Paradoxie erzeugt. Die Paradoxie entsteht dadurch, dass ich zum Beispiel sage: „Ich bin ein Lügner", und auch der Sprecher bin. Das können Logiker nicht brauchen.

Also ich war immer etwas unglücklich, dass Leute Metalogiken, Metasprachen et cetera erfinden, um über Sprache und über Logik zu sprechen. Ich sage: Das ist ein falscher Kunstgriff, um eine Problematik zu vermeiden, die dann entsteht, wenn ich das Instrument meines Beschreibens verwende, um über dieses Instrument zu sprechen.

Und was mich so an diesen *Laws of Form* von Spencer Brown gefreut hat, ist, dass er genau dieses Problem gelöst oder in einem konstruktiven Sinn verwendet hat.

Die elegante Wende, die ich so begrüßt habe, ist, dass Spencer Brown Operatoren erfunden hat, die auf sich selber operieren können. Er hat also genau das Problem behandelt, das mich fasziniert. Das Schöne ist, dass Spencer Brown gesehen hat, dass er Paradoxien mit den Operatoren erzeugen kann; mit den Operatoren, die auf Operatoren operieren. Er hat aber gezeigt – das ist das Großartige an der Arbeit –, dass Paradoxien ja gar nicht so tödlich sind, wie die Philosophen immer geglaubt haben. Er hat gezeigt, dass die Paradoxien eine neue Dimension erzeugen, und er hat diese neue Dimension mit Zeit bezeichnet. Bei dem berühmten Lügnerparadox zum Beispiel wird etwas, wenn es wahr ist, falsch, und wenn es falsch ist, wird es wieder wahr, und wenn es wahr ist, wird es wieder falsch et cetera. Es entsteht eine Dynamik aus der Statik der Logik. Also die statische Logik wird durch die Einführung von Operatoren, die auf Operatoren operieren können, eine dynamische Logik.

Das hat mich sehr gefreut. Ich habe also eine sehr positive Buchbesprechung geschrieben. Meine Besprechung war so komisch geschrieben, dass die Leute, die sie gelesen haben, gesagt haben: „Jetzt muss ich mir doch Spencer Browns *Laws of Form* kaufen." So sind die *Laws of Form*, die in Amerika publiziert wurden, plötzlich ein Bestseller unter den jungen Menschen geworden. Jeder hat *Laws of Form* gelesen. Es musste eine zweite Ausgabe gedruckt werden, weil die erste Ausgabe so schnell ausverkauft war. Dadurch, dass dieses Buch so populär geworden ist, aber immer noch gewisse Fragen offen geblieben sind – „Was meint er *damit?*" – „Was meint er *damit?*" –, hat Stewart Brand zusammen mit Gregory Bateson, John Lilly und Alan Watts, einem Philosophen, der an der Westküste die *Society for Comparative Philosophy* ins Leben gerufen hatte, beschlossen, im Jah-

Teilnehmer der Om-Konferenz:
Alan Watts

Stewart Brand mit einer Freundin

Karl Pribram

Heinz von Foerster, Jean Taupin und andere

re 1973 eine Konferenz über Spencer Brown in Esalen zu veranstalten.

Esalen ist ein wunderschönes Institut an der Küste Kaliforniens. Da kommt heißes Wasser direkt aus den heißen Quellen in den großen Klippen, die den Pazifischen Ozean überschauen. Da haben sie sehr schöne Vortragssäle, einen herrlichen *swimming pool* und ganz große *hot tubs*. Da sitzt man in diesen riesigen, wunderschönen Bottichen und schaut auf den Pazifischen Ozean; heißes Wasser sprudelt auf dich, und gescheite Leute reden über tiefe indische Philosophien. Also ein traumhafter Platz. „In diesem Institut", haben die gesagt, „werden wir eine Konferenz über Spencer Brown und seine Logik abhalten", und haben viele Leute eingeladen.

Das war die *G. Spencer Brown-AUM Conference* oder *Om*-Konferenz. Zu dieser *Om*-Konferenz haben sie mich natürlich auch eingeladen, denn ich habe ja die Popularität von Spencer Browns Buch mit bewirkt. Und Spencer Brown aus England haben sie natürlich auch eingeladen.

Das war schon eine ganz komische Sache. Der nächste Flughafen von Esalen ist der von San Jose. San Jose ist südlich von San Francisco und schon viel näher an Esalen als San Francisco.

Ich wusste nicht, wie ich von San Jose nach Esalen komme. „Soll ich mir dort ein Auto mieten oder …?" Also ich rufe die *Society for Comparative Philosophy* an und spreche mit der Tochter von Alan Watts, die diese Konferenz organisiert hat. Ich sage: „Ich bin Heinz von Foerster. Sie haben mich eingeladen. Ich möchte gerne wissen, wie ich von San Jose nach Esalen komme." Da sagt mir die liebe Dame: „Lieber Heinz von Foerster, wir haben große Zweifel, ob wir diese Konferenz überhaupt abhalten, denn Spencer Brown macht Schwierigkeiten. Er hat keine Lust, nach Amerika zu kommen." Ich sage: „Das macht nichts. Laden Sie doch stattdessen *James* Spencer Brown ein! Der ist genauso gut wie George." Ich habe mir gedacht, wenn James mit Mädeln im Park spazieren geht, könnte er ja vielleicht nach Esalen fliegen. Als James ist er vielleicht offen; als George muss er in seinem Winkerl sitzen. Wenn die dieses Spiel spielen, dann spielt man das Spiel mit ihnen.

Aber sie sagt: „Nein, nein, wir wollen *George* Spencer Brown haben." – „Ja, aber ich kann Ihnen versichern, *James* Spencer Brown ist genauso wie *George* Spencer Brown. Nur ist er vielleicht leichter zu bewegen und geht manchmal spazieren." – „Nein, nein, lieber Herr von Foerster, wir wollen *George* Spencer Brown haben." Ich sage: „Aber ich garantiere Ihnen, *James* Spencer Brown ..." Also die sieht sofort, ich bin verrückt, und fängt jetzt also an, mit einem Menschen zu sprechen, der verrückt ist: „Ja, ja, ich verstehe schon, die beiden sind dieselbe Person." Ich sage: „Ja, ja, sind die auch wirklich." – „Ja, ja, ich verstehe schon. Trotzdem wollen wir *George* Spencer Brown haben." Also ich sehe: Ich habe verspielt. Ich kann da nichts mehr ausrichten, weil die weiß: Ich bin verrückt. Also musste ich wieder umschalten. Ich kann mich noch genau erinnern: Ich frage noch einmal: „Mit welchem Autobus komme ich dann von San Jose nach Esalen? Ich komme mit der Boeing 727, American Airlines." Ich wollte also wieder Boden gewinnen, sodass sie sieht, ich kann über Flugzeuge sprechen, kann Nummern sagen, kann über Daten sprechen et cetera et cetera. Es ist mir aber nicht gelungen, herauszufinden, wie man von San Jose nach Esalen kommt.

Na, also alles ist gut gegangen. Ich bin nach San Jose geflogen und von dort mit einem Auto gefahren, das sich jemand dort gemietet hatte.

In Esalen haben sie eine charmante Methode, Konferenzen abzuhalten. Alle sitzen auf Polstern in einem Raum und sprechen dann gemütlich miteinander. Manche liegen nur; manche schauen in die Luft. Es ist also eine sehr zwanglose Atmosphäre. Der gute George Spencer Brown kommt da aus England, aus London, nach Esalen und wird in dieses Zimmer mit lauter Polstern geführt. Er weiß nicht, wo er sich hinsetzen soll. „Aber lieber George Spencer Brown, da ist doch ein Polster." Angewidert und mit Gesten des Unbehagens setzt er sich auf das Polster; fühlt sich ganz unwohl. Dann steht man natürlich von Zeit zu Zeit auf und geht hinaus. Nun ist es in Esalen nicht notwendig, Kleider zu tragen, also wandern immer sehr viele nackte Leute herum, und der arme George Spencer Brown wusste nicht, was er jetzt machen soll. Soll er den nackten Damen „Guten Morgen" sagen oder soll er sagen: „Entschuldigen Sie, dass ich überhaupt hier bin." Also nach zwei Tagen war ihm alles auf dieser Konferenz so unangenehm, dass er gebeten hat, wieder nach London zurückfliegen zu dürfen. Man hat ihn tatsächlich wieder zurück nach San Francisco gefahren, und er ist wieder nach Hause geflogen.

Und wir haben alle in diesen Zimmern gesessen und über dieses und jenes geredet.

Auf der *Om*-Konferenz habe ich Jean Taupin kennen gelernt. Er war ursprünglich Belgier und hat eine sehr faszinierende Karriere gehabt. Er war Pilot, als der Krieg ausgebrochen ist – da war er vielleicht zwanzig oder zweiundzwanzig. Er ist vor den Nazis geflohen – die hatten ja Belgien eingenommen – und hat sich bei der britischen Luftwaffe gemeldet. Er ist *sorties*, also Einsätze, über Deutschland geflogen; ist nicht abgeschossen worden. Am Ende des Krieges hat er gesagt: „Dieser ganze Krieg ist ein völliger Wahnsinn. Da fliegen diese jungen Menschen in den schönsten Maschinen und schießen sich gegenseitig tot. Wir müssen irgendetwas unternehmen, damit dieser Unsinn des Krieges aufhört." Er hat dann unglaublich an der Gründung der *Vereinten Nationen* mitgearbeitet und wurde der Repräsentant Belgiens in den *Vereinten Nationen*.

Er ist für die *Vereinten Nationen* nach Indien geflogen, hat dort gearbeitet, und in den dreißig Jahren von 1950 bis 1980 ist seine Enttäuschung von dem, was die *Vereinten Nationen* tun, größer und größer geworden. Er hat bemerkt, dass dieser jugendliche Enthusiasmus, jetzt den Krieg aufzugeben, sich in eine Bürokratie verknöchert hat. So hat er gesagt: „Da kann ich nicht mehr mitspielen. Das macht mir keinen Spaß." Also er ist aus den *Vereinten Nationen* ausgetreten und hat gesagt: „Jetzt möchte ich etwas lernen. Wo tue ich das?" Dann hat er die Literatur studiert, hat von Alan Watts gehört; hat von Gregory Bateson gehört und gesagt: „Das ist sehr interessant. Ich gehe nach Amerika, nach Santa Cruz in Kalifornien, und studiere bei Gregory Bateson." Er hat also bei Bateson studiert und so von der *Om*-Konferenz gewusst, zu der er mit seiner Frau Celia Thompson-Taupin gekommen ist. Celia war die Schülerin einer Kunsttherapeutin, Janie Rhyne. Celia selbst war ursprünglich eine Gestalttherapeutin. Janie Rhyne war ein Gründungsmitglied einer interessanten Gruppe. Die haben sich *San Francisco Venture* genannt und ein zauberhaftes Grundstück in einem kleinem Dorf an der Küste Kaliforniens, in Pescadero, gehabt. Die Adresse war Eden West Road. Dort hat Janie Rhyne gelebt und sich in die Gegend verliebt. So hat sie sich ein kleines Stück vom Nachbarhügel gekauft und sich dort ein Haus gebaut. Dieses Haus ist 51 Eden West Road. Celia hat das Haus von Janie Rhyne gekauft.

Also ich habe Jean Taupin und Celia Thompson-Taupin kennen gelernt. Er hat mir von seinen Problemen erzählt: Er möchte jetzt gerne etwas lernen. Er braucht einen Ort, wo er studieren kann; eine große Universität mit ein paar Büchern; vielleicht tausend Büchern. Er möchte Literatur studieren. Ich habe gesagt: „Lieber Jean Taupin, das ist überhaupt kein Problem. Ich lade Sie ein, zu uns ans *Biological Computer Lab* zu kommen. Da können Sie uns sehr interessante Vorträge über die Stabilität und Instabilität von Organisationen wie den *Vereinten Nationen* halten. Wir sind an Management interessiert; wir sind an Systemtheorie interessiert. Ich werde Ihnen eine kleine Wohnung besorgen. Die Bibliothek der Universität steht Ihnen zur Verfügung; zehn Millionen Bände. Ich glaube, das wird Ihnen für ein paar Monate reichen."

Er hat gesagt: „Das klingt wunderbar." Ich habe gesagt: „Ausgezeichnet. Ich werde das arrangieren." Also er kam und war vielleicht zwei Monate an der Universität von Illinois und hat bei uns am *Biological Computer Lab* sehr amüsante Vorträge über die *Vereinten Nationen*, das Ende des Weltkrieges und so weiter gehalten.

Es war also ein sehr fruchtbarer Besuch. Er hat sich unendlich gefreut, mit den Kybernetikern zu reden. Da waren noch Ashby und andere interessante Mitarbeiter da.

Bevor er dann wieder nach Kalifornien zurückgeflogen ist, hat er gesagt: „Lieber Heinz, wenn immer du nach Kalifornien kommst, bitte besuche mich doch. Ich wohne in einem kleinen Ort; der heißt Pescadero. Die Adresse ist 51 Eden West Road."

Mai und ich haben eine Autotour von Champaign nach San Francisco gemacht, um unseren Sohn Andreas zu besuchen. Wir sind also die wunderschöne Route 80 nach San Francisco gefahren; eine traumhafte Reise. Ich rufe Jean Taupin von San Francisco aus an: „Wir sind hier!" Er sagt: „Wunderbar! Kommt uns besuchen!" Also wir haben das gemacht. Jean Taupin hatte Gregory Bateson und noch andere interessante Leute eingeladen.

Also wir reden über dieses und jenes, und da sagen die: „Ja, was macht ihr in Kalifornien?" Ich sage: „Ich werde jetzt pensioniert. Wir wollen uns gerne in Kalifornien ansiedeln und uns nach einem Grundstück umschauen, das wir kaufen können." Gregory Bateson, Jean Taupin und alle sagen: „Das ist ja Wahnsinn! Das kannst du ja nicht in acht Tagen machen! Was du heute siehst, kann morgen ganz anders sein. Das Wetter ändert sich an jeder Stelle völlig anders. Du musst hier schon einige Zeit verbringen, um festzustellen, wo du wohnen kannst." – „Ja, aber wir wissen nicht, wie wir das machen sollen." Da sagt Jean Taupin: „Heinz, das ist ganz leicht. Ich fahre im Frühjahr mit Celia nach New York, wo ich mein Segelboot liegen habe. Und dann segeln wir dieses Boot durch den Panamakanal zur Westküste, sodass wir es hier in Santa Cruz haben und hier segeln können. In der Zeit ist mein Haus für zwei Monate leer. Ich wäre entzückt, wenn du mein Haus mieten oder einfach *housesitten* würdest, sodass es nicht völlig leer steht."

So sind wir dann im Frühjahr in das Haus von Jean Taupin in Pescadero eingezogen und haben dort unser Standquartier gegründet. Wir haben jeden Tag alle Zeitungen und alle Grundstückmaklerberichte gelesen. Wir sind überall hingefahren, haben uns die Häuser und die Grundstücke angeschaut. Jeden Tag sind wir vielleicht hundert Meilen mit dem Auto gefahren. Und wo immer es uns gefallen hat, war es so teuer, hat Millionen Dollar gekostet, dass wir es uns einfach nicht hätten leisten können. Dort, wo wir es uns hätten leisten können, war es so scheußlich, dass wir gesagt haben: „Dazu brauchen wir nicht aus Illinois wegzugehen." Also das Ganze hat sehr traurig ausgeschaut.

Das Haus von Jean Taupin befindet sich auf einem kleinen Hügel, der völlig dicht mit Gebüschen überwachsen ist. Das Haus ist sozusagen von Pflanzen geschützt, sodass da eigentlich niemand hinkommen kann; nur über einen kleinen *driveway*. Gott sei Dank finde ich in seinem Werkzeugschuppen eine große Machete. Das ist ein riesiges, langes, schweres Messer und, um mich irgendwie körperlich zu stimulieren, fange ich an, mir durch die Büsche einen Weg auf den Hügel hinauf zu schlagen. Plötzlich komme ich auf einen Platz, schaue in das Tal und sage: „Das ist einer der schönsten Plätze. Also wenn man das haben könnte. Das wäre ein idealer Platz. Wem gehört dieses Land? Mit wem könnte ich reden?" Ich finde heraus, dass dieses Land den Leuten gehört, die unten im Tal das *retreat* mit dem Namen *San Francisco Venture* haben. Celia Taupin kannte diese Leute, denn sie hat ja mit dieser Kunsttherapeutin gearbeitet.

Also ich stelle eine Verbindung zu diesen Leuten her und sage: „Ich bin sehr interessiert, von Ihrem Grundstück ein kleines Stück da oben auf dem Hügel zu kaufen." Da hat sich herausgestellt, dass die Geld brauchten. So hat sich eine Möglichkeit ergeben, das etwa sechsundzwanzig Acres, also ungefähr zehneinhalb Hektar große Grundstück von ihnen zu kaufen.

Und um das durchzuführen, sind wir dann wirklich hierher gezogen, haben in Pescadero bei *Norm's Market* oben im zweiten Stock in einer kleinen Mietwohnung gewohnt.

DAS HAUS AUF DEM *RATTLESNAKE HILL*

Wenn ich Freunden zeigen wollte, was für einen wunderschönen Platz ich da oben auf dem *Rattlesnake Hill* gefunden hatte, haben die alle gesagt: „Nein, da können wir ja gar nicht hinaufgehen." Ich hatte zwar einen Weg durch die Büsche geschlagen, hatte aber keine Ahnung gehabt, was das für Büsche waren. Das Gebüsch, hat man mir erzählt, ist *Poison Oak*, eine allergene Pflanze, die ganz Kalifornien überwuchert hat. Wenn man nur in die Nähe dieser Pflanze kommt und nur ein wenig die Dämpfe, die von dem Saft des *Poison Oak* ausstrahlen, einatmet, bekommt man schon ganz schwere Ausschläge. Man entwickelt eine Allergie, gegen die man fast nichts machen kann. Es ist keine lokale Irritation wie bei Brennnesseln, sondern eine gesamtkörperliche Reaktion. Das ist sehr unangenehm. Ich habe gesagt: „Da habe ich mich jetzt seit Wochen durchgeschlagen." Es hat sich herausgestellt, dass ich einer der wenigen, vielleicht ein, zwei Prozent Menschen bin, die gegen diese allergene Pflanze immun sind. Leider sind weder meine Söhne noch Mai immun dagegen. Also musste ich wirklich sämtliches *Poison Oak* entfernen, damit meine Familie da überhaupt drübergehen kann. Wir waren sozusagen füreinander gemacht. Ich für das *Poison Oak*, das *Poison Oak* für mich.

Ich habe versucht, den Kauf so schnell wie möglich im Grundbuch niederzulegen, denn das Problem war, dass alle Rechtsanwälte mir geraten haben: „Wenn du die Erlaubnis für diesen Kauf vom *County*, also vom Landkreis, bekommen möchtest, musst du das vor dem einunddreißigsten Dezember 1975 machen, denn dann ändern sich die Gesetze über Grundstückskäufe in Kalifornien. Wenn du das nicht bis dahin erledigt hast, kann es zwei Jahre dauern, bis du die Erlaubnis bekommst."

Also ich bin zum Landkreis gegangen und habe gefragt: „Welche Bedingungen sind zu erfüllen?"

Ich musste nachweisen, dass keine Tiere, die gefährdet sind, auf diesem Grundstück leben: keine Schlange, die es nur dort gibt; keinen Frosch, den es nur dort gibt. Ich musste nachweisen, dass der Boden so beschaffen ist, dass man keine Agrikultur entwickeln kann, also dass man dort nicht Weizen oder Artischocken oder irgendwas pflanzen kann, sodass ein Bauer dort seine Felder anlegen könnte. Dann musste ich nachweisen, dass die Hänge nicht so steil sind, dass sie durch ein Erdbeben auseinander gerissen werden könnten; ich musste also seismische Stabilität nachweisen. Dann musste ich nachweisen, dass kein anderer Anrechte von früher auf dieses Grundstück hatte, dass also keine Schulden geblieben sind, die zuerst gezahlt werden müssten. Also die Anzahl der Bedingungen, die ich erfüllen musste, war einfach unwahrscheinlich.

Wir hatten das Grundstück im November übertragen; das Jahr 1976 rückte näher und näher.

Wir haben eine große Maschine gehabt, die gezeigt hat, dass wir auf keinem geologischen Spalt sitzen, also dass wir geologisch stabil sind. Ich konnte zeigen, dass wir keinen Frosch und keine Schlange hatten, die nur hier und nicht anderswo existieren könnten et cetera et cetera.

Am dreiundzwanzigsten Dezember komme ich mit diesem ganzen Beweismaterial zum Landkreis und beweise ihnen, dass tatsächlich alle Bedingungen erfüllt sind. Der Mann am Schalter blättert durch meine Papiere und macht in seiner Bedingungsliste überall einen kleinen Haken: „Jawohl, erfüllt; jawohl, erfüllt." Plötzlich, ganz am Ende, sagt er: „Ich bemerke gerade, dass Sie keine Zugangsstraße haben." Zum Haus Nummer 51 war schon eine wunderschöne Auffahrt da, aber von diesem *driveway* waren es ungefähr fünfzig Meter bis zur Grenze meines Grundstücks; und da war noch keine Straße. „Wenn Sie da keine Straße haben, können wir Ihnen die Bauerlaubnis nicht geben; können wir Ihnen das Grundstück nicht zusprechen." Also, das war der dreiundzwanzigste Dezember; kurz vor Weihnachten. Ich springe in mein Auto, rase zurück auf mein Grundstück. Ich weiß, dass unser Nachbar einen riesigen Bulldozer hat. „Mit dem könnte er in zehn Minuten so eine Straße anlegen. Jetzt muss ich ihn nur überreden, dass er mit dieser Maschine herüberkommt und diese Straße macht." Also ich laufe zu dem hin.

Dieser Mensch hieß C. L. Porter. Also ich komme zu C. L. Porter, klopfe an die Türe und sage: „Ich bin Heinz von Foerster. Ich bin Ihr

Das Haus auf dem Rattlesnake Hill

zukünftiger Nachbar und hätte eine große Bitte: Das *County*" – also der Landkreis – „verlangt von mir, dass ich eine fünfzig Meter lange Zufahrtsstraße von dem vorhandenen *driveway* baue, bevor sie mir das Grundstück verkaufen." Er sagt: „Was? Diese üblen Leute! Schon wieder wollen sie Menschen quälen! Ich werde Ihnen sofort helfen. Ich komme mit meinem Bulldozer." Ich sage: „Ja, wunderbar." Also treffen wir uns oben am „Pass", der sein Grundstück von meinem trennt. Ich rase zurück zu meinem Grundstück, schlage mich durch dichtestes *Poison Oak* den Hügel hinauf und komme schließlich und endlich auf den Pass. Da höre ich schon: „Putt putt putt putt putt." Mit seiner Riesenmaschine kommt er da den Berg heraufgerollt.

Er sagt: „Kommen Sie, setzen Sie sich auf den Sitz neben mich." Wir sind also mit dem Bulldozer den Berg auf der Seite hinunterge-fahren, und die Planierschaufel hat das *Poison Oak*, das auf dieser ganzen Strecke gewachsen ist, auf die Seite geschoben, sodass ein Weg entstanden ist, auf dem man gehen konnte; immer weiter hin-unter; bis zu der Abzweigung zwischen meinem Nachbarn auf Num-mer 51 und meinem Grundstück, das ich dann Nummer 1 genannt habe. Bis hinunter zur Zugangsstraße ist er gefahren und hat alles heruntergekratzt.

Nun hatte ich eine so genannte *dirtroad;* eine Straße jedoch verlangt zwanzig Zentimeter von *crushed rocks,* also gebrochenen Felssteinen, damit man mit einem Auto darüber fahren kann. Also bin ich zu einem Mann mit dem Namen Souza gerast, der hier einen Steinbruch besitzt, und habe gesagt: „Lieber Herr Souza, der Landkreis erlaubt mir nicht, das Grundstück zu kaufen, weil ich eine Zugangsstraße haben muss." – „Was?", sagt er. „Die Schweine machen schon wieder Schwierigkeiten? Ich komme sofort!" Wir sind also mit seinem riesigen Traktor und einem Anhänger mit lauter Steinen drin zu meiner *dirtroad* gefahren. Dann hat er mich unterrichtet, wie ich eine Schnur ziehen muss, damit sich die Klappe unten im Anhänger öffnet und die Steine herausfallen.

Also er ist mit seinem riesigen Traktor da hinaufgefahren; ich bin daneben hergekeucht. Dann hat er geschrien: „Jetzt!" Ich habe an der Schnur gezogen; „Rööööömmmm!" sind die Steine herausgefallen. Die Straße war gelegt.

Ich renne zum nächsten Telefon, rufe beim Landkreis an und sage: „Ich habe eine Zugangsstraße!" Und wenn du diese Inspektion anfragst, müssen die sofort kommen. In der Tat kam sofort der Hauptchef angefahren. Er kommt die Straße herauf, sieht die neue Zugangsstraße. Er hat das nicht für möglich gehalten. Am Vormittag hat er mir gesagt, ich brauche eine Zugangsstraße, und jetzt, sechs Stunden später, habe ich eine. „Sie haben eine Zugangsstraße." Ich sage: „Jawohl, Sie haben ja gesagt, ich muss eine haben." – „Ja, Sie haben wirklich eine Zugangsstraße. Ich werde sofort veranlassen, dass Sie die Erlaubnis, das Grundstück zu kaufen, und die Bauerlaubnis bekommen." Das war am dreiundzwanzigsten Dezember, einen Tag vor Weihnachten; das größte Weihnachtsgeschenk, das ich haben konnte.

Dann mussten wir leider noch eine weitere Hürde passieren. Denn leider hat sich herausgestellt, dass das Gebiet, wo unser Haus hinkommen sollte, noch unter die Jurisdiktion der *Coastal Commission,* also der Küstenkommission fiel, die ein Jahr zuvor eingerichtet worden war und deren Aufgabe es ist, darauf zu achten, dass die Küste Kaliforniens nicht durch die schrecklichsten Bauten verschandelt wird. Aus irgendeinem Grund hatten die eine falsche Information über die geographische Lage meines Hauses und wollten mir die Bauerlaubnis nicht geben, weil sie angenommen haben, man würde das Haus von der berühmten Küstenstraße, dem Highway 1, aus sehen. Die wollten nicht einmal inspizieren, sonst hätten sie sehen können, dass das nicht der Fall ist. Also mit Kämpfen und Kämpfen bin ich mit dieser Küstenkommission nicht weitergekommen. Darauf habe ich die Leute vom Landkreis, die mir ja die Erlaubnis gegeben hatten, gebeten, mir zu helfen. Die haben dann schließlich unter Berufung darauf, dass es nicht zwei zuwiderlaufende Gesetze in Kalifornien geben darf, durchgesetzt, dass wir das Haus bauen durften. Das war also das zweite große Geschenk. Das war zwei Jahre, nachdem die Erlaubnis vom Landkreis da war.

Eine Stunde, nachdem wir die Bauerlaubnis bekommen hatten, hatten wir schon die Bulldozer hier, die angefangen haben, das Fundament für das Haus zu legen und zu bauen.

Hundertachtzig Tage später war das Haus gebaut; von vier Leuten: meinem Sohn Andreas, einem professionellen Helfer, Mai und mir. Also wir haben gehämmert; in dem Haus sind 42500 Nägel drin. Man hat das Hämmern über Wochen in der ganzen Gegend gehört. Dann stand das Haus, und seitdem wir hier eingezogen sind – das war kurz vor Weihnachten 1978 –, genießen wir es unendlich.

Vortragsreisen

Leider ist mir es mir nicht vollkommen gelungen, mit Mai die Einsamkeit des *Rattlesnake Hill* zu genießen, denn die Leute haben herausgefunden, dass es da einen Heinz von Foerster gibt, der auf einem einsamen Hügel an der Küste Kaliforniens wohnt, und haben mich eingeladen, da und dort zu sprechen.

Also ich bin wieder und wieder in die gesamte Welt, nach Europa, Südamerika et cetera, eingeladen worden, um Vorträge zu halten. In welchen Bereichen? In Bereichen, die mit dem Problem der Kognition, also des Erkennens, der Sprache, der Verantwortung, der Ethik, der Kybernetik erster und zweiter Ordnung und mit dem ganzen Gedankenproblem, mit dem ich mich sowieso immer beschäftigt habe, zu tun haben.

Unter diesen vielen Konferenzen gab es manche, die sehr gemütlich in kleinem Kreis stattgefunden haben, und manche, die gigantische Ausmaße hatten: internationale Kongresse.

Paris: *Ethik und Kybernetik zweiter Ordnung*

Eine Riesenkonferenz, zu der ich eingeladen worden bin, war eine große internationale Konferenz über Familientherapie. Das war im Jahre 1990. Der Titel dieser Konferenz war *Systèmes et thérapie familiale*. Ich sollte den Eröffnungsvortrag zum Thema *Ethics and Second-Order Cybernetics*, also *Ethik und Kybernetik zweiter Ordnung*, halten.

Nun haben die in der Einladung dazugeschrieben: „Lieber Heinz von Foerster, wir haben von Paul Watzlawick gehört, dass Sie nie von einem Papier ablesen, sondern immer nur ein paar Notizen als Gedankenstütze haben. Diese Konferenz ist so groß, etwa sechstausend Leute werden erwartet, dass wir mehrere Simultanübersetzer haben, die in vier verschiedene Sprachen übersetzen. Sie sprechen ja wahrscheinlich Englisch. Wir möchten Ihre Vorlesung gerne simultan ins Deutsche, Französische, Spanische und Italienische übersetzen. Würden Sie daher Ihren Vortrag bitte für die Übersetzer diesmal aufschreiben?"

Ich habe mir gedacht: „Das ist ein großes Pech." Ich bin ein ganz schlechter Leser. Ich stolpere über meine eigenen Worte; ich vergesse, wo der Punkt ist; gehe also mit der Stimme nicht hinunter, sondern hinauf, sodass man glaubt, der nächste Satz ist eine Fortsetzung. Also, eine schreckliche Idee.

„Wie schreibe ich das nun für mich so, dass ich das lesen kann?" Ich habe mich sehr angestrengt, meinen Vortrag so zu schreiben, dass er zu lesen ist, als wäre er gesprochen: kurze Sätze; ein kurzer Paragraph, der nur einen Gedanken enthält; dann eine Pause, dass ich Luft holen kann; dann der nächste Paragraph.

Bei jedem Wort, das nicht ein laufendes Wort wie „und", „aber" und „oder" ist, habe ich mich gefragt und in vielen Fällen nachgeschaut, was dieses Wort auf Deutsch, Spanisch, Französisch und Italienisch heißt. Wenn ich eine Ambiguität, also eine Mehrdeutigkeit meines englischen Wortes in diesen verschiedenen Sprachen gefunden habe, habe ich mich bemüht, ein anderes englisches Wort zu finden, das nur eine Deutung in diesen vier anderen Sprachen hat. Ich habe mich mit großem Vergnügen mit diesem Problem beschäftigt. Immer wieder bin ich auf Wörter gestoßen, die fünf verschiedene Bedeutungen haben. Ich wollte nur *eine* dieser Bedeutungen. Ich habe mich da durchgearbeitet und durchgearbeitet und durchgearbeitet; bis zum Schluss.

Am Ende meines Vortrags wollte ich einen Unterschied zwischen „Bewusstsein" und „Gewissen" machen. Ich habe also nachgeschaut, was „Bewusstsein" auf Französisch heißt. Da steht *conscience*. „Sehr schön, natürlich." Dann habe ich nachgeschaut, was „Gewissen" auf Französisch heißt. Da steht *conscience*. „Das gibt es doch nicht! Das kann doch nicht sein! ,Bewusstsein' und ,Gewissen' dasselbe Wort?" Also ich schaue umgekehrt nach: „Was heißt *conscience* auf Englisch? Wirklich, es heißt ,Bewusstsein' oder ,Gewissen'. Also unwahrscheinlich! Das gibt es doch nicht! Das kann nicht sein, dass die Franzosen keinen Unterschied dafür haben!" Da habe ich meine liebe Freundin Cornelia Bessie in New York angerufen.

„Liebe Cornelia, ich habe hier ein interessantes Problem. Du hast ja vier Jahre in Paris gelebt und an der Sorbonne Philosophie studiert. Sag mir doch den Unterschied von ,Bewusstsein' und ,Gewissen' im Französischen." – „Ach", sagt Cornelia, „das ist ganz leicht. Also ,Bewusstsein' heißt *conscience* und ,Gewissen' heißt – oh oh! – *conscience*." – „Na ja, Cornelia, come on, come on! Du musst doch den Unterschied wissen!" – „Nein, ich weiß den Unterschied nicht, aber", sagt sie, „ich habe eine Freundin in Paris, Marielle; die kennst du ja auch. Die hat wirklich Philosophie studiert. Die rufe ich an. Die soll dich zurückrufen und dir sagen, was der Unterschied zwischen ,Bewusstsein' und ,Gewissen' ist." Zwanzig Minuten später ruft mich Marielle aus Paris an: „Lieber Heinz, du hast mit deiner Frage ein Fundamentalproblem der französischen Philosophie berührt." Ich habe gesagt: „Marielle, es ist mir egal, ob das ein Fundamentalproblem der französischen Philosophie ist. Ich möchte den Unterschied wissen." – „Der Unterschied im Französischen ist *minuscule*, ganz klein. Wenn du von ,Bewusstsein' sprichst, wird im Französischen immer ,Bewusstsein *von* etwas' gesagt; dann ist es *conscience de*. Wenn du von ,Gewissen' sprichst, ist es einfach nur *conscience*."

Ich habe das dann sprachlich unterschieden, indem ich für den Übersetzer in meinen Originaltext *conscience de* und *conscience* über die Wörter geschrieben habe.

Ich fliege nach Paris. Ich komme dort an und freue mich, in Paris zu sein. Ich halte meinen Vortrag. Ich bin in einer glänzenden Stimmung. Ich sehe: Es ist ansteckend. Wenn der Sprecher in guter Stimmung ist, wird das Publikum auch in gute Stimmung versetzt, und alles lacht und freut sich.

Mein Vortrag hat genau eine Stunde gedauert. Da ich der erste Sprecher war, waren es drei oder vier Stunden bis zur Mittagspause; und bis dahin waren schon Tonbänder in allen fünf Sprachen vorhanden, sodass die Leute meinen Vortrag auf Englisch, Französisch, Italienisch, Deutsch und Spanisch kaufen konnten. Es waren schon dreihundert oder vierhundert Bänder verkauft.

Am Ende hat die Organisatorin dieser Riesenveranstaltung, Yveline Rey, zu mir gesagt: „Die Übersetzer wollen gerne mit dir sprechen." Also ich habe mir gedacht: „Oijeh, jetzt werden die sagen: ,Warum haben Sie das nicht besser geschrieben?', oder so etwas." Also ich komme in den Übersetzungsraum; die stehen alle auf und sagen: „So ein leichtes Geschäft wie mit Ihnen haben wir noch nie gehabt. Wir sind Ihnen sehr dankbar, dass Sie das so schön aufgeschrieben und so klar ausgedrückt haben."

Hamburg: *Abschied von Babylon*

Eine andere Konferenz, die mir auch großen Spaß gemacht hat und die eine ähnlich elefantöse Größe hatte, war der *Weltkongress für Soziale Psychiatrie* in Hamburg. Das war im Jahre 1994. Ich habe keine Ahnung, was soziale Psychiatrie ist; irgendjemand muss ihnen verraten haben, dass ich ein lustiger Sprecher bin. So haben sie mich also eingeladen, den Eröffnungsvortrag zu halten.

Der Titel der Konferenz war *Abschied von Babylon*. Also der Titel hat mir so gut gefallen, dass ich mir gedacht habe: „Es wird mir großen Spaß machen, mich da vorzubereiten." Es war klar, was die wollten: sich von der Sprachverwirrung, die sich auf der Welt eingestellt hat, verabschieden und zurück zu einer Sprache finden, die gemeinsam verstanden und gesprochen werden kann.

Die Leute in Babylon wollten ja einen Turm bauen, der so hoch werden sollte, dass er bis zum Himmel reicht. Gott hat das mit Entsetzen gesehen: „Die werden dann bis zum Himmel steigen und machen da vielleicht eine Revolution. Das muss ich verhindern!" Und dann hat er sich überlegt: „Wie mache ich das?" Da die alle dieselbe Sprache gesprochen und derselben Kultur angehört haben, hat er gesagt: „Ich werde die Sprache dieser Menschen verwirren, sodass jeder eine andere Sprache spricht." Als die angefangen haben, den Turm zu bauen, konnten sie einfach nicht mehr miteinander kommunizieren, und der Turm konnte nicht zu Ende gebaut werden. Das war der Turmbau zu Babel. Und das haben die Veranstalter der Konferenz verwendet; eben *Abschied von Babylon*; nämlich: Abschied von der Sprachverwirrung.

Die Konferenz sollte am Sonntag stattfinden. Am frühen Nachmittag sollte ich meinen Vortrag halten. Das ist natürlich mühsam, wenn du aus San Francisco einfliegst: neun Stunden Zeitdifferenz und etwa elf Stunden Flug. Also ich habe mir gedacht: „Am besten komme ich schon am Samstag an. Ich habe ja Hamburg sehr gerne. Dann kann ich mich dort schön ausruhen und in die Hamburger Kunsthalle gehen. Da sind immer unglaubliche Ausstellungen. So kann ich den Samstag verbringen, und am Sonntag gehe ich dann zu der Konferenz."

Gewöhnlich ist das so, dass, wenn der Hauptsprecher einer Konferenz in seinem Hotel ankommt, dort bereits alle Programme der Konferenz hinterlegt sind.

Ich wohne im *Hotel Kronprinz* vis-à-vis vom Bahnhof. Ich komme am Samstagmorgen zum *Kronprinz* und erwarte, dass da ein Brief für mich hinterlegt ist. Ich frage den Concierge: „Ist ein Brief für Heinz von Foerster da?" Er sagt: „Nein, es ist kein Brief für Sie da." Also ich wusste gar nicht, wo diese Konferenz ist; in welchem Gebäude; und wann ich genau dort sein sollte. Ich wusste nichts.

„Okay, es ist ja erst Samstag; da habe ich noch Zeit, herauszufinden, wo die Konferenz stattfindet und wann ich da sein soll." Ich finde in meiner Einladung den Namen irgendeines großen Professors in Hamburg. Ich rufe dort an; kein Mensch antwortet. Ich sage mir: „Das ist lästig! Wie kann ich herausfinden, wo diese Konferenz ist? Ah ja, es gibt in Hamburg ein großes psychiatrisches Institut: Eppendorf. Jeder Mensch kennt das." Also ich rufe in Eppendorf an und möchte den Dienst habenden Arzt sprechen. Darauf sagt mir der Telefon-*operator*: „Samstags und sonntags ist kein Dienst habender Arzt hier." Ich sage: „Na, wunderbar, am Samstag und Sonntag sind alle Leute normal in Hamburg." – „Ja", sagt er, „so ist das bei uns". Also kein Dienst habender Arzt. Was jetzt?

Ich suche weiter in meinen Unterlagen nach einem Hinweis: „Wo sind andere Leute verantwortlich? Jawohl, der eine ist in Düsseldorf, der andere in Mainz, der dritte in München." Ich fange an, diese ganzen Städte anzurufen, um diese Leute zu finden. „Wo und wann ist diese Konferenz?" Nirgends eine Antwort. „Es ist ja Samstag. Die sind alle nicht zu Hause. Die sind alle fischen gefahren oder auf einem Ausflug." Ich studiere weiter, studiere weiter. Da sehe ich an irgendeiner kleinen Ecke des Briefes, den sie mir geschrieben haben, einen Namen, der scheinbar mit Hamburg zu tun hat. Da steht: „Jutta Schubert". Also ich schaue im Telefonbuch nach, ob es eine Jutta Schubert gibt. Tatsächlich: Es gibt eine Jutta Schubert in Hamburg. Ich rufe gegen Mittag Jutta Schubert an, bekomme Jutta Schubert und sage: „Hier ist Heinz von Foerster. Ich komme gerade aus San Francisco. Sagen Sie, wo ist Ihre Konferenz?" – „Die Konferenz ist in der Kongresshalle, Sowieso-Straße, Nummer Sowieso." – „Wann fängt die an?" – „Die fängt um zwei an. Bitte melden Sie sich um zwei bei mir. Ich sitze am Eingangstisch ganz links hinter einem Schreibtisch. Ich werde Ihnen sagen, wo Sie dann hingehen sollen." – „Ja, wunderbar, Jutta; endlich kann ich beruhigt schlafen gehen!"

Also ich habe mich weiter vorbereitet. Am Sonntagmorgen bin ich mit einem Taxi in die große Kongresshalle gefahren. Um zwei Uhr habe ich mich bei Jutta Schubert gemeldet. Ich sage: „Ich bin Heinz von Foerster." Sie sagt: „Wunderbar, dass Sie da sind! Dieser junge Mann wird Sie in das Empfangszimmer, wo sich alle Sprecher aufhalten, führen." Ich sage: „Sehr gut!" Also der junge Mann führt mich in das Empfangszimmer. Da sind schon einige bedeutende Sprecher: ganz feine Herren aus Süd- und Mittelamerika; mit ganz feinen Anzügen, grauen Westen, Bärten, Zwickern und Brillen et cetera et cetera. Also ich komme da so als kleiner Winzfloh zwischen diese Riesenmänner und stelle mich dem ersten Mann vor: „Ich bin Heinz von Foerster." Er sagt: „Aha." Dann gehe ich zum zweiten und sage: „Ich bin Heinz von Foerster." Er sagt: „Aha." Also ich habe gesehen: „Ich mache da einen sehr kleinen Eindruck mit meinem ‚Heinz von Foerster'."

Ich schaue mich um. „Gott sei Dank, da ist Kaffee; da sind Tassen und Zucker und so weiter. Ist ja wunderbar!" Ich schaue mich weiter um und sehe am Ende eines ganz großen Lederfauteuils eine Dame sitzen; und mein erster Blick sagt mir: „Mit der ist irgendetwas nicht in Ordnung. Die hat deutlich irgendein Problem."

Also ich gehe, meinen Kaffee haltend, zu dieser Dame und sage: „Entschuldigen Sie, fehlt Ihnen etwas?" Sie sagt: „Ja, ich habe unendliche Schmerzen im Ohr. Tränen kommen mir in die Augen. Ich kann überhaupt nicht denken. Ich kann sogar kaum sprechen." – „Ich um Himmels willen, das ist ja schauderhaft. Ich habe immer *Tylenol* bei mir, würden Sie gerne ein *Tylenol* nehmen?" – „Nein, mein Magen verträgt *Tylenol* nicht." – „Das ist ja schrecklich!" Da sehe ich den jungen Mann, der mich in dieses Zimmer geführt hat. Ich winke den also her und sage: „Gibt es hier einen Dienst habenden Arzt?" Er sagt: „Jawohl." – „Können Sie diese Dame zu ihm bringen? Sie hat starke Schmerzen im Ohr." Er sagt: „Selbstverständlich." Ich sage zu der Dame: „Bitte gehen Sie doch mit diesem jungen Mann mit. Der führt sie zu einem Arzt."

Als die beiden da hinuntergingen, hat sie mir zugenickt: „Danke schön, danke schön." Ich habe mir gedacht: „Das ist eine gute Konferenz: der *Weltkongress für Soziale Psychiatrie*, wo die sozialen Psychiater nicht merken, dass hier eine Frau unter Schmerzen leidet. Es braucht einen Physiker aus Pescadero, der sieht, dass es hier einer Frau nicht gut geht." Ich war also sehr beeindruckt von dem *Weltkongress für Soziale Psychiatrie*.

Mein Vortrag war auf drei Uhr angesetzt. Es wurde zwei, es wurde halb drei. Alles stand noch herum. Ich habe mir gesagt: „Das ist sehr interessant. Wie soll das gehen? Soll ich um drei zu sprechen anfangen? Dann müssten wir doch eigentlich langsam in den Konferenzraum gehen." Ich wende mich an einen jungen Mann, der sehr wichtig da herumläuft und sage: „Ja, sagen Sie, wir haben doch hier so eine große Konferenz. Die soll um drei beginnen. Wann soll ich denn mit meinem Eröffnungsvortrag anfangen?"

Da sagt der: „Es ist mir ganz egal, wann Sie anfangen. Hauptsache, Sie hören um sechs Uhr auf. Jetzt ist es halb drei. Dreitausend Leute müssen ja jetzt ihre Sitze finden. Das dauert gut zwei Stunden. Also wir werden wahrscheinlich nicht vor halb fünf anfangen."

„Na", habe ich mir gedacht, „da kann ich eine Menge Kaffee trinken und mich ausruhen." Also es wird später und später, und das Einzige, was ich mir gemerkt habe, ist: Ich soll um sechs Uhr aufhören.

Schließlich und endlich so um fünf Uhr herum hat man gesagt, dass wir jetzt alle in den großen Vorlesungssaal gehen sollen. Also wir bewegen uns wie eine Schnecke in den Vorlesungssaal. Ich setze mich in die erste Reihe und warte, dass ich aufgerufen werde. Oben an einem großen Tisch saßen schon die großen Professoren, die dann die wirklichen Ansprachen halten. Ich saß da unten und habe gewartet, dass mich endlich jemand aufruft.

Endlich hat die Konferenz angefangen. Da war es fünf Uhr zwanzig. Da hat eine Bischöfin von Hamburg die einleitende Rede gehalten bis fünf Uhr dreißig. Nach ihrem Sprüchlein hat eine Kapelle zu spielen angefangen. Schließlich um fünf Uhr vierzig hat man mich aufgerufen. Also ich steige hinauf, gehe an dem großen Tisch mit den Leuten vorbei, die die große Direktion machen, zeige denen meine Armbanduhr und sage denen allen: „Ich werde um sechs fertig sein." Ich gehe zum Rednerpult und werde vorgestellt. Da war es fünf Uhr fünfundvierzig. Meine ersten Worte sind: „Meine Damen und Herren, Sie brauchen sich nicht zu fürchten, dass ich jetzt über eine Stunde reden werde. Sie können ganz beruhigt sein; Sie können um sechs Uhr alle nach Hause gehen. Ich werde meinen Vortrag, der für eine Stunde angesetzt war, verkürzen und Ihnen nur das Wesentliche dessen erzählen, was ich Ihnen in meinem Vortrag eigentlich erzählen wollte. Ich kann also die ersten drei Seiten schon wegwerfen." Ich habe die ersten drei Seiten meines *scripts* auf den Boden geworfen. Alles hat angefangen zu lachen. „Jetzt kann ich meine ersten Sätze sagen." Ich habe meine ersten Sätze gesagt. Nach diesen ersten Sätzen habe ich die nächsten drei Seiten weggeworfen, und alles hat sich gefreut und gelacht. So war ich in genau fünfzehn Minuten mit meinem Vortrag fertig; mit der *punch line*, mit dem Ende, mit den Schlussparagraphen, mit allem, was notwendig war, um die Idee meines Vortrages zu verstehen. „Sechs Uhr", habe ich gesagt und meine Uhr gezeigt. Ich habe eine *standing ovation* bekommen. Diese dreitausend Leute sind aufgestanden und haben getrampelt und applaudiert. Und ich bin hinuntergegangen, um den ganzen Vorsitzenden da vorne „sechs Uhr", „sechs Uhr", „sechs Uhr" zu zeigen.

Am Ende kam Jutta Schubert zu mir und sagt: „Das war einfach unglaublich, was Sie da gemacht haben!" Sie hat mir dann Nikola Bock vorgestellt. Die hat gesagt, ihr Bruder war einer der Organisatoren dieser Konferenz. Mit dem habe ich gesprochen, als ich gefragt habe, um wie viel Uhr ich anfangen soll. Und da hat sie gesagt: „Er hat mir gesagt, Ihnen zu sagen: ‚Sie müssen um sechs Uhr aufhören!', war der größte Fehler seines Lebens." Nikola Bock und Jutta Schubert haben mich später eingeladen, einen Film mit ihnen zu machen. Der Titel des Filmes ist: *Tanz mit der Welt.*

Heidelberg: *Jenseits des Konstruktivismus*

Auf der Konferenz *Die Schule neu erfinden*, zu der ich 1996 nach Heidelberg eingeladen war, sollte ich mit Sophie Duriez und Ernst von Glasersfeld einen Workshop abhalten. Er hatte den Titel *Gibt es ein Jenseits des Konstruktivismus?* Ich fand das einladend, darüber einen Witz zu machen, und die Einleitung meines Vortrags war die folgende: „Meine Damen und Herren. Wir haben einen Workshop zum Thema *Jenseits des Konstruktivismus*. Ich soll die ersten Worte sprechen. Ich habe verzweifelt darüber nachgedacht, was ich über *Jenseits des Konstruktivismus* sagen könnte. In einer dieser schrecklichen schlaflosen Nächte bin ich dann doch eingeschlafen, und da ist mir meine Großmutter im Traum erschienen. Da sage ich: ‚Liebe Großmutter, kannst du mir sagen, was ich in einem Workshop über *Jenseits des Konstruktivismus* sagen kann? Was ist *jenseits von Konstruktivismus?*' Da hat meine Großmutter gelächelt und gesagt: ‚Lieber Heinz, ich kann es dir sagen, aber verrate es niemandem.' Ich sage: ‚Nein, nein, ich werde es niemandem verraten, aber bitte sag mir doch: Was ist *jenseits von Konstruktivismus?*' Und da hat sie mich ganz ernst angeschaut und gesagt: ‚Konstruktivismus ist *jenseits von Konstruktivismus.*'" Das war das Ende meiner Einleitung.

Also habe ich es dann doch verraten. Aber ich habe auch die Leute gebeten, mir zu vergeben, und meine Großmutter gebeten, mir zu vergeben.

Fernsehinterview: Ein Guru?

Ich war wieder einmal in Wien, und die Wiener Fernsehleute haben irgendwie gewusst, dass Heinz von Foerster auf der ganzen Welt herumredet und ein berühmter Mann ist.

Da hat mich ein sehr bekannter Interviewer im Hotel erwischt und gesagt: „Lieber Heinz von Foerster, wir würden gerne mit Ihnen ein Interview im österreichischen Fernsehen machen." Nun wusste ich zufälligerweise, dass dieser Journalist zu den Interviewern gehört, die immer mehr wissen als der Interviewte. Also wenn er Einstein interviewt hätte, hätte er gesagt: „Lieber Herr Einstein, haben Sie da nicht einen Fehler gemacht, als sie die Gleichung Sowieso hingeschrieben haben?" Und dann hätte Einstein sagen müssen: „Ich gestehe: Ich muss einen Fehler gemacht haben." Also ich wusste, dieser Interviewer hat, wie man im Englischen sagt, eine *one-upmanship*-Methode des Sprechens. Ich habe mir gedacht: „Das soll dem mit mir nicht gelingen." Also ich komme ins Studio und setze mich auf einen bequemen Sessel. Die Sendung fängt an. Der Interviewer sagt: „Ja, lieber Herr von Foerster, es ist schön, dass Sie hier sind. Sie sind ja im Allgemeinen eine Art Guru." Darauf sage ich zu ihm: „Gott sei Dank bin ich kein Guru geworden. Denn wäre

Mai und Heinz von Foerster

ich ein Guru, müsste ich ja immer das sagen, was meine Jünger von mir verlangen. Aber ich bin kein Guru; daher kann ich immer noch das sagen, was ich will." Ich bin sehr stolz, dass das in einem Interview festgehalten worden ist.

Zwischenüberlegung

Ich habe die Geschichte meiner Entwicklung als Wissenschaftler, als Mensch, als Denker deswegen präsentiert, weil ich meinen merkwürdigen Standpunkt bezüglich Ethik auf irgendeine Grundlage stellen wollte. Was, glaube ich, herausgekommen ist, ist, dass Ethik mit Freiheit verknüpft ist. Das heißt: Es muss fundamentale Freiheit existieren, damit ich handeln kann, ohne gezwungen worden zu sein. Und da kam mir meine Erfindung der prinzipiell unentscheidbaren Fragen sehr gelegen; denn von dieser Stellung aus kann ich dann in den Bereich der Freiheit hineinreichen; weil, in dem Fall, wo ich eine prinzipiell unentscheidbare Frage habe, kann ich ja wirklich machen, was ich möchte; denn niemand, keine Logik, keine Regel, keine Spielregel, nichts zwingt mich jetzt, *so* und *so* zu handeln.

Was entsteht durch die Einladung der Freiheit? Es entsteht durch diese Einladung, dass ich den Rahmen, innerhalb dessen ich meine Entscheidung fällen werde, jetzt erst etabliere. Dass heißt, ich komme nicht mit einem Rahmen wie der Mathematik; ich komme nicht mit einem Rahmen wie einem Moralcode, einem Dekalog; ich komme nicht mit einem dieser Rahmen, sondern ich sage: „So, Heinz, jetzt erfinde den Rahmen, in dem du jetzt entscheiden willst", und diese Tiefe eines neuen Rahmens ist für mich ganz entscheidend für das Problem der Ethik.

Dritter Akt: Bedeutung

TAO UND DIE IDEE DER EINHEIT

Heinz
Du hättest nun gerne, dass wir endlich über die Konsequenzen dieser Haltung und der Entwicklung des Menschen Heinz sprechen. Das, was mir am deutlichsten aufgefallen ist, ist die große Nähe dieser Gedanken, die wir hier besprechen, zur Lehre des Tao. Einer der großen Tao-Meister, der mir schon seit meiner Kindheit sehr nahe steht, ist Tschuang-Tse. *Tse* heißt „Herr", also „Herr Tschuang". Der hat eine ganze Reihe von Parabeln, Gleichnissen und Andeutungen geschrieben, die ich als junger Mensch mit größter Begeisterung aufgeschleckt habe.

Da habe ich wieder und wieder den Punkt gefunden, wo er sagt: „Wir müssen verstehen, dass wir eins mit der Natur sind. Es ist nicht so, dass da verschiedene Teile im Universum herumfliegen. Das Wesentliche unserer Idee ist, dass wir eine Einheit sind. Das eine entsteht aus dem anderen, und das andere entsteht aus dem einen."

Und das ist ja ein Anfangsstandpunkt, den auch ich versuche auszudrücken: Ich fasse mich selber als einen Teil der Welt auf.

Dann ist mir ein anderer Punkt mit großen Amüsement aufgefallen: Ich finde bei Tschuang-Tse ähnliche Strategien wie in unseren Gesprächen, in denen du mich drängst, endlich zu sagen, was Ethik ist, und ich immer wieder auskneife und mich hinter Wittgensteins „Es ist klar, daß sich die Ethik nicht aussprechen läßt" oder ähnlichen Ausreden verstecke. Wenn Schüler ihn fragen, was Tao ist, antwortet Tschuang-Tse: „Wer nach Tao fragt, wird es nie verstehen, und jemand, der auf diese Frage antwortet, hat es nie verstanden."

Diese Idee möchte ich gerne hier aufrechterhalten. Wenn du fragst: „Was ist Ethik?", wirst du es nie verstehen. Und der, der die Frage beantwortet, hat es nie verstanden.

Wer einem antwortet, der nach Tao fragt, kennt Tao nicht. Mag einer auch von Tao hören, in Wahrheit hört er nichts von Tao. Um Tao gilt kein Fragen, über Tao gilt kein Antworten.

Reden und Gleichnisse des Tschuang-Tse

In diesem Sinne habe ich mich amüsiert, dass da Parallelen bestehen zwischen dem Wesen des Tao und der Haltung des komischen Heinz von Foerster aus Wien, aus dem dritten Bezirk; der diese Ideen von einer ganz anderen Richtung her auch irgendwie in sich aufgenommen hat. Wahrscheinlich hat das damit zu tun, dass ich schon als ganz junger Mensch mit diesen Ideen, diesen Geschichten, den Märchen, die vom Tao erzählt werden, in Kontakt gekommen bin.

Nun kommt die Frage nach den Konsequenzen. Da ist mir Folgendes aufgefallen: Wir haben darüber gesprochen, dass wir zuerst die Grundlagen legen, dann das Leben besprechen und dann die Konsequenzen ziehen wollten. Das ist ja noch das alte Denken! Das ist ja von A nach B, von B nach C und zu D zu den Konsequenzen.

Jetzt habe ich, nachdem ich mich über den Parallelismus zum Taoismus amüsiert habe, gesehen: Diese ganze Entwicklung, die Grundlagen und die Konsequenzen *sind* die Konsequenz. Das Programm ist seine eigene Konsequenz. Das heißt, es ist eine geschlossene Haltung, die immer wieder auf sich selbst zurückführt. So wie ich sage: In dem, was meine Hausbesorgerin, Frau Grill, immer gesagt hat – „Heinz, das wird alles wieder auf dich zurückkommen" –, drückt sich ja eigentlich eine taoistische Haltung aus.

Du, die Vergangenheit, die Gegenwart und die Zukunft sind eine einzige große Einheit, aus der du nicht hinaussteigen kannst, willst oder sollst.

Unsere Gespräche selbst sind die Antwort auf die Frage nach den Konsequenzen. Das sieht natürlich wieder so aus, als ob ich da einen Ausweg finden würde, indem ich jetzt sage: A und B und C *ist* D.

Ein Beispiel: In Amerika bekommst du immer wieder Einladungen, Beiträge zu irgendwelchen guten Institutionen zu leisten. Da gibt es eine Institution, die mir heute einen Brief geschrieben hat: „Lieber Heinz von Foerster, bitte schicken Sie uns fünfzig Dollar." Das ist ein Programm, das nennt sich *Teaching Tolerance Education Program*, also *Toleranz lehren*. Da habe ich zunächst gedacht: „Das finde ich sehr wichtig, heute, wo die Intoleranz die entsetzlichsten Wüstereien auf der Welt anrichtet: Nachbarn bringen sich um. Alles wird abgeschlachtet. Die Menschen hauen sich mit Macheten die Köpfe ab. Es ist entsetzlich! Und das nur, weil der eine ein bisserl anders denkt als der andere. Also die Idee *teaching tolerance* ist eine gute Idee." Ich habe also schon nach meiner Brieftasche gegriffen, um dort ein paar Dollar hinzuschicken.

Da habe ich mich auf einmal gefragt: „Wieso ist in unseren Gesprächen, in unserer Haltung die Idee der Toleranz überhaupt nicht aufgetaucht?" Das ist, weil die Idee der Intoleranz überhaupt nicht aufgetaucht ist. Diese Dichotomien zwischen Toleranz und Intoleranz tauchen einfach nicht auf, weil die Haltung, ob man jetzt dulden oder nicht dulden soll, überhaupt nicht vorkommt; denn es ist eine Einheitsidee.

Wir sind ja beisammen, wir sind ja dieselben; warum soll man von Toleranz sprechen? Ich kann ja nicht zu mir selbst tolerant oder nicht tolerant sein. Also diese Dichotomien verschwinden. Auch die Dichotomie von „Gut" und „Böse" verschwindet, weil das Böse keine Kraft hat und das Gute daher nicht gebraucht wird. Das Nichtvorhandensein dieser Dichotomien ist meiner Meinung nach eine ganz wichtige Sache, die diese Haltung, eine Einheit zu sein, von vornherein erzeugt.

Tschuang-Tse hat wunderschöne Gleichnisse über alle möglichen Beobachtungen im normalen Leben geschrieben. Da gibt es die schöne Geschichte mit der Freude der Fische: Tschuang-Tse geht mit seinem Schüler über eine Brücke, und unten ist ein kleiner Bach. Da sehen sie, wie die Fische aus dem Bach herausspringen, dann wieder hineinspringen und mit der Schwanzflosse wackeln. Tschuang-Tse sagt zu seinem Schüler: „Sieh doch, wie sich die Fische freuen!" Da sagt der Schüler: „Aber du bist doch kein Fisch; du kannst doch nicht wissen, ob sich die Fische freuen!" – „Ja aber, mein lieber Schüler, du bist doch nicht ich! Du kannst daher nicht wissen, ob ich weiß, ob sich die Fische freuen oder nicht. Ich sage dir: Ich weiß, dass sich die Fische freuen." Der Schüler fragt: „Warum?" – „Weil ich mich freue, wenn ich sie sehe, wie sie da aus dem Wasser heraus- und wieder hineinspringen. Die Freude der Fische ist meine Freude; daher weiß ich, dass sich die Fische freuen."

Die Idee ist, dass du siehst: „Das bin ja ich! Ich bin ja die Fische! Ich freue mich mit den Fischen, und meine Freude ist die Freude der Fische." Das Wichtige ist, dass ich mich in die Welt der Fische integriere und mich freue.

Es gibt noch eine andere schöne Geschichte: Tschuang-Tse ist offenbar sehr gerne gereist; kam in die Berge und hat in Herbergen übernachtet. Er kommt zu einem wunderschönen Platz; da bleibt er ein paar Tage. Während er dort wohnt und die Gärten und die Aussicht genießt, hört er von anderen Gästen dieser Herberge, dass der Wirt zwei Frauen hat. Eine ist eine sehr schöne Frau, die andere ist nicht so schön.

Er liebt aber nicht die schöne Frau; er liebt die hässliche. Als er einmal den Wirt trifft, sagt er: „Ich höre da eine merkwürdige Geschichte. Sie haben zwei Frauen; eine ist schön, die andere hässlich. Die hässliche lieben Sie, die schöne lieben Sie nicht. Wie ist das möglich?" Der Wirt sagt: „Das ist ganz einfach. Die schöne weiß von ihrer Schönheit, und du siehst die Schönheit nicht. Die hässliche weiß von ihrer Hässlichkeit, und du siehst die Hässlichkeit nicht."

Beiträge zu Therapie, Management, Schule, Wissenschaft und Liebe

Therapie
„The map of the map is not the map of the territory"
Aus irgendwelchen Gründen haben mich die Familientherapeuten gerne. Sie haben mich öfter eingeladen, hier und dort zu sprechen.

Das *Mental Research Institute* hat im Jahre 1983 eine große internationale Konferenz in San Francisco organisiert. Der Titel dieser Konferenz war: *Maps of the Mind – Maps of the World*, also *Karten des Geistes – Karten der Welt*. Da haben sie Humberto Maturana eingeladen; sehr interessante Leute, sehr interessante Konferenz.

Auf dieser Konferenz habe ich eine Sensation ausgelöst. Ich war der erste Sprecher. Ich habe meinen Vortrag mit den folgenden Worten begonnen: „Meine Damen und Herren, ich bin sehr von dem Titel dieser Konferenz beeindruckt: *Maps of the Mind – Maps of the World*. Ich habe das Gefühl, dass dieser Titel von einer ganz berühmten Aussage von Alfred Korzybski, der das herrliche Buch über *ge-*

neral semantics geschrieben hat, stimuliert wurde. In einem der letzten Paragraphen in diesem Buch sagt er: ‚*The map is not the territory*', also: ‚Die Karte ist nicht das Land'.

Die dieser Aussage zugrunde liegende Idee wurde immer verwendet, um herauszufinden, ob ein Mensch schizophren ist oder nicht. Die Schizophrenen haben angeblich die Landkarte mit dem Territorium verwechselt, indem sie das Symbol für den Gegenstand halten, also zum Beispiel eine Speisekarte essen, weil da ‚Suppe', ‚Fleisch' und ‚Nachtisch' draufsteht.

Also meine Damen und Herren, ich bin froh, dass Sie alle sitzen, denn jetzt kommt das Heinz-von-Foerster-Theorem: ‚*The map is the territory*'."

Ich höre also nach diesem Satz ein allgemeines „Huaaaahhhh" durch diese viertausend Leute, die in diesem großen Auditorium sitzen, gehen. Und jetzt freue ich mich natürlich: Jeder versteht: Da ist was Neues. „*The map is the territory because we don't have anything else but a map*." – Wir haben ja nichts anderes als *maps*.

Ich habe gesagt: „Aber wenn man die Korzybski-Idee richtig aussprechen wollte, müsste man sagen: ‚*The map of the map is not the map of the territory*.' Dann ist der Satz perzeptiv und epistemologisch korrekt. Wir haben nur *maps; wir wissen nichts von einem *territory*. Wir kennen nur die *map* des *territory*, und wir kennen auch die *map* einer *map*, und wir wissen, dass die beiden nicht dasselbe sind. Aber: ‚*The map is always the territory*'; wir haben ja nicht anderes. Wir haben nur Darstellungen oder Präsentationen – ich würde nicht einmal *Re*präsentationen sagen –, Konzepte, die irgendetwas tun; die man dann innerhalb der Sprache mit dem anderen zu einer neuen Welt zusammenflechten kann."

Ich habe dann in mehreren Artikeln und Besprechungen dieser Konferenz meinen Ausspruch wieder gefunden. Also ich habe gesehen: Den Leuten hat das Spaß gemacht. Sie haben gesehen, wovon ich spreche.

Eine Haltung anstelle einer Theorie

Viele Familientherapeuten wollen eine Theorie schreiben; eine Theorie der Familientherapie oder eine Theorie des Geistes. Da gibt es zahlreiche Namen für solche Schulen. Ich würde das eine Schule nennen: die *Mailänder Schule* oder die *Mental Research Institute School*. Die nennen es aber nicht Schule; die nennen es Theorie. In meinen

Vorträgen bei Familientherapeuten habe ich versucht, ihnen auszureden, eine Theorie zu bilden.

Ich habe versucht, sie zu warnen: „Macht keine Theorien!" Warum nicht? Ich verstehe den Begriff der Theorie in einem ähnlichen Sinn wie Karl Popper: „Eine Theorie ist eine akzeptable Theorie, wenn man sie entkräften kann." Das ist die Idee der Falsifizierung oder Entkräftung: „Eine Theorie ist nur als eine Theorie akzeptabel, wenn sie falzifizierbar ist." Wieso? Popper argumentiert von meinem Standpunkt aus ganz richtig. Er sagt: „Unterstützung irgendeiner Theorie kann man aus hunderten von Beispielen immer wieder finden, aber nur *ein* Argument ist nötig, um eine gesamte Theorie zusammenbrechen zu lassen." Ich brauche nur *einen* Gegenbeweis zu haben, und schon gilt die Theorie nicht mehr.

Um eine Theorie der Therapie zu falsifizieren, müsste man mit Leuten arbeiten, die zu dem Therapeuten kommen und sagen: „Unsere Familie hat diese und jene psychischen Schmerzen. Können Sie uns helfen?" Dann müsste der Therapeut sagen: „Jetzt werde ich versuchen, meine Theorie zu falsifizieren, indem ich diese Leute durch diese und jene psychologischen Experimente durchmarschieren lasse."

Das ist meiner Meinung nach unethisch, denn die Menschen sind ja gekommen, um sich helfen zu lassen, nicht um ein Werkzeug für den Therapeuten zu sein. Deswegen kann ein Therapeut keine Theorie ausprobieren. Er kann nur mit seiner ganzen Überzeugung kommen und sagen: „Ich glaube, das wird helfen." Aber nicht: „Ich werde das jetzt ausprobieren und sehen, ob es falsch ist." Wenn es dann nicht geholfen hat, kann er eine Einsicht haben. Aber er kann nicht experimentieren, ob eine Theorie falsifizierbar ist oder nicht.

Er kann eine Haltung oder eine innere Überzeugung haben, die falsch sein kann. Meistens sind die schönen inneren Überzeugungen falsch. Aber dann müssen wir das auch verstehen und sagen: „Oje, da habe ich wirklich etwas Falsches gemacht." Das ist, glaube ich, das Problem des Therapeuten. Er kann natürlich nie sicher sein, ob das, was er jetzt tut, Erfolg haben wird. Er muss sozusagen nicht nur das tun, was er glaubt, tun zu müssen, sondern er muss auch zuhören, was das, was er getan hat, getan hat.

Der Therapeut verändert das System
Monika
Die Zirkularität verhindert doch eigentlich den Wandel.

Heinz
Ja natürlich. Die Zirkularität erzeugt eine Stabilität. Und das Problem für den Familientherapeuten ist, in die vorhandene Zirkularität einzusteigen und diese zu ändern; aber so zu ändern, dass die neue Zirkularität auch wieder stabil ist.

Monika
Also man muss etwas Neues in die Zirkularität einführen, damit eine andere Zirkularität entsteht?!

Heinz
Genau. Das ist, was der Therapeut macht. Die Idee des Therapeuten ist: Er tritt in ein System, das sich Familie nennt, ein. Dieses Familiensystem besteht aus Papa, Mama, Kindern und so weiter. Jetzt wird plötzlich durch die Anwesenheit des Therapeuten dieses ganze System verändert. Wenn es dem Therapeuten gelingt, ein Teil dieser Familie zu werden, hören sie ihm zu, reden mit ihm und entwickeln mit ihm einen Dialog. Wenn er jetzt weggeht, ist das System, mit dem er gearbeitet hat, ein anderes. Das nennt man Therapie. Der Therapeut wird ein Teil des Systems und ändert durch seine Gegenwart das System; dass das System nachher anders ist, nämlich so, dass der Mann seine Frau nicht mehr schlägt; dass der Mann sich nicht mehr besäuft; dass die Kinder nicht mehr von zu Hause weglaufen wollen, weil sie es zu Hause nicht aushalten.

Die Magie der Sprache
Monika
Du hast doch auf dem *Weltkongress für Soziale Psychiatrie* in Hamburg einen Vortrag über *Die Magie der Sprache und die Sprache der Magie* gehalten.

Heinz
Natürlich habe ich versucht, die Therapeuten, denen ja nur die Sprache zur Verfügung steht, aufmerksam zu machen, dass sie da auf ein Mittel vertrauen, das wir alle nicht verstehen. Ich behaupte: Wir wis-

sen nicht, wie Sprache funktioniert. Es gibt zwar einige Gelehrte, die uns Theorien der Sprache liefern; diese Theorien sind aber meiner Meinung nach groteske Persiflagen von Sprache; vom Sprachproblem und vom Sprachwunder.

Management
Heterarchie: Jeder ist ein Manager
Heinz

Eine ganz große Konferenz sollte in St. Gallen stattfinden. Die europäische Hochburg des akademischen Managements hat eine Konferenz über Selbstorganisation und Management lanciert. Und da ich in wissenschaftlichen Kreisen als ein ganz früher Theoretiker der Selbstorganisation bekannt war, haben die gesagt: „Okay, laden wir diesen alten Heinz von Foerster ein. Vielleicht kann der uns etwas über Selbstorganisation erzählen."

In der Einleitung zu meinem Vortrag habe ich auch klar gemacht, dass ich nicht gewusst hatte, was Management ist.

Ich habe im Lexikon nachgeschaut und bin darauf gekommen, dass das Wort „Management" etwas mit *manacles*, also mit Handschellen, zu tun hat. Als ich gesehen habe, dass Management mit Handschellen verwandt ist, hatte ich die Absicht, abzusagen. Mit so etwas wollte ich nichts zu tun haben. Dann haben die mir aber eine sehr lustige Einladung geschickt, in der sie zwei Zitate angeführt haben; von zwei Leuten, die aus Wien kommen und die ich beide auf irgendeine Weise kannte.

Das eine war ein Zitat des Nobelpreisträgers Friedrich von Hayek, der als Motto eines Buch geschrieben hatte: „Das Einzige, worauf wir uns verlassen können, sind die genialen, unpräparierten Aussagen der Selbstorganisation."

Die andere Aussage war von Peter Drucker; einem ganz großen Wiener Managementphilosophen; auch ein Nobelpreisträger: „Das Einzige, was alles zerstört, ist, wenn eine Gruppe von Leuten in Selbstorganisation hineinrutscht."

Als ich diese beiden sich selbst zerstörenden Zitate erhalten habe, habe ich gesagt: „Das ist eine lustige Gruppe. Da gehe ich hin." Ich habe also meinen Vortrag über Selbstorganisation gehalten. Mit diesem Vortrag habe ich versucht, meinen Freunden, den Managern, eine Botschaft zu überbringen; nämlich, dass die typische Organisation von Unternehmen oder Betrieben hierarchisch ist. Was bedeutet das? Hierarchie kommt aus dem Griechischen. Das Wort *hieros* bedeutet „der Heilige", *archein*, heißt „herrschen". Der Heilige beherrscht alles.

Das ist eine Organisationsform, die in der Kirche angewendet wird: Der Papst als Oberster beherrscht die Kardinäle, die Kardinäle die Bischöfe, die Bischöfe die Priester, die Priester die gewöhnlichen Menschen. Denen wird dann schließlich von oben gesagt, wie man sich zu verhalten hat. Das ist die Organisation der meisten Unternehmen. Da sitzt der oberste Chef, der CEO, also der *Chief Executive Officer*; von dem geht es hinunter zu den nächsten *officers*. Die geben es dann dem mittleren Management; das mittlere Management gibt es dem unterem Management; und die sagen dann schließlich den Leuten an der Drehbank, was sie für Werkzeuge machen sollen.

Ich habe gesagt: „Diese Organisationsstruktur darf nicht mehr weitergehen, denn sie hat keine Möglichkeit, von unten nach oben zu berichten. Die Information geht nur von oben nach unten." Daher nennen das die Amerikaner *top down*. Die haben keine *bottom-up*-Kommunikation; das heißt, der Mensch an der Drehbank kann niemandem sagen, dass diese Drehstähle, die der Einkäufer immer kauft, wie Blei sind und immer auseinander fallen. Der muss jemandem sagen können: „Wir müssen andere Drehstähle kaufen, sonst kann ich meine Arbeit nicht durchführen." Daher muss die ganze Organisation anders aufgebaut werden.

Ich habe, glaube ich, als Erster die Idee der Heterarchie ins Management eingeführt.

Diese Idee habe ich von meinem neurophilosophischen Freund Warren McCulloch gelernt, der ein unglaubliches Papier geschrieben hat: *A Heterarchy of Values Determined by the Topology of Nervous Nets*. Dieses Papier fiel mir als ganz wesentlicher Beitrag zur Veränderung der Organisationsstruktur in Unternehmen ein. Dass mir das gelungen ist, freut mich sehr, denn immer wieder wirst du jetzt in manchen Papieren über Management die Idee der Heterarchie finden.

Der andere Punkt, den ich durch die Idee der Heterarchie versucht habe hineinzubringen, war, dass sich jeder an dem Betrieb beteiligen soll und nicht nur ein passives Element ist; nicht nur seinen Job tut, der ihm durch die Struktur der Organisation angewiesen wurde. Das ist eben meine Haltung: Ich bin ein Teil der Welt. Jeder soll ein Teil der Welt sein. Also jeder, der in einem Betrieb arbeitet, ist ein Teil des Betriebes und muss daher wie ein Teil des Organismus auch mitsprechen können, um diesen Organismus am Leben zu erhalten und zu stärken.

Daher habe ich den Satz geprägt: „Jedes Mitglied einer Organisation ist ein Manager dieser Organisation." Du kannst dir vorstellen, was das für ein Schock für die Manager war. Die saßen ja immer oben, wollten sagen: „Ich werde dich managen." – „Auf einmal soll der da unten an der Drehbank *mich* managen? Das habe ich ja noch nie gehört." Aber sie haben dann eingesehen, dass der Mann an der Drehbank ja tatsächlich Sachen weiß, die der Mann da oben *nicht* weiß. Das heißt, man kann sein Wissen benutzen, um den Betrieb und den *output*, das, was die Fabrik produziert, zu verbessern.

Lernen und Lehren
„Lethologie" – Der Lehrer als Forscher
Heinz
Ich habe mich sehr gefreut, an einer Konferenz teilzunehmen, bei der endlich einmal das Problem des Lernens diskutiert wurde und nicht nur das des Lehrens.

Wenn ich bedenke, was auf den Universitäten vor sich geht –! Da gibt es Abteilungen, die Lehrerausbildung betreiben; das heißt die Lehrer werden gelehrt, was sie lehren sollen. Aber niemand kümmert sich, was eigentlich „Lernen" ist. Da hat es mir großen Spaß gemacht, dass plötzlich in Südtirol eine Konferenz über das Problem des Lernens veranstaltet wurde.

Da waren außer mir sehr viele sehr interessante Leute, unter anderem auch Humberto Maturana, eingeladen. Ich wollte dort gerne über die Resultate meiner Lehr- und Lernexperimente berichten. Was waren die wesentlichen Komponenten meiner Experimente? Die wesentlichen Komponenten meiner Experimente waren, dass ich als Lehrer vor eine Gruppe junger Menschen getreten bin und nicht behauptet habe: „Ich weiß es." Ich bin hineingekommen und habe gesagt: „Ich weiß es nicht. Warum finden wir nicht heraus, worum es sich handelt?" Also der Lehrer ist nicht mehr Lehrer, sondern wird zum Forscher. Ich habe meinen Vortrag *Lethologie* genannt. Warum habe ich das *Lethologi*e genannt? Und was bedeutet „Lethologie"?

In der griechischen Mythologie wandert, wenn man stirbt, die Seele und kommt zu zwei Flüssen.

Der eine Fluss heißt Styx; der andere Fluss heißt Lethe. Wenn man den Styx überquert, kommt man in den Hades. Im Hades sind alle Seelen der Gestorbenen so wie bei uns in der Hölle. Das Schreckliche im Hades ist, dass man sich an sein ganzes Leben erinnert. Immer wirst du von deinen Erinnerungen gepeinigt. Wenn man jedoch die Lethe überschreitet, kommt man ins Elysium. Da hat man alles vergessen, was man in seinem Leben getan hat, und ist daher in einer Art Paradies. Keine schlechten Gedanken, kein schlechtes Gewissen. Die Briefe, die ich nicht geschrieben, die Bettler, denen ich nicht fünf Groschen gegeben habe, kommen nicht mehr vor. Die sitzen unten im Hades.

Mein Punkt war, dass Wissen nicht wie ein Gegenstand übertragen werden kann, wie in diesem schönen Bild vom Nürnberger Trichter, wo da ein Bub sitzt, in den man oben das Abc und das Einmaleins durch einen Trichter einfüllt; wo Wissen sozusagen als ein Gegenstand, als ein Objekt aufgefasst wird. Das ist das allgemeine Bild der Erziehung: Man möchte den Ahnungslosen das Wissen einflößen.

Ich möchte mit *Nichtwissen* anfangen und nicht sagen: „Da ist ein Wissen." Wie erschafft sich ein Nichtwissender Wissen?

Das heißt, ich möchte eine Lehre des Nichtwissens; jedoch nicht in einer negativen Form. Wie nenne ich dieses Unwissen; Nichtwissen? Nichts gefällt mir. Wir haben ja Ausdrücke für die Abwesenheit von Sinnen. Also zum Beispiel einen Menschen, der nicht sieht, nenne ich nicht einen Nichtsehenden, sondern den Blinden. Einen Menschen, der nicht hört, nenne ich nicht einen Nichthörenden, sondern den Tauben. Jetzt wollte ich etwas Ähnliches für jemanden finden, der nicht weiß; und da ist mir diese Situation mit der Lethe eingefallen; dass, wenn man die Lethe überschreitet, man eben nichts mehr weiß. Daher habe ich gesagt: „Ich möchte die Lehre des Nichtwissens *Lethologie* nennen, weil das eine Lehre ist, die das Negative positiv betrachtet."

Lernen ist die Verwandlung des Unwissens in Wissen und nicht der Prozess, bei dem man den Schülern ein Loch in den Kopf bohrt und dann dort die Weisheit hineinschüttet. Es sind die Schüler, die etwas lernen wollen und es sich selber erarbeiten. Es ist nicht so, dass die Kinder lernen müssen, was ein anderer ihnen erzählt.

Also der Lehrer als Forscher war das wesentliche Thema, über das ich auf dieser Konferenz gesprochen habe. Meine Experimente waren ja ausschließlich Forschungsexperimente, bei denen ich die Mitschüler eingeladen habe, mit mir da durchzumarschieren. „Am einfachsten", habe ich mir gedacht, „machen wir ein Forschungsprojekt, bei dem das Resultat eine Publikation ist; ein Buch, eine Broschüre, eine Anweisung, eine Liste, die jeder von den Schülern mit nach Hause nehmen kann und wovon er sagen kann: ‚Das haben wir zusammen geleistet.'"

Also mein Beitrag zur Schule ist die Umschaltung des Lehrers, der alles weiß, in den Menschen, der sagt: „Ich weiß es noch nicht. Warum finden wir es nicht zusammen heraus?"

Monika
Was bedeutet eine konstruktivistische Haltung oder deine Haltung in Bezug auf das Verhältnis Lehrer und Schüler?

Heinz
Zu meiner Freude haben viele Menschen, die im Erziehungsfeld arbeiten, also professionelle Pädagogen, pädagogische Institute und Universitäten erkannt, dass das Studium des Lehrens in einem Erziehungssystem nicht so wichtig ist wie das Verständnis dessen, was das Lernen sein soll. So wie früher große Konferenzen über Lehren stattgefunden haben, sehe ich zu meiner Freude, dass mehr internationale Konferenzen einberufen werden, um sich das Lernen klar zu machen: „Was geht in dem Menschen vor, der lernt?" Bateson hat das auch interessiert. Er hat diese verschiedenen Lernstufen, Lernen I, Lernen II, Lernen III und so weiter, erfunden. Besonders Lernen II hat mir immer großen Spaß gemacht. Das ist, wenn man Lernen lernt. Margaret Mead zum Beispiel, die Anthropologin, hat sehr schnell Sprachen gelernt. Sie ist zu den rätselhaftesten Bergstämmen gegangen, hat mit den Leuten gesprochen, und nach ein paar Tagen konnte sie mit denen reden. Zwar konnte sie keine philosophische Unterhaltung führen, aber sie wusste sofort, wie man „Guten Morgen" sagt, wie man sich korrekt mit diesen Menschen benimmt und ihnen nicht auf die Füße steigt. Ich habe sie einmal gefragt, wie sie das macht. Da hat sie gesagt: *„You have to learn how to learn language."*

Dadurch, dass jetzt die Verschiebung auf das Interesse des Lernenden geschoben ist, beginnt man sich mit folgender Frage zu beschäftigen: Was sind denn die kognitiven Vorausetzungen, die wir verstehen müssen, damit wir eine Institution aufbauen können, in der das Lernen erleichtert wird? Wieso spielt der Konstruktivismus da meiner Meinung nach eine wichtige Rolle? Der Konstruktivismus steht ja auf dem Standpunkt, dass wir nicht so sehr entdecken, wie die Welt aussieht, sondern dass wir durch unsere Beziehungen miteinander und mit anderen Erlebnissen die Welt erfinden. Das ist die Verschiebung von Entdecken auf Erfinden. Wenn du Kindern zuschaust, was die ununterbrochen konstruieren; mit welcher Freude sie Sachen aufbauen–! Deshalb würde ich als Lehrer immer die Haltung einnehmen, dass ich nicht komme und behaupte, wie alles ist, und die Kinder jetzt lernen müssen, wie ich glaube, dass alles ist. Ich würde stattdessen hereinkommen und sagen: „Passt einmal auf: Da gibt es eine unglaubliche Sache, die heißt Mathematik. Wollen wir doch einmal Mathematik erfinden! Was ist Mathematik? Ja, da zählt man. Und dann macht man gewisse Regeln, die Zahlen in Verbindung setzen. Wollen wir doch diese Regeln erfinden und entwickeln." Jetzt erfinden die Kinder die Regeln, die sie dann auch einhalten sollen, wenn sie damit operieren. „Das Erfinden der Regeln ist wie das Erfinden eines Spiels. Wollen wir doch ein schönes Spiel erfinden! Schach ist eben sehr gut erfunden; oder Mathematik ist sehr gut erfunden; oder Mühle ist ein schönes Spiel. Wollen wir doch etwas erfinden, wo wir Relationen stipulieren, die wir dann einhalten wollen, wenn wir das Spiel durchführen." Du kannst in die Klasse hineintreten und so wie ein Forscher sagen: „Meine lieben Kinder, ich bin sehr interessiert, wie man dieses oder jenes finden könnte. Wollen wir doch zusammen nach einer Lösung suchen!" Oder du kannst in die Klasse hineinkommen und sagen: „Ich weiß alles, und ihr dummen Lümmel müsst jetzt lernen, was ich alles weiß!" Ich habe aber das Gefühl, dass durch die dialogische Haltung, wenn wir zusammen daran arbeiten, etwas zu entwickeln, eine andere Relation der Lernenden mit dem Lehrenden entstehen könnte.

Monika
Deine Haltung und deine Einsicht in die Parallele zum Tao –; was für einen Unterschied würde es in der Schule, in der Erziehung, in der Art, wie der Lehrer mit den Kindern umgeht, machen, wenn man diese Haltung annimmt?

Heinz

Schau; wenn der Lehrer oder die Eltern die Haltung haben, dass wir alle eins sind, kann dem Kind nichts passieren. „Den anderen umbringen? Nein. Der ist ja auch! Der ist ja mein Bruder! Der bin ich ja selbst!" Wenn ein Lehrer die Pflanzen anschaut und sagt: „Siehst du diesen Strohhalm? Der bist du." Das ist doch eine völlig andere Haltung. Da kann das Kind den Strohhalm ja nicht umbringen; sonst bringt es sich ja selbst um. Kinder haben ja diese unerhörte Fantasie; die spielen ja alle Märchen mit; die machen ja alles mit größter Begeisterung mit.

Also man müsste bei den Kindern schon eine Grundlage legen, dass wir alle eine Einheit sind; dass wir zusammen sind; dass man nicht separiert ist. Nicht so wie in meiner Schule: die guten Schüler in der ersten Reihe, die schlechten in der letzten Reihe; die guten von den schlechten separieren; das sind schon wieder die anderen. Nein! „Wir sind alle Schüler." Da verschwindet das „gut" und schlecht". „Wir sind eine Einheit."

Ich würde glauben, dass diese Haltung, wenn sie von einer Gruppe gepflegt wird, für andere, die in diese Gruppe einbezogen werden oder sich einbeziehen lassen wollen, ansteckend ist.

Diese Nichtlehrhaftigkeit von Tao finde ich eine wichtige Haltung. Wenn man das sieht, wird man versuchen, diese Sache anders – *to embrace*, das finde ich so hübsch im Englischen – zu umarmen.

Das Tao kann man nicht lehren; das muss in irgendeiner anderen Weise ergriffen werden; be-griffen oder er-griffen werden.

Nicht wissen ist tief. Wissen ist seicht. Nicht wissen ist innerlich. Wissen ist äußerlich …
Tao kann nicht gehört werden. Was gehört werden kann, ist nicht Tao. Es kann nicht gesehen werden. Was gesehen werden kann, ist nicht Tao. Es kann nicht gesagt werden. Was gesagt werden kann, ist nicht Tao. Was den Gestalten Gestalt gibt, ist selbst gestaltlos; also ist Tao namenlos.

Reden und Gleichnisse des Tschuang-Tse

Erklärungsprinzipe
Heinz

Du hast richtig bemerkt, dass ich dir oft, wenn du mir eine Frage stellst, in einer merkwürdigen Weise diese Frage wieder zurückwerfe. Du hast dann das Gefühl: „Das war ja gar keine Antwort." Die Frage ist nur irgendwie als Paraphrase zurückgegeben worden. Und das ist ärgerlich und wird von vielen Leuten als eine Schwäche des Konstruktivismus aufgefasst. Ich möchte versuchen, das irgendwie zu erklären. Eine Frage, in einer Sprache vorgelegt, enthält implizit schon eine Antwort. Eine Frage kommt aus einem großen semantischen Bereich, in dem eine Lösung dieser Wortfolge nicht vorhanden ist; man sie noch nicht erreicht hat. Die Frage hängt in der Luft wie zum Beispiel in den schönen Metalog-Gesprächen zwischen Gregory Bateson und seiner Tochter.

Frage: „Vater, was ist ein Instinkt?" Jetzt gibt es zahlreiche mögliche Formen der Antwort. Der Papa könnte das Lexikon herholen und sagen: „Schauen wir einmal nach, was da drinsteht." Und da steht: „Ein ungelerntes Verhalten, welches automatisch" und so weiter. Dieser Papa gibt aber nicht die Antwort aus dem Lexikon, sondern spricht über die Struktur der Frage und sagt: „Instinkt ist ein Erklärungsprinzip." Ich halte diese Antwort für unglaublich wichtig; weil er aus diesem Sprachbereich, aus einem bestimmten semantischen Bereich, in dem Instinkt vorkommt, um gewisse Verhalten zu beschreiben, herausspringt und fragt: „Was tut eine Antwort, die über Instinkt spricht?" Und er sagt: „Es ist ein Erklärungsprinzip." Da fragt die Tochter natürlich: „Was erklärt es?" Und da sagt er: „Alles, was du damit erklären willst." Das klingt jetzt auch völlig frech, gemein, unanständig und übel. Ja, er will sich wieder vor der richtigen Antwort auf die Frage: „Was ist ein Instinkt?" drücken.

Monika
Aber wie willst du dann an Schulen unterrichten? Was willst du in der Schule auf eine Frage antworten? – „Wie viel ist zwei mal zwei?" – „Na ja, was du willst."? Ist dann nicht alles völlig beliebig?

Heinz
Ich würde sagen: „Das ist eine sehr interessante Frage. Wollen wir doch herausfinden, was die Antwort ist!" Ich bin überzeugt, nach wenigen Minuten haben die Kinder mehrere Methoden erfunden, um die richtige Antwort zu finden. Wir spielen ja hier ein Spiel, in dem die Regeln schon erfunden sind.

Die Frage ist: Hat das Kind, nachdem es die Frage „Vater, was ist ein Instinkt?" gestellt hat, durch die Antwort „Ein Erklärungsprinzip" etwas gelernt, eine Einsicht bekommen oder nicht?

Monika
Ja; aber was kann es sagen, wenn es am nächsten Tag in der Schule gefragt wird, was ein Instinkt ist?

Heinz
Dann kann es sagen: „Ein Erklärungsprinzip." Dann wird es natürlich eine schlechte Note bekommen.

Monika
Ja; und dann ist die Antwort auf alle Fragen: „Ein Erklärungsprinzip." – „Was ist ein Baum?" – „Ein Erklärungsprinzip." – „Was ist ein Buch?" – „Ein Erklärungsprinzip." Alles ist dann …

Heinz
Nein, nein; Erklärungsprinzipe sind all diese schön klingenden großen Wörter wie „Instinkt", „Bewusstsein", „Gedächtnis", „Vaterlandsliebe" et cetera. Wenn du in die Psychologie „Bewusstsein" einführst, kannst du damit jede Art von Verhalten erklären. „Er war sich bewusst, dass er dieses oder jenes getan hat." – „Vaterlandsliebe" gibt auch eine Menge her. Ross Ashby hat einmal bemerkt, dass „Gedächtnis" ein guter Lückenfüller ist. Wenn man nicht versteht, wie jemand das ganze *Nibelungenlied* auswendig heruntersingen kann, sagt man einfach: „Der hat ein gutes Gedächtnis." Schon erklärt.

Ich gebe gerne das Beispiel, das ich als Kind erlebt habe: Die Eltern sagen: „Schau, die Schwalben fliegen so niedrig." Ich sage: „Ja wieso; warum?" – „Weil das Wetter sich ändert. Wenn sich das Wetter ändert, fliegen die Schwalben so niedrig." Ich sage: „Ja, warum fliegen die Schwalben so niedrig, wenn sich das Wetter ändert?" – „Ja, weil doch die Mücken und die Fliegen so niedrig fliegen, wenn schlechtes Wetter kommt." Da sage ich: „Ja, warum fliegen die Mücken und die Fliegen so niedrig, wenn schlech…?" – „Patsch" hatte ich schon eine Ohrfeige. „Heinz, stell doch nicht so blöde Fragen." Das ist meine erste Bekanntschaft mit Erklärungsprinzipien; als Kind schon.

Wissenschaft

„Science and Systemics"

Heinz

In meiner Sichtweise und meiner Haltung gegenüber dem, was man als Physik, die Naturwissenschaften oder Wissenschaft im Allgemeinen bezeichnet, hat sich im Laufe meines Lebens ein Wandel vollzogen.

Die übliche, die orthodoxe Ansicht, wie Wissenschaft zu betreiben ist, ist, dass man sich immer auf ganz winzige Details konzentriert und dann die Details der Details studiert. Dafür gibt es einen ganz allgemeinen Namen. Das nennt man Reduktionismus. Man reduziert ein kompliziertes Problem, indem man das Großproblem teilt und die Teile von den Teilen teilt, bis man endlich alles versteht. Das Schöne an diesem Reduktionismus ist, dass er immer eine Lösung hat. Du kannst immer so klein heruntergehen, bis du schließlich und endlich weißt: „Aha, jetzt verstehe ich das." Leider aber versteht man das Ganze eben nicht. Mein Gefühl ist, dass bei dieser Reduktion die Verbindungen zwischen den einzelnen Teilen immer wieder getrennt werden müssen; denn wenn man die aufrechterhalten würde, würde das System zu kompliziert werden. Wenn Soziologen versuchen würden, Gesellschaft zu verstehen, indem sie den Einzelnen anschauen – „Wieso ist der?" –, würden sie zum Beispiel die Möglichkeit der Frage, wieso sich eine Gesellschaft überhaupt bildet, einfach zum Fenster hinausschmeißen.

Was sind die Gedanken, die sich von dieser reduktionistischen Idee abwenden und eine mehr globale, eine mehr kosmische Haltung einführen, mit der man sich identifizieren kann, um Probleme von einer Komplexität zu lösen, die Reduktionismus allein nicht zu lösen schafft?

Ich habe mich immer schon für die Ursprünge von Wörtern interessiert: „Wissenschaft" im Englischen, im Italienischen und im Französischen kommt von dem lateinischen Wort *scientia*. Ich habe mich interessiert: „Woher kommt denn dieses Wort *scientia*?" Da gibt es ja diese herrlichen Bücher, wo du den Wortursprung nachschlagen kannst – und da stellt sich heraus, dass *science* oder *scientia* von einer indoeuropäischen Wurzel kommen: *skei*. Was bedeutet die? Die bedeutet „Trennung", „Separation", „Unterscheidung". Folgewörter von diesem *skei* sind zum Beispiel „Schism" – im Deutschen „Schisma" –, „Schizophrenie" und – wie manche Lexika feststellen – auch

„Scheiße", denn davon möchte man sich ja trennen. Und so eben auch *science*, die trennt, indem du zwischen verschiedenen Sachen unterscheidest: ein Kamel von einem Elefanten; da entstehen die Taxonomien; oder: *der* wird angezogen, *der* wird abgestoßen; dann bekommst du den Magnetismus; et cetera et cetera.

Was sind die komplementären Begriffe zu „Trennen", „Separieren", „Unterscheiden"? Das ist „Zusammensetzen", „Vereinigen", „Identifizieren".

Aus dem Griechischen kommt von *hen*, das heißt „eins", für all diese „zusammen"-Begriffe das Wort *syn*, so wie wir es gebrauchen, wenn wir von einer „Symphonie" oder von einer „Synthese" sprechen. Aus dieser *syn*-Idee fließt ein Wort, das, aus dem Griechischen übersetzt, „zusammenstellen" heißt. Das ergibt ein „System", etwas, das du zusammenstellst.

So dachte ich mir, wenn man sich eine zum wissenschaftlichen oder *scientific*-Denken komplementäre Denkstruktur aneignet – das ist das „Zusammenstellen", das „Synchronisieren", sozusagen das Schöpfen einer „Symphonie" aus verschiedenen Einsichten –, könnte uns das zu Sichtweisen führen, die wir durch Reduktionismus nicht erreichen können.

Ich nenne das für meinen eigenen Gebrauch *Systemics* so wie im Englischen *Mathematics*. Im Deutschen würde ich es „Systemik" nennen wie Mathematik oder Physik, und ich würde versuchen, damit eine einheitliche Sicht zu propagieren oder selbst zu lernen oder zu gebrauchen; im Verständnis verschiedener komplizierter Zusammenhänge.

Der Erste, der ganz tief in dieser Systemik-Idee gedacht hat, war Gregory Bateson. Eines seiner großartigen Bücher hat er *Geist und Natur. Eine notwendige Einheit* genannt. „Geist" ist natürlich keine gute Übersetzung des englischen Ausdrucks *mind*; das Original heißt *Mind and Nature. A Necessary Unity*. Na ja, aber okay, Geist und Natur gehen ja auch ganz gut zusammen. Ich habe das mit großem Entzücken gelesen, und da kommen diese charmanten schönen Gesten Batesons, die er mit Sprache machen kann, heraus.

In diesem Buch kommt er mit einer Idee, die ihm ganz wichtig ist. Er spricht von einem *pattern which connects*, also einem Muster, das Verbindungen herstellt. Sein Interesse ist immer: Was sind die Beziehungen von dem einem zu dem anderem? Und da fragt er: „Welches Muster verbindet den Krebs mit dem Hummer und die

Orchidee mit der Primel und all diese vier mit mir? Und mich mit ihnen? Und uns alle sechs mit den Amöben in einer Richtung und mit dem eingeschüchterten Schizophrenen in einer anderen?"

Das sind, finde ich, wichtige Ideen; wo man sieht: „Was ist es, was wir gemeinsam haben?", „Was verbindet uns wirklich?" Diese Verbindungsidee drückt er in dem *the pattern which connects*, „das Muster, das verbindet", aus. Für ihn ist diese Idee so wichtig, dass er in *Geist und Natur* sagt:

„Ich biete Ihnen den Ausdruck *das Muster, das verbindet* als ein Synonym, als einen anderen möglichen Titel dieses Buches an."

Das ist eine Anwendung von *Systemics*, die ich ganz hervorragend finde.

Nun hatte Gregory die Idee mit dem *pattern*; und *pattern* kommt ja von *pater*, ist also eine väterliche, eine männliche Einrichtung. Ich habe mich ja immer schon für Frauen interessiert. Also ich finde diese männlich überwiegende Einstellung in diesem *pattern which connects* für mich nicht passend. Ich denke lieber an eine Frau und daher lieber an eine *matrix which embeds* im Englischen oder eine „Matrize, die Ideen einbettet" im Deutschen. Du musst doch ein Bett haben oder einen Kontext, in dem diese verschiedenen Ideen ein *pattern* sein können, sich dann entwickeln und zu einem Kristall werden. Also ich gebe als einen komplementären Gedanken zu Batesons *the pattern which connects: the matrix which embeds* auf Englisch.

Also im Deutschen wäre das „das Muster, das verbindet" und „die Matrize" – eigentlich ist es ja eine Gebärmutter: „die Matrix, die einbettet". Das ist also meine Verdrehung der Sicht; statt von einem eher männlichen Standpunkt *pattern* schaue ich mir von einem weiblichen Standpunkt aus eine Matrize an; etwas, das einbaut; etwas, in dem etwas wachsen kann; etwas, in dem etwas entsteht. Das ist ein Spiel mit Worten; nur nicht zu ernst nehmen. Das lädt nur ein, ein Komplement zu erfinden. Die Sprache macht ja unerhört viel mit mir; ununterbrochen schlägt sie mir Schnippchen, aus denen ich mich herauswurschteln muss. Also wenn mir jemand sagt: *pattern*, frage ich: „Warum *pattern*? Warum nicht *matrix*?"

„Sokalogie"

Monika

Im Zusammenhang mit deiner Kritik an der Art, wie heute wissenschaftlich geschrieben wird, hast du mich auf einen Artikel von Alan Sokal aufmerksam gemacht.

Heinz

Ja. Dazu gehört eine kleine Vorgeschichte. Im Laufe des neunzehnten Jahrhunderts hat sich durch den unerhörten Erfolg der Naturwissenschaften etwas entwickelt, das eine merkwürdige Seifenblase erzeugt hat. Und zwar sind gewisse Begriffe, die als Metaphern in die Naturwissenschaften hineingerutscht sind, plötzlich zu wörtlich genommen worden. Dadurch sind merkwürdige Unsinnigkeiten entstanden, auf die sich Sokal gestürzt hat.

Ein typischer Fall zum Beispiel war die Idee von *Gesetz*. Du weißt, dass Naturgesetze gefunden worden sind; und zwar hat man in den letzten zwei-, dreihundert Jahren herausgefunden, was die Natur für Gesetze hat. Ein ganz berühmtes Naturgesetz ist natürlich das, das Isaac Newton gefunden hat. Newton hat das Gravitationsgesetz gefunden. Andere würden sagen: „er-funden". Dem Gravitationsgesetz zufolge bewegen sich die Planeten nach völlig vorgeschriebenen Bahnen um die Sonne. Du kannst genau ausrechnen, wo jeder Planet stehen muss, wenn er dem newtonschen Naturgesetz der Gravitation folgt.

Jetzt hat sich herausgestellt, dass der kleine Planet Merkur an einem bestimmten Tag und zu einer bestimmten Stunde an einer bestimmten Stelle sein sollte. Da war er aber nicht. Was ist los? Benimmt sich der Merkur nicht gemäß den Gesetzen? Plötzlich wird die Idee des Gesetzes unterminiert. Normalerweise wird einer, der das Gesetz bricht, der Gesetzesbrecher, bestraft. Wenn einer Äpfel stiehlt, wird er eingesperrt. Aber in dem Naturgesetz-Fall wird jetzt Newton nicht mehr geglaubt; dass sein Gesetz ein richtiges Gesetz ist. Also es wird der Gesetzgeber verurteilt und nicht der, der das Gesetz bricht. Durch die metaphorische Verwendung gewisser Ausdrücke in den Naturwissenschaften entstehen eben solche Merkwürdigkeiten.

Sokal hat das benutzt, um gewisse Merkwürdigkeiten, die in der Mitte des zwanzigsten Jahrhunderts entstanden sind, auf das Amüsanteste und auf das Boshafteste zu beleuchten. Es gibt eine ganze Richtung von Schreibern; die Postmodernisten. Da sind viele Sätze Kauderwelsch; also ich kann keinen Sinn daraus machen. Aber andere Postmodernisten finden es wunderbar und publizieren ganze Journale und Bücher, die alle in postmodernistischer Sprache geschrieben sind. Sokal scheint das geärgert zu haben, und da hat er gesagt: „Jetzt werde ich ausprobieren, wie sich die Leute selber verstehen." Er hat einen Artikel eingereicht; in das Standardjournal der Postmodernisten: *Social Text*. Der Artikel heißt: *Transgressing the Boundaries. Toward a Transformational Hermeneutics of Quantum Gravity*. Hier ist eine Übersetzung: *Grenzüberschreitung: In Richtung einer transformativen Hermeneutik der Quantengravitation*. Also wenn man das liest, weiß man sofort: „Das ist ein Witz. Es gibt keine Hermeneutik der Quantentransformation. Das Ganze ist Unsinn." Aber die Editoren von *Social Text* waren ganz begeistert, dass ihnen endlich ein Naturwissenschaftler, ein Physiker, einen wichtigen Beitrag geschickt hat, und haben diesen Artikel abgedruckt. Du kannst dir vorstellen, wie Sokal sich gefreut hat.

Er hat dann ein Nachwort bei *Social Text* eingereicht, in dem er schreibt: „Liebe Damen und Herren, haben Sie nicht bemerkt, dass das Ganze ein reiner Blödsinn ist, den ich mir aus der Luft gegriffen habe. Es gibt keine Quantenhermeneutik." Und so weiter.

Dieses Nachwort wurde dann auch abgedruckt; allerdings in einem anderen Magazin, denn die Editoren von *Social Text* haben dieses Nachwort mit folgender Begründung abgelehnt: „Dieser Artikel wird leider unserem intellektuellen Standard nicht gerecht."

Na, jedenfalls wurde das Ganze ein großer Skandal in der Literatur, in der Physik, in der Philosophie, in der Epistemologie et cetera et cetera. Ich finde Sokals Experiment wichtig. Ich finde es sehr interessant, dass die nicht gemerkt haben, dass das ein Witz ist, den sich dieser Mensch geleistet hat, um zu zeigen, dass selbst die Leute in ihrem eigenen Feld nicht wissen, wovon sie sprechen.

Academia

Ich bekomme ja viele solche philosophischen Arbeiten; und ich lese das und sitze da mit Faszination und frage mich: „Was wollen die Leute?" Und die wollen eigentlich nichts anderes, als innerhalb eines gewissen Spielraums, den sie sich selber durch eine gewissen Gruppe von Wörtern geschaffen haben, diese Wörter hin- und herjonglieren, so wie Pingpongspieler, die zeigen wollen, wie gut sie mit diesem Ball umgehen; mit was für lustigen Schlägen sie ihn zurückschlagen können. Das hat überhaupt nichts damit zu tun zu verstehen, was das jeweilige Thema ist. Es hat nur damit zu tun zu zeigen, wie viele Wörter ich gebrauchen kann, um über ein Thema zu sprechen, das der andere auch nicht versteht. Ein faszinierendes Spiel. Es ist wirklich unglaublich. Ich stehe da mit offenem Mund und aufgerissenen Augen und frage mich: „Wie ist es wieder gelungen, diesen unerhörten Satz zu formulieren?"

Die Probleme sind nicht mehr da, wenn sie in die akademische Diskussion hineingeworfen werden, denn dann wird nicht mehr über ein Problem gesprochen; das verschwindet. Dann wird nur über das Sprechen über das Problem gesprochen.

Monika

Das ist ein sehr guter Einwand. Auch aus ethischer Sicht.

Heinz

Ja, genau. Und auch in den Schriften über Ethik –; da wird gar nicht über Ethik gesprochen, sondern darüber, wie man über Ethik spricht. Wenn ich das lese, sage ich: „Wittgenstein, Wittgenstein, du hast ins Leere gesprochen."

Dabei lassen sich die Dinge ganz klar ausdrücken. So sagt zum Beispiel Antonio Porchia: „Meine Stimme sagt mir: ‚So ist alles.' Und das Echo meiner Stimme sagt mir: ‚So bist du.'" Ist doch schön! In wenigen Worten einfach so in das Zentralproblem hineingeschlagen. Unglaublich! Also ich war ganz erschüttert, als ich das gelesen habe.

Monika

Ich habe auch gerade ein schönes Zitat gelesen; von Paul Gauguin: „Ich schließe meine Augen, um zu sehen."

Heinz

Oh, das ist schön! Das sind die Sachen, glaube ich, die Erkenntnisse erlauben. Und nicht die Diskussion über den Diskurs und der Diskurs des Diskurses et cetera et cetera. Also da kann ich einfach nicht mitspielen.

Liebe – Ich bin du und du bist ich

Monika

Jetzt würde ich gerne über Liebe sprechen.

Heinz

Das ist eine sehr liebe Idee. Über Liebe ist natürlich wahnsinnig viel geschrieben worden. Die größten Dichter der Welt, die größten Philosophen, die tiefsten Denker haben über Liebe gesprochen. Der, der mir zuerst einfällt, ist Humberto Maturana. Humberto ist der große Liebesexperte. Er hat sich professionell mit Liebe beschäftigt. Er hat eine „Biologie der Liebe" erfunden, und er hat ein ganzes Buch über die Liebe geschrieben: *Liebe und Spiel*.

Also Humberto ist der Mann, den du eigentlich fragen solltest. Er sagt etwas sehr Interessantes: „Liebe ist, einen Raum für den anderen zu öffnen, sodass der andere auch in diesem Raum sein kann." Im Englischen ist das mit *space* vielleicht besser: „*To open a space for the other where he can live or where he is accepted as a human being as he might be.*" Das heißt, du nimmst den anderen so, wie er ist, anstatt ihm vorzuschreiben, wie er sich nun zu verhalten hat. In dem *space*, nehme ich an, meint Humberto, ist für den anderen eben eine Freiheit seines Ausdrucks, seiner Existenz, seines Verhaltens, seiner Entwicklung möglich.

Monika

Für den anderen!?

Heinz

Für den anderen. Ja; immer für den anderen. Liebe und Ethik sind für mich sehr nahe Verwandte; wo du dich eben um den anderen kümmerst und nicht mehr so sehr um dich selbst.

Monika

Woher weiß ich denn, für welchen anderen ich diesen Raum öffnen möchte und für welchen nicht?

Heinz

Na ja, vielleicht für jeden anderen. Bei Jesus ist für jeden der Raum geöffnet. Jeder kann ins Himmelreich eintreten; wenn er nur nicht zu reich ist.

318

„To open a space for the other ..." Eine sehr schöne abstrakte Definition, die jedoch nichts mit meinem Gefühl der Liebe zu tun hat. Denn ich bin ein etwas rückständiger Zwerg des neunzehnten Jahrhunderts, der Liebe immer noch als Gefühl empfindet.

Monika
Du hast auch einmal gesagt: Liebe ist ein Entschluss.

Heinz
Ich kann ja nur von mir selber sprechen. Als ich mich einmal verliebt habe, wirklich fundamental verliebt habe, war es für mich ein Entschluss; und das Schöne war, dass mein Liebespartner denselben Entschluss gefasst hat, nämlich: „Wir bleiben zusammen. Wir sind jetzt eine Einheit; und wenn immer eine Störung hereinkommt, was immer für Schwierigkeiten kommen werden, wir stehen zusammen."

Das ist ein Vorentschluss, wie ich das nenne, den ich in vielen lächerlichen Kleinigkeiten im Laufe meiner Jugend für mich selber gemacht habe. Das war für mich eine unerhörte Befreiung, denn da brauchte ich dann nicht mehr nachzudenken: „Soll ich jetzt *so* oder *so* handeln?" Denn für einen solchen Fall, wo man *so* oder *so* handeln könnte, habe ich schon als junger Mensch gesagt: „Wenn das stattfindet, handle ich einfach so." Mir war diese Selbstentscheidung für solche Handlungen sehr angenehm.

So, habe ich das Gefühl, war meine Liebe ein Entschluss und von meiner Partnerin auch. „Wir bleiben beisammen. Wir halten zusammen, was immer geschieht." Also nicht der Zweifel; dass ich zum Beispiel, wenn jetzt eine andere, ganz wunderschöne Frau vorbeikommt, sage: „Um Himmels willen, vielleicht habe ich mich in die falsche Frau verliebt! In *die* könnte ich mich ja noch viel mehr verlieben, denn sie ist so wunderschön!" Diese Frage ist vorentschieden, denn ich habe mich entschlossen, *diese* Frau jetzt zu lieben. Das ist meine Entschlussidee.

Ich kann dir noch andere Beispiele meiner Entschlussidee geben. Zum Beispiel: Ich bilde mir ein, ein höflicher Mensch zu sein. Also wenn ich sehe, dass jemandem etwas herunterfällt – zufällig, ein Malheur –, springe ich hin, hebe es auf und gebe es dem Menschen.

Wenn es eine ältere Dame ist, ist das alles in Ordnung, und der junge Mann benimmt sich korrekt; dass er der älteren Dame ihre

Börse, die ihr aus der Hand gefallen ist, wiedergibt. Wie ist das, wenn einem jungen Mann etwas herunterfällt? Wie ist das, wenn du dem die Börse aufhebst und sie ihm gibst? Ist doch grotesk! Man kann doch nicht einem jungen Mann die Börse aufheben. Da habe ich mich schon ganz früh entschlossen: Ganz egal, wem etwas herunterfällt, ich springe hin, hebe es auf und gebe es dem Menschen, dem es aus der Hand gefallen ist. Das nenne ich eine Vorentscheidung. Ich brauche gar nicht mehr nachdenken: „Ach Gott, das ist doch ein junger Mann, dem kann ich das nicht aufheben." – „Ah ja, das ist eine ältere Dame, der kann ich das aufheben." Das fällt weg. Diese Abwägungen fallen alle weg.

So ist das auch zum Beispiel meiner Meinung nach mit der Liebe; wenn man sagt: „Okay, jetzt liebe ich diesen Menschen." Für mich ist Liebe eine *binary relation*, also *one to one*, einer zum anderen. Wenn man jetzt behauptet: „Ich liebe A", und dann kommt ein B und ein C und ein D vorbei – „Soll ich A fallen lassen und mich auf B oder C oder D stürzen?" – „Nein", sage ich, „in meinem Fall entscheide ich mich, dass A weitergeliebt wird."

Monika
Und was ist Liebe dann? „Weitergeliebt wird" – wie drückt sich das aus? Ist das eine Handlung?

Heinz
Ja, natürlich wird ununterbrochen gehandelt. Jede Bewegung, jeder Schritt ist dem anderen getan. Du liest dem anderen die Wünsche von den Augen ab. Du siehst, ob der andere dieses oder jenes braucht. In einem erweiterten Sinne ist Liebe auch etwas, was im Deutschen leider nicht richtig herauskommt; oder vielleicht doch richtig herauskommt, aber nicht so verstanden wird. Das ist Mitleid. Mitleid wird immer so aufgefasst, dass man traurig ist,wenn es dem anderen schlecht geht. Ich würde sagen, Mitleid ist, dass man mit dem anderen lebt, mit dem anderen erlebt; mit dem anderen erleidet, wenn du willst. Dass man sich einfach mit dem anderen identifiziert. Ich bin du. Also im Deutschen hat das Wort Mitleid immer nur so eine etwas traurige Relation und keine positive. Du hast mit jemandem Mitleid, wenn es ihm schlecht geht. Im Englischen ist es *compassion*. Das kommt mir besser vor; weil da eine *passion* drin vorkommt. Und eine *passion* ist ja etwas, wo man leidenschaftlich und

320

begeistert ist, einfach hingerissen wird und das so machen muss; weil man eine *compassion* hat.

Monika
Liebe kann ja auch aufhören. Menschen hören auf, sich zu lieben.

Heinz
Bei mir hört es eben nicht auf; wenn du dich entschlossen hast, den anderen zu lieben. Ich glaube, es hört nicht auf, wenn du es nicht aufhören lassen willst.

Wenn ich zum Beispiel die Liebesgedichte von Ovid lese, kommt das immer wieder vor: sich dem anderen hinneigen, dem anderen zuliebe sein. Das ist ja auch die Definition von Maturana: dem anderen einen Raum geben, in dem er so sein kann, wie er ist; nur kommt bei mir dazu, dass man auch den anderen so behandelt, als wäre er man selbst. Also ich sehe Liebe immer als die Identifikation von Ich und Du. Wir sind jetzt plötzlich eins.

Monika
Gibt man sich da nicht selber auf?

Heinz
Nein. Im Gegenteil: Man verwirklicht sich.

Monika
Aber wenn ich alles – wie du sagst – dem anderen zuliebe tue, dem anderen seine Wünsche von den Augen ablese –; ist das dann nicht sich selbstaufopfernde Liebe?

Heinz
Ich sehe das so, dass der andere ja auch mir meine Wünsche von den Augen abliest. Liebe ist für mich immer ein Dialog. Es sind zwei zusammen, die plötzlich eine Einheit bilden. Du und Ich sind identisch, und das ist meiner Meinung nach die Grundlage von Ethik, die Grundlage des Zusammenseins, die Grundlage für Treue, die Grundlage auch – wenn du willst – für *truth*.

Monika
Warum?

Heinz

Weil du dann dem anderen vertraust. Das finde ich so schön; diese Verschiedenheit des Ursprungs der Wörter für „Wahrheit" im Deutschen und für *truth* im Englischen. Das deutsche Wort „Wahrheit" kommt von *veritas*; aus dem Lateinischen, das heißt, eine Aussage ist verifizierbar, prüfbar. Du kannst also eine Aussage vergleichen mit dem, was der Fall ist. Im Englischen besteht eine Verwandschaft zwischen *truth*, also „Wahrheit", und *trust*, „Vertrauen". Sie kommen von derselben Wurzel.

Das heißt, ich brauche nicht festzustellen, ob das, was der andere gesagt hat, „wahr" oder „falsch" ist. Ich entscheide mich: „Das, was der andere sagt, ist der Fall." Das heißt, du brauchst nicht zu „verifizieren", was der andere sagt. Es ist so, wie er es sagt.

Und da siehst du, wie eine Vorentscheidung funktionieren kann: Ich werde die Idee nicht akzeptieren, dass der andere mich jetzt hereinlegen will oder dass der andere mir etwas sagt, wovon er weiß, dass es nicht der Fall ist. Ich sage: „Der sagt das. Ich glaube ihm." Und das hat nichts mit dem deutschen *Begriff der Wahrheit* zu tun. Da willst du immer vergleichen, ob das, was ein anderer sagt, auch der Fall ist.

Monika

Das finde ich sehr schön. Und in diesem Sinne ist auch, finde ich, Liebe nicht Selbstaufgabe, sondern man kann sogar …

Heinz

… sich realisieren, sich verwirklichen; durch den anderen. Es sind immer beide zusammen.

Monika

Aber kann ich das mit jedem anderen?

Heinz

Nein, das kannst du nicht mit jedem anderen. Das kannst du nur mit dem, bei dem du dich entschlossen hast: „Mit *dem* ist das jetzt zu machen."

Monika

Ja, aber meistens habe ich ja Wahlmöglichkeiten.

Heinz

Ja, das schon; aber in jeder Wahlsituation gibt es wahrscheinlich verschiedene Akzente; wo man sagt: „Dieses würde mir mehr Spaß machen als jenes." Und dann würde ich mich auf diese Wahlmöglichkeit stürzen und sie zur Wirklichkeit werden lassen.

Monika

Was sind denn die Motive für den Entschluss. Kannst du die erklären, oder sind die unerklärbar?

Heinz

Wenn ich ein Dichter wäre, könnte ich sie wahrscheinlich erklären. Das heißt, ich könnte sie nicht *erklären*, aber ich könnte sie irgendwie beschreiben. Es ist ein Gefühl.

Monika

Denn es gibt ja Leute; die treffen jemanden und sind sich eben nicht sicher, ob sie den Entschluss machen sollen oder nicht.

Heinz

Ja, das ist eben der große Vorteil eines Vorentschlusses. Wenn du in einer Beziehung bist, von der du dich fragst, ob du sie weiter halten sollst oder nicht, dann – das ist mein Vorschlag – entscheide dich für die Stabilität.

Monika

Kannst du das noch etwas ausführen? Was ist denn das Geheimnis einer lebenslangen glücklichen Liebesbeziehung? Wie kann man mit einem Menschen über lange Zeit glücklich leben?

Heinz

Man lebt mit ihm noch länger und noch länger, weil man mit ihm schon so lange gelebt hat. Wenn du dich schon einmal entschlossen hast …

Monika

Aber warum machen das denn dann nicht alle Menschen?

Heinz

Weil sie sich nie entschlossen haben. Ich glaube, jeder ist imstande, zu sagen: „Jetzt bleibe ich bei diesem Menschen. Jetzt werde ich alles tun, damit wir alles zusammen machen können." Ich muss den anderen würdigen; des anderen Idee, des anderen Haltung würdigen. Und so wie ich die Haltung des anderen würdige, würdige ich meine eigene Haltung. Dann können Menschen in Frieden zusammenleben; denn dann muss ich dem anderen nicht beweisen, dass er Unrecht hat und dass ich Recht habe. Ich würdige des anderen Ansicht. Es ist noch nicht meine, aber ich würdige des anderen Einstellung und seine Haltung.

Monika

Du hast auch einmal gesagt, dass es dir wichtiger ist, dass der andere Mensch zufrieden ist, als dass du selber Recht haben willst. Zum Beispiel sagst du in einer Auseinandersetzung dann „Ja, du hast Recht" oder so etwas, obwohl du genau weißt, dass es nicht so ist.

Heinz

Richtig, ja. Ich bin nicht daran interessiert, selber Recht zu haben, weil ich gar nicht annehme, dass ein „Rechthaben" existiert. Es sind Haltungen, die ich würdige. Wenn ein anderer Mensch diese und jene Haltung braucht, um seine Existenz – Maturana würde sagen: „seine Autopoiesis" – aufrechtzuerhalten, lasse ich ihn seine Autopoiesis aufrechterhalten. Ich sehe auch gar nicht, was es bringen würde, wenn ich zeigen würde, dass zwei mal zwei nicht fünf ist, wie er mir gerade erzählt, sondern nur vier. Er wird schon darauf kommen.

Die Definition von Liebe bei Maturana habe ich übrigens ganz gerne, weil sie so offen ist; so groß. Weißt du, das passt für sehr vieles: für eine Sozialstruktur, für eine Ethik, für ein Zusammenleben, für eine kooperative Organisation; für alles passt diese Bestimmung von Humberto sehr gut. Für mich hat Liebe aber noch andere Komponenten, die in dieser Definition nicht enthalten sind.

Monika

Kannst du noch einmal zusammenfassen, wie du das Verhältnis von Liebe und Ethik siehst?

Heinz

Ja, da habe ich dir die Geschichte mit dem kleinen, scharfen Messer erzählt. Da steckt genau das drin, wo Liebe zur Pflicht und Ethik zur Moral degeneriert.

Monika

Na gut; aber wenn du das in einem Satz zusammenfassen solltest – wie hängen Liebe und Ethik zusammen?

Heinz

Da würde ich mich wieder an Wittgenstein wenden, der sagt: „Es ist klar, daß man über Ethik nicht sprechen kann." Ich würde sagen: „Es ist klar, dass man über Liebe nicht sprechen kann." Liebe kann man leben, aber über Liebe kann man nicht sprechen. Sowie man darüber spricht, ist es Poesie, ist es Musik, sind es Theaterstücke, ist es eine wunderschöne Symphonie von Mozart oder Beethoven. Aber ansonsten würde ich sagen: „Ich bin ein Fachmann, zu lieben, aber nicht, über Liebe zu sprechen."

Monika

Aber wenn ich dem anderen sage: „Ich liebe dich", spreche ich doch auch über Liebe.

Heinz

Ja, schon; da sprichst du es; da sprichst du es. Ja; da nimmst du Liebe in den Mund.

Den größten Sprung meines Lebens habe ich schon erzählt. Das war, als ich mich fundamental verliebt habe. Was ich schon damals als Wunder empfunden habe, war, dass ich auf einmal zwei Menschen wurde; diese „Zweisamkeit". Ich habe immer nach einer Beschreibung dieses Wunders gesucht und sie schließlich in Martin Bubers Buch *Das Problem des Menschen* gefunden. Im letzten Abschnitt heißt es:

„Betrachte den Menschen mit dem Menschen, und du siehst jeweils die dynamische Zweiheit, die das Menschenwesen ist, zusammen: hier das Gebende und hier das Empfangende, hier die angreifende und hier die abwehrende Kraft, hier die Beschaffenheit des Nachforschens und hier die des Erwiderns, und immer beides in einem, einander ergänzend im wechselseitigen Einsatz, miteinander den Menschen darzeigend. Jetzt kannst du dich zum Einzelnen wenden und du erkennst ihn als den Menschen nach seiner Beziehungsmöglichkeit; du kannst dich zur Gesamtheit wenden, und du erkennst sie als den Menschen nach seiner Beziehungsfülle.

Wir mögen der Antwort auf die Frage, was der Mensch sei, näher kommen, wenn wir ihn als das Wesen verstehen lernen, in dessen Dialogik, in dessen gegenseitig präsentem Zu-zweien-Sein sich die Begegnung des Einen mit dem Anderen jeweils verwirklicht und erkennt."

ZUKUNFT DER TRENDS – TRENDS DER ZUKUNFT

Heinz
Hier meine Einstellung bezüglich Zukunftsstudien: Da gibt es die Leute, die die Trends studieren und mithilfe dieser Trends extrapolieren, wohin die Zukunft führen wird. Meine Position ist: Ich möchte nicht die Trends, die da sind, studieren und von ihnen extrapolieren; sondern von einer Zukunft sprechen, die ich haben möchte. Das heißt, ich sage nicht, wie die Zukunft sein *wird*, sondern wie die Zukunft sein *soll*.

Ich möchte also Trends *setzen*, nicht von Trends extrapolieren.

Trends sind ja nur da, weil zufällig ein paar Leute das machen. Wenn ich in die Zukunft schaue, möchte ich gerne eine Zukunft haben, die so und so ist, nicht warten, bis mir ein anderer die Zukunft macht. Ich möchte es gerne selbst machen. Ich möchte mir zum Beispiel nicht vom Markt vorschreiben lassen, was ich tun soll, sondern ich möchte dem Markt vorschreiben, was er für mich tun soll.

Wenn wir Trendsetter werden wollen, könnten wir zum Beispiel auf die Ökologie setzen, sodass man dann in einer Welt leben kann, in der man in den Wäldern spazieren kann.

Beim Setzen von Trends würde ich persönlich drei große Richtungen verfolgen, die alle im Rechenbereich liegen.

Das Erste ist die Idee des Parallelrechnens; das Zweite ist das Quantenrechnen; mit Quantencomputern zu sprechen.

Das Dritte ist das *interface*, die Schnittstelle, zwischen Lebendigem und Maschine, also das Roboterproblem. Das ist ein Trend, der von sehr vielen Leuten schon studiert wird. Die sagen: „In der Zukunft, werden wir noch mehr Chips in unserem Körper haben."

Das ist von meinem Standpunkt aus das falsche Studium. Ich würde mich fragen: Wie könnte man *computation* und *robotics* in einer günstigen Weise komponieren, sodass wir die Zukunft bekommen, die wir wollen.

Norbert Wiener hat schon ganz früh zusammen mit Rosenblueth an *robots* gearbeitet, die anstelle von amputierten Gliedmaßen angebaut sind; also an sensomotorischen Prothesen. Die haben sich das schon damals überlegt; und zwar in einer gescheiten Weise.

Ich würde empfehlen, diese frühen Studien, die frühen Vorschläge über sensomotorische Prothesen noch einmal anzuschauen. Das ist, glaube ich, die Richtung, die man verfolgen muss.

Nicht das Einbauen von Chips zum Selbstzweck. Das ist die dumme Richtung: „Wir können operieren. Ich habe einen Freund, der ein guter Chirurg ist. Ich kenne Leute, die mir umsonst die Chips geben. Jetzt bauen wir die Chips ein." Warum? Wozu? Das hat überhaupt keinen Sinn. Wiener hat sich überlegt: „Kann ich einem blinden Menschen helfen zu sehen?" Das ist ein ganz anderes Projekt.

Quantenrechnen
Heinz
Ich werde kurz die Geschichte des Quantenrechnens erzählen.

Am Ende des neunzehnten Jahrhunderts gab es ein großes physikalisches Problem:

Man hat einen glühenden Körper, eine glühende Kohle oder so etwas, und misst das Spektrum der Strahlung dieses glühenden Körpers. Du weißt, was ein Spektrum ist: Man hat ein Prisma und löst das Licht in viele verschiedene Farben auf: in Dunkelrot, Mittelrot, Hellrot, mehr Blau et cetera et cetera. Der Regenbogen ist so ein Spektrum des weißen Lichts.

Dann schaut man die Energie in den verschiedenen Farbkomponenten an und bekommt eine schöne Kurve: ganz viel Blau, ganz wenig Rot; was immer. Es gab Theorien, wie man das erklären kann; doch merkwürdigerweise konnte keine der Theorien diese Spektralverteilung erklären.

Da ist Max Planck, der dafür den Nobelpreis bekommen hat, auf folgende Idee gekommen:

„Wir leben in einer Physik, in der wir glauben: ,Alles ist kontinuierlich.'" Das heißt, du kannst etwas messen: Es ist 10 Zentimeter; und dann 10,1 Zentimeter, 10,2 Zentimeter; und wenn es dazwischen noch nicht stimmt, misst du 10,001 Zentimeter, 10,002 Zentimeter. „Also wir leben in einer kontinuierlichen Welt." Diese Annahme der kontinuierlichen Welt hat die Erklärung dieser Strahlungskurven nicht möglich gemacht.

Da hat Planck gefragt: „Was ist, wenn ich jetzt von dieser Idee der Kontinuität weggehe und annehme, dass Energie so wie Licht in kleinen Paketen kommt; in kleinen Paketen einer bestimmten Größe?" Diese Pakete hat er „Quanten" genannt, und er hat den Energiebereich in lauter solche kleine Pakete aufgelöst. Plötzlich konnte man diese Strahlungskurve erklären: „Wir leben also nicht in der Welt, in der alles kontinuierlich ist, sondern wir leben in einer Welt, in der das Universum in kleinen Paketen geliefert wird. Ein heißer Körper strahlt einen Strom solcher kleiner Partikel, Energieteilchen, aus."

Die ganze Welt wurde plötzlich in Pakete eingeteilt. Man kann sie als einen Strom messen – so als ob du Erbsen in eine Pumpe geben und damit auf irgendetwas schießen würdest. Wenn man das weiß, kann man natürlich alle möglichen Theorien bilden.

Daher ist Materie, wie zum Beispiel ein Atom, immer in einem bestimmten Energiezustand und kann nicht in einem beliebigen Zustand sein. Es ist entweder in A oder in B.

So kann man jetzt ein Atom als ein System mit zwei Zuständen auffassen; als ein System, das entweder auf einer Null oder auf einer Eins ist. Man kann das Atom verwenden, als wäre es entweder eine Null oder eine Eins in irgendeinem Informationsgerät. Es ist *an* oder *aus*.

So wie ein Blatt Papier entweder schwarz oder weiß sein kann und man daher Druckerschwärze auf weißem Papier als Information verwenden kann, konnten die Leute, die sich mit Quantenphysik beschäftigen, ein Atom als ein Symbol oder Zeichen, dass etwas da ist oder nicht, also als Informationsspeicher, verwenden. Ich bin nicht froh über das Wort „Information", aber das wird immer wieder verwendet. Ich würde „Signal" sagen. Aber ich verwende jetzt das Wort „Information", weil das all diese Leute verwenden. Sie konnten nun gewisse Zustände durch atomare *an-* oder *aus-*Zustände repräsentieren.

Und die Leute sagen: „In der Zukunft werden wir nicht feinere Chips bauen, sondern wir werden in den atomaren Bereich hineinsteigen; das Quantenrechnen lernen." Also ich würde sagen: „Die haben völlig Recht." Nicht nur wird man dadurch in sehr kleinen Bereichen rechnen können, sondern man wird auch eine andere Rechentechnik verwenden können, nämlich viel mehr das Parallelrechnen.

Diese zwei Schritte – Quantenrechnen und Parallelrechnen – halte ich für die ganz wichtigen Schritte der Zukunft. Ich behaupte: Wer da ganz früh dran ist, wer wach genug ist zu merken, dass da Unglaubliches vor sich gehen kann, hat das Rennen gewonnen. Wer das verschläft, wird hinten nachhängen.

Das Papier, in dem ich zum ersten Mal über Quantenrechnen berichte, heißt *What is Memory that it may have Hindsight and Foresight as well? – Was ist Gedächtnis, dass es Rückschau und Vorschau ermöglicht?* Das habe ich im Jahre 1969 publiziert.

Rechnen im semantischen Bereich

Was ich für ganz wesentlich halte, ist das Rechnen im semantischen Bereich.

Einer der führenden Leute, die sich schon ganz früh damit beschäftigt haben, ist Terry Winograd. Der hat das auch verstanden. Winograd hat sich gefragt: „Wie muss die Architektur einer Maschine aufgebaut sein, dass sie natürliche Sprache beherrschen kann; damit wir in natürlicher Sprache mit Maschinen interagieren können?" Winograd hat sehr genau verstanden, was das semantische Problem ist.

Was meine ich mit Rechnen im semantischen Bereich? Das Rechnen im semantischen Bereich hat deswegen eine fundamental andere Struktur, weil jeder semantische Begriff, also jedes Element – vielleicht ein Wort, eine Idee, ein Begriff – mit anderen Elementen in Zusammenhang steht.

Die Semantik hat die Faszination, dass jedes Element, ich würde sagen, wie ein Tintenfisch fünfhundert *tentacles*, also Pseudofüße, hat, die in fünfhundert andere Richtungen hineinreichen.

Wenn ich zum Beispiel das Wort „Pferd" sage, taucht bei dir im Inneren jetzt das Pferd-Symbol oder wie immer ich das nennen möchte – das Pferd-Element – auf, und das kann sich in hundert verschiedenen Richtungen mit weiteren Konzepten verbinden.

Plötzlich rede ich vom Turnen, von Olympischen Spielen; und da ist das Pferd etwas ganz anderes, als wenn ich von irgendeinem *racetrack* spreche. Das Pferd allein ist gar nichts. Erst durch die Kombination mit anderen Konzepten wird es zu einem Turngerät, einem Schaukelpferd oder einem Rennpferd.

Es hat Millionen Füße, und wenn man jetzt mit „Pferden" rechnen sollte, muss der Computer das Pferd mit Millionen Füßen mit Millionen von anderen Konzepten in Verbindung bringen können. Wenn ein Satz, in dem „Pferd" vorkommt, ausgesprochen wird, weißt du noch nicht, welches Pferd in diesen Satz genommen wird, das heißt, du musst sofort in diesen ganzen semantischen Raum hineinspringen, in dem Pferderelationen vorkommen, um – der englische Ausdruck ist *disambiguate* – zu „entvieldeutigen", also zu „vereindeutigen", damit du bestimmen kannst, was das Wort „Pferd" in diesem Satz bedeutet.

Du musst sozusagen einen Punkt nehmen, der mit vielen anderen Punkten in Relation treten kann; so wie ein chemisches Element; zum Beispiel Kohlenstoff, der vier Valenzen hat, sich also mit vier anderen Elementen kombinieren kann. Und diese vier Elemente können sich auch wieder mit vier, sechs, acht oder sechzehn Elementen kombinieren. Also es ist plötzlich ein Errechnen in einem Raum, wie man das in der Mathematik zu sehen pflegt, mit vielen Dimensionen; wo man von jedem Punkt in beliebig viele Richtungen schreiten kann, um die Verbindungen mit anderen semantischen Punkten herzustellen.

So muss man sich das Rechnen im semantischen Bereich vorstellen. Jeder Begriff hat vielleicht zwanzig, dreißig Valenzen und beginnt, sich mit anderen Elementen zu verbinden, die auch vielleicht vier, fünf, sechs oder zwanzig solche Pseudofüße oder Valenzen besitzen.

Natürlich kann man die Struktur solcher semantischen Rechnungen auf einem neumannschen Linearrechner abbilden; aber die Komplikationen sind so gewaltig, dass man dieses System nicht mehr durchschauen kann.

Wenn man aber einen Rechner für semantische Relationen bauen will, muss man die gesamte Architektur eines solchen Rechners fundamental verschieden von dem jetzt Existierenden anlegen. Wenn man die Architektur direkt auf die semantische Struktur einrichtet, kann man das alles durchschauen; und vor allem ist der Rechner unwahrscheinlich schnell, denn er rechnet ja auch wieder parallel.

Diese Organisation braucht man, wenn man mit Maschinen in natürlicher Sprache konversieren möchte; wenn man dann die Maschine fragen würde: „Sagen Sie, was halten Sie von dem Satz, den Russell da und dort geschrieben hat?", könnte die Maschine sagen: „Das ist einer der Fundamentalsätze der Logik" et cetera et cetera.

Über das Rechnen im semantischen Bereich habe ich in meinem Papier *Computing in the Semantic Domain* geschrieben. Das ist von 1971.

Semantisches Rechnen im Bibliotheksbereich
Monika
In deinem Papier *Technology. What Will It Mean to Librarians?*, das auch 1971 erschienen ist, hast du die Bedeutung des semantischen Rechnens für Bibliothekare aufgezeigt.

Heinz
Ja; jemand, der eine Bibliothek aufsucht, hat ja ein Problem, und das möchte er durch die Bibliothek lösen. Er möchte zum Beispiel gerne wissen, ob jemand je versucht hat, Wasserstoffmoleküle mit Silbermolekülen zusammenzubringen und ob dann eine Explosion mit grünem oder mit violettem Rauch entsteht.

Die übliche Methode, wie er vorgegangen ist, war, dass er zur Bibliothek gegangen ist und herausgefunden hat, welcher Autor, welcher Wissenschaftler dieses Problem bereits in seinem Buch behandelt hat. Wenn er das Buch gefunden hat, hat er es ausgeliehen.

Er konnte jetzt sein Problem behandeln, denn er hatte das Buch, in dem das alles drin steht.

So etwas geht mit einer Stichwortsuche. Das ist aber in vielen Fällen nicht hilfreich, denn da bekommst du zweitausendvierhundertdreißig Bücher und weißt genauso wenig. Jetzt musst du eben genauer beschreiben, was du möchtest, und die Bibliotheksmaschine muss das verstehen. Daher sitzen die gesamten Bücher, die in der Bibliothek stehen, bereits in einer semantischen Struktur; und wenn du jetzt eine Anfrage stellst, steigt das System in jene semantische Struktur, die mit der semantischen Struktur kongruent ist, die du in deiner Anfrage ausgesprochen hast. Als wir angefangen haben, uns mit diesem Problem zu beschäftigen, haben wir uns gefragt, wie eine solche semantische Struktur aussieht und wie man innerhalb einer solchen mehrdimensionalen Relationsstruktur rechnet.

Allerdings kann man diese Lösungen, die wir vor vierzig, fünfzig Jahren, als überhaupt noch keine Computertechnologie existiert hat, vorgeschlagen haben, heute nicht mehr ernst nehmen. Heute würde man das ganz anders behandeln. Aber das Problem ist immer noch dasselbe. Vielleicht könnte man die Form der Lösung verwenden; aber so im Detail, wie wir das gemacht haben, würde man das heute nicht mehr machen.

Exkurs: Die Grenzen der *Western Rational Tradition*

Heinz

Terry Winograd und Fernando Flores haben in ihrem Buch *Understanding Computers and Cognition* – in der deutschen Ausgabe heißt es *Erkenntnis – Maschinen – Verstehen* – gezeigt, dass man einfach nicht vorwärts kommt, wenn man die Probleme der Kognition mit der *Western Rational Tradition* angehen möchte. Im ersten Kapitel haben sie die *Western Rational Tradition* in hervorragender Weise unterminiert. Daher ist das für mich ein wichtiges Buch; es zeigt eben sehr deutlich die Grenzen der *Western Rational Tradition*.

Monika

Dass die *Western Rational Tradition* nicht universell brauchbar ist?!

Heinz

Ja. Für gewisse Probleme ist die sonst großartige *Western Rational Tradition* nicht nützlich. Ich habe schon diese Metaphern von Naturgesetzen angedeutet. Was macht man, wenn die Natur sich nicht nach ihren Gesetzen verhält? Dann fällt auf: Wer hat denn diese Gesetze gegeben? Dann stellt sich heraus: Das war ja gar nicht die Natur, die diese Gesetze gegeben hat, sondern das waren Müller, Mayer, Newton, Kepler, Planck und Heisenberg. Wenn die Natur sich dann nicht so benimmt, wie zum Beispiel Heisenberg gemeint hat, dass sie sich benehmen sollte, muss man Heisenberg anrufen und fragen: „Was machen wir jetzt mit Ihrem schönen Gesetz? Die Natur will Ihrem Gesetz nicht folgen." Da sagt Heisenberg eben: „Na, dann werde ich Ihnen ein zweites Gesetz schreiben." So ist die Situation. Das heißt, die *Western Rational Tradition* behauptet: „Wir verstehen mit unserer Rationalität die Geheimnisse der Natur zu lösen."

Diese Tradition fällt zusammen, wenn du dich mit Sprache selbst beschäftigst, denn dann fragst du: „Wie kommt Sprache zustande? Was passiert, wenn ich ein Naturgesetz erfinde oder – wie die *Western Rational Tradition* sagen würde – wenn ich ein Naturgesetz *finde* oder entdecke?" Flores und Winograd haben sich genau mit diesem semantischen Problem beschäftigt, denn sie wollten ja Computer und Kognition verstehen. Und sie haben wie auch wir, die wir uns ja auch mit diesen Fragen beschäftigt haben, gesehen: „Wenn du Kognition verstehen willst, musst du auch das Problem der Sprache berühren, denn in der Sprache drückt sich ja aus, was du kognizierst. Daher wird das sprachliche Problem das zentrale Problem."

Monika
Also du meinst, die *Western Rational Tradition* funktioniert nicht, wenn man sich in den Bereich der Sprache begibt?

Heinz
Genau. Warum? Weil die Sprache schon ein Resultat ist. Wenn ich gerne wissen möchte, wieso die *Western Rational Tradition* zustande kommt, muss ich sie mit sich selbst beleuchten.

ZIRKULARITÄT

Heinz
Die Kybernetik ist auf Zirkularität aufgebaut. Die Leute, die sich das zum ersten Mal klar gemacht haben, waren der Mathematiker Norbert Wiener, sein Physiologiefreund Arturo Rosenblueth und Julian Bigelow, der auch ein Mathematiker war. Norbert Wiener, der ja am MIT Mathematik unterrichtet hat, hat nicht in der Mensa oder der Cafeteria am MIT zu Mittag gegessen, sondern ist die drei Schritte über die Straße nach Harvard, dieser feinen Universität, gegangen, um dort in der Mensa zu Mittag zu essen.

Offenbar hatte Harvard ein besseres Essen als die Ingenieure am MIT; ist doch klar: Die reichen Bubis gingen nach Harvard; am MIT waren nur die cleveren Bubis. So hat Wiener dort zu Mittag gegessen und sich mit dem großen mexikanischen Physiologiemeister Arturo Rosenblueth befreundet, der in Harvard als Gastprofessor war. Und da haben sie über verschiedene Probleme gesprochen. Das Problem, das, glaube ich, Rosenblueth Wiener vom physiologischen Standpunkt vorgestellt hat, war die Erscheinung von *tremors*, das heißt, wenn eine Gliedmaße wie der Arm oder der Kopf plötzlich oszilliert.

Die parkinsonsche Krankheit zeigt sich zum Beispiel daran, dass der Mensch, der davon betroffen ist, seinen Arm nicht ruhig halten kann; der Arm zittert. Also wenn du einem Menschen, der die parkinsonsche Krankheit hat, die Hand geben möchtest, kannst du den Arm überhaupt nicht erwischen.

Wiener ist aufgefallen, dass Oszillationen entstehen, wenn das Signal für das Zusammenziehen des Muskels zu früh kommt; bevor der Muskel sich entspannt; wenn also, kaum dass du locker gelassen hast, der andere zieht: lockern, ziehen, lockern, ziehen. Wenn man nun den Muskel, der zieht, verzögert, das heißt den Nerven eine Injektion gibt, sodass sie das Signal langsamer leiten, sollte die Oszillation aufhören. Das hat Rosenblueth gemacht; die Oszillationen haben aufgehört, und der Parkinson-Kranke konnte dem anderen ruhig die Hand schütteln.

Die Zusammenheit dieser beiden Menschen – der eine eben ein Mathematiker, der das formulieren kann, der andere ein Neurologe, der das beobachten und umsetzen kann – hat zu einem unglaublichen Erfolg geführt. So haben die gesagt: „Wollen wir doch intensiver zusammenarbeiten!" Norbert Wiener hat immer versucht, die Beobachtungen von Arturo Rosenblueth in irgendeiner Weise zu formulieren. Und da sind sie darauf gekommen, dass eben Zirkularität die entscheidende Antwort für die Phänomenologie ist, die Rosenblueth beobachtet hat. Das, was gerade passiert, beeinflusst das, was im nächsten Moment passieren wird. Das ist eine Rückkopplung; ein Feedback.

Der Zentralpunkt für *mich*, wie ich ja von Anfang an gesagt habe, ist meine Haltung, mich als Teil der Welt zu fühlen. Durch diese Haltung entsteht sofort eine Zirkularität zwischen mir und was immer du in dieser Welt betrachtest; besonders mit dem Anderen. Durch meine Behauptung: „Ich bin ein Teil der Welt", werde ich sofort ein Teil des Anderen; das heißt, es wird damit sofort die Haltung des Mystikers postuliert: „Ich bin du, du bist ich." Durch die Gegenwärtigkeit und die Postulierung eines Anderen bin ich sofort mit dem Anderen durch eine zirkulare Schleife verbunden.

Tiefere Bemerkungen über dieses Gefühl: „Ich bin der Andere", findest du, wie gesagt, bei Martin Buber. Fast jedes seiner Bücher sagt: „Ich werde durch den Anderen." Das waren auch Bemerkungen, die ich in meinen früheren Papieren geäußert habe, bevor ich noch auf die Literatur von Martin Buber gestoßen bin.

Das Bedeutungsvolle an der Zirkularität ist die Verküpfung mit etwas Anderem; das heißt, es handelt sich nicht mehr um Propositionen, sondert immer um Relationen: Ich bin verwandt. Ich habe eine Beziehung: eine Beziehung mit dir, eine Beziehung mit diesem *recorder*. Plötzlich sind wir nicht allein. Plötzlich sind wir immer zusammen mit etwas Anderem. Und damit tritt auch das Problem auf: Wie verhalte ich mich dem Anderen gegenüber. Das sind für mich die Grundlagen der Ethik. In der Ethik frage ich mich: „Wie soll ich mich dem Anderen gegenüber verhalten?" Natürlich kann man sich selber verschiedene Grundsätze setzen; man darf aber nicht erwarten, dass der Andere sie übernimmt; denn in dem Moment, wo ich dem Anderen sage, wie er sich zu verhalten hat, bin ich ja kein Ethiker mehr, sondern ein Kommandeur, ein Autokrat, ein Moralist et cetera.

Ich muss mir selber eine Richtlinie geben, wie ich jetzt mit meiner Welt zurechtkommen möchte. Ich habe dir schon mehrere solche Punkte genannt. Ein Punkt zum Beispiel ist: „*Heinz*, handle stets so, dass die Anzahl der Wahlmöglichkeiten vergrößert wird." Damit meine ich das Folgende: In dem Moment, wo man so handelt, dass die Wahlmöglichkeiten für einen selber und für den Anderen eingeschränkt werden, entziehe ich ja der Welt eine mögliche Freiheit, sich so zu entwickeln, wie sie sich eben gerade entwickelt. Das Wegnehmen der Freiheit ist genau das Gegenteil von dem, was meiner Ansicht nach ein Zusammenleben mit anderen Menschen möglich und erfreulich macht. Daher bin ich immer für das Hinzufügen freiheitlicher Dimensionen.

Also das sind Konsequenzen, die aus dem „Ich bin ein Teil der Welt" folgen und die weiter in dem Begriff der Zirkularität ausdrückbar sind. Was bedeutet Zirkularität? A beeinflusst B, und B beeinflusst wieder A, das heißt, der Kreis geht von A nach B und von B wieder nach A. Oder der Kreis kann noch mehr Elemente enthalten: von A nach B, von B nach C, von C nach D und von D wieder zurück nach A.

Monika
Und auch von B nach A.

Heinz
Ja, natürlich. Das ist dann direkte Reflexion. Oder von A zu A; das ist dann Selbstreferenz. A zu B – B zu A ist Reflexion. Ich reflektiere; das

ist so wie ein Spiegel. A zu B und B zu A gehören ja zusammen. Das ist die Idee der Zirkularität. Wenn du nur A zu B betrachtest, bist du noch ein *single cause thinker*, ein linearer Denker.

> *Der Formalismus, der meine Haltung „Ich bin ein Teil der Welt" unterstützen oder untermauern kann, wird am besten durch den Begriff der Zirkularität ausgedrückt: dass A B beeinflusst und B sich wieder auf A zurückbezieht, so dass Ursache und Wirkung plötzlich im Kreis laufen.*

Zirkularität ist eine Betrachtung der Abfolge von Ursache und Wirkung, die nicht dem klassischen Modell entspricht. Im klassischen Modell gehen Ursache und Wirkung immer von A nach B und nicht wieder zurück von B nach A, denn in dem Moment, wo das passiert, verändert sich A; denn auch B ist schon verändert gegenüber dem früheren B; das heißt das A-B-System beginnt, sich in seiner zirkularen Wechselwirkung ständig zu verändern, und muss daher behandelt werden wie ein System, das nichttrivial ist – trivial in dem Sinne, dass alle Aktionen und Reaktionen dieselben bleiben; wie ein System, bei dem sich die Modi der Reaktion bezüglich gewisser Reize, Ursachen oder Anfänge mit jedem Schritt der Wechselwirkung ständig verändern.

DIE MAGISCHE EINHEITSSICHT ALS URSPRUNGSHALTUNG

Monika
Du hast gesagt, dass die Physik eigentlich aus der Magie entstanden ist. Kannst du dazu etwas mehr sagen?

Heinz
Ja, das ist eine sehr eindrucksvolle Geschichte; die Kulturgeschichte des Menschen, bei der sich die menschliche Gesellschaft von einer Perspektive in eine andere entwickelt hat. Dieses Phänomen des Übergangs von Magie zu Wissenschaft ist von vielen sehr kompetenten Autoren behandelt worden, und wenn ich dir etwas darüber erzähle, so ist es eine reine Heinz-von-Foerster-Perspektive dieses Übergangs; des Übergangs von einer Haltung, die Welt zu betrachten, zu einer anderen Haltung, die Welt zu betrachten.

336

Meiner Meinung nach sind vier Zweige aus der magischen Urhaltung herausgewachsen. Der eine Zweig wurde Astrologie; der zweite Zweig Alchemie; der dritte Zweig ging in die Medizin; und der vierte Zweig wurde zur Physik, so wie wir sie heute verstehen. Was meine ich mit diesen Übergängen in diese verschiedenen Zweige? Ich habe das Gefühl, dass die Urhaltung des Menschen, die Urerklärung von allem, was passiert, mit der Entwicklung der Sprache zusammenhängt.

Obwohl ich selber sehr wenig Sprachforschung betrieben habe und die Entwicklung der Sprache von sehr vielen Gelehrten sehr ausführlich studiert wurde, würde ich sagen, dass mit der Entwicklung der Sprache die Idee einer magischen Weltauffassung entstanden ist. Du musst doch bedenken, was Sprache für ein magisches Element hat! Da mache ich gewisse Geräusche mit meinem Mund, und auf der anderen Seite machen Leute etwas, das mit meinen Geräuschen korrespondiert. Wenn das nicht Magie ist, weiß ich nicht, was Magie ist!

Ich möchte die ganze Struktur der so genannten Erklärung in den Bereich der Sprache schieben; und da bin ich Gott sei Dank nicht allein. Auch Gregory Bateson hatte das Gefühl, dass in dem Moment, in dem wir zwei Sätze miteinander verbinden, eine Erklärung entsteht. Ich habe eine Beobachtung A und eine Beobachtung B, und die Sätze, die Beobachtung B und A verbinden, sind die Erklärung. Also die Erklärung hat sich sozusagen mit der Sprache entwickelt; und das sind unglaubliche Phänomene, über die ich mich jetzt in diesem kleinen Gespräch nicht auslassen kann. Das Einzige, worauf ich aufmerksam machen möchte, ist, dass Gespräche, die sich mehr mit dem Problem der Kochkunst beschäftigt haben, dann zur Alchemie geworden sind; dass die unglaublichen Beobachtungen dessen, was auf dem Sternenhimmel vor sich geht, dann zur Astrologie geworden sind et cetera.

Astrologie

Die frühen Astronomen waren ja alle große Astrologen. Kepler war doch der Astrologe von Rudolf dem Zweiten in Prag. Die Astrologie ist völlig missverstanden, wenn man so wie die heutigen Astrologen glaubt, der Jupiter beeinflusst dich. Nein, es ist so, dass der Jupiter, die Venus, der Merkur und das ganze planetarische System eine

Konfiguration haben, in der auch du ein Element bist. Das passt alles zu den Ideen, die ich dir schon früher als meine Haltungssätze unterbreitet habe. Die Astrologie hat genau diese Einheitshaltung: Wir sind ein Teil der Konfiguration des Systems, in dem wir uns befinden. Ich bin eine Konsequenz vom Jupiter, und der Jupiter ist genauso eine Konsequenz von mir.

Aus der Astrologie ist dann im sechzehnten und siebzehnten Jahrhundert die Astronomie entstanden, denn da haben die Astrologen eben sehr präzise Rechnungen gebraucht, wer wann wie in welcher Position ist, denn sonst hätten sie ja keine klaren Horoskope schreiben können. Das Horoskop ist ein Niederschlag der Einsicht, dass wir alle eine Einheit sind. Das Horoskop zeigt, in welcher Form die Einheit existiert. Da zeichnest du eben die Position der ganzen Planeten, die Position der Sonne und deine Position zur Zeit deiner Geburt. Es ist also ein Einbetten, ein *embedding*. Ich sehe das Horoskop als eine Methode, die Astrologen die Einheitssicht, wie das eine mit dem anderen zusammenhängt, erleichtert. Denn jetzt kann der Astrologe sehen, wie du mit dem Jupiter und der Venus im Zusammenhang existierst. Das ist ein geometrisches Bild.

Diese Notwendigkeit, die Position der Planeten präzise vorauszusagen, hat zu der Frage geführt, wie sich die Planeten bewegen. Da waren mehrere Schritte. Der eine ist natürlich der von Kopernikus, der gesehen hat, dass die Darstellung der Position der Planeten viel leichter ist, wenn man annimmt, dass sie sich alle um die Sonne drehen und nicht um Planeten oder um fiktive Punkte im Universum und so von der Erde aus so erscheinen, als würden sie einmal vorwärts und einmal rückwärts fliegen.

Ich möchte hier nicht weitergehen. Tatsächlich haben die Detailuntersuchungen von Tycho Brahe und allen hervorragenden Beobachtern den Astrologen genug quantitatives Material gegeben, um der Astronomie eine ganz solide quantitative Basis zu geben.

Physik

In der Physik haben sich Ideen entwickelt, die direkt auf die magische, holistische, einheitliche Vision zurückführen. Der geniale Newton hat doch die Idee eingeführt, dass sich Körper gegenseitig anziehen. Die newtonsche Gravitationsidee ist die folgende: Die Kräfte, mit denen sich ein Körper A und Körper B gegenseitig anziehen, sind proportional den beiden Massen und umgekehrt proportional dem Quadrat der Entfernung. Also:

$$\frac{m1 \infty m2}{r^2}$$

Dieses Prinzip hat Johannes Kepler dann benutzt, um zu zeigen, dass die Planetenbahnen Kegelschnitte, also Ellipsen, Hyperbeln, Parabeln oder Kreise, sein müssen. Später, um 1830, ist Michael Faraday, ein Engländer, auf eine geniale andere Interpretation dieser Phänomene gekommen. Was er da vorgeschlagen hat, klingt einfach unwahrscheinlich. Er hat das „Feldtheorie" genannt. Ein Feld ist folgendes:
Ein Raum, zum Beispiel das Universum, wird durch die Existenz irgendwelcher Körper völlig verändert. Jeder Raumpunkt hat eine andere Eigenschaft. Eine Kraft wird auf etwas ausgeübt, was dort hingelegt wird, und die Kraft hat eine bestimmte Richtung und eine bestimmte Größe. Jetzt konnte Faraday zeigen, dass ein Gegenstand, den ich in diesen Raum lege, sich so bewegen wird, wie Kepler gesagt hat: entweder in einer kreisförmigen oder einer parabolischen Bahn. Ich möchte nur betonen, dass in der Mitte des neunzehnten Jahrhunderts magische Ideen wie die Feldidee wieder aufgetaucht sind. Man kann sich doch nichts Besseres vorstellen, als wenn durch irgendetwas das gesamte Universum verändert wird! Alle Raumpunkte werden dadurch beeinflusst, dass ein Gegenstand wie die Sonne, der Mond oder die Erde sich da befinden.

Alchemie
Ich bin überzeugt, dass die Chemie ebensolche holistischen Konzepte wie die Feldtheorie von Faraday mit einbezogen hat, um gewisse chemische Phänomene damit zu erklären. Die Chemiker haben ja ein unerhörtes Erbe von den Alchemisten, die schon viel über Schmelzpunkte, Mischungsmöglichkeiten, Lösungen et cetera et cetera herausgefunden hatten.
Die Alchemisten haben natürlich nicht die Prozesse verstanden, die man heute glaubt zu verstehen.
Heute verstehen die Leute von einem Molekularstandpunkt aus, wie sich eine Substanz in eine andere transformiert; warum sich ein Lackmuspapier in einer Säure oder Base grün, blau, gelb oder rot verfärbt. Damals wusste man das nicht.

Die mussten damals mit den Mitteln ihrer Gedanken eine Erklärung konstruieren und haben einfach gesagt: „Der Jupiter und die Venus vertragen sich nur unter bestimmten Konfigurationen; und den Jupiter sieht man in dieser Flüssigkeit und die Venus in jenem Papier. So wird die Venus blau oder grün, wenn der Jupiter sie an sich nimmt und umarmt."

Die Alchemisten wie auch die frühen Astrologen mussten irgendeine Sprache erfinden, um sich diese Phänomene, diese Vorgänge, diese unglaublichen Prozesse, für die sie keinen anderen Kausalzusammenhang gefunden, gekannt oder gewollt haben, zu erklären. So sind in der Zeit sehr die Metaphern verwendet worden. Die metaphorische Erklärung ist ja ein unerhörtes Prinzip! Da verstehst du es ja sofort! Das versteht jeder!

Medizin

In der Medizin, würde ich sagen, ist der letzte große Magier, der die Welt als eine Einheit und den Menschen als Teil davon gesehen hat, Philippus Theophrastus Aureolus Bombastus von Hohenheim; Paracelsus. Er hatte Ideen, die dann später in die Homöopathie eingemündet sind, die nach dem *Similia-similibus-curentur*-Prinzip arbeitet; das heißt, Ähnliches wird durch Ähnliches kuriert.

Diese Methode ist auch ein holistisches, ein ganzheitliches Prinzip, das auch in der modernen Zeit als Arbeitsprinzip für gewisse Fälle verwendet wird.

Für mich ist ja Magie immer, wenn man mit etwas operiert, von dem man nicht weiß, wieso es funktioniert; wenn man es nicht versteht. Magie ist, wenn man versteht, mit Sachen umzugehen, die man nicht versteht. Sprache ist doch eine unerhörte Magie! Wir sprechen und sprechen und merken gar nicht, was für Magie wir ununterbrochen ausüben. Oder Liebe –! Da sagt einer zur Frau: „Ich liebe dich." Das ist doch wie ein Zauber; so unglaublich! Stell dir vor: Sie weiß jetzt, dass er sie liebt. Das ist doch plötzlich eine ganz andere Welt! Also die Verwendung von Sprache, ohne dass man weiß, wie sie funktioniert, gehört zu den magischen Phänomenen. Fast ununterbrochen betreiben wir Magie. Wir machen Dinge, ohne wirklich zu wissen, wieso das geht. Und wenn ich sage: „zu wissen", meine ich das jetzt in einem wissenschaftlichen Sinn, wo ich die Analyse geben kann, warum, wenn ich dieses mache, jenes passiert. In vielen Fällen wissen wir das „Warum" eben nicht; wissen wir nicht, warum B eine Folge von A ist. Trotzdem machen wir A, um die Folge B zu erleben.

KOMMUNIKATION

Der Mythos der Information

Als ich nach Amerika gekommen bin, hatte sich hier gerade eine ganz neue Haltung gegenüber dem Problem der Kommunikation entwickelt. Ein ganz wichtiger Forscher war Claude Shannon. Claude Shannon war ein sehr brillanter Mathematiker, der am *Bell Laboratory*, dem Forschungslaboratorium der Telefonfirma Bell, und mit Norbert Wiener sehr intensiv gearbeitet hat. Die beiden haben eine Theorie entwickelt; die Theorie der Kommunikation. Da hat sich eine Idee entwickelt, die faszinierend war, sich aber für mich von Anfang an als eine sehr unglückliche Interpretation der Kommunikation herausgestellt hat. Es hat sich so ein Bildchen entwickelt: Da gibt es auf der einen Seite einen Sender. Dann ist da ein Kanal; das ist der Kommunikationskanal. Und auf der anderen Seite ist der Empfänger. Der Sender schiebt etwas in den Kanal, und das kommt dann auf der anderen Seite an. Das ist von einer gewissen Wichtigkeit für eine Telefonfirma, denn ihr Problem ist: Kann ich das, was bei A hineingesprochen wurde, bei B wieder korrekt zusammenstellen? Das ist das Problem der *fidelity*, des *hi-fi*.

Es wurde untersucht: „Wie können wir die Treue der Übertragung prüfen, wenn in dem Kanal, in dem die Kommunikation stattfindet, Rauschen ist?" In Amerika heißt das *noise*.

Telefonleitungen, wie du weißt, gehen teilweise in Drähten über das Land. Da ist ein Gewitter, eine Entladung, ein Blitz; dort ist dieses, dort ist jenes, und die ganzen Übertragungsgeräte, also die Verstärker, haben alle irgendwelche Störungen. Ununterbrochen stört dieser *noise*, dieses Rauschen, die Nachricht.

Also ich sage: „Lieber Müller, wie geht es dir?" Daneben, also gleichzeitig, ist aber „Prrrrrrrrrrrrrrrrrrrrrr", und ich kann Müller nicht verstehen, weil ich nur das Rauschen höre. Das Rauschen „überwältigt", wie man das so schön nennt, die Nachricht, das Signal.

Und da kam dann dieser Begriff auf: „Signal zu Rauschen", *signal to noise*, also das Verhältnis von *signal to noise*. Die Telefonleute, insbesondere Claude Shannon und Norbert Wiener, haben sich für die Frage interessiert, wie man es erreichen kann, dass trotz dieses Rauschens in den Kanälen die Nachricht, die *message*, die auf der einen Seite hineingeht, auf der anderen Seite wieder rekonstruiert wird.

Die erste Methode, die ihnen eingefallen ist, heißt Redundanz, also Überflüssigkeit. Das heißt, ich sage: „Lieber Vater, schick mir Geld"; und da ist so viel Rauschen darüber, „Schhhhhhhhhhhhhhhhhhhhhhhhhhhhhh", dass er auf der anderen Seite nur hört: „Ika tappa du du deps", und damit kann er nichts anfangen. Der Trick ist nun: Wie mache ich es, dass der Vater wirklich weiß, dass er Geld schicken soll? Dann sage ich hundertmal: „Lieber Vater, schick mir Geld." Und dann bekommt er hundertmal die folgende *message*: „Hiepa dapa du sche gejg", „Ditma vata du tu delt", „dide luda ta po delb". Schließlich kommt er drauf: Der Sohn will Geld. Also das ist *eine* Lösung des Problems *signal to noise*: die Nachricht aus dem Rauschen herauszuheben, indem man sie wieder und wieder wiederholt. Diese Lösung ist natürlich sehr teuer, weil du dann ununterbrochen das Telefonsystem aufrechterhalten musst; der Verbindungskanal, die Telefonleitung, muss die ganze Zeit operativ sein, damit die Nachricht immer wieder wiederholt werden kann.

Nun haben sich zu der Zeit auch die genialen Mathematiker wie John von Neumann, die sich mit Computern, also Rechenmaschinen beschäftigt haben, mit diesem Problem auseinander gesetzt. In den Rechenmaschinen, genauso wie beim Telefon, hatte man zunächst einmal das dekadische Zahlensystem. Beim Telefon war das sehr deutlich. Die Schalter hatten zehn Stellungen, so dass die erste Stellung die Null, die zweite die Eins, Zwei, Drei, Vier, Fünf, Sechs, Sieben war, und diese Schalter sind so „Klick klick klick klick klick" hinaufgesprungen, wenn du deine Wählscheibe bedient hast. Wenn du „Drei" gewählt hast, ist der Schalter „düttdüttdütt" in die Stellung „Drei" gesprungen. Wenn du so viele Zustände hast, ist das Problem groß, dass, wenn du „Drei" mit der Wählscheibe gewählt hast, der Schalter wirklich auf Drei springt und die Drei-Verbindung macht, denn direkt daneben ist Vier, und direkt daneben ist Zwei. So hatte John von Neumann die Idee: Wenn ich ein System habe, bei dem ein Schalter nur *an* oder *aus* ist, kann ich das viel leichter kontrollieren, und dann ist eine Störung, ein Rauschen, ein *noise*, sehr reduziert; nämlich fast gar nicht da. Denn wenn ein Schalter nur zwei Stellungen hat, kann der Hebel *oben* oder *unten* sein, und er springt selten von selbst in die andere Stellung.

Die Sicherheit des Schaltens zwischen Null und Eins, also ein und aus, ist so unglaublich viel größer als die Sicherheit oder die Unsicherheit eines Schalters, der zehn Stellungen hat, in denen er irrtümlich stecken bleiben könnte, zwischen denen er verrutschen und sich verwirren könnte.

Daher hat man sich dann auf die Möglichkeit konzentriert, alles durch Zustände zu repräsentieren, die nur aus einem *An* und einem *Aus* – Eins oder Null – bestehen.

Und Claude Shannon hat eben mit Warren Weaver dieses hervorragende Buch: *The Mathematical Theory of Communication* geschrieben. Leider haben viele Leute das dann für Informationstheorie gehalten und – was mich erschreckt hat – das Wort „Information" für etwas verwendet, was ich „Signal" nenne. Ich sage: Wenn ein Empfänger ein Signal bekommt, kann er es interpretieren, und die Interpretation verwandelt dann das Signal in Information.

Monika

Information hat immer schon eine Bedeutung!?

Heinz

Ja, genau. Und das Signal ist eben die Vorbedingung für Information, aber sie *ist* nicht Information. Ein Buch *ist* nicht Information. Ein Buch hat nur die Möglichkeit, dass du, wenn du es liest, dich informierst.

Monika

Und wie definierst du Daten?

Heinz

Das ist eine sehr amüsante Sache, die von Spencer Brown so nett behandelt worden ist. Daten sind das Gegebene; *dare* im Lateinischen. Spencer Brown nennt das nicht *data*, sondern *capta*, das ist, was du dann daraus machst; was du aus den Signalen herausfängst. Die *data* sind die Signale, und die *capta* sind das, was du dann verstehst. Das führt dann zu diesem Satz, der manche Leute amüsiert, manche Leute ärgert: Der Hörer, nicht der Sprecher bestimmt die Bedeutung einer Aussage. Als ich das zum ersten Mal präsentiert habe – das war

bei einer großen Veranstaltung; Ernst von Glasersfeld war auch da
–, habe ich gesagt: „Ich möchte Ihnen mein hermeneutisches Prinzip vorstellen" – der *herméneutés* ist der Übersetzer, der *interpreter*; Hermeneutik ist die Lehre der Interpretation. „Das Heinz-von-Foerster-hermeneutische Prinzip lautet: Der Hörer, nicht der Sprecher bestimmt die Bedeutung einer Aussage." Ernst im Zuhörerraum hat gerufen: „Aber Heinz, das ist doch eine Übertreibung!" Darauf habe ich gesagt: „Sehen Sie, meine Damen und Herren?" Alles hat gelacht, inklusive Ernst.

Das Zusammenwerfen von Signal und Information hat meiner Meinung nach dann sehr viele unglückliche Interpretationen des Kommunikationsbegriffs zur Folge gehabt.

Die Leute haben dann nämlich geglaubt, dass kommuniziert wird, wenn ein Material durch eine Röhre kommt; wie zum Beispiel grünes Wasser. Es heißt dann: „Information rinnt durch die Röhre." Nichts rinnt durch die Röhre! Signale können da durchfahren und werden dann von einem Hörer interpretiert. Ein Signal ist eine Störung des Universums, in das der Hörer eingebettet ist, der jetzt eine Universumsstörung erlebt.

Monika
Ein Signal ohne Hörer ist kein Signal!?

Heinz
Das hat dann wenig Bedeutung. Ein Sender stört das Universum. Er macht Lärm oder elektrische Wellen oder schüttelt die Erde et cetera et cetera. Und der Empfänger sitzt im Universum, empfindet diese Störung und fragt sich: „Verdammt noch einmal, was heißt denn das?" Ein Empfänger empfängt diese Störungen, die durch die Vibrationen der Stimmbänder meiner Kehle produziert worden sind; indem ich Luft durch diesen Kanal gepresst habe. Dann kommt „Äh, üh, oh" heraus, und der, der das gehört hat – wer immer im Raum, im Zimmer oder im Universum ist –, fragt dann: „Was? Warum macht dieser Mensch diese Grunz- und Zischtöne?" Und wenn er auch im Sprachbereich zu Hause ist, sagt er dann vielleicht: „Jetzt weiß ich es. Der sagt: ‚Lieber Vater, schick mir Geld!'"

Im Jahre 1977 habe ich in Milwaukee, Wisconsin, auf dem *Symposium on Technology and Postindustrial Culture* zum Thema *The Myths of Information*, also *Die Mythen der Information*, einen Vortrag gehalten mit dem Titel *Epistemology and Communication*. Da habe ich ein paar Worte in diesem Sinne gesprochen und eben versucht zu erklären, was mich von jenen Menschen abgesetzt hat, die Signal und Information zusammengeworfen haben.

Da habe ich eine geschichtliche Hypothese entwickelt. Ich habe gesagt: „Sehen Sie, Informationstheorie ist ja im Krieg entwickelt worden, und im Krieg ist eine besondere Art von Sprache geläufig und wird ständig verwendet. Das ist das Kommando. Das ist das Konzept von Befehl. Der Befehl verlangt eine eindeutige Interpretation. Also wenn im deutschen Militär ‚Stillgestanden!' geschrien wird, wird von dem Soldaten erwartet, dass er seine Hacken zusammenschlägt, seine Hände und Arme herunterstreckt, den Kopf in die Höhe gibt und die Brust nach vorne schiebt. Das heißt ‚stillgestanden'. In dem Bereich der Kommunikation als Kommando fallen tatsächlich das Signal und die Information zusammen. Sowie der Soldat ‚Stillgestanden!' hört, weiß er, was er zu tun hat.

Echte Information ist, wenn der Feldwebel ‚Stillgestanden!' schreit, und ein Soldat streckt die Zunge heraus, macht dem eine lange Nase und geht weg. Da beginnt Information, behaupte ich. Nämlich jetzt wird neu interpretiert. Dieser Soldat hat gesagt: ‚Ich lasse mich nicht von diesem Feldwebel anschreien und mir ‚Stillgestanden!' sagen. Ich habe immer noch meinen eigenen Willen. Ich kann tun, was ich will. Ungehorsam ist die Mutter der Information, denn jetzt zeige ich, dass ich mich dagegen wehren muss, das heißt, ich interpretiere meine Existenz so, dass ich es ablehne, durch dieses Kommando in eine bestimmte Position gezwungen zu werden.'"

Verstehen
Heinz
In meiner Nomenklatur kommt das Wort „Missverstehen" nicht vor; ist immer nur ein Verstehen da. Jemand sagt: „Prapri propru." Und der andere sagt: „Nein." Oder er fragt: „Kannst du das noch einmal sagen?" Oder er sagt irgendetwas zu diesem „Prapri propru", mit dem er im Moment nichts anfangen kann.

Das ist die Basis für meine Idee des Tanzes. Wir hören eine Musik; wir wollen tanzen. Es ist also verstanden, was wir wollen. Jetzt steigst du auf meine Füße; ich steige auf deine Füße. Also wir müssen uns so lange in den Tanzschritten regulieren, bis wir plötzlich in dem Walzer dahinschweben und uns in der Schönheit der Musik und unseren Bewegungen verlieren. Das sehe ich als das Sprachproblem; nämlich einen Tanz zu stimulieren, den beide durchführen können. Wenn die Bereitschaft, einen Tanz zu tanzen, nicht vorhanden ist, ist das ein ganz anderes Problem, als wenn nicht verstanden wird, was ich sage; Nichtbereitschaft verlangt eine ganz neue Dimension; dich so zu überreden, dass wir tanzen. Das ist ein anderes Problem. Das möchte ich jetzt im Moment im Rahmen der Frage nach dem Verstehen nicht beantworten.

Wenn ich „Brabra bro" sage, und der andere sagt: „Ich habe es nicht verstanden", heißt das: Er kann es nicht interpretieren. Aber das Wort „missverstanden" gibt es nicht. Er hat ja wohl verstanden, dass ich „Brabra bro" gesagt habe, aber er kann damit nichts anfangen. Jetzt beginnt der Tanz unter der Annahme, dass beide Parteien miteinander tanzen wollen. Das Fundamentalproblem taucht sozusagen nicht mehr auf. Beide wollen tanzen und müssen jetzt herausfinden, welchen Tanz sie eigentlich tanzen. Das ist meiner Meinung nach das hermeneutische Problem: Wie kann der andere etwas mit dem, was ich sage, anfangen? Und wie weiß ich, dass der andere etwas damit anfängt? Ob er das damit anfängt, was ich gehofft habe, dass er mit meinem „Brabra bro" anfangen würde, kann ich erst feststellen, wenn er seine Tanzschritte mit mir macht. Wenn die alle so sind, dass ich auf seine oder er auf meine Füße steigt, sehe ich: „Ich muss etwas anderes als ‚Brabra bro' verwenden. Ich muss vielleicht ‚Bri bri' sagen" und dann wird sich langsam in den weiteren Tanzschritten herausstellen, dass wir uns schließlich tatsächlich in diesen Walzer hineingedreht haben.

Ich weiß, dass sehr schöne Konzepte in dieser Richtung von Humberto Maturana entwickelt worden sind; wie zum Beispiel „strukturelle Koppelung" oder „konsensueller Bereich". Meine Interpretation von „struktureller Koppelung" und „konsensuellem Bereich" ist: Der „konsensuelle Bereich" ist, wenn ich beobachte: „Die beiden Tänzer tanzen." Oder: Ich bin einer der beiden Tänzer. Wir tanzen jetzt. Dann haben wir nach Maturana einen „konsensuellen Bereich" etabliert. Ich würde sagen: „Jetzt tanzen wir." Und im anderen Fall, im Fall der „strukturellen Koppelung", würde ich sagen: Das ist das zweite Problem, nämlich: Wollen wir beide miteinander sprechen? Wollen wir jetzt kommunizieren? Und das würde ich dann nicht „strukturelle Koppelung" nennen, denn das ist für mich zu pompös.

Ich benutze lieber Sprache, die auch im täglichen Leben verständlich ist und keinen Neologismus, den ich dann erst aufs Neue wieder interpretieren muss; wo ich dann wieder fragen muss: „Was meinen Sie mit ‚struktureller Koppelung?'" Und wenn du das Maturana fragst, bekommst du eine lange Erklärung, die noch komplizierter ist als „strukturelle Koppelung". Daher vermeide ich diese Neologismen und versuche, das mit „Tanzen" und „Bereitschaft zum Tanzen" zu interpretieren.

Das Tanzen ist zirkulär. Wir tanzen ja zusammen. Zum Beispiel beim Tango machen die beiden zusammen diese wunderschönen Schritte, wo die Frau sich so schön nach hinten legt, und der schöne, elegante Herr sie unter ihrem Rücken festhält, damit sie nicht umfällt. Das ist Zirkularität; denn er muss sie halten, und sie muss sich hineinlegen. Es sind also zwei, die miteinander einen Tanz durchführen und ununterbrochen miteinander hören und sprechen, metaphorisch hören und sprechen. Sie merkt: Jetzt kommt der Schritt, bei dem sie sich zurückbeugt. Er weiß: Sie hat es verstanden und beugt sich zurück. Jetzt muss er den Arm unter ihren Rücken legen, damit dieser schöne Bogen der Frau zustande kommt. Damit er das halten kann, muss er den rechten Fuß nach vorne stellen. Das ist dann dieser Spreizschritt, der sich mit dem schönen Bogen des Rocks der zurückgebeugten Frau, den fließenden Haaren und dem eleganten Mann, der sie liebend anschaut, verbindet.

Ich sehe Kommunikation immer als eine Form des Dialogs, das heißt, die beiden, die jetzt in einem dialogischen Zustand sind, sprechen keine Monologe, sondern tanzen; so habe ich immer versucht zu metaphorisieren. Das ist die fundamentale Idee der Kommunikation, wie ich sie sehe.

Intention oder Konsequenzen? Der ethische Imperativ als Ausweg

Durch verschiedene Mittel erreicht man das gleiche Ziel.
Die Absicht richtet über unsere Taten.
Michel Eyquem de Montaigne

Monika
Du hast einmal gesagt: „Die Idee, die Freiheit mit der prinzipiellen Unentscheidbarkeit zu kombinieren, bringt jetzt die Idee der Verant-

wortung mit sich, denn wenn ich eine prinzipiell unentscheidbare Frage entscheide, so habe ich mit dieser Entscheidung die Verantwortung für diese Entscheidung übernommen."

Steht das nicht im Widerspruch zu deiner „Lieb-gemeint"-Haltung? Die Entscheidung ist für mich ähnlich wie eine Intention. Ich entscheide mich so, weil ich es „lieb meine" oder denke, es ist das Beste für mich und für den anderen. Aber für die Konsequenzen bin ich dann nicht verantwortlich?!

Heinz

Nein, aber für meine Entscheidung. Für das, was ich jetzt gesagt habe, bin ich jetzt verantwortlich.

Monika

Also du sagst: Ich bin nur für die Entscheidung, nicht für die Konsequenzen verantwortlich.

Heinz

Die Konsequenzen kann ich ja nicht voraussagen. Wir können ja über die Konsequenzen überhaupt nie informiert sein. Prinzipiell sind die Konsequenzen meiner Handlungen nicht voraussehbar, denn wir leben ja in nichttrivialen Systemen.

Monika

Ja, aber was heißt das denn – ich bin verantwortlich für die Entscheidung? Dann bin ich verantwortlich für die Intention. Wofür bin ich verantwortlich: für die Intention oder für die Konsequenzen?

Heinz

Also ich glaube, das sind zwei verschiedene Bereiche; deswegen sind sie auch nicht in Widerspruch. Es ist so wie in dem Spruch „Der Zweck heiligt die Mittel". Da hat man eine Ausrede, eine Rechtfertigung, ja, eine Sanktifizierung der fürchterlichsten Mittel, weil es so aussieht, als wäre der Zweck „lieb gemeint". Man ist versucht, zu sagen: „Die Mittel heiligen oder rechtfertigen den Zweck." Das ist schon besser, aber immer noch nicht befriedigend; denn immer noch spricht man von zwei Bereichen: Zweck – Mittel; gemeint – gemacht et cetera. „Lieb gemeint" ist eine notwendige, aber noch nicht hinreichende Bedingung, um eine Handlung in den Bereich der Ethik aufzunehmen.

Was hoffe ich, wird geschehen, wenn ich einem Bettler einen Schilling gebe? Jetzt könnte ich eine Menge lieber Geschichten erfinden: wie er endlich einmal einen guten Kuchen für seine Frau und seine Kinder kauft et cetera et cetera. Aber diese Hoffnung allein ist noch nicht genug. Was lieb gemeint war, muss auch erfüllt werden. Vielleicht müsste der „lieb Meinende" den Kuchen selber kaufen und ins Haus des Bettlers bringen oder was immer er wünscht, durchführen. Das wäre dann eine hinreichende Bedingung. So ist es mit Mittel und Zweck: Beide müssen auch einem Ethikon entsprechen.

Kant entzieht sich geschickt dem Dilemma, indem er Ethik nicht für Handlungen, sondern für Richtlinien für das Handeln bereithält. So kommt er mit seinem berühmten „kategorischen Imperativ": „Handle so, dass die Maxime deines Willens jederzeit zugleich als Prinzip einer allgemeinen Gesetzgebung gelten könne." Ich beneide ihn um diese Formulierung, denn sie erinnert mich an das „kosmologische Postulat": Die Welt soll von jedem Punkt aus denselben Anblick geben. Wenn wir beobachten, dass alle Spiralnebel von uns wegfliegen, als wären wir im Mittelpunkt dieser Expansion, stellt sich heraus, dass von jedem dieser Spiralnebel aus gesehen, Beobachter dort glauben könnten, sie wären im Mittelpunkt der Welt und alle beobachteten Spiralnebel flögen von ihnen weg, umso schneller, je weiter weg sie sind. Da das *expanding universe* eine Lösung des kosmologischen Postulats ist, wird es allgemein als ein gültiges Bild des Universums anerkannt. Wir haben schon früher ein ethisches Weltbild entworfen, das Kants kategorischen Imperativ befolgt. Man sage zu sich: Handle stets so, dass die Anzahl der Möglichkeiten vermehrt wird. Dieser Vorschlag ist besonders gegen die gerichtet, die mit der Ausrede kommen: „Ich hatte keine Wahl", und sich dann wie Pontius Pilatus ihre Hände in Unschuld waschen.

TANZ MIT DER WELT

Monika

Es gibt eine Aussage von Wittgenstein: „Die Grenzen meiner Sprache bedeuten die Grenzen der Welt."

Die Grenzen meiner Sprache *bedeuten die Grenzen meiner Welt.*
„Daß die Welt meine Welt ist, das zeigt sich darin, daß die Grenzen der
Sprache (der Sprache, die allein ich verstehe) die Grenzen meiner Welt
bedeuten."

Wenn du jetzt sagst, dass man Ethik nicht aussprechen kann, muss
doch eigentlich Ethik außerhalb der Welt liegen!?

Heinz
Das hat ja gar nichts mit der Welt zu tun. Das hat damit zu tun, wie
ich mich mit der Welt verhalte. Das hat mit meiner Absicht zu tun,
mit der Welt zu tanzen und mit all diesen Erscheinungen wie Monika Bröcker oder Georg Ivanovas mein Leben weiter zu gestalten.
Denn ich erzeuge durch mein Tanzen mit all diesen Erscheinungen
die Welt. Indem ich durch mein Tanzen mit diesen Erscheinungen
jetzt eine Welt erzeuge, entsteht eine Relationsstruktur zwischen mir
und all diesen Erscheinungen. Das heißt, in meinen Tanzschritten
realisiert sich die Ethik, von der ich wünsche, dass sie sei.

·················
Dankesworte

Dieses Buch war ein Tanz, und sehr viele Menschen haben mit uns in den mehr als drei Jahren, in denen es entstanden ist, getanzt. Es waren in der Tat so viele, dass wir sie nicht alle namentlich nennen können. Euch allen danken wir ganz herzlich.

Besonders bedeutsam waren die Tänze mit

Mai von Foerster, Georg Ivanovas, Ralf Holtzmann, Greg Luchsinger, Martha, Anselm, Laura, Johannes und Elisa Ivanovas, Katja Hoffmeister, Wolfram Lutterer, Lucas Pawlik, Dirk Baecker, Paul Schroeder, Siegfried und Renate Bröcker, Andreas Schröder, Siegfried J. Schmidt, Ernst von Glasersfeld, Gerhard Huhn, Annamaria Rucktäschel, Hans Rudi Fischer, Wolfgang Winter, Vince Spanier, Ed Boughton, Cameron Lozada, Chuck Pelly und Joan Gregor, Joan Goldsmith und Ken Cloke, Barbara Anger-Diaz und Manuel Diaz, Markus Gührs und Barbara Schulte, Alfred Inselberg, Elizabeth Pask, Amanda Heitler, Bob Rebitzer, Paul Watzlawick, Jutta Schubert, Ina Abuschenko-Matwejewa und Hans Kempel, Chris Prom, Daniel Wolf, Humberto Maturana, Pille Bunnell, Terry Winograd, Dick Fisch, Karin Schlanger, Ken Wilson, Sonja Radatz, Alex Riegler, Andreas Philipp, Ranulph Glanville, Beverly Volz, Paul Pangaro, Günter Küppers, Stewart Brand, Rita Avila, Gertrud Walker, Lenore Sarasan, Steve Sloan, Susan Parenti, Larry Richards, Mark Enslin, Constanze Kren, Paul Weston und Ricardo Uribe.

Vielen Dank für ein Handeln, in dem Ethik implizit war.

Sachregister

Personenregister

....
Über die Autoren

Heinz von Foerster (1911–2002). Nach dem Studium der Physik in Wien in verschiedenen Forschungslaboratorien tätig, ging er 1949 in die USA, wo er das inzwischen legendäre Biologische Computer-Laboratorium an der Universität von Illinois gründete – die Wiege jener Erkenntnistheorie, die heute unter der Bezeichnung „Konstruktivismus" für Aufsehen sorgt. Zahlreiche Buchveröffentlichungen.

Monika Bröcker, Jahrgang 1968, ist Diplom-Kommunikationswirtin und arbeitete seit 1998 eng mit Heinz von Foerster in Pescadero zusammen. Ausbildung am Mental Research Institute bei Paul Watzlawick, Richard Fisch und anderen in Palo Alto und in Stanford bei Terry Winograd im Bereich Human Computer Interactions. Lebt und arbeitet als freie Wissenschaftlerin und Autorin in der San Francisco Bay Area.

Fritz B. Simon

Formen (reloaded)

Zur Kopplung von Organismus, Psyche und sozialen Systemen

1517 Seiten, 4 Bände im Schuber
Kt, Format 24 x 24 cm, 2022
ISBN 978-3-8497-0424-7

Fritz B. Simons Grundlagenwerk Formen – Zur Kopplung von Organismus, Psyche und sozialen Systemen, erschienen 2018, wurde von Dirk Baecker umgehend als „Schlüsselwerk der Systemtheorie" eingeordnet. Nach dem Erfolg der Erstausgabe erscheint nun eine besondere Edition, die um Kommentare, Quellen und ausführliche Reflexionen ergänzt wurde. Sie unterstreichen nicht nur die Relevanz systemischen Denkens, sondern erschließen auch dessen praktischen Sinn. Fritz B. Simon gelingt es hier, seine lebenslange Erfahrung als Therapeut und Berater mit Erkenntnissen aus Kybernetik und Systemtheorie zu einem schlüssigen Theoriekonzept zu verbinden, das die praktische Anwendung immer im Blick behält. Formen (reloaded) ermöglicht auf diese Weise ein vertieftes Verständnis von Systemtheorie und bietet gleichzeitig eine belastbare Basis für die Arbeit in Psychiatrie, Psychotherapie, Familientherapie, Gesundheitspflege, Organisationsberatung, Politik und anderen Handlungsfeldern.
Die Lektüre ist insofern gut investierte Zeit, als sie viel eigenes Erkämpfen von Übersicht erspart und bestens vorbereitet für ein professionelles Leben in Forschung, Therapie und Beratung. In der Tat ein Schlüsselwerk der Systemtheorie. Von all dem, was man für das persönliche Leben lernen und nutzen kann, ganz abgesehen.

„Es ist in meinen Augen eines der faszinierendsten Werke der jüngeren deutschsprachigen Ideengeschichte - nicht zuletzt, weil es den Spagat schafft, gleichermaßen hohen Wert für Anfänger wie auch für fortgeschrittenste Spezialistinnen zu haben."
Gert Scobel

Carl-Auer Verlag • www.carl-auer.de

Ruth Seliger

Systemische Beratung der Gesellschaft
Strategien für die Transformation

226 Seiten, Kt, 2022
ISBN 978-3-8497-0400-1

Das Buch zeichnet ein großes Bild gesellschaftlicher Transformationsprozesse und ist eine Schatzkiste an systemischer Theorie, Modellen, Konzepten und Instrumenten zur Gestaltung von Strategien für den Weg von der Analyse zur Vision."
Ruth Simsa
Institut für Soziologie
Vienna University of Economics and Business

„Ein tolles Buch! Die Leser:in wird ,abgeholt', an die Hand genommen und auf ein durchaus ungewohntes, herausforderndes ,systemisches' Terrain geführt. Man bekommt ein genaues Gefühl für Widerstände in der Sache, im Denken und im Gefühl – und verliert doch nicht den Mut, sich nach Ressourcen umzuschauen und erste Schritte zu unternehmen.

Das Buch ist auf höchst charmante Weise zugleich ein Handbuch systemischer Methoden. Es könnte tatsächlich einen großen Beitrag zur Entwicklung einer gemeinsamen Sprache leisten, weil es viele Elemente einer möglichen Diagnose liefert, aber keine vorwegnimmt."
Prof. Dr. Dirk Baecker
Lehrstuhl für Kulturtheorie und Management
Universität Witten/Herdecke

Carl-Auer Verlag • www.carl-auer.de

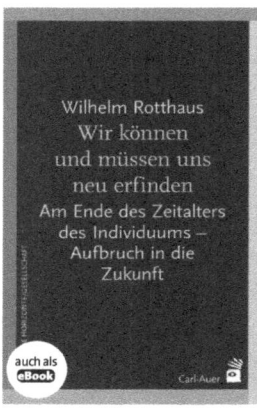